LES ILLUSTRES MODERNES;

OU

TABLEAU DE LA VIE PRIVÉE

des Principaux personnages des deux Sexes, qui ont acquis de la célébrité en Europe, depuis la renaissance des Lettres.

1788.

LES ILLUSTRES
MODERNES;
OU TABLEAU
DE LA VIE PRIVÉE DES PRINCIPAUX PERSONNAGES

DES DEUX SEXES,

Qui, depuis la renaissance des Lettres, ont acquis de la célébrité en Europe, tant en Politique ou dans les Armées, que dans les Arts, les Sciences & la vie contemplative.

Morte jacent victi, victrix sed fama superstes.

TOME PREMIER.

A PARIS,

Chez LEROY, Libraire, rue S.-Jacques, vis-à-vis de celle de la Parcheminerie.

M. DCC. LXXXVIII.
AVEC APPROBATION ET PRIVILÈGE.

ON TROUVE CHEZ LE MÊME LIBRAIRE.

Voyage Pittoresque d'un Observateur; ou Description des Principaux Monuments d'Europe, d'Afie, d'Afrique & d'Amérique; Ouvrage enrichi d'un grand nombre de vues de Villes, de Châteaux, de Payfages, & de divers autres morceaux d'Architecture & de Sculpture que les Arts ont élevés fur les quatre parties du Globe, de Cartes géographiques & de quelques Portraits d'Hommes célébres, 2 *Vol. in-fol*, prix 72 livres, *jufqu'au 1er Janvier 1788 feulement*, après cette époque, 120 livres, reliés en carton.

Campagne de LOUIS XV; ou Tableau des Expéditions Militaires des Français fous le dernier règne; Ouvrage fuivi de réflexions fur Charles XII, par le feû Roi de Pruffe, & enrichi de cartes, de la vue des Villes affiégées, du plan des Batailles, & du portrait des Généraux célèbres; deftiné à faire fuite aux *Campagnes de Condé, de Luxembourg, de Turenne*, &c. 1 vol. *in-fol*. 36 liv. relié en carton.

Chefs-d'œuvres de l'antiquité sur les Beaux-Arts; monuments précieux de la religion des Grecs & des Romains, de leurs fuperftitions & de leur folie; 2 vol. *in-fol*. enrichis de 81 planches en taille-douce, prix 90 liv., reliés en carton.

Superstitions orientales; ou Tableau des erreurs & des fuperftitions des principaux Peuples de l'Orient, de leurs mœurs, de leurs ufages & de leur légiflation; ouvrage orné de gravures en taille-douce; & deftiné à faire fuite aux *Cérémonies religieufes des Peuples du monde*; 1 vol. *in-fol.*, 32 liv. broché.

Les Fastes de la Monarchie Française; ou Tableau des principaux événements arrivés en France, depuis la conquête des Francs jufqu'à nos jours; ouvrage enrichi du portrait de tous les Rois qui ont régné fur cette Monarchie, depuis Pharamond jufqu'à Louis XVI; de celui des Dauphins, de leur généalogie, de leurs alliances, & de diverfes anecdotes curieufes fur la vie privée de ces fouverains; un vol. *in-fol.*, décoré en tête d'un beau portrait de Louis XVI. Prix 12 liv. le grand papier, & 9 liv. le petit, broché.

Les Fastes de l'Empire d'Occident; ou Tableau des principaux événements arrivés en Allemagne, depuis le rétabliffement de l'Empire d'Occident jufqu'à nos jours; ouvrage enrichi du portrait de tous les Empereurs, depuis Charlemagne jufqu'à Joseph. II; de leur généalogie, de leurs alliances, & de diverfes anecdotes curieufes fur la vie privée de ces Souverains; un vol. *in-fol.*, décoré en tête d'un beau portrait de l'Empereur régnant. Prix 12 liv. le grand papier, & 9 liv. le petit, broché.

AVANT-PROPOS.

C'est rendre un service essentiel à la Postérité, que de lui transmettre les principaux traits de la vie privée des grands Personnages qui ont illustré leur Patrie. C'est lui proposer de précieux modèles de vertus à suivre, en même tems qu'on lui indique les vices qu'il faut éviter. En mettant ainsi les grands talens en mouvement, en exposant au grand jour les traits caractéristiques des Hommes célébres, on met, pour ainsi-dire, l'éducation publique en action; & les erreurs même de ceux dont on admire le génie, contribuent à perfectionner les hommes, en les éclairant sur leurs faiblesses.

Il semble que ce tribut qu'on doit aux Grands-Hommes & à nos Neveux, serait imparfait, si, au Tableau des traits caractéristiques qui les ont distingués, on n'ajoûtait pas celui de leur physionomie. On reconnaît communément un homme de génie sur son visage; de même que la candeur & la naïveté se peignent sur celui de l'Homme de bien. Rarement la dissimulation est assez profonde, pour que le caractère du scélerat puisse échapper à l'œil attentif de l'Observateur. Si le Docteur Lavater n'eût pas été reconnu publiquement pour un Charlatan, les réfléxions qu'il a faites sur ce sujet important, n'auraient peut-être pas été prises pour les rêveries d'un Novateur.

L'exemple de toutes les Nations policées vient encore à l'appui de nos réflexions. En Egypte, en Gréce, à Rome, il y eut autrefois des Sanctuaires destinés à recevoir les effigies des Grands-Hommes. Ce fût même à cet empressement à conserver les portraits des personnages chers à la Patrie, que la Peinture, la Gravure & la Sculpture doivent leur naissance. Il était bien consolant pour ces Nations de pouvoir conserver sous leurs ieux l'image d'un Hermès, d'un Thémistocles, d'un Numa dont la sagesse ou le courage avait rendu leur nation respectable à leurs voisins. En reproduisant ainsi ces hommes vertueux sur la scène, nos pères, bravaient, pour ainsi-dire, les horreurs du tombeau.

L'Ouvrage que nous publions aujourd'hui, n'est pas le premier qui ait paru dans notre langue; & nous devons même avouer, à l'honneur de la Nation, que plusieurs ont été imprimés depuis cent ans; que tous ont été favorablement accueillis; mais il n'en est aucun qui soit aussi intéressant & aussi varié que le nôtre. La Collection que nous présentons au Public est composée de cent Portraits de Personnages célèbres dans tous les genres & chez toutes les Nations de l'Europe. Ces Portraits gravés avec un soin infini & par les meilleurs Maîtres, forment la plus riche Galerie dont on ait encore décoré nos Bibliothéques.

AVANT-PROPOS.

LA VIE PRIVÉE des Perſonnes qui compoſent cette Collection, eſt écrite avec cette naïveté que tous les Biographes devraient mettre dans leurs Écrits. Les Auteurs de cet Ouvrage, plus occupés à tracer le caractère de leurs Héros, qu'à faire leur panegyrique, ne ſe ſont permis aucun éloge, aucune réflexion. Les faits ſeuls, puiſés dans les meilleures ſources, forment l'intéreſſant tableau qu'ils mettent ſous les yeux de leurs Lecteurs. Ils ne ſont d'ailleurs d'aucune ſecte, d'aucun parti; & *Luther, Calvin, Janſenius, S. Ignace de Loyola* ſeront peints avec une égale impartialité. Déveloper le cœur de l'homme; faire connaître les reſſorts ſecrets qui font mouvoir ſes paſſions, ſaiſir les véritables vues qui diſtinguent chaque individu; voilà ce qui doit principalement occuper l'Hiſtorien des Hommes célébres.

Cet Ouvrage, n'étant ainſi que le Tableau des mœurs privées de ceux qui en font le ſujet, ne doit pas être fort étendu. Auſſi nous ſommes-nous bornés à deux pages *in-folio*, pour chaque Perſonnage. Ces deux pages ſuffiſent pour remplir la tâche que nous nous ſommes impoſée; & nous évitons par-là l'inconvenient de propoſer un Livre, dont le prix exceſſif ne pourrait convenir qu'à un très-petit nombre de perſonnes.

CETTE COLLECTION ſera diſtribuée en dix cahiers, dont chacun comprendra dix Portraits. Chaque cahier paraîtra le Lundi de chaque ſemaine. (1) Le prix de chaque livraiſon eſt de 9 liv. Ce prix modique, qui n'excéde guères les frais de fabrique, ſera le même juſqu'à la publication du dernier Cahier. Après cette époque, s'il reſte des Collections complettes, on payera chaque Cahier 12. liv. Nous promettons de borner l'Ouvrage entier à dix Cahiers, compoſés de dix Portraits; mais, s'il arrivait que cette Collection devînt plus nombreuſe, nos Souſcripteurs recevraient *gratis* les Cahiers que les circonſtances nous forceraient d'ajouter aux premiers.

---

(1) Comme tous les Portraits ſont entièrement gravés, & que le texte même de l'Ouvrage eſt preſque totalement imprimé, nous ſommes en état de tenir rigoureuſement notre parole.

Louis XI, Roi de France.

Il naquit à Bourges, en 1423; il se signala dans sa jeunesse par plusieurs exploits guerriers contre les Anglais, qu'il obligea de lever le siège de Dieppe. La gloire que lui acquit son courage, fut ternie par son caractère dur & inquiet. Mécontent du Roi & des Ministres, & ne pouvant souffrir *Agnès Sorel*, Maîtresse de Charles VII, il se retira de la Cour, & se maria sans le consentement de son père, qu'il fit mourir de chagrin.

A peine sur le trône, il regarde la France comme un pré qu'il pouvait faucher tous les ans, & d'aussi près qu'il lui plairait. On eût dit qu'il entrait dans un pays de conquête. Ennemi de tous ceux qui ne s'humiliaient pas en esclaves, il destitua les officiers de justice, de guerre & de finances, leva des troupes sans besoin, augmenta les impôts de moitié, en mit de nouveaux sans consulter les Etats du Royaume, contre la coutume qui avait été observée de tout tems, par ses prédécesseurs.

Les fidèles serviteurs de son père, le Comte d'Armagnac même, tous les grands, sans exemption, se déclarèrent contre lui; & déja le Duc de Berri avait pris le nom de Régent du Royaume. Les portes de Paris étaient fermées à Louis, qui ne se les fit ouvrir, qu'en promettant qu'à l'avenir il gouvernerait par le conseil de dix-huit personnes, que la Ville devait nommer. Il promettait tout, parce qu'il ne voulait rien tenir. Fatigué de sa mauvaise foi, le Duc de Bourgogne l'attira à *Péronne*, sous prétexte de conclure la paix; & quand il fut maître de sa personne, sa première idée fut de le faire déposer. On se contenta de le garder en prison, jusqu'à ce qu'il eût exécuté les traités de *Conflans* & d'*Arras*.

Après cette honteuse aventure, qui exposait le Roi à la risée des Parisiens, ce peuple se livra, selon son caractère, aux vaudevilles & aux pasquinades. On avait appris aux Pies & aux Perroquets à dire, *Péronne, Péronne*. Louis XI porta la ridicule Ordonnance qui proscrivit ces oiseaux jaseurs; & malheur au maître dont la pie eut frappé son oreille en passant, du malheureux nom de *Péronne* ! Les bourgeois s'enfermaient dans les caves, pour avoir le plaisir de faire répéter, à leur aise, ce mot à leurs Perroquets: ce qui les divertissait beaucoup; & ne disposait pas le peuple à un grand respect pour son Souverain.

Aux plaisanteries, succéda l'indignation contre ce Souverain, qui fit empoisonner son frère par son Aumônier. *Il ne craignait point d'être haï, pourvu qu'il fût redouté.* Édouard IV, Roi d'Angleterre, se met à la tête de ses ennemis; il débarque avec ses troupes. Louis peut le combattre; mais il aime mieux le gagner par des négociations. Il paye ses principaux Ministres, il séduit les premiers Officiers, au lieu de se mettre en état de les vaincre; il fait des présents de vin à toute l'Armée: enfin, il achete le retour d'Edouard en Angleterre.

Tout était pacifié, lorsque Louis XI tomba dans un état presque semblable à celui de Charles VI. Il y avait un an ou deux qu'il avait des accès d'épilepsie. La terreur de la mort s'empare de son ame : il se renferme au Château du Plessis-les-Tours, où l'on n'entrait que par un guichet, & dont les murailles étaient hérissées de pieux de fer. Dévoré par les remords, il fait venir de Calabre un Hermite, révéré aujourd'hui sous le nom de *S. François-de-Paule*. Il se jette à ses piés & le supplie, en pleurant, de demander à Dieu la prolongation de ses jours; mais le saint Homme osait à peine parler au Ciel de ce nouveau *Tibère*, qui sous ses yeux même s'abreuvait du sang qu'on tirait à des enfans, dans la fausse espérance de corriger l'âcreté du sien. Les remèdes étant tous inefficaces, il s'environna de reliques; il en fit une barrière autour de son lit; il en demandait dans tous les pays, & même à l'Empereur des Turcs. Il desira de se faire frotter tout le corps avec l'huile de la sainte Ampoule; ce qui l'en empêcha[1], c'est qu'il n'y en avait point assez pour l'oindre des piés à la tête. Rongé par l'ennui, autant que par la maladie, on rassemble, pour l'amuser, les bergers & bergères du Poitou, qui chantent & dansent au son des instrumens. Enfin il expira le 30 Août 1483.

Peu de tyrans ont fait mourir plus de citoyens par la main des bourreaux. Les chroniques du tems comptent 4000 sujets exécutés sous son règne. On prétend qu'en faisant donner la torture aux criminels, il était derrière une jalousie, pour entendre les interrogatoires. Lorsque *Jacques d'Armagnac*, *Duc de Nemours*, accusé peut-être sans raison, du crime de lèse-Majesté, fut mis à mort par ses ordres, Louis XI fit placer sous l'échafaud, les enfans de ce Prince, pour qu'ils reçussent sur eux le sang de leur père. Ils en sortirent tout couverts; & dans cet état, on les conduisit à la Bastille, dans des cachots faits en forme de hottes.

Ce Roi avait des Ministres dignes de lui. Bizarre dans ses choix, son Médecin fut quelque-tems son Chancelier : un de ses Valets de-chambre, *Olivier le Diable*, fut employé aux plus importantes ambassades. Cependant, on ne peut disconvenir que ce Roi, qui, suivant ses expressions, *avait tout son conseil dans la tête*, ne connût les hommes & les affaires. Prodigue par politique, comme il était avare par goût, il savait donner en Roi. C'est à lui que le peuple dut le premier abaissement des Grands. S'il avait vécu plus long-tems, les poids & les mesures auraient été uniformes dans ses Etats. Il encouragea le commerce, en faisant plus de cas d'un négociant actif, que d'un gentilhomme souvent inutile. Un marchand qu'il admettait à sa table, lui ayant demandé des Lettres de Noblesse, il les lui accorda, & ne le regarda plus. Allez, « Monsieur le Gentilhomme, quand je vous » faisais asseoir à ma table, je vous regardais comme le premier de votre con- » dition ; aujourd'hui que vous en êtes le dernier, je ferais injure aux autres, » si je vous faisais la même faveur. »

Tout despote qu'il était, il écouta quelquefois les remontrances les plus sévères & les plus hardies. On lui disait, en face, qu'il fallait demander le commun jugement des Français, & l'Assemblée des trois Etats, afin de remédier aux vices de l'Administration; que vraiment Louis était leur Roi, mais qu'à leur *dignité appartenait de l'exhorter & de l'admonester*. En 1482, les Membres du Parlement lui rapportèrent des Edits qu'ils jugeaient contraires au bien public, & lui dirent: *Nous demandons la perte de nos charges, ou même la mort, plutôt que trahir nos consciences*. Louis XI en fut frappé & retira ses Edits.

D'après l'idée qu'en donna l'Université, il établit les Postes, pour favoriser la course de ses espions dans toutes les Cours. Cet établissement lui fit augmenter les tailles de 3 millions; on remarque qu'il leva annuellement pendant 20 ans, 4 millions 700,000 liv.

FRANÇOIS I,
Roi de France.

FRANÇOIS I.er Roi de France.

Il eût été à desirer pour la France & pour lui-même, que François I.er ne se trouvât pas le contemporain de Charles-Quint. L'esprit de loyauté faisait la base de son caractère ; & malheureusement la Chevalerie commençait à décliner au tems où il naquit, l'an 1494, le 12 Septembre, à Cognac, de Charles d'Orléans, Comte d'Angoulême, & de Louise de Savoie. Il fit des fautes comme Roi, parce que la franchise de son esprit, & l'impétuosité de son cœur s'accordoient mal avec les combinaisons réfléchies d'une politique adroite & sage. Léonard de Vinci, essentiellement utile, eût rempli toutes les fonctions auxquelles Léonard de Vinci, &c.

A l'âge de 21 ans, en 1515, il succéda à un Prince recommandable ; mais il sut porter ce fardeau : & si son règne ne fut pas aussi heureux qu'il en fut un des plus brillans de la Monarchie. Sa première expédition fut un coup d'éclat, qui ne le rendit que plus entreprenant. Peu de Princes se mettent en garde contre les suites d'un grand succès. François I.er parut se contenter pendant quelques années des lauriers sanglans cueillis à Marignan, les 13 & 14 Septembre 1515 ; mais, alors, Charles-Quint n'était pas encore placé sur le trône impérial.

Malheur aux peuples dont les maîtres sont rivaux de gloire. Charles & François ne pouvaient exister en même-tems, sans se mesurer ; leur première lutte ne tourna pas à l'avantage du Chevalier couronné, qu'avait armé Bayard. Cet échec aurait été peu de chose, si de son côté la Duchesse d'Angoulême n'eût point abusé de son ascendant sur son fils, pour lui aliéner le cœur du Connétable de Bourbon. François ne se laissa pas abattre ; il quitte encore une fois son Royaume, pour aller réparer en Italie le revers qu'il avait essuyé à la Bicoque, le 27 Avril 1522 ; mais Bonnivet était loin de remplacer Bayard. Et le Héros, sans peur & sans reproche, eût peut-être détourné de François I.er la captivité qui l'attendait à Pavie, le 24 Février 1525. Tout le monde connaît la lettre d'un laconisme sublime qu'il écrivit à sa mère, à l'occasion de cette journée. *Madame, tout est perdu, hormis l'honneur.* Ce courageux, mais imprudent Monarque, reçut au Château de Madrid, une leçon, d'autant plus dure, qu'elle lui fut donnée par un rival heureux, indigne de son triomphe. Après 13 mois de prison, il ne put être libre qu'en se faisant remplacer par deux de ses fils, & en démembrant la couronne. En vain voulut-il revenir sur le passé, par un défi qu'il proposa à son ennemi ; les tems étaient changés ; & Charles-Quint n'était pas d'humeur à se faire revivre avec un Héros qui représentait la fleur des Chevaliers.

François I.er ne se conduisit pas avec sa loyauté ordinaire, en autorisant le Chancelier du Prat, à faire mettre quelqu'altération dans la monnoie destinée à la rançon des deux enfans de France, restés en ôtage pour leur père. Son ressentiment contre Charles, plus que la manie des conquêtes, lui fit encore reprendre ses prétentions contre le Milanez, en 1535. Après deux ans de guerres infructueuses de part & d'autre, l'entrevue de Nice, en 1538, sembloit devoir rendre le calme à l'Europe fatiguée ; mais, l'Empereur ayant manqué à sa parole, au moment même qu'il venait d'éprouver toute la générosité du Roi, qui l'avait reçu en frère dans ses Etats, il fallut combattre de nouveau, pour parvenir à un accommodement qui, en effet, eut lieu. Mais le plaisir, pour lequel François I.er paraissait né, autant que pour la guerre, l'empêcha de jouir long-tems du fruit de ses travaux politiques. Il mourut victime de son penchant irréfiftible à la galanterie, & regretté de tous les Ordres de l'Etat. Le peuple aimait en lui un Prince aimable & brave, qui juftifiait fes torts, par les motifs toujours louables qui le faifaient agir. Les Femmes idolâtraient en lui un guerrier fenfible & fait pour attacher. La Nobleffe fe plaifait à la Cour d'un Prince ami des fêtes & du fafte. Le Clergé, admis à fes bonnes grâces, ne voyait pas de mauvais œil fes divertiffements, auxquels il prenait part. Les bons patriotes admiraient en lui les reffources qu'il fe ménagea, pour enrichir le tréfor royal, malgré tant d'événements qui auraient dû l'épuifer. Les Savans, les Littérateurs & les Artiftes n'avaient point affez de voix pour célébrer le Protecteur des Lettres & des Arts, qui daignait lui-même faire chorus avec eux, & qui comblait les Mufes de diftinctions auffi honorables qu'utiles. Léonard de Vinci, expirant dans les bras de François Ier, excita une émulation de talens, qui prépara de loin le beau fiècle de Louis XIV, & celui de la Philofophie.

Ce grand Prince mourut au Château de Rambouillet, en Hurepoix, le dernier jour de Mars 1547, dans la 53e année de fon âge.

Nous rapporterons un trait de fa vie privée, qui tend à prouver combien il en coûterait peu aux Souverains pour fe faire aimer & pour entretenir l'héroïfme dans leurs armées.

François Ier portait lui-même du fecours à Landrecy, qu'affiégeait Charles-Quint, avec une armée beaucoup plus confidérable que celle du Roi. Il fallut céder au nombre ; & Briffac, à la tête de fa Cavalerie, eft chargé de couvrir la retraite de fon Prince. Il porte une telle valarme dans les Troupes Impériales, qu'elles ne purent fonger à troubler l'Armée Royale. Briffac, qui fe multipliait & voulait être par-tout en même tems, eft pris trois fois. Enfin, échappé aux mains ennemies, il vient fe préfenter à la tente du Roi, dans tout le défordre d'une victoire long-tems difputée. Souillé de fang & de pouffière, fes habits étaient en lambeaux, & fon armure en pièces. A fa vue, François Ier fe lève précipitamment de table, embraffe le Héros, & lui fait fervir à boire dans fa coupe. Faveur plus précieufe à Briffac, que le bâton de Maréchal qu'il reçut des mains de Henri II, & l'épée que Charles IX détacha de fon côté pour la lui envoyer : moment qui rappelle les tems homériques, où François Ier & Briffac auraient figuré avec avantage.

On ne fera pas fâché de trouver ici un court extrait des Inftructions que François Ier, au lit de mort, donna à fon fils & fucceffeur au trône, Henri II.

« Mon fils, je me contente de vous ; vous m'avez été bon fils & obéiffant. Entendez... Si faut-il, pourtant, & ne m'en pourrais tenir, pour la charge que vous prenez, que je vous recommande principalement ce Royaume, duquel le Peuple eft le meilleur, le plus obéiffant, la Nobleffe la plus loyale & la plus dévote & affectionnée à fon Roi, qui foit, ne qui fut onques. Je les ai trouvés tels, & tels vous les trouverez.... Aimez votre Royaume & fon bien, plus que vous-même.... Et, d'autant que je vous en ai dit, je m'en décharge, & vous en charge. Il vous faut, comme vous me voyez, être près de rendre compte de notre adminiftration à Dieu. Et nous, Rois, excepté la néceffité de la mort, ne fommes point en ceci comme les autres Hommes : mais fommes plus tenus & obligés que les autres, pour avoir reçu telle puiffance & telle charge de commander & gouverner ceux de qui Dieu, le créateur, a nombré, fans en faillir un, tous les cheveux qu'ils ont en la tête.

HENRI II,
Roi de France.

HENRY II, Roi de France.

IL naquit à St-Germain-en-Laye, l'an 1518, de François I, & de la Reine Claude; ce Prince était naturellement bon; il fit beaucoup de mal, parce qu'il se laissa gouverner par des Ministres qui ployaient sous l'empire de sa Maîtresse. C'était Diane de Poitiers, Veuve de Louis de Brézé, Duchesse de Valentinois; elle se mêlait de tout, & pouvait tout, & afin qu'on sût que c'était elle qui régnait, il voulut qu'on vît dans le Tournois, sur ses ameublemens, dans ses devises, & même sur les frontispices de ses bâtimens royaux, un croissant, des arcs & des fléches, qui étaient le symbole de cette impudique Diane.

Dès le moment qu'esclave plutôt qu'amant, il eût passé sous le joug d'une femme de quarante ans, qui avait eu plusieurs enfans de son mari, & avait été la favorite de son Père, il n'eut plus ni génie, ni caractère, ni volonté.

C'est elle qui fit ôter les Sceaux au Chancelier Olivier, dont la probité ne s'accommodait pas de sa conduite.

Livré aux plaisirs, Henri laissa les Grands s'élever dans sa Cour; il se forma des partis. On vit les Guises aspirer au Gouvernement; braves, courageux, utiles, la ressource & le soutien de l'État dans les circonstances les plus difficiles. Leurs noms éclipsèrent tous les noms jusqu'à celui du Monarque. L'un d'eux, François de Lorraine avait fait lever le siége de Metz, au puissant Charles-Quint, & avait protégé le Royaume contre une redoutable invasion. Le Duc de Guise mit le comble à son crédit par la prise de Calais sur les Anglais. Cette place avait coûté onze mois de siége, au brave Édouard III, après la bataille de Crécy. Le Duc la prit en huit jours, au grand étonnement de l'Europe, & répara, pour ainsi dire, par cette conquête, la perte de la bataille de St. Quentin. C'était s'ouvrir un chemin à la fortune des Pepins & des Hugues Capet. Diane les servait par la haine qu'elle inspirait aux Français. La confiscation des biens des hérétiques lui était dévolue: elle pressait les exécutions; &, malgré le fanatisme du tems, ses froides cruautés révoltaient. Le Roi, ayant manqué une fois à sa dignité jusqu'à assister à l'un de ces spectacles, fut si ému des cris que jetta dans le bûcher l'un des malheureux, qui avait été son Valet-de-chambre, qu'il frissonnait d'horreur chaque fois qu'il se rappellait cet affreux moment. Mais, infidéle à cet instinct de la Nature, il laissa un libre cours aux Ordonnances les plus rigoureuses, parce que sa Duchesse héritoit des dépouilles de ceux qui étaient condamnés.

Cette femme vendit la Nation à cette trop fameuse paix de Cambray, & ce fut par ses mains que le Roi signa des traités plus onéreux à la France, que n'auraient pû l'être trentes années de revers. On rendit aux Espagnols jusqu'à cent quatre-vingt-dix-huit places. Il est vrai que l'argent avait été épuisé par les frais de la guerre. Le Roi avait fait divers Édits bursaux, entr'autres un pour engager une partie de son Domaine; un autre pour créer ces siéges de Justice qu'on nomme *Présidiaux*; un troisième pour ériger la Chambre des Monnoies en Cour Souveraine. Il prit aussi la vaisselle d'argent de tous ceux qui voulurent la lui prêter pour la convertir en testons, qui se fabriquaient à un moulin d'une nouvelle invention sur la Seine; & il leva un impôt de vingt livres par clocher sur les joyaux & fabriques des Églises, sans excepter même celles des Mendians. Comme la Duchesse avait une bonne partie de cette levée, on disait qu'il avait pendu les cloches au col de sa grand'jument. Les Cordeliers & les Jacobins crièrent beaucoup; mais rien n'empêcha que les grandes Villes n'ouvrissent assez franchement leur bourse au Roi; dans les momens critiques de ses finances. Paris fournit trois-cents mille livres, les autres à proportion; & cinquante Seigneurs de marque lui offrirent de garder cinquante places à leurs dépens. Ce fut alors qu'il reconnut bien la vérité de ce que son Père lui avait dit en mourant; que les *Français étaient le meilleur Peuple du monde*, & qu'il y avait tout ensemble de la dureté & de la mauvaise politique de les tourmenter par des impôts extraordinaires; puisqu'ils se saignaient si libéralement pour les nécessités de l'État.

Henri qui représentait un des Rois fainéans de la première race, puisqu'il avait trouvé dans Guise une espée de Maire, après la paix de Câteau-Cambrésis, renouvella avec plus de vigueur que jamais, ses poursuites contre les Protestans. Malgré de sanglantes exécutions, les Calvinistes se multipliaient tous les jours. Les noms de *Réforme, de pure parole de Dieu, de primitive Eglise, de liberté Evangélique, d'adoration en esprit & en vérité*; la résignation & la joie avec laquelle ils enduraient les plus longs tourmens, leur constance inébranlable, tout leur fit un grand nombre de partisans. Le Parlement qui les voyait renaître de leurs cendres, mit en délibération si l'on continuerait de les juger à la rigueur. Le Roi, averti, survint un jour au milieu des Magistrats, & comme on avait déjà commencé à délibérer, il ordonna aux Conseillers de continuer à dire leurs avis.

Anne du Bourg, Prêtre & Conseiller, se leva, parla en faveur des Sectaires, blâma la cruauté dont on usait envers eux, & peignit les abus de la Cour de Rome, sous les plus vives couleurs. Il conclut qu'on ne pouvait punir de peines afflictives que ceux qui se trouveraient coupables de quelques crimes politiques : & que l'erreur n'en était pas un ieux de la Raison & de la Justice. Les Présidens, & principalement Christophe de Harlay, Pierre Séguier, Louis du Four & Christophe de Thou, furent du même avis.

Gilles le Maître, premier Président, combattit ces principes. Il dit, en présence de Henri, que le Roi devait imiter Philippe-Auguste, de respectable mémoire, qui fit brûler six-cents Albigeois en un jour.

Henri fit arrêter Anne du Bourg, qui fut conduit à la Bastille. Interrogé par les Juges nommés par le Roi, il refusa de répondre devant cette Commission, alléguant les priviléges des Conseillers du Parlement qui ne peuvent être jugés que par leurs pairs ; mais, forcé de répondre, il fut déclaré hérétique, en présence d'Eustache du Bellay, Évêque de Paris; &, comme il ne voulut point abjurer ses sentimens, il fut condamné par le Parlement à être brûlé vif en Place de Gréve (1). On eut la bonté de l'étrangler. Le Roi avait promis d'assister à ce supplice; mais le Ciel ne le permit pas; car, au milieu des fêtes que ce Prince donnait, à l'occasion du mariage de sa Sœur, Marguerite, avec le Duc de Savoie, il reçut la mort (2) de la main de *Montgommeri*, contre lequel il voulut joûter, à la fin d'un tournois, où ce Seigneur s'était distingué. Les Protestans ne manquèrent pas de relever les circonstances de cette mort comme autant de marques du courroux céleste.

(1) 13 Décembre 1559.   (2) 10 Juillet 1559.

PHILIPPE II, Roi d'Espagne.

IL naquit à Valladolid en 1527, de Charles-Quint, & d'Isabelle de Portugal; il devint Roi de Naples & de Sicile, par l'abdication de son Père, & Roi d'Angleterre, par son mariage avec la Reine *Marie*. Il monta sur le trône d'Espagne le 17 Janvier 1556.

Depuis Tibère, jamais tyran plus sombre, ne s'est assis sur un trône : c'est sur un lac de sang qu'il a fait voguer le vaisseau de l'Église Romaine, D'accord avec l'Inquisition, il protégea ses fureurs en Flandre, en Espagne, & voulut la porter jusqu'en Amérique. Cruel par caractère & par principe, jamais la clémence & la pitié ne trouvèrent d'accès dans son cœur. Il s'associa deux âmes dignes de la sienne : c'étaient le Cardinal Grandville & le Duc d'Albe. Il leur confia toute son autorité, parce que ses Ministres étaient durs & impitoyables comme lui. Pendant quarante-deux ans qu'il trama dans son cabinet l'asservissement de l'Europe, il ne donna point un seul jour au bonheur du monde. Maître des trésors de l'Asie, il remuait le globe à son gré : &, dans toutes les affaires, il obtenait la prépondérance; il se croyait si sûr de ses projets, qu'il disait ouvertement : *Ma bonne ville de Paris, ma bonne ville d'Orléans*. Il est certain que, s'il eût profité de la victoire, après la bataille de St-Quentin, il eût pu renverser la Monarchie; & que, sans Drake qui brûla cent de ses vaisseaux dans le port de Cadix, sans la tempête qui dispersa l'*invincible Armada*, c'en était fait de la Grande-Bretagne. Ce *Démon du Midi* songeait moins à profiter du trouble & de la division qu'il soufflait dans toute l'Europe, qu'à les faire naître. S'étant fait *Généralissime* du Pape, ce fut par ce moyen qu'il parvint à détruire successivement tous les priviléges qui pouvaient gêner le despotisme. Il s'institua le Monarque de l'Église. Son ambition & sa férocité épaissirent l'éclipse de la Raison humaine : est il dans l'histoire, même des Empereurs Romains, un monument plus odieux que le décret de proscription de Philippe, contre le premier Stathouder de Hollande? Peut-on transcrire les mots suivans sans frissonner : « Nous promettons, en foi & parole de Roi, & comme Ministre de Dieu, que, s'il se trouve quelqu'un assez généreux, pour délivrer la Terre de cette peste, en nous le livrant vif ou mort, ou en lui ôtant la vie, nous lui donnerons vingt mille écus d'or; s'il a commis quelque crime, quel qu'il puisse être, nous le lui remettons; s'il n'est pas noble, nous l'annoblissons; pardonnons aussi les crimes que les adhérens pourraient avoir commis, & même les annoblissons. » Les Annoblissons!.. Et de son côté, le féroce Duc d'Albe disputait de barbarie avec son maître; il se glorifiait tranquillement d'avoir fait périr dix-huit mille de ses concitoyens! Le Prince d'Orange, après avoir échappé à deux conspirations, fut la victime d'un Fanatique, d'un Franc-Comtois, qui se crut inspiré. A la nouvelle de sa mort, Philippe dit : « Le coup aurait dû se faire depuis douze ans; la Religion y eût gagné. » Le massacre de la St-Barthélemi, ce carnage inouï dans les Fastes de l'Univers, occasionna des réjouissances à la Cour d'un bourreau couronné.

Qu'a-t'il recueilli de tant de cruautés, d'intrigues & de guerres? Il ruina ses États; &, après avoir épuisé les mines de l'Amérique, il laissa cent quarante millions de ducats de dettes. Une obstination aveugle le fit tomber dans une suite de fautes politiques. Il eut la douleur de voir les États de Brabant, de Flandre, de Zélande, de la Hollande & de Frise solliciter un joug étranger. Il vit ces *Gueux*, qui avaient pour attributs ironiques une *écuelle de bois*, le braver, & perdit un pays plus riche aujourd'hui que toutes les dominations Espagnoles.

Grand exemple ! les États généraux assemblés, à la Haye, déclarèrent solemnellement Philippe II déchu de la Souveraineté, pour avoir violé les priviléges des peuples. L'acte portait en substance ces maximes : Que les peuples ne sont point nés pour les Princes ; mais que Dieu a établi les Princes pour les peuples ; qu'il ne peut y avoir de Princes sans peuples ; mais que le peuple peut subsister sans Prince ; qu'un tyran rompt les liens de l'obéissance.

En détestant sa barbarie, il faut pourtant rendre justice à quelques-uns de ses talens. Il eut la politique habile d'entretenir la paix au-dedans de l'Espagne : il sut choisir ses Ministres ; il les forma lui-même. Dans les affaires douteuses, il prenait des avis par écrit, & réfléchissait profondément. Ce n'est que quand il s'agissait des Hérétiques que sa haine contr'eux le dispensait de toutes loix, & c'était un spectacle pour lui qu'un *Auto-da-fé*.

On ne le vit qu'une fois sous les armes : ce fut le jour qu'on monta à la bréche, lorsque la Ville de St-Quentin fut emportée d'assaut : mais, le jour de cette bataille, sa peur fut si grande, qu'il fit vœu, s'il en réchappait, de bâtir un magnifique Monastère, dédié à St.-Sauveur : il y ajouta une Église & un Palais ; & il voulut que ces édifices eussent la forme d'un *gril*, parce que St-Laurent, d'après les légendes, avait été rôti sur un *gril*. Telle est l'origine de l'Escurial, qui coûta des sommes immenses. Mais il perdit le fruit de cette bataille, dont les avantages auraient pu s'étendre si loin, que Charles-Quint, du fond de son cloître demanda, en apprenant cette victoire, si son fils était à Paris. Le Comte d'Egmont, à qui il fit depuis trancher la tête, lui fit gagner la bataille de Gravelines, dont il ne sut pas mieux profiter.

A l'orgueil, Philippe joignait la vanité. Tout petit qu'il était, il voulait qu'on lui parlât à genoux, & faisait trembler jusqu'aux complices de ses cruautés ; le Ministre le plus fidéle à ses vengeances royales, le Duc d'Albe étant un jour entré dans le cabinet de ce Prince, sans être introduit, essuya ces foudroyantes paroles : « Une hardiesse telle que la vôtre » mériterait la hache. »

Quand il fit périr sur un échafaud les Comtes d'Egmont & de Horn, il dit qu'il faisait tomber ces têtes, parce que des têtes de *Saumons* valent mieux que plusieurs milliers de *Grenouilles*.

Les Couvents étaient les principaux objets de ses largesses ; en donnant à des Moines, il donnait encore à des concubines ; il répandit par tout pour ses plaisirs l'or & les diamans.

Il ne marchait jamais sur les tombes, parce qu'au haut de l'épitaphe, il y a quelquefois une croix ; mettant sa conscience en repos par ces pieuses momeries, il fit périr plus de cinquante mille Protestans ; & ses guerres, de son propre aveu, lui coûtèrent cinq-cents soixante-quatre millions de ducats.

Quoiqu'attaché aux dogmes de la Religion Catholique, il eut de nombreuses maîtresses. Il vivait dans l'adultère avec Anne Mendoza : il avait créé le mari de cette femme le ministre de ses plaisirs. Son rival fut le malheureux Escovédo.

HENRI IV, Roi de France.

CE Prince, tige de la branche des Bourbons, Rois de France, naquit à Pau, le 13 Décembre 1553, d'Antoine de Bourbon, Duc de Vendôme, & de Jeanne d'Albret, Reine de Navarre. Sa Mère étant enceinte de lui, le Roi, son Père, lui fit promettre qu'elle chanterait pendant son enfantement, *afin*, disait-il, *que tu ne me fasses pas un enfant pleureux & rechigné*. La Princesse tint parole; elle chanta un chanson Béarnaise; &, de son côté, Henri d'Albret voulant imprimer à son petit-fils un caractère mâle & vigoureux, frotta ses lèvres d'une gousse d'ail, & lui fit succer quelques gouttes de vin.

Transporté, dès sa naissance, au Château de Coaraze, situé entre les rochers qui séparent le Béarn du Bigorre, le jeune Henri y reçut une éducation rustique. Sa nourriture ordinaire, était du pain bis, du fromage & du bœuf. Habillé d'étoffes les plus grossières, confondu dans la foule des enfans du peuple, on le faisait gravir sur les rochers les plus escarpés; souvent même on l'obligeait à marcher nuds piés & nue tête, afin de l'habituer à la fatigue, & le mettre à portée de braver toutes les vicissitudes de la Fortune.

Antoine de Bourbon, ayant été nommé Lieutenant-Général du Royaume, à la mort du faible François II, le jeune Prince de Béarn accompagna son Père à la Cour de France. M. de la Gaucherie, homme sage & éclairé, fut chargé de son éducation; mais cet estimable Instituteur, mourut bientôt; & la Reine de Navarre, ayant rapellé son fils en Béarn, le confia aux soins de plusieurs personnages distingués, qui étaient alors les coryphées du parti Calviniste.

Henri avait à-peine atteint l'âge de seize ans, qu'il fut nommé Chef du parti Protestant, qui venait de perdre le Prince de Condé, son oncle, tué à la bataille de Jarnac. Ses premières armes furent, dirigées par l'Amiral de Coligny; mais elles ne furent pas heureuses. Témoin de la sanglante défaite de Moncontour, où Henri III, alors Duc d'Anjou, triompha de l'Amiral, il eut la douleur de voir ruisseler des torrens de sang calviniste, à la journée de Dreux, en 1562, & à celle de S. Denys, en 1567. Enfin, la paix signée à St Germain, le 11 Août 1570, suspendit pour quelque tems les hostilités; & le Prince de Béarn, devenu inutile à l'armée, retourna dans ses États, pour s'y reposer des fatigues que ses courses militaires lui avaient fait éprouver.

Il était alors âgé de dix-neuf ans. Pour écarter les soupçons des Protestans, qui, malgré les asûrances qu'on venait de leur donner à St Germain, n'avaient pas beaucoup de confiance dans la bonne-foi des Catholiques, on s'occupa du mariage de ce Prince avec Marguerite de Valois, sœur de Charles IX, alors régnant. Cette alliance attira à Paris, en 1572, la Reine de Navarre, sa mère, qui mourut peu de tems après son arrivée. Cet événement obligea le jeune Prince à se rendre dans sa capitale, où il prit le nom de *Roi de Navarre*. Deux mois après, ses nôces furent célébrées avec la plus grande magnificence; mais bientôt le deuil & la consternation succédèrent aux plaisirs & à la joie que cette fête brillante avait fait naître. Le jour de la S. Barthélemi arriva, jour affreux, dont on ne se rappelle le souvenir qu'avec horreur, qui vit un Roi barbare, l'arquebuse à la main, immoler une foule de victimes avec le glaive de la superstition, où Coligni fut lâchement assassiné par Bermes, & qui pensa coûter la vie au Roi de Navarre, à Sully & aux principales têtes du Royaume.

Le Roi de Navarre n'échappa à l'assassinat perfide que Charles IX méditait, qu'en demeurant prisonnier à la Cour de France. Ce ne fut qu'en 1576, qu'il trouva le secret de rompre ses fers, & de s'échapper, à la suite d'une partie de chasse. Devenu de nouveau le Chef du parti Protestant, qu'on lui avait fait abjurer, pour lui faire épouser la Princesse Marguerite, il attaqua Cahors, en 1580, & se rendit maître de cette Place, à la tête de ses gardes, après cinq jours entiers de résistance de la part des assiégés. Ce fut alors, que Sixte V lança contre lui une Bulle d'excommunication, à laquelle il répondit, en faisant afficher dans Rome, jusqu'aux portes du Vatican, son appel de cette Bulle au Parlement & au Concile général.

Ce fut, à cette époque, qu'on vit se former en France, la trop fameuse Ligue, qui remplit tout le Royaume d'horreur & de carnage. Le Roi de France, celui de Navarre, & les Ducs de Guise eurent chacun leur parti. Henri III se mit à la tête des Royalistes ; Henri de Navarre couvrit les Protestans de ses étendards ; & le Duc de Guise fut déclaré Chef du parti des Ligueurs. Le premier événement auquel cette Association meurtrière donna lieu, fut la bataille de Coutras, livrée le 20 Octobre 1586. Le Roi de Navarre y remporta une victoire complette, contre le Duc de Joyeuse, qui commandait pour le Roi, & qui y perdit la vie. Deux ans après, le 12 Mars 1588, arriva la célébre journée des Barricades, où Henri III fut obligé de prendre la fuite, pour se soustraire à la fureur de ses sujets ; mais ce Prince pusillanime se vengea inhumainement de cet affront, en faisant assassiner, sous ses yeux, à Blois, le Duc de Guise, & son frère le Cardinal.

La mort de ces deux Princes mit le sceptre de la Ligue entre les mains du Duc de Mayenne, leur frère ; les deux Henris s'unirent alors pour repousser l'ennemi commun, qui cherchait à détrôner la maison des Capets. Déjà les armes des deux alliés avaient remporté de grands avantages, & les Parisiens, battus près de Senlis, allaient ouvrir leurs portes à leur Roi légitime, lorsque Henri III fut assassiné à St Cloud, le 1er Août 1589, par Jacques Clément, Jacobin.

Henri IV, le plus près du trône par sa naissance, succéda à ce Prince. Mais les Ligueurs, ayant élu le Cardinal de Bourbon, sous le nom de *Charles X*, refusèrent de le reconnaître, & il fallut en venir aux armes. La bataille d'Arques, livrée près de Dieppe, le 22 Septembre 1589 ; celle d'Ivri, du 14 Mars de la même année, l'abjuration du Roi faite à St Denys, les grandes qualités de Henri, tout contribua à écarter les mutins, & à assûrer la couronne à son légitime possesseur. Le 27 Février 1594, Henri IV fut sacré à Chartres, & le 22 Mars suivant, la Capitale du Royaume lui ouvrit ses portes. Tous ces grands événements furent couronnés par l'absolution que ce Prince reçut du Pape Clément VIII, en 1595.

Henri IV devenu possesseur tranquille du trône de France, ne s'occupa plus qu'à faire jouir ses peuples du fruit de la paix. Aidé des conseils du sage Sully, son ami, il parvint bientôt à réparer les bréches que les guerres de la Ligue avaient faites aux finances de l'État. Il fut assez puissant pour donner du secours aux Hollandais, & se rendre médiateur entre le Pape & les Vénitiens. Déjà la France triomphait de toutes part, sous un Roi qu'elle chérissait, lorsqu'il fut tué par Ravaillac le 14 Mai 1610.

Champagne pinx. De lorraine sculp.

LES ILLUSTRES MODERNES.

Louis XIII, Roi de France.

La Providence le fit naître (1) dans le moment qui lui était propre ; plus tôt il eût été trop faible ; plus tard, trop circonspect. Fils & Père de deux de nos plus grands Rois, il affermit le trône encore ébranlé de Henri IV, & prépara les merveilles du régne de Louis XIV. Il était encore enfant, lorsqu'on vint lui annoncer que le Connétable de Castille, Ambassadeur d'Espagne, avec une longue suite de Seigneurs, venait pour lui faire la révérence : *Des Espagnols* ! dit-il d'un ton animé, qui marquait sa valeur naissante ; *Ça, ça, qu'on me donne mon épée.*

Ce n'était point le projet de Marie de Médicis, qu'il montrât de si bonne heure des dispositions au trône. L'enchaînant sous le joug d'une crainte servile, elle lui cachait les rênes du Gouvernement, pour qu'il ne pût pas faire d'*apprentissage* de la Royauté : &, s'il marchait sur le pied de son chien, quoique mordu jusqu'au sang, il était sévèrement grondé. Il n'y avait pas jusqu'à la Maréchale d'Ancre qui, couchée au-dessus de sa chambre, aux Tuileries, lui faisait dire de ne pas faire de bruit, parce qu'elle avait la migraine.

La Régente qui savait que l'ennui mûrit quelquefois les têtes ; & que le génie se développe en silence, avait soin, pour que le Dauphin ne sentît pas le besoin de l'indépendance, de l'occuper de plaisirs innocents. *Cadenet*, son Page, qui était chargé de lui plaire, dressait des pigrièches à prendre des moineaux ; & cette chasse là l'amusait comme un Roi.

Cependant, depuis la retraite de Sully, tout l'argent qui avait été mis en dépôt à la Bastille s'était écoulé. Les Grands, qui se partageaient les dépouilles du peuple, ne s'accordaient que pour faire passer au Conseil de nouveaux impôts. Lorsque leurs mains concussionaires eurent tari les sources sacrées de la Patrie, la Patrie allarmée fut forcée de rassembler ses forces & ses moyens. Rien ne paraissait devoir mieux remédier aux abus que des Etats-Généraux. On les convoqua, & ce grand Corps, puérilement opposé à lui-même, par les plus futiles intérêts, ne conclut rien. On avait oublié de former d'avance un plan raisonné ; c'est-à-dire praticable.

La Nation fut en proie à des divisions intestines, jusqu'à ce que *Concini* eut reçu un coup de pistolet de *Vitri*, qui, pour récompense, reçut le bâton de Maréchal de France.

Alors Louis XIII commença à s'appercevoir qu'il étoit Roi ; car sa Mère fut exilée à Blois. Mais de Luynes la remplaça bientôt ; il prit tout l'ascendant sur son Fils, & déjà l'on avait affiché à la porte de l'Hôtel où ce nouveau Ministre logeait avec ses deux Frères : *Hôtel des trois Rois*.

Leur régne ne cessa que quand Richelieu parut. Il fut poussé à la Cour par la Reine, qui, sortie de sa prison, par une fenêtre élevée, à l'aide d'une échelle de corde, s'était raccommodée avec son Fils, par l'entremise de l'Evêque de Luçon. Cet Evêque supplanta de Luynes, qui était Duc & Pair, Ministre, Maréchal de France, Connétable enfin ; à la vérité, *sans savoir ce que pesait une épée.*

Richelieu décrié pour ses galanteries qui choquaient un Prince dévot ; dépeint comme le plus souple & le plus dangereux des courtisans ; redouté

---

(1) A Fontainebleau le 24 Septembre 1601.

de tous ceux qui avaient apperçu la fupériorité de fes lumières, ne fut admis au Miniftère que parce qu'il affecta d'abord, comme Sixte-Quint, de dédaigner cette place. Le Roi le déteftait, & il le mit dans la néceffité de lui obéir, en fe rendant maître de la Cour, des Armées & des Flottes. Il fallut même qu'il congédiât tous ceux que le Cardinal voulut congédier; & il ne confola ceux qu'il était forcé de renvoyer, qu'en leur difant: *Allez, mon ami, ce ne fera pas de longue durée.*

Il ne tarda pas à fe plaindre de fon fier & defpote Miniftre; mais tout bas. Il en parlait fouvent à M. des Noyers. Ce Secrétaire, qui était la créature du Cardinal, ne defferrait pas les dents. Le Roi avait beau le preffer, il ne lui répondait jamais fur cet article que pour hauffer les épaules, n'ofant pas excufer le Cardinal, de peur d'offenfer le Roi; ni approuver les raifons du Roi, de peur d'offenfer le Cardinal. Sur quoi, le Roi difait plaifamment : qu'il avait un Secrétaire-d'Etat qui avait la langue aux épaules.

Avec beaucoup de courage dans le cœur, Louis XIII n'en avait point dans l'efprit. Les détails du Gouvernement effrayaient fon imagination & fa confcience. Perfonne n'était moins ferme & plus irréfolu dans le Cabinet & dans le Confeil. Reconnaiffant lui-même fon incapacité, mais jaloux des démonftrations extérieures du Pouvoir, il ne voulait en céder que le fuprême exercice.

Pourquoi ne garda-t-il pas toujours le Département de la Guerre : il l'aimait; il la favait. Intrépide dans une tranchée, il fe plaifait aux travaux & aux dangers d'un fiége ; &, s'il échoua devant *Montauban*, c'eft qu'il avait avec lui fix Maréchaux de France qui ne s'entendaient pas. Le Siége de *Dole* attefte qu'il était le premier homme du monde pour l'Infanterie. Le meilleur Canonier qu'il eut dans fes campagnes, fut le P. Euftache, Capucin.

Ce Prince avait toujours eu les vues droites : & il ne lui manqua que la force de faire le bien; & fes Miniftres ne le captivaient qu'en lui perfuadant qu'ils voulaient le faire : &, malgré l'expérience, il crut toujours, fur leur parole, des favoris dont le titre était alors comme une charge dans l'Etat. Que ne fe conduifait-il d'après le confeil que lui avait donné *Richelieu*, en mourant ! *Craignez votre petit coucher; il m'a donné plus de peine que tous les Etrangers enfemble.* Sa Piété, qui n'était pourtant pas celle des grandes âmes, lui conferva les mœurs pures.

La vue d'une belle femme le raviffait; il aimait à fe trouver avec elle, à la regarder, à l'entendre. Mais fes *amours*, dit un Ecrivain de ce tems-là, *étaient purement fpirituels, d'âme à âme, & les jouiffances en étaient vierges*. Il allait fouvent coucher avec la Connétable de Luynes; &, quoiqu'amoureux de la Connétable, il s'endormait tranquillement fur le même chevet, fans idées & fans defirs.

Son attachement pour Mlle de la Fayette fut encore plus refpectueux. Elle l'aimait pour lui, & s'intéreffait à fa gloire ; &, dès l'inftant qu'elle fentit que fa liaifon avec lui pouvait expofer fon honneur, elle fe renferma chez les Religieufes de la Vifitation. Un jour, il lui rendait une vifite à ce Couvent, lorfqu'un orage, qui difperfa tout fon monde, l'empêcha d'aller coucher à S. Maur, où étaient fes Officiers de bouche. *Guitaut*, Capitaine aux Gardes, lui propofa d'aller demander à fouper à la Reine, aux Tuileries. La propofition eft renvoyée bien loin : il fallut en paffer par-là... & au bout de neuf mois naquit Louis XIV, après 23 ans de mariage. On l'appella *Dieu-Donné*. Louis le Jufte mourut le 14 Mai 1643.

Louis XIV, Roi de France.

NÉ à S. Germain-en-Laye, le 5 Septembre 1638, ce Prince monta sur le Trône, le 14 Mai 1643, dans la cinquième année de son âge. Pendant sa minorité, l'une des plus orageuses de la Monarchie, la Régence fut confiée à sa mère, Anne d'Autriche, qui se reposa sur le Cardinal Mazarin des soins du Gouvernement. Les premières années de cette Administration furent signalées par la Bataille de Rocroi & celles de Fribourg & de Lens, qui chassèrent, pour ainsi dire, les Espagnols de la Flandre, & qui couvrirent de gloire le Prince de Condé.

Ces grands événements, qui préparèrent la paix de Munster, signée le 30 Janvier 1648, eussent rétabli le calme en France, si des Edits Bursaux, imaginés par le Cardinal Ministre, n'eussent révolté la Nation déjà épuisée par les guerres Espagnoles. La Capitale, indignée sur-tout du mauvais traitement que la Cour faisait éprouver au Parlement qui s'opposait à l'établissement d'un nouvel Impôt, fut en proie à toutes les horreurs d'une Guerre Civile. A la tête de chaque parti, des Royalistes & des Frondeurs, étaient des personnages également distingués par leur Naissance & par leur Mérite. Le Duc de Beaufort, le Cardinal de Retz, la Duchesse de Longueville, le Prince de Conti & le Duc de Bouillon étaient l'âme de la Fronde; & le Prince de Condé commandait ceux qui tenaient pour la Cour. Gaston d'Orléans, frère du Roi, vit indistinctement les deux partis sans en embrasser aucun. Cet orage, dissipé en partie par la retraite momentanée du Cardinal Mazarin, fut enfin entièrement appaisé par la Majorité de Louis XIV. On s'occupa ensuite à se procurer la paix au dehors; l'Espagne, qui avait soutenu les troubles en France, n'était pas moins épuisée que ce Royaume; & les deux Couronnes désiraient également une paix solide. Le Cardinal Mazarin & Louis de Haro furent nommés pour en dresser les conditions; &, après une Négociation qui dura plusieurs mois, ces deux habiles Négociateurs signèrent, le 7 Novembre 1659, le fameux Traité des Pyrénées qui procura enfin le calme à l'Europe; & donna à la France une Reine dans la personne de Marie-Thérèse d'Autriche.

La mort du Cardinal Mazarin suivit de près ce Traité. Louis XIV, devenu alors le Maître de l'Etat, dont il n'avait encore manié les rênes qu'en tremblant, déclara qu'il voulait Régner par lui-même. Cette fermeté, qu'on n'avait pas lieu d'attendre d'un jeune Prince, nourri dans le sein de la molesse, & des plaisirs, fit changer toute la face de l'Administration. Le Conseil prit dès-lors une forme plus respectable. La disgrâce du fameux Fouquet mit les Finances entre les mains de Colbert qui s'occupa tout entier du Commerce, de la Navigation & des Arts; la discipline fut rétablie dans les Troupes; des Fêtes superbes & brillantes succédèrent aux scènes tragiques qu'avaient offert les troubles de la Fronde; les plaisirs même les plus innocents eurent de l'éclat & de la grandeur.

La Monarchie Française n'offre aucun Règne aussi fécond en grands événements que celui qui nous occupe. La mort de Philippe IV, Roi d'Espagne, valut à la France la Franche-Comté & la Flandre qui furent conquises en peu de mois, en 1667; la Hollande, à laquelle Louis XIV reprochait son orgueil & ses propos indiscrets, fut également soumise, en peu de semaines, & déjà les Habitans d'Amsterdam se préparaient à s'embarquer pour Batavia, lorsque le célèbre Ruyter raffermit le courage de ses Concitoyens par la bataille de Solbaie, où les Hollandais firent des prodiges de valeur. La Franche-Comté, que la France avait rendue à l'Espagne par le Traité d'Aix-la-Chapelle, fut conquise une seconde fois, & détachée sans retour de la Monarchie Espagnole. Tous ces grands Exploits, qui signalèrent alors les Français contre lesquels s'étaient réunis l'Empereur Léopold, Charles II, & la plûpart des Princes de l'Empire, furent couronnés par la paix de Nimègue dont Louis XIV régla les conditions.

La Ligue d'Augsbourg, formée en 1688, par l'Empereur, le Roi d'Espagne, le Prince d'Orange, & plusieurs Princes de l'Empire, fournit de nouveau à la France l'occasion de déployer sa Puissance. La prise de Philipsbourg, dont le Siége fut commandé par le Dauphin, les Exploits du Vice-Amiral de Tourville, qui rendirent les Français Maîtres de la mer pendant deux ans, la bataille de Fleurus, gagnée par le Maréchal de Luxembourg; celles de Steinkerque & de Nerwinde; les victoires de Catinat à la Stafarde & à la Marsaille, les succès du Maréchal de Noailles en Catalogne, & ceux du Maréchal de Lorges en Allemagne; tous ces grands événements étonnèrent l'Europe, & couvrirent Louis XIV de gloire. La journée de la Hogue fut le seul échec que la Marine Française ait éprouvé pendant cette guerre; & cette malheureuse journée, dont les suites funestes étaient dues à l'imprudence de Jacques II, chassé d'Angleterre par son gendre, fit perdre à la France plus que n'auraient pu faire dix batailles. Cet événement n'empêcha pas la signature de la paix de Riswick, en 1697, où Louis XIV fit le généreux sacrifice de toutes ses victoires.

La mort du Roi d'Espagne, arrivée en 1700, donna naissance à une nouvelle guerre plus sanglante encore & plus coûteuse que toutes celles qui avaient agité l'Europe dans le siécle précédent. Ce Prince, qui croyait avoir le droit de léguer ses Peuples & ses Etats, avait déclaré par son testament, le Duc d'Anjou, petit-fils de Louis XIV, Roi d'Espagne & des Indes. Les autres Princes de l'Europe, jaloux de l'aggrandissement de la Maison de Bourbon, ne virent pas avec plaisir ces dispositions. L'Empire, l'Angleterre & la Hollande se liguèrent contre Louis XIV & Philippe V son petit fils. Autant les armes Françaises avaient eu de succès dans les précédentes guerres, autant elles éprouvèrent de calamités dans celle-ci. En Italie, le Prince Eugène battait le Maréchal de Catinat & le Duc de Villeroi, tandis qu'aux Pays-Bas, les Maréchaux de Tallard & de Marsin, laissaient leurs étendards sur les plaines d'Hochstet. Le cœur de la France même fut attaqué; les villes de Toulon & de Marseille tombèrent au pouvoir des Ennemis; l'enlévement de M. le Premier; surpris par les Hollandais sous les fenêtres de Versailles, faisait trembler pour le Roi & la Famille Royale. Dans cette fâcheuse conjoncture, Louis XIV fut obligé de demander humblement la paix; & déjà la France était sur le point de souscrire aux conditions humiliantes que les Alliés voulaient lui imposer, lorsque le Maréchal de Villars battit le Prince Eugène à Denain. Cette action éclatante détermina la paix d'Utrecht; & Philippe V régnait paisiblement, lorsque Louis XIV mourut le 1 Septembre 1715.

LOUIS XV, Roi de France.

NÉ le 15 Février 1710, il avait cinq ans & demi, lorsqu'il monta sur le Trône; dans sa plus tendre enfance, il montrait quelque penchant à dire des vérités désagréables à ceux qui l'approchaient. Un jour qu'on lui présentait M. de Coiflin, Evêque de Metz, dont la figure était peu revenante, le jeune Roi s'écria : « Ah ! mon dieu, qu'il est laid ! Le Prélat osa dire tout haut : » Voila un petit garçon bien mal-appris.

Il y avait peu de jours que Sa Majesté était passée entre les mains des hommes; elle voulait aller à la foire S. Germain, qui venait de s'ouvrir. Rien n'était plus aisé que de lui procurer ce divertissement. Cependant lorsqu'il fallut monter en carosse, M. le Duc du Maine, qui avait la surintendance de son éducation, & le Maréchal de Villeroy, son Gouverneur, ne s'accordèrent pas sur la place qu'ils devaient occuper : le Gouverneur soutint qu'il ne devait céder la première place qu'au premier Prince du Sang. Cette difficulté qui fut portée au Conseil de Régence, força le Roi de rester au Château.

Son caractère était doux & facile, & l'on a remarqué, dans toute sa vie, qu'il ne montra aucun emportement.

Ce qu'il apprit le mieux dans la première jeunesse fut la Géographie, Science la plus utile à un Roi soit en guerre soit en paix. Il fit même imprimer au Louvre un petit Livre de la *Géographie pour le Cours des Fleuves*, qu'il composa en partie sur les leçons de M. de l'Isle, & dont on tira cinquante exemplaires. C'est cette étude qui le détermina depuis à faire lever des Cartes Topographiques de toute la France, ouvrage immense, où l'on n'a trouvé presque rien d'omis ni d'inexact.

Son jugement en toutes choses était juste; mais cette douce facilité de caractère le porta toujours à préférer l'opinion des autres à la sienne. C'est par trop de condescendance qu'il fit la guerre sans être ambitieux, & donna deux batailles sans être emporté par cette ardeur qui naît de la fougue du tempérament, & que la foiblesse humaine a nommée Héroïque.

Son ame était toujours tranquille. Elle le fut même lorsqu'en 1744 il courut à la tête de son Armée, délivrer l'Alsace inondée d'Ennemis. Ce fut alors qu'étant tombé malade à Metz & près de mourir, il reçut de ses peuples ce sur-nom si flatteur de *Bien-Aimé*. Il ne lui fut point donné en Cérémonie & par des Actes authentiques, comme le sur-nom de *Grand* fut décerné à Louis XIV par l'Hôtel-de-Ville. L'enthousiasme des Parisiens cherchait un Titre qui exprimât sa tendresse pour son Roi. Un homme de la populace cria : Louis *le Bien-Aimé* : bientôt cinq cents mille voix le répétèrent : tous les calendriers, tous les papiers publics furent ornés du nom.

L'amour l'avait donné, & l'usage le conserva dans les tems orageux, où ces mêmes Parisiens que l'Europe accuse de légèreté, semblèrent démentir pour quelques jours les témoignages de leur tendresse.

Il mérita cet amour sans-doute, lorsque, pour tout fruit de ses Conquêtes en Flandre, il demandait la paix à la vertueuse Marie-Thérèse.

Sa déférence pour les sentimens d'autrui lui fit-encore entreprendre la guerre de 1756, qui coûta à la France beaucoup de sang, encore plus de tréfors, tout le Canada, son Commerce de l'Inde, son crédit dans l'Europe. Douze années suffirent à-peine pour réparer une partie de ces bréches immenses.

Tant de malheurs n'altérèrent point l'âme du Monarque. Elle ne se démentit pas, même dans cette horrible & incroyable aventure d'un fanatique de la lie du peuple, qui osa porter la main sur sa Personne Sacrée; &, après les premiers momens donnés à l'incertitude des suites, il fut aussi serein que s'il n'avait point été blessé.

Si Louis XV avait eu l'âme ambitieuse & cruelle, la France aurait peut-être la triste gloire d'avoir fait dans l'art de la guerre une révolution aussi grande que celle que produisit autrefois la découverte de la poudre à canon. Un Dauphinois, Dupré, qui avait passé sa vie à faire des opérations de Chimie, inventa un feu si rapide & si dévorant qu'on ne pouvait ni l'éviter ni l'éteindre; l'eau lui donnait une nouvelle activité. Sur le canal de Versailles & dans les cours de l'arsenal à Paris on en fit des expériences qui firent frémir les Militaires les plus intrépides. Quand on fut bien sûr qu'un seul homme avec un tel art pouvait détruire une Flotte ou brûler une Ville, on défendit à Dupré de communiquer son secret à personne, & le Roi le récompensa pour qu'il se tût. Cependant Louis était dans les embarras d'une guerre funeste; chaque jour, il faisait des pertes nouvelles; les Anglais le bravaient jusques dans ses ports; il pouvait les détruire; mais il craignit d'augmenter les maux de l'Humanité.

Ce n'était pas seulement dans les grandes occasions qu'il était humain. Tous ses domestiques avouent qu'on ne vit jamais un Maître plus indulgent, & que tous ceux qui ont travaillé sous ses ordres se louent de son affabilité. On ne peut pas être toujours Roi; on serait trop à plaindre; il faut être homme; il faut entrer dans tous les devoirs de la vie civile, & Louis XV y entrait sans que ce fût pour lui une gêne & un dehors emprunté. Sans être tendre & affectueux, il était bon mari, bon père, bon maître & même ami, autant que peut l'être un Roi.

C'est sur-tout à cette sérénité qu'il faut rendre grace de ce qu'il ne fut point persécuteur. Il ne sonda point l'opinion des hommes pour les condamner. Il ne rechercha point des fautes obscures pour les mettre au grand jour, & pour se faire un cruel mérite de les punir. Long-tems fatigué par des querelles scholastiques qui troublaient avant lui le Royaume, au milieu des troubles du Clergé, il était comme un père occupé à séparer ses enfans qui se battent. Il défendait les coups & les injures; il réprimendait les uns; il exhortait les autres; il ordonnait le silence, défendant aux Parlemens de juger du Spirituel; recommandant aux Evêques la circonspection, regardant la Bulle comme une Loi de l'Eglise, mais ne voulant point qu'on parlât de cette Loi dangereuse.

On s'est étonné que, dans sa vie toujours uniforme, il ait si souvent changé de Ministres; on en murmurait; on sentait que les affaires en pouvaient souffrir; & que rarement le Ministre qui succédait suit les vues de celui qui est déplacé; qu'il est dangereux de changer de Médecins & qu'il est triste de changer d'amis.

Louis XV mourut, le Doyen des Rois de l'Europe, le 10 Mai 1774.

MARILLAC,
Garde des Sceaux.

MARILLAC.

Dans ce vaste Amphithéâtre du monde, où chacun est placé au hazard sur son gradin, on croit que la suprême félicité est dans les dégrés d'en haut. C'est une erreur. Mais peut-être cette erreur est-elle nécessaire aux hommes. Ils ne se donneraient pas la peine de s'élever, s'ils ne pensaient que le bonheur est placé fort au-dessus d'eux.

Voilà ce que dit la Philosophie & ce que prouve l'Histoire dans la Personne de Michel de Marillac, Garde des Sceaux de France, & de Louis da Marillac, son frère. Celui-ci, Maréchal de France, &, couvert de blessures, après quarante ans de Service, meurt sur un échafaud en Place de Gréve, & Michel, Maître des Requêtes, puis Chef de la Magistrature, périt misérablement dans la fange d'une prison.

Marie de Médicis les avait élevés au faîte des grandeurs, & Richelieu les en fit descendre. Celui qui avait réduit une Reine de France & de Navarre, la veuve du grand Henri, à n'avoir pas un *fagot* pour se chauffer, pouvait bien se défaire d'un Général d'Armée qui osait le haïr, & qui peut-être aurait voulu le détrôner; car Louis de Marillac fut un des principaux Acteurs de la *Journée des Dupes*.

Le *Cardinal-Duc*, qui prévenait toujours des complots par des meurtres, fait arrêter un des plus braves Officiers de la France, parce qu'il s'était réjoui trop-tôt de sa disgrâce : & c'est en Italie même, où il commandait, que son Collégue, le Maréchal de Schomberg reçoit l'ordre de lui prendre son épée.

Louis de Marillac dînait encore, lorsque M. de Shomberg vint lui signifier la lettre de la Cour. « Monsieur, dit l'illustre Prisonnier, il n'est pas permis au Sujet de murmurer contre son Souverain, ni de lui dire que les choses qu'il allégue sont fausses. Je puis assurer avec vérité que je n'ai rien fait contre le Service du Roi, & que je n'ai rien dit de vous ni d'aucun autre, qui demande la moindre justification. Mon frère, le Garde des Sceaux & moi avons toujours été Serviteurs de la Reine-Mère. Il faut qu'elle ait du dessous, & que M. de Richelieu l'emporte sur elle. Quand mon frère & moi avons été de son parti, le Roi nous l'a permis. Mais il n'y a plus de reméde. Il faut souffrir. On peut m'arrêter fort facilement & je n'ai pas besoin de Gardes. Je me rendrai en telle place & en telle prison qu'il plaira au Roi de marquer. »

Avec cette tranquillité d'âme, plus fort que la Fortune, il attendoit ses coups sans les braver ni les craindre. L'occasion de se sauver se présenta plus d'un fois; car il y avait une charretée de foin sous sa fenêtre qui n'avait pas plus de six à sept pieds de haut. La nuit, quatre Gardes couchaient dans sa Chambre, dont deux veillaient avec une chandelle, & se relevaient de deux heures en deux heures. Enfin, au bout de quinze jours, on le conduisit à Sainte-Menehoult en Champagne, & delà dans la Citadelle de Verdun.

Selon sa coutume, le Cardinal établit une Chambre de Justice pour instruire ce Procès. Il avait eu le tems de se former des témoins qui accuseraient sa victime de péculat. La Chambre exigea des preuves. Le Cardinal craignit d'en manquer, & révoqua des Juges qui ne se vendaient pas. Peu content de l'avoir privé du droit d'être jugé par les Chambres du Parlement assemblées, il fit casser l'arrêt des Commissaires, & nomma d'autres Juges dont il était plus sûr, puisqu'il avait en mains le tarif de leur probité. Un d'eux était Paul Hay-du-Châtelet, qui avait fait une satyre atroce contre les deux frères. Cette Ligue juridique méprifa les formes & les bienféances, jufqu'à permettre que le Maréchal de Marillac fût interrogé à *Ruel*, dans la maifon de campagne de fon bourreau.

On fut deux ans à trouver, non pas des raifons, mais des prétextes pour le condamner, & tout ce que put faire la calomnie, ce fut de déterrer quelques anciens abus dans l'exercice de fa Charge, quelques profits illicites, mais ordinaires, faits par lui ou par fes domeftiques dans la conftruction de la Citadelle de Verdun. Chofe étrange! dans le procès d'un homme de ce rang, il ne s'agit que de *foin*, de *paille*, de *pierre* & de *chaux*. Convaincu même de toutes ces *pécadilles* de grand Seigneur, méritait-il l'ignominie d'un fupplice? Il y avait une Loi antique qui portait que le péculat commis par quelque perfonne que ce foit, ferait puni par la *confifcation de corps & de biens* : & encore cette Loi ne fut-elle découverte qu'après beaucoup de recherches dans les Regiftres de la Chambre des Comptes, par Bullion qui voulait faire fa cour au plus Defpote des Miniftres. Un Courtifan, encore plus adroit, eut le courage de feuilleter les mille & une Loix de la France, avec les mille & un Commentaires, pour s'afsûrer, avec quelques heureufes interprétations, que la *confifcation de corps & de biens* était le banniffement & même la mort. On n'oublia pas l'Ordonnance de Blois, qui défend fous peine de la vie, à tous Officiers & Soldats de prendre & d'exiger de l'argent pour ne pas loger dans les Villes & les Villages qui leur font défignés. Cette Loi paffagère, que les guerres Civiles avaient rendue néceffaire, ne s'obferva pas même dans ces tems de licence; mais Richelieu avait ordonné que Marillac fut coupable, & il le devint, ne fut-ce que par le bien qu'il n'avait pas fait. L'envie lui reprocha fa terre de *Tournebu*, de deux mille livres de rente, où il avait dépenfé peut-être dix ou douze mille écus. C'eft en paffant devant cette maifon à moitié bâtie, qui n'avait ni portes ni fenêtres, que le Prince de Condé s'arrêtant tout court, dit aux Gentilshommes de fa fuite: « On a allégué ce bâtiment pour faire couper le col à Marillac; mais il n'y a pas de quoi faire donner le fouet à un page. »

Malgré fon innocence, Marillac placé entre l'ambition qui opprime & la baffe férocité qui eft à fes gages, fut condamné à perdre la tête. Colorant leur inhumanité du nom de juftice, fanguinaires fans néceffité, ce qui n'eft pas même le caractère des animaux carnaffiers, treize Juges firent expirer un Compatriote qui n'avait été qu'imprudent.

La haine du Cardinal n'eût pas été affouvie, s'il fe fût borné à pourfuivre le Maréchal de Marillac. Le Garde des Sceaux, fon frère, fut enveloppé dans fon ignominie. Celui-ci avait été, dans fa jeuneffe, l'un des plus fougueux Ligueurs dont notre Hiftoire faffe mention. Devenu inutile à fon parti, après la pacification des troubles, il fe livra aux Exercices de Piété, & fe fit faire un appartement dans l'avant-cour des Carmélites du fauxbourg S. Jacques, afin de prier Dieu dans leur Eglife quand bon lui femblerait. Ce fut là que Marie de Médicis, Fondatrice de cette maifon, le connut. Cette Princeffe le recommanda au Cardinal de Richelieu, qui le fit Directeur des Finances, en 1624, puis Garde des Sceaux, deux ans après. Mais bien-tôt l'orage qui avait accablé fon frère, fondit auffi fur fa tête. Le Miniftre vindicatif le fit renfermer au Château de Caen, puis dans celui de Châteaudun. Il y mourut en 1632, dans la plus affreufe indigence. Pendant tout le tems de fa prifon, il ne fubfifta que des libéralités de Marie de Creil, fa belle-fille, qui fit encore les frais de fes modiques funérailles.

LE CARDINAL DE RICHELIEU.

ARMAND Jean du Pleſſis naquit au Château (1) de Richelieu, en Poitou, le 5 Septembre 1585. Il eut pour père François du Pleſſis, Seigneur de Richelieu, Chevalier des Ordres du Roi, grand Prévôt de l'Hôtel, & marié à Suſanne de la Porte.

On eût pu prévoir, dès ſon bas âge, ce qu'il fit dans la ſuite. Sa première jeuneſſe fut tout-à-la-fois impétueuſe & réfléchie. Ses Camarades d'études avaient de la peine à lui faire partager leurs jeux. Il connaiſſait déjà le prix du tems, & il ſut bien le mettre à profit ; car, à 22 ans, il fut nommé Evêque de Luçon. Son mérite devançant la majorité, on crut pouvoir en ſa faveur déroger aux SS. Canons. En 1607, le Cardinal de Givri le ſacra à Rome, en préſence du Sacré Collége & d'un grand concours de Citoyens de tous les ordres.

Elevé à la Prélature, il ne ſe crut pas exempt des travaux Apoſtoliques ; il prêcha à Paris avec une telle diſtinction que la Reine voulut l'attacher à ſa perſonne, ſous le titre de ſon grand Aumonier. On l'initia aux affaires ; il était d'un caractère inſinuant : on ne tarda pas à lui reconnaître une grande pénétration. Une Charge de Secrétaire d'État & la préféance ſur les autres Miniſtres en fut la récompenſe, en 1616. L'année ſuivante, il ſe retira à Blois, lieu d'exil de la Reine mère ; il ne pouvait guère reſter à la Cour, la mort lui ayant enlevé ſon Protecteur, le Maréchal d'Ancre. Il paſſa enſuite à Avignon, & conſacra ſes loiſirs à la compoſition de pluſieurs ouvrages Polémiques & Aſcétiques. On lit encore avec fruit ſa *Méthode des Controverſes*. Rappellé en 1619, il vint à bout de réconcilier la Reine & le Roi ſon fils, en 1620, & reçut pour prix de ſa négociation le Chapeau de Cardinal en 1622. Louis XIII, en lui accordant, deux ans après, ſes entrées au Conſeil, parut céder plutôt à l'importunité & au beſoin qu'à ſon propre choix, & ne put ſe diſpenſer, malgré ſa prévention, de le nommer ſon Principal Miniſtre d'État. De ce moment, les titres s'accumulèrent ſur la tête du Cardinal, aſſez forte, pour les porter tous. Il fut preſqu'en même tems reconnu Chef de tous les Conſeils, grand Maître, Chef & Surintendant Général de la Navigation & du Commerce de France.

Au faîte des honneurs & du pouvoir, il voulut ſignaler ſon règne par deux événemens d'éclat, la deſtruction de l'Héréſie & l'abaiſſement de la Maiſon d'Autriche. Et en effet le ſiége de la Rochelle eſt un des momens les plus brillans dans les Annales de la France. Cette Ville, le Chef-lieu des Calviniſtes, fut obligée de ſe rendre, en 1628, après un an entier de réſiſtance. Le Cardinal vint en perſonne préſider aux travaux de cette Digue, la première peut-être qu'on ait oſé avec ſuccès impoſer à la mer.

La priſe de Pignerol & de Suze, la défaite du Duc Spinola & la conquête de toute la Savoie, en 1630, furent comme autant de Piéces juſtificatives que le Cardinal, envié autant qu'ambitieux, ſe ménagea pour repondre aux inculpations de toute eſpéce, d'un Parti puiſſant qui médi-

---

(1) D'autres Bibliographes diſent à Paris.

tait sa ruine auprès du Monarque, faible d'esprit comme de corps. Qu'il eût été grand, s'il eût apporté moins d'acharnement ou plus de justice dans ses vengeances ! Les Traités de 1631 avec Gustave-Adolphe & la Savoie, lui firent plus d'honneur que l'assassinat juridique de Montmorenci & ceux de Marillac, de Cinq-mars & de Thou. Les dernières années de sa vie furent les plus orageuses. Il s'y montra supérieur aux événements ; mais les moyens les plus violents furent les seuls qu'il crut à propos d'employer pour se maintenir. C'est à travers un dédale d'intrigues plus fâcheuses les unes que les autres, pour ceux qui s'y trouvèrent enveloppés, qu'il arriva au terme de ses jours.

Le Cardinal de Richelieu mourut à Paris le 4 Décembre 1642, âgé de 57 ans & 3 mois.

On a remarqué dans la vie de ce grand Politique que le 5 de Septembre a été un jour heureux pour lui. Né le 5 Septembre 1585, il fut élevé au Cardinalat le 5 Septembre 1622, & nommé Duc & Pair le 5 Septembre 1631.

Les Collèges de Navarre & de Lisieux réclament l'honneur d'avoir donné les premières leçons de Littérature au Cardinal de Richelieu.

Voici le portrait que nous en a laissé un Ecrivain estimable, qui s'était fait une étude particulière du génie de ce Ministre.

Il avait l'air agréable, quoiqu'il fût maigre ; il était d'une taille déliée & assez haute ; sa complexion était délicate, & ses grandes applications l'avaient encore rendu plus faible. Pour l'esprit, il l'avait prompt & vif, pénétrant & vaste dans les Affaires d'Etat, où il montrait un jugement profond & solide. Il ne pouvait souffrir les injures, & rien ne lui était plus agréable que la vengeance. Il était superbe & colère. Mais il ne laissait pas de paraître affable & plein de douceur d'abord. Il parlait facilement & avec assez d'éloquence. Il se piquait fort de courage & de constance ; mais il en manquait souvent dans les dangers ; & si le Capucin Joseph ne l'eût soutenu en trois ou quatre rencontres où la tête lui tournait, ses Ennemis auraient eu le plaisir de le voir sortir du Ministère avec ignominie, pour aller mourir de chagrin dans son petit Diocèse. Quand il venait à bout de ce qu'il entreprenait, il était fier & méprisant. Il aimait passionnément la flatterie : & plus les louanges étaient hyperboliques, plus elles étaient à son goût. Il aimait les Savans & les Beaux-Esprits, & sur-tout les Poëtes. C'était peut-être le plus dangereux ennemi & le plus généreux ami qu'il y eût jamais.

Le meilleur de ses ouvrages est son Testament. On sait que M. de Voltaire s'est efforcé de lui enlever cette production. C'est à cette occasion que le feu Roi de Prusse lui adressa les vers suivans :

> Quelques Vertus, plus de faiblesses,
> Des grandeurs & des petitesses,
> Sont le bisarre composé
> Du Héros le plus avisé.
> Il jette des traits de lumières ;
> Mais cet astre dans sa carrière
> Ne brille pas d'un feu constant.
> L'esprit le plus profond s'éclipse ;
> Richelieu fit son Testament,
> Et Newton son Apocalypse.

Du Cambout de Pont-Chateau.

Sebastien-Joseph du Cambout de Pont-Château, a passé dans le siécle dernier, pour un prodige d'humilité & de pénitence. Dans une vie toute sainte & toute mortifiée, il a retracé, de nos jours, la vie des Anciens Pères du Désert.

Cependant tout semblait devoir l'attacher au monde. Cousin des Cardinaux de Richelieu & de Lyon, beau-frère du Duc d'Epernon & du Comte de Harcour, oncle du Duc & du Cardinal de Coislin, à quels Emplois n'eût-il pas pu prétendre, s'il n'eût préféré la voix de sa conscience, au cri séducteur de l'ambition ?

Son éducation fut conforme à sa naissance. Chargé, dès l'enfance, de trois Abbayes, il fit ses humanités avec honneur, & son cours de Théologie avec la plus grande distinction. C'est quand il fallut se présenter aux Ordres, que le jeune Abbé commença à balancer; c'est alors qu'il apperçut, pour la première fois, que sa vocation à l'État Ecclésiastique venait moins de Dieu que de ses Parents. Il consulta Singlin, Confesseur de Port-Royal; & déjà il offrait d'abandonner tous ses biens & de renoncer entièrement au monde, plutôt que de souscrire l'engagement qu'il redoutait.

Trop éclairé, pour approuver un projet dicté par une ferveur passagère, Singlin défendit à son pénitent de suivre ce premier mouvement : « Vous » pouvez bien, lui dit-il, vous séparer du monde sans y renoncer : avant » de prendre un parti, il faut long-tems méditer dans la retraite & le » silence pour savoir qu'elle est la volonté de Dieu sur vous. »

L'Abbé de Pont-Château suivit ce conseil prudent. Il se retira au fauxbourg Saint-Jacques, chez un Ecclésiastique distingué par sa piété. Il y passa quelque tems ; mais les liaisons qu'il avait dû conserver dans sa famille, & quelques connaissances qu'il renouvella, l'eurent bien-tôt dégoûté de sa retraite, & le rengagèrent de nouveau dans le monde. Il retomba dans ses premiers scrupules; &, pour s'y soustraire, il résolut de voyager.

Il partit pour l'Italie, fit un assez long séjour à Rome, où il fut accueilli par tout ce qu'il y avait alors de plus grand ; &, après avoir parcouru la Hollande & l'Allemagne, il revint à Lyon, chez le Cardinal-Archevêque qu'il trouva mourant.

C'est dans ce voyage, que le Cardinal, effrayé à la vue du Dieu auquel il allait rendre compte de sa vie, découvrit le fonds de son cœur au jeune Pont-Château, qu'il avait toujours tendrement aimé. C'est dans son sein que le Prélat agonisant déposa cet aveu terrible pour les ambitieux : *Ah ! que j'aimairais bien mieux mourir Dom Alfonse, que Cardinal de Lyon !*

Il faut observer ici, pour sentir le mérite de ce beau trait, que le Cardinal avait été Chartreux dans sa jeunesse; qu'il y portait le nom de *Dom Alfonse*; qu'il y avait passé vingt ans, & n'était rentré dans le siécle qu'à la sollicitation du Cardinal de Richelieu, son frère.

Ce que venait de voir & d'entendre l'Abbé de Pont-Château n'était guère propre à lui faire désirer un état dans lequel il redoutait depuis long-tems de s'engager : aussi le voyons-nous changer, tout-à-coup de deſſein, & ſonger à ſe marier. Il vint à Paris, où il eût bien-tôt trouvé ce qu'il cherchait à la première ouverture qu'il fit à ſes parents de la réſolution qu'il avait priſe; on lui propoſa une Demoiſelle qui lui convenait & du côté de la naiſſance, & du côté de la fortune. Déjà les deux familles étaient d'accord, & l'on allait contracter, lorſque la Demoiſelle mourut. Notre Abbé fut inconſolable; il avait éprouvé que ſes premiers voyages avaient chaſſé ſes ſcrupules; il crut que de nouvelles courſes pouraient ſoulager ſa douleur. Il viſita toutes les Provinces du Royaume, & retourna en Italie, où il demeura pendant quatre ans.

De retour à Paris, en 1662, il entend parler des troubles de Port-Royal. Son imagination s'enflâme; ſes premières liaiſons avec M. Singlin reviennent à ſon eſprit; &, tel que l'enfant prodigue, il court ſe jetter à ſes pieds. La mort des deux Cardinaux l'avait laiſſé parfaitement libre; &, comme il le diſait depuis plaiſamment en parlant de ces Eminences: *Dieu a tué ces deux hommes pour me ſauver.*

De ce moment il eſt voué entièrement à M.M. de Port-Royal, & leur Hiſtoire devient la ſienne. Il diſpoſe de ſon patrimoine, ſe démet de ſes Abbayes, devient inconnu à ſa famille, renonce même à ſon nom. Perſécuté, quand ils le ſont, fugitif, quand ils fuient, il revient avec eux & chez eux, à la paix de *Clément IX*.

Dans la guerre, il les ſert de ſa plume; il écrit à M. de Péréfixe, pour ſe plaindre de l'empriſonnement de M. de Saci: à la paix, il les ſert de ſes mains; il ſe chargea du ſoin du jardin; &, pendant dix ans il en fit toutes les fonctions les plus baſſes & les plus laborieuſes. C'eſt à cette pratique manuelle du jardinage, qu'on doit la *Manière de cultiver les arbres fruitiers*, Paris, 1632, *in*-12, ſous le nom de *le Gendre*.

Les *Gens de bien*, comme on le diſait alors, qui habitaient Port-Royal, ayant été diſperſés en 1679, Pont-Château, muni des inſtructions de Pavillon, Evêque d'Aleth, courut à Rome défendre la Cauſe commune; mais, quoiqu'il n'y fût connu que d'Innocent XI, & du Cardinal Cibo, la Cour de France le découvrit, & ſollicita ſon expulſion. De Rome, il alla à pied en Eſpagne, pour ſe procurer un exemplaire du *Teatro Jéſuitico*. C'eſt d'après ce livre, qu'il a fait les deux premiers volumes de la *Morale Pratique des Jéſuites*; les ſix derniers ſont de M. Arnauld. Il alla encore en Hollande ſolliciter les *Elzévir* d'imprimer le *Nouveau Teſtament*, dit *de Mons*; mais ce projet échoua.

Depuis, il ne ceſſa d'errer dans diverſes ſolitudes, où, malgré ſes déguiſemens, il avait peine à demeurer inconnu. Enfin il vint ſe cacher à Paris, où il mourut ſur la Paroiſſe de Saint Gervais, le 27 Juin 1690; âgé de 56 ans. Il fut inhumé à Port-Royal.

On peut voir dans le *Nécrologe* de cette Communauté, l'Hiſtoire des derniers momens de M. de Pont-Château; ſa Maiſon, l'Egliſe même forcée par le peuple, pour ſe procurer des Reliques du nouveau Saint; l'empreſſement des malades pour toucher ſon Cercueil, & le détail des guériſons miraculeuſes qui s'y opérèrent; mais ce que tous nos Lecteurs y trouveront ſans doute avec nous de plus édifiant, c'eſt que M. le Duc de Coiſlin, qui, malgré ſes longues recherches ne retrouva ſon oncle qu'à l'agonie, reſpecta en tout ſes volontés; il avait vécu pauvre, il voulut être enterré comme les pauvres, & le Duc ne dédaigna pas d'accompagner un tel Convoi, à pied, décoré des Ordres du Roi, & ſuivi d'une nombreuſe livrée.

PHILIPPE, DUC D'ORLÉANS, Régent de France.

PHILIPPE II, Duc d'Orléans, petit-fils de France, naquit à Saint Cloud, le 2 Août 1674. Il était fils de Monsieur, frère de Louis XIV, & de Charlotte Elizabeth de Bavière, fille de l'Electeur Palatin. Né avec des dispositions heureuses, un génie ardent, une pénétration rare, il eut toutes les qualités qui font les grands Princes. L'Abbé du Bois, son Précepteur, qui n'avait qu'un esprit ordinaire, n'a pu lui inspirer que les sentiments d'ambition qui le dévorèrent lui-même pendant toute sa vie. Philippe ne dut qu'à son propre génie les grands talents qui lui acquirent la plus brillante réputation dans toute l'Europe.

Le Duc d'Orléans était à peine âgé de seize ans, qu'il fit la Campagne de Flandre sous le Maréchal de Luxembourg. Ce Prince fut blessé à la journée de Steinkerque. Lorsque l'Action fut finie, il demanda qu'on plaçat sur les chariots les blessés des deux partis. *Après le Combat*, dit-il, *il n'y a plus d'Ennemis sur le Champ de Bataille.* Ces paroles remarquables, dignes du petit-fils de Henri IV, font l'éloge de son esprit & de sa sensibilité.

La paix de Riswick, publiée en 1697, parut changer ses inclinations. Ayant déposé l'armure sanguinaire des guerriers, il porta dans les Lettres la même ardeur qu'il avait témoignée dans les combats. L'éloquence & les Mathématiques fixèrent principalement ses regards. Déja, il avait fait de grands progrès dans ces Sciences, lorsqu'en 1706, Louis XIV l'envoya commander dans le Piémont. On fait quelles furent les suites funestes de cette Campagne. Les combinaisons ignares du Ministre Chamillard, qui, du fond de son Cabinet à Versailles, dirigeait les opérations des Généraux, au-delà des monts, causèrent la déroute de soixante mille hommes, à la tête desquels périt le Maréchal de Marsin, & firent perdre à la France, en moins de quatre heures, le Modénais, le Milanais, le Piémont & le Royaume de Naples.

De l'Italie, le Duc d'Orléans fut envoyé en Espagne. Quelque diligence qu'il eût faite, il n'arriva que le lendemain de la bataille d'Almanza ; mais il profita de cette Action en grand Capitaine, & les suites de la victoire furent aussi rapides que l'avaient été les revers. Réquena, Valence, Sarragosse ouvrirent leurs portes au Vainqueur, & Philippe pénétrant bien-tôt dans la Catalogne, prit en onze jours la ville de Lérida ; l'écueil du grand Condé. Le Fort de cette Ville céda lui-même au bout d'un mois. Toutes ces victoires affermirent Philippe V sur le Trône d'Espagne.

Louis XIV, en mourant, avait, en quelque sorte écarté le Duc d'Orléans de l'Administration du Royaume, pendant la minorité du jeune Monarque. Le Parlement, sans aucun égard pour le Testament du Roi défunt, déféra à Philippe la Régence qui lui appartenait par le droit de sa Naissance. Cette Régence ne fut pas aussi orageuse qu'on avait tout lieu de le craindre. Les seize premiers mois sur-tout offrirent l'image du Gouvernement le plus heureux. La solde qui manquait depuis long-tems fut payée; on proportionna le nombre des Troupes au besoin de la patrie le droit de remontrances, que le Despotisme avait enlevé au Parlement, fut rendu à cette auguste Compagnie; & le peuple vit avec joie la suppression de quelques impôts, & l'opulence scandaleuse des Traitans, soumis à l'examen d'une Chambre de Justice. Si les guerres intestines, occasionnées en France, par la Bulle *Unigenitus*, ne furent pas entièrement appaisées, sous sa Régence, ce Prince eut au-moins la gloire d'avoir mis dans ces débats religieux, toute la modération qu'on pouvait attendre d'un Administrateur éclairé.

Lorsque Louis XIV mourut, la France, gouvernée par des Moines & des Dévotes, devait deux milliards. Cette dette énorme obligea le Régent à recourir à un moyen qui, salutaire dans un État Républicain, ne pouvait convenir à un Gouvernement Monarchique. Il établit une Banque, fit fabriquer pour deux milliards six-cents quatre-vingt-seize millions quatre cents mille livres de billets, fonda une Compagnie de Commerce; & tout cela n'eut d'autre bâse que le génie du Créateur. La Banque était fondée sur environ dix-neuf mille livres, apportées d'Ecosse par un nommé Jean Law, & la Compagnie devait négocier au Mississipi, où il n'y avait encore ni habitans ni plantations. Cette spéculation mémorable, formée en 1718, acquitta la plus grande partie des dettes de l'Etat, & ruina des milliers de familles qui eurent la bonhomie de porter leurs fonds dans cette caisse fragile.

La Régence du Duc d'Orléans finit en 1723, à la majorité du Roi. Il venait de faire donner le titre de Premier & Principal Ministre au Cardinal Dubois, son Favori, déjà nommé en 1720, Archevêque de Cambrai, & deux ans avant, Ministre des Affaires Etrangères. Ce Prélat étant mort, au mois d'Août 1723, le Duc d'Orléans lui succéda dans la Place de Premier Ministre. Le peu de tems que dura son Ministère, fut consacré à l'Humanité. Chirac, son premier Médecin, qui l'avait guéri au siége de Turin, où il se trouva sur le point de perdre le bras, lui avait donné un projet qui, en multipliant les observations sur chaque maladie, aurait établi une pratique plus uniforme dans l'art de guérir. Vingt-quatre des principaux Médecins de la Faculté de Paris, devaient composer une Académie, dont les Correspondans auraient été les Médecins des Hopitaux du Royaume, & même des pays Etrangers. Tout était disposé pour l'exécution du projet, lorsque le Régent mourut, le 2 Décembre 1723.

Les grands rôles que ce Prince a joués dans l'Etat, sa naissance, ses talents, lui ont attiré beaucoup d'ennemis, en même tems qu'il se faisait un grand nombre de Partisans. Quelques Ecrivains, parmi lesquels il faut placer Madame de Caylus, en ont tracé un portrait qui n'est pas flatteur; d'autres, se laissant aller à des sentiments d'une adulation toujours mensongère, ont exagéré ses vertus. Ce qu'il y a de certain, c'est que de tous les Descendans de Henri IV, le Régent fut celui qui réunit le plus la valeur, la gaîté & la franchise de ce bon Roi. Peut-être aima-t-il un peu trop le plaisir; mais on peut dire à sa louange qu'il sût dédaigner les leçons d'Epicure, quand son devoir ou la gloire lui rappellait sa naissance.

LE MARÉCHAL DE NOAILLES.

ADRIEN-Maurice, Duc de Noailles, né en 1678, entra jeune au Service, & suivit son père en Catalogne, à tous les siéges de 1693 & 1694. Il continua de servir sous le Duc de Vendôme, & revint faire la guerre de Flandre en 1696. Il accompagna, en 1700, le Roi d'Espagne jusqu'à Madrid. L'Abbé Millot, Auteur des *Mémoires du Maréchal de Noailles*, le peint ainsi. — Une belle âme, un esprit supérieur, une gaîté charmante, beaucoup d'amabilité, beaucoup de culture, l'amour du Roi & de la Patrie, le zéle du bien public, une ardeur prodigieuse pour le travail, une émulation vive pour tout ce qui est digne d'éloges, formaient le fond de son caractère. Ses défauts même tenaient à de grandes qualités. Une conception rapide lui faisait voir d'un coup d'œil trop d'objets pour ne pas le rendre quelquefois indécis, ou trop lent à se décider. La passion de bien faire, le desir de mériter les suffrages lui inspiraient une sorte d'inquiétude sur les jugements d'autrui, capable d'altérer son âme quand il se croyait en butte à des injustices. Ardent pour tous les devoirs, il était sujet à s'emporter quand on ne les remplissait pas; mais sa colère était celle d'un homme vertueux qui se calme aisément, & qui pardonne sans peine. Uni à Madame de Maintenon par son mariage avec Mademoiselle d'Aubigné, & encore plus par une estime & une amitié mutuelles, il était, plus que personne, à portée de tout obtenir, & il ambitionnait sur-tout de mériter. Il faisait de la Morale un objet essentiel de ses études, à l'âge où les passions effacent souvent l'idée de la Vertu.

Envoyé en Roussillon, à la tête des Armées du Roi, en 1708 & 1709, il s'y distingua, s'empara de la Gironne, une des plus fortes places de la Catalogne, dans l'hiver de 1709. Cette action lui mérita la Grandesse d'Espagne de la première Classe, que Philippe V lui donna. Il était déjà Lieutenant-Général des Armées en France, & créé Duc & Pair en 1708. Homme de guerre, homme d'État, également propre aux deux Emplois, il fut nommé Président du Conseil des Finances, en 1715 ; Conseiller au Conseil de Régence en 1718. L'entrée du Cardinal du Bois, à ce Conseil, occasionna une dispute dont suivit la retraite du Duc de Noailles. Il eut le même sort que M. de Villeroi, & le Chancelier Daguesseau. — « Cette journée, dit le Duc de Noailles au Cardinal du Bois, » sera fameuse dans l'Histoire, Monsieur ; on n'oubliera pas de marquer » que votre entrée dans le Conseil en a fait déserter tous les Grands du » Royaume. »

Le Duc de Noailles fit, durant son exil, autant de bien qu'il le put, aux Gentilshommes de sa Province. Il obtenait tout ce qu'il sollicitait pour eux. Le Cardinal du Bois étant mort en 1723, le Duc d'Orléans rappella le Duc de Noailles, qu'il aimait & estimait. A la première entrevue, dit l'Abbé Millot, il l'embrasse tendrement, lui proteste que sa disgrâce n'est venue que de ce coquin de Cardinal du Bois. Eh bien que dirons nous, lui dit-il ; Noailles répond en homme d'esprit : *Pax vivis, requies defunctis.*

I

Il fut nommé Chevalier des Ordres du Roi en 1724. Après le siége de Philipsbourg, il obtint le bâton de Maréchal de France. Il commanda pendant l'hiver de 1734, & reprit Worms sur les Allemands. En 1735, il fut nommé Général de l'Armée d'Italie, où il mérita l'estime des Français. La bataille de Fontenoi fut le terme des exploits & des travaux guerriers du Maréchal de Noailles. Quelque tems après cette bataille, Louis XV, félicitant le Comte de Saxe sur cet heureux événement, lui-dit : « Monsieur le Maréchal, vous gagnez plus à cette guerre que nous » tous ; car avant, vous étiez enflé par tous les membres, & vous jouissez » à-présent de la meilleure santé. » Le Maréchal de Noailles, qui était alors présent, répondit au Roi : « Il est vrai, Sire, que Monsieur le » Maréchal de Saxe est le premier homme que la gloire ait désenflé. »

En cessant de vaincre, le Maréchal de Noailles ne cessa pas d'être utile. L'année suivante le mit à portée de signaler son zéle & ses talents. La discorde, qui se plaît sur-tout à porter le désordre dans le sein des familles, était sur le point d'armer le sang contre le sang. Louis XV, que la guerre affligeait, malgré l'éclat de ses triomphes, voulait éviter une rupture ouverte avec le Roi d'Espagne. Le Maréchal de Noailles fut envoyé à Madrid en qualité d'Ambassadeur extraordinaire, pour négocier un accommodement. Personne ne pouvait mieux remplir le rôle de Conciliateur ; il connaissait les intérêts des deux Couronnes ; Philippe lui devait en quelque sorte son Trône, & les Espagnols, leur Roi. Il se conduisit à la satisfaction des deux Puissances ; &, en peu de tems, il fit succéder le calme à l'orage.

Devenu Ministre d'État, il se borna aux affaires du Conseil. Les avis qu'il y proposait, étaient sages, & uniquement dirigés par l'amour du bien public. Il eût été à souhaiter qu'ils eussent toujours été suivis. La guerre s'étant allumée de nouveau, il indiqua le plan de conduite qu'il lui paraissait essentiel qu'on tînt. Tant qu'on ne s'en écarta pas, on eut du succès. Il ne se retira du Conseil que lorsqu'il vit les malheurs de la France, & qu'il ne lui fut plus possible d'en arrêter le cours. Le Maréchal de Noailles servit encore l'État en présidant long-tems, en qualité de Doyen, au Tribunal des Maréchaux de France. Tandis qu'il y rendit la Justice, il fut très-attentif à maintenir parmi les Militaires les véritables Loix de l'honneur. Il ne s'appliqua pas moins à réprimer les désordres affreux où entraîne presque toujours la passion funeste du jeu, & à punir sévèrement, tant ceux qui en étaient les victimes, que ceux auxquels la fortune avait été favorable. Ce Général mourut à Paris, en 1766, âgé d'environ 88 ans.

Le Maréchal de Noailles avait toutes les vertus qui provoquent l'estime publique. L'humanité fut l'âme de toutes ses actions ; il fut le père du Soldat, l'ami des Officiers, & n'abusa jamais des droits que donne la victoire. Personne ne fut plus modeste, & sa délicatesse était même offensée des éloges qu'on donnait à ses succès. Il n'aimait point à représenter ; mais, lorsque les circonstances l'exigeaient, il s'en acquittait avec dignité. Il supportait difficilement le luxe dans les autres ; & il se piqua toujours de la plus grande simplicité.

Le Maréchal de Noailles était sensible & bienfaisant. Il suffisait d'être malheureux, pour avoir des droits sur sa générosité. Sa Province & son Gouvernement en ont souvent éprouvé les effets. Il s'intéressait sur-tout à la prospérité de cette partie précieuse de l'État, qui, aux avantages de la naissance, ne réunit pas toujours les faveurs de la fortune, & faisait répandre sur elle les grâces qui émanent du Trône.

LE COMTE D'ARGENSON.

MARC-Pierre de Voyer de Paülmy, Comte d'Argenſon, naquit à Paris, le 16 Août 1696. Nommé Lieutenant-Général de Police, & Chef du Conſeil du Duc d'Orléans Régent, il ſe diſtingua ſi bien dans la première Place, qu'il a laiſſé une réputation de vigilance, de conduite & de maintenue dont on ſe ſouvient encore. Il avait eu ſous les yeux un bien précieux modéle; celui de ſon père. L'anecdote ſuivante prouve juſqu'à quel dégré ce dernier Magiſtrat portait ſes ſoins.

Corbinelli, Auteur de pluſieurs Ouvrages eſtimés, était en 1716, ce que Scarron avait été, un Épicurien mieux conſtitué, auſſi aimable, & auſſi gai que Scarron, quoiqu'il eût environ un ſiécle. Les perſonnes de la première qualité ſe rendaient chez lui; on y tenait bureau d'eſprit, conciliabule politique, & table délicate. Les ſoupers étaient libres; on parlait de tout le monde. L'intimité qui s'était établie entre Louis XIV, & Madame de Maintenon, n'était pas généralement approuvée, ſur-tout par les Princes. Le train Bourgeois qu'elle faiſait prendre à la Cour déplaiſait. On chanſonna; car les Français ſont vengés, ſi-tôt qu'ils ont mis deux épigrammes en vaudeville. Le Lieutenant de Police, d'Argenſon, crut qu'en ſe tranſportant lui-même chez le vieux Corbinelli, il pourrait le *ſous-tirer*. Mais l'homme de Lettres qui ſentait toute la dignité de de ſon état, *joua ſerré*, & vit venir le Magiſtrat. — Où avez-vous ſoupé? lui demanda M. d'Argenſon. — Il me ſemble que je ne m'en ſouviens pas; répond en baîllant Corbinelli. — Ne connaiſſez vous pas tels & tels Princes? — Je l'ai oublié. — N'avez-vous pas ſoupé avec eux? — Je ne m'en ſouviens pas du tout. — Il me ſemble qu'un homme comme vous devrait ſe ſouvenir de ces choſes-là. — Oui, Monſieur, mais devant un homme comme vous, je ne ſuis pas un homme comme moi. — M. le Comte d'Argenſon, ſon fils, ne remplit pas avec moins de diſtinction une Place ſi difficile à remplir & ſi hériſſée d'épines. Il s'en démit pour être tout entier aux Affaires du Conſeil du Régent. Il fut nommé Conſeiller d'État en 1724. Lié avec le Chancelier Dagueſſeau, il fut chargé du Département de la Librairie, & s'en acquitta peut-être avec une rigueur trop conforme aux vues d'une Régence orageuſe. Les Ouvrages licencieux ſe multipliaient, & les Écrits polémiques ſur les Finances, ſur la Politique, ſur la guerre, étaient étouffés, ou enfermés.

Le Comte d'Argenſon paſſa au Département de la Guerre; & eut la Surintendance des Poſtes. On ſait que c'eſt en général à Louis XV que la France doit les beaux chemins qui la décorent, & facilitent les communications. Le Comte d'Argenſon fut un des premiers à tourner les vues du Monarque ſur cette partie d'amélioration publique, ſi eſſentielle. Voilà ce qu'il fit à l'occaſion de la Surintendance des Poſtes.

Quant au Département de la Guerre, il rétablit l'Armée Françaiſe, ruinée par la fameuſe Campagne de Bohême, completta les Régimens, en augmenta le nombre, forma les Grenadiers Royaux, & enfin établit l'École Militaire. Comme Louvois, il ſuivit le Roi à l'armée; comme Louvois, il aimait à tracer les plans des campagnes, & viſiter les garniſons; comme Louvois, il aima la guerre; comme Louvois, il eût l'âme impérieuſe;

comme Louvois, il ne se consola point d'avoir perdu l'amitié de son Maître. Il la perdit par une distraction impardonnable à un fin Courtisan. Il fut disgracié en 1757; mais il a laissé dans son Département un souvenir qui n'a point été effacé.

Les Sciences & les Arts eurent à ce Ministre les plus grandes obligations; &, au milieu des travaux pénibles de l'Administration, il savait souvent s'égayer avec les Muses. Il recherchait avec empressement ceux qui les cultivaient, leur servait d'appui auprès du Souverain, & souvent il leur ouvrait la source des bienfaits. Pénétré de cet attachement pour les Lettres, il ne négligea rien de ce qui pouvait contribuer à leur gloire & à leur avancement. C'est à ses soins que la Bibliothéque du Roi doit une partie des livres qu'elle renferme. En travaillant à en augmenter la richesse, il n'eut pas moins en vue de procurer des secours à ceux qui veulent s'instruire, que d'assembler une Collection curieuse qui pût constater les lumières & le bon goût de sa Nation. Il se forma pour lui-même une Bibliothéque aussi considérable que bien choisie, qui lui fut souvent d'une grande ressource, & qui lui fournit, pendant sa retraite, des plaisirs bien délicieux.

L'Académie des Inscriptions & Belles Lettres, où il fut admis en 1749, éprouva pareillement des marques de son zéle & de son estime. Quelquefois il se dérobait aux Affaires de l'État, pour coopérer aux travaux de cette Compagnie, & prendre place à ses séances. Il n'en sortait jamais sans y laisser des traces de la protection particulière qu'il lui accordait. C'est à cette même protection qu'elle est redevable de plusieurs Réglements utiles qu'on y observe encore exactement. Décidé à faire travailler à l'Histoire du Roi par une suite de médailles, & de ne rien épargner pour que ce monument pût au moins le disputer à celui qu'on a élevé à la Mémoire de Louis XIV, le Comte d'Argenson n'hésita pas de jetter les ieux sur cette même Académie. On ne saurait trop regretter l'interruption de ce superbe Ouvrage, dont la continuation serait très-utile à notre Histoire.

Ce Ministre mit le sceau à sa réputation, & immortalisa en même tems le Régne de Louis XV, par l'Etablissement de l'École Militaire. C'est là, que, de nos jours, la Patrie rassemblait sous son aîle les jeunes rejettons d'une quantité de familles, qui n'ont pas l'avantage de joindre à la Noblesse les faveurs de la fortune. Tout y était prodigué pour leur éducation. Le Comte d'Argenson voulut, qu'en formant des Guerriers, on y formât des hommes. Aussi eut-il soin d'y réunir aux Commandans les plus versés dans la Science Militaire, les Maîtres les plus habiles dans tous les genres, & les plus irréprochables par leurs mœurs. C'est dans les leçons de ces Maîtres éclairés que les Disciples, destinés à être à leur tour l'appui de la Patrie, puisaient à la fois des Connaissances & des Vertus. Le Comte d'Argenson, qui les regardait tous comme ses propres enfans, avait pour eux les soins d'un père tendre; il était rare qu'il se passât une semaine sans qu'il s'informât de leurs progrès; ou qu'il fût le témoin de leurs travaux. Sa présence les encourageait, & fit peut-être des talens. Il ne négligeait aucun moyen de leur donner de l'ardeur & de l'émulation; & s'il plaça leur asyle près de la retraite de ces vieux Soldats qu'on voit errer sur le bord de la Seine, couverts de blessures & de lauriers; ce fut sans doute parce qu'il imaginait qu'un pareil spectacle était capable de leur élever l'âme, & de leur inspirer le plus vif désir pour la gloire. Il mourut le 22 Août 1764.

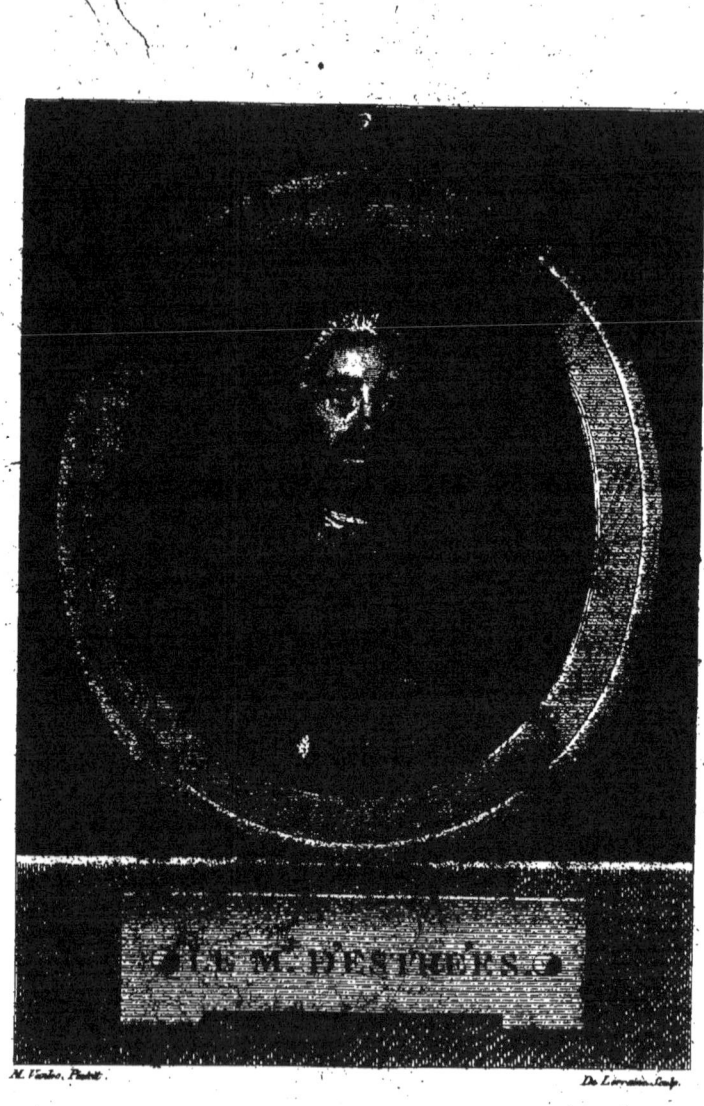

LES ILLUSTRES MODERNES.

LE MARÉCHAL D'ESTRÉES.

Louis César, Duc d'Eſtrées, naquit à Paris, le 2 Juillet 1695, de François-Michel le Tellier de Courtanvaux, Capitaine-Colonel des Cent-Suiſſes, & Meſtre-de-Camp du Régiment de la Reine, & de Marie-Anne-Catherine d'Eſtrées, fille de Jean, Comte d'Eſtrées, Vice-Amiral, & Maréchal de France. Il entra dans le monde ſous un nom qui rappellera toujours à l'eſprit l'époque brillante de la Monarchie. C'eſt le nom de Louvois. Quelque devoirs qu'il lui impoſât, il ne balança pas à contracter cette dette envers la Patrie. Le moyen de s'en acquitter n'était pas d'aller auſſi-tôt au commandement; il faut d'abord être ſoldat; c'eſt à cette Ecole que ſe forma le grand Turenne.

Deux années de ce Service inſtructif, dans le Régiment d'Anjou, Cavalerie, ſuffirent pour faire connaître le mérite du jeune d'Eſtrées; & en 1718, il fut nommé Meſtre-de-Camp du Régiment Royal Rouſſillon. Il fit ſes premières Campagnes en Eſpagne, ſous le Duc d'Orléans &, ſous le Maréchal de Berwick. On ſait quels furent les ſuccès de cette Expédition que la hauteur du Cardinal Albéroni avait occaſionnée. Fontarabie, S. Sébaſtien, Roſes furent pris ou menacés; le Miniſtre de Philippe V fut diſgracié; & les deux Branches Régnantes de la Maiſon de Bourbon ſignèrent le Traité de paix qui, depuis cette Epoque, n'a jamais reçu aucune altération.

La guerre de 1741 fit connaître avantageuſement M. d'Eſtrées; & il donna les plus grandes idées de lui au blocus d'Egra, au paſſage du Mein, à Sélingſtadt, à Fontenoi, aux ſièges de Mons & de Charleroi. Il déploya des talents rares, & une préciſion admirable dans les attaques de Lawfeld. Pour récompenſe de tant de ſervices rendus à la Patrie, le Roi l'honora, en 1746, du Cordon de ſes Ordres.

La guerre de 1756 plaça le Comte d'Eſtrées ſur un plus vaſte théatre. Il fut créé Maréchal de France, & on lui confia le Commandement de l'Armée, forte de plus de cent mille hommes. Le diſcours qu'il tint au Roi en partant, annonce un homme ſûr de toutes ſes opérations. *Aux premiers jours de Juillet*, dit-il, *j'aurai conduit l'Ennemi au-delà du Wéſer, & je ſerai prêt à pénétrer dans le pays d'Hanovre.* Il tint parole, malgré le défaut d'approviſionnement des magaſins, & le mouvement inconſidéré d'un Corps de 12,000 hommes vers Lipſtadt. Le Maréchal ſe mit en campagne, arriva à Wéſel, que le Roi de Pruſſe avait évacué, parcourut rapidement les champs qui le ſéparaient de Munſter, & n'eut plus qu'un pas à faire pour attaquer l'Ennemi dans ſa poſition de Brakel. Embden, Caſſel & tout le pays d'au-deçà du Wéſer furent ſoumis; &, le 11 Juillet, il vola à l'autre bord, comme il l'avait promis. La rapidité de ces Conquêtes ne ſuffiſaient pas pour le ſatisfaire; il voulait y joindre le gain d'une bataille. Il ſuivit le Duc de Cumberland vers Minden, l'atteignit à Haſtenbeck, lui livra bataille; &, malgré des revers ineſpérés, la victoire fut complette. La ville d'Hanovre était déjà priſe; les Hanovriens ſe diſpoſaient à quitter l'Electorat. Une intrigue de Cour dépouilla

K

le Maréchal d'Eftrées du Commandement de l'Armée qu'il avait rendue victorieufe. Son fucceffeur profita de toutes fes difpofitions, pour obtenir la capitulation de Clofterfeven.

Il en couta, fans doute, à ce Général de s'arracher aux grands fuccès qu'il avait eus dans cette Campagne. Sa conduite, l'amour des Soldats dont il était le père, les Anglais vaincus, tout afsûrait à fa valeur la Conquête de la Principauté de Hanovre. Mais la Cour de Verfailles en avait difpofé autrement. Le Maréchal d'Eftrées ne connut plus que l'obéiffance. Il fe montra Sujet auffi foumis qu'Héros intrépide. Il fit plus; il fe montra bon Citoyen. Il communiqua avec une franchife extraordinaire, à fon Succeffeur, tous les projets ultérieurs qu'il avait formés. Dans les cœurs magnanimes, l'intérêt perfonnel céde aifément au défir de voir la Patrie triomphante, n'importe par quel bras elle le devienne.

Le Maréchal d'Eftrées, que les fatigues de la guerre avaient beaucoup affaibli, s'arrêta à Aix-la-Chapelle pour réparer fa fanté. Delà, il fe rendit à la Cour, où, dans un travail avec le Monarque, il lui retraça les opérations de la Campagne. Ce Prince l'entendit avec fatisfaction, & le loua avec bonté. C'était la feule récompenfe qu'ambitionnait le Maréchal. Il alla enfuite en Bourgogne, jouir de cette paix de l'ame, de cette douce tranquillité que donne une vie glorieufe, à l'abri de l'intrigue & des coups perfides de l'ambition des Courtifans.

Le Maréchal d'Eftrées ne commanda plus : il fut feulement envoyé auprès de M. de Contades, après la défaite de Minden, pour lui donner d'utiles confeils. Devenu Membre du Confeil d'État, il rendit à la France, par fes lumières & fon activité, les fervices qu'il eût pu lui rendre par fon courage & fes connaiffances militaires. La paix de 1762 ne lui laiffant plus l'efpoir de fe fignaler dans les batailles, il fe livra à une vie douce & tranquille, à l'ombre des lauriers qu'il avait moiffonnés pendant toute fa vie. Il portait dans la Société, une fimplicité noble, une franchife aimable, un caractère enjoué. Sans fafte à la Cour, fans intrigue parmi fes Concitoyens, fa conduite ajoutait encore aux grandes actions qui l'avaient illuftré dans les combats. Dans cet intervalle, le Maréchal reçut une lettre du Roi d'Efpagne, par laquelle ce Prince le confirmait dans la Dignité de Grand d'Efpagne de la première Claffe. Philippe V en avait honoré fon oncle maternel, Marie-Victor, Duc d'Eftrées, Maréchal & Vice-Amiral de France, & l'avait rendue héréditaire dans cette famille, en faveur de l'un & de l'autre fexes. De fon côté, le Roi de France lui donna, en 1763, le Brevet de Duc.

Le Maréchal d'Eftrées continua fes fervices dans le Confeil jufqu'en 1768. Alors fes maux le laiffant à peine refpirer, il quitta les honneurs comme il les avait acquis, avec dignité. L'État le perdit le 2 Janvier 1771. Il fut marié deux fois, la première avec Mademoifelle de Champagné; & la feconde avec Mademoifelle de Puifieux. Il n'a pas eu d'enfans. Il laiffa, pour Légataire univerfel de fes biens le Marquis de Courtanvaux, fon neveu, pendant la minorité duquel il avait exercé le Commandement des Cent-Suiffes, depuis 1722, jufqu'en 1734.

LE DAUPHIN, PÈRE DE LOUIS XVI.

Louis, Dauphin de France, fils de Louis XV & père de Louis XVI, naquit le 4 Septembre 1729. On n'a certainement que des éloges à faire de ce Prince qui fut humain, pieux & brave ; qui fut bon époux, bon père, bon ami & toujours Citoyen. On ne peut point lui reprocher de n'avoir pas fait tout le bien qu'il pouvait faire, & de n'avoir point empêché le mal qu'il était en lui d'empêcher. Le Peuple n'eut pas de plus éloquent Défenseur. --- Le Ciel, disait la Reine, ne m'a donné qu'un fils ; mais il me l'a donné tel que j'aurais pu le souhaiter.

Aussi-tôt que l'âge permit à ce jeune Prince de s'instruire, il se forma successivement à toutes les Sciences qui pouvaient alléger un jour le poids de sa haute Naissance. Il est peu de connaissances qui ne lui parussent dignes de son application. L'Etude de la Littérature, tant ancienne que moderne, fixa d'abord son attention. Parmi les Arts, la Musique fut celui qu'il aima d'avantage. Elle prépara son âme à la sensibilité. La lecture des livres Philosophiques servit à former son esprit ; la Logique de Port-Royal lui donna les principes du raisonnement ; &, en méditant souvent les ouvrages immortels de Descartes, de Mallebranche, & de Locke, il apprit à penser de lui-même.

Lorsqu'il se crut en état d'approfondir la Science du Gouvernement, il se livra à l'étude du Droit public. Delà, il passa à celle de l'Histoire qui en est la bâse. Les Loix des Nations, & spécialement celle du peuple qui pouvait être un jour soumis à son gouvernement, fixèrent ensuite ses regards ; &, prenant alors pour guides deux hommes immortels, Daguesseau & Montesquieu, il apprit à généraliser ses idées sur la Législation. Il ne négligea pas non plus l'Art de la Guerre, quoique son caractère pacifique l'éloignât de la carrière sanglante des Conquérans. Le cercle de ses connaissances s'étendit encore ; l'Histoire Naturelle, la Physique, les Mathématiques, la Marine, toutes ces Sciences furent du ressort de son génie.

Toutes ces lumières que le Dauphin acquit ainsi par son application à l'étude, furent, pour ainsi dire, perdues pour la Nation. Ce Prince vécut presque toujours dans une vie privée. Il ne se mêla point des affaires publiques ; il n'eût aucun commandement ; ses actions ne furent point comptables envers l'État, ni envers les Etrangers : « Il faut, disait-il, qu'un » Dauphin s'efforce de n'être rien, & qu'un Roi s'efforce d'être universel. » Nous n'avons donc à citer que des traits privés. Tout le monde connaît la belle leçon qu'il fit aux Princes, ses fils, en leur montrant les Registres de Baptême. --- « Voyez, leur dit-il, vos noms placés à la suite de celui de l'indigent. La Religion & la Nature mettent tous les hommes de niveau ; la Vertu seule met entr'eux quelque différence : & peut-être que celui qui vous précede sera plus grand aux yeux de Dieu que vous ne le serez jamais aux yeux des peuples. »

--- « Conduisez mes enfans, disait ce bon Prince, dans la chaumière du Paysan : montrez leur tout ce qui peut les attendrir ; qu'ils voyent le pain noir dont se nourrit le pauvre : qu'ils touchent de leurs mains la paille, qui lui sert de lit. Je veux qu'ils apprennent à pleurer. Un Prince qui n'a jamais versé des larmes, ne peut être bon. »

Le Roi voulait un jour qu'on augmentât sa Pension : « J'aimerais mieux, » dit ce Prince, en refusant l'augmentation, que cette somme fût diminuée » sur les tailles. »

« Que ne puis-je penser, disait-il en se mettant à table, qu'aucun de » mes Sujets n'ira se coucher sans souper. »

Jamais Prince, avec moins de vanité, ne se montra plus jaloux de l'estime & de l'amour des Peuples, parce qu'il savait que les sentiments de la multitude pour les Princes sont une preuve non suspecte qu'ils sont ce qu'ils doivent être. Souvent il s'informait de ce qu'on disait de lui dans le Royaume : « J'aimerais mieux, disait-il, être le Particulier le plus obscur » de la Nation, que d'en être le Roi sans en être aimé. » Il aimait le Public, dit un Ecrivain respectable ; & souvent il disait que le Prince est fait pour le Peuple, & non pas le Peuple pour le Prince. Il n'avait guère que sept ans, quand, à l'occasion d'une Table Généalogique des Rois de France, son Gouverneur lui demandant lequel il choisirait de tous les Titres de ces Rois : *Celui du Père du Peuple*, répondit le Prince.

Il faudrait transcrire sa vie entière ; elle est remplie de pareilles expressions ; c'est par-tout l'homme sensible, un Prince qui n'eût régné que par ses bienfaits, & qui étudiait les grands, les seuls principes réels, ceux qui rendent les Sujets heureux. Le Ciel l'a montré à notre esprit, & l'a retiré trop tôt. *Il n'a rien pu réaliser* pour le bonheur public. Sa mort fut un malheur pour la France.

Le Dauphin ne parut jamais plus grand qu'au moment de sa mort. On lui annonce qu'il ne peut pas vivre long tems : il reçoit cette nouvelle sans la moindre émotion. Il s'empresse seulement de recommander au Roi les personnes qui lui ont été chères. Livré aux plus cruelles douleurs, sa sérénité ordinaire ne l'abandonna pas un seul instant. Il souriait aux uns ; il plaisantait encore avec les autres. Sa mère, son épouse & ses sœurs fondaient en larmes auprès de lui : il cherchait à les consoler. De la main dont il essuyait leurs pleurs, il leur donna deux boucles de ses cheveux. Déjà sa dernière heure approchait ; il jette un regard sur les Princes, ses enfans, & ses derniers soupirs sont des vœux pour la Patrie.

Tel fut ce Prince, qui ne fut bien connu que lorsque l'instant de le regretter arriva. Il mourut à Fontainebleau, le 20 Décembre 1745, âgé de trente-six ans. Il avait été marié deux fois. En 1715, il épousa Marie Thérèse, fille de Philippe V, Roi d'Espagne. Cette Princesse mourut le 22 Juillet de l'année suivante. En 1747, il forma une seconde alliance avec Marie-Josephine, fille de Frédéric-Auguste, Roi de Pologne & Electeur de Saxe.

De son premier Mariage, le Dauphin avait eu une Princesse qui fut nommée Marie-Thérèse, & qui mourut en 1748. Il eut de la dernière Dauphine huit enfans. Le Duc de Bourgogne, mort en 1761, mérita d'emporter, à l'âge de neuf ans, les regrets de la France. Deux autres furent enlevés dès l'âge le plus tendre. Il en reste encore cinq, dont Louis XVI, deux Princes & deux Princesses.

La Duchesse de la Vallière.

Louise-Françoise de la Baume le Blanc, Duchesse de la Vallière, était originaire du Bourbonais. Elle fut élevée fille d'honneur d'Henriette d'Angleterre, première femme de Philippe, Duc d'Orléans.

Dès ses premières années, elle se distingua par un caractère de sagesse très-marqué. Mais, tendre & sensible, elle ne tarda pas à inspirer des passions : & un Lieutenant aux Gardes Françaises s'était déjà tué pour elle, lorsque Louis XIV se trouva sous ses pas. Le Surintendant Fouquet, qui avait le tarif de toutes les vertus des femmes & de toutes les probités des hommes, n'avait pas pu, même en pluie d'or, séduire cette Danaë, toute boiteuse qu'elle était. L'Amour l'avait destinée au plus grand Monarque de l'Univers : &, la première fois qu'elle le vit, elle avait éprouvé un de ces coups de sympathie que la Religion seule aurait pu parer. Il n'eût pas été vrai qu'elle l'eût encore aimé.

Ce qu'il y a d'étonnant, c'est que Benserade, qui n'avait que la fortune d'un Poëte, eût le projet de lui faire la cour. A la naissance de ses amours avec le Monarque, elle l'envoya chercher. En se rendant chez la nouvelle Favorite, il croyait aller à un rendez-vous. Plein de son bonheur, en entrant, il se jette à ses genoux. *Hé non ! ce n'est pas cela*, lui dit Mademoiselle de la Vallière, en le relevant : *il s'agit d'une réponse.* Elle lui montra la lettre du Roi qu'elle venait de recevoir : & il fut obligé de répondre pour son Rival couronné.

Madame de la Vallière aima tendrement Louis XIV. Instruit & flatté de ses sentiments, ce Prince prit lui-même pour elle le goût le plus suivi. Elle fut, deux ans, l'objet caché de tous les amusements galans & de toutes les fêtes que le Roi donnait. Un jeune Valet-de-Chambre, nommé *Belloc*, composa plusieurs récits qu'on mêlait à des danses, tantôt chez la Reine, tantôt chez *Madame*; & ces récits exprimaient avec mystère le secret de leurs cœurs, qui cessa bien-tôt d'être un secret. Tous les divertissemets que le Roi donnait, comme le carrousel, vis-à-vis les Tuileries, étaient autant d'hommages à sa Maîtresse.

Elle portait déjà dans son sein la preuve de ses faiblesses. Quoique, par son caractère, elle ne dût point avoir d'ennemis, sa place lui suscita des jaloux. On écrivit à la Reine régnante une lettre contrefaite au nom du Roi d'Espagne, son père ; cette lettre apprenait à la Reine ce qu'elle devait ignorer & ce qui ne pouvait que troubler la paix de la Maison Royale.

La Vallière avait pourtant pris les précautions les plus sûres pour que le mystère de ses amours ne fût jamais révélé. La nuit même de ses couches, elle s'était levée, habillée & avait reçu la Reine qui, pour aller à la Messe, était obligée de passer par son appartement.

Environ six mois après la naissance de Mademoiselle de *Blois*, le Roi encore plus galant, parce qu'il était plus amoureux, fit ériger les terres de Vaujour & de S. Christophe en Duché-Pairie, sous le nom de la Vallière, en faveur de la mère & de la fille, qui fut légitimée par les mêmes Lettres. Pélisson, qui les rédigea, y fit parler Louis XIV en Amant & en Roi.

La nouvelle Duchesse, tout entière à son attachement, ne se mêla point des intrigues de la Cour. N'oubliant jamais qu'elle faisait mal, elle espérait toujours de faire mieux. Rien ne lui fit plus de plaisir que le remercîment d'un pauvre Religieux qui lui dit, après avoir reçu d'elle l'aumône : « Ah ! Madame, vous serez sauvée ; car il n'est pas possible » que Dieu laisse périr une personne qui donne si libéralement pour l'a-» mour de lui. »

Il n'y avait que l'inconstance de Louis XIV qui pût lui faire secouer ses chaînes. Elle ne négligea rien pour le fixer, pour le ramener même, quand il s'éloignait. Elle fit jusqu'à des vers : car on lui attribue un sonnet qui finit par cette touchante apostrophe :

> Amour, à qui je dois & mon mal & mon bien,
> Que ne lui donnez-vous un cœur comme le mien !
> Ou que n'avez-vous fait le mien comme les autres !

Enfin, après avoir été le tranquille témoin, pendant long-tems, du triomphe de la *Montespan*, elle se crut assez de force pour s'ensévelir dans un Cloître. Elle se fit Carmélite. Se couvrir d'un cilice, marcher pieds nuds, jeûner rigoureusement, chanter la nuit au Chœur dans une langue inconnue, tout cela ne rebuta point la délicatesse d'une femme accoûtumée à tant de gloire, de mollesse & de plaisirs. Les grands maux de tête auxquels elle était sujette, l'obligeant de fermer les yeux, on lui demanda si cette situation ne gênait point sa vue. « Point du tout, répondit-elle, cela me la repose. Je suis si lasse des choses de la terre, que je trouve même du plaisir à ne pas les regarder. » *Louise de la Miséricorde* ne se bornait pas aux pénitences de la régle. Insatiable de souffrances, elle s'en imposait quelquefois de très-indiscrétes. Pour expier le plaisir qu'elle avait pris autrefois à boire des liqueurs, elle se condamna à passer trois semaines sans boire une goutte d'eau, & trois ans entiers à n'en boire, par jour, que la valeur d'un demi-verre.

Une érésipelle à la jambe l'ayant fait beaucoup souffrir, sans qu'elle voulût en rien dire, le mal devint si considérable qu'on s'en apperçut & qu'on l'obligea d'aller à l'infirmerie. La Mère Supérieure lui ayant fait quelques reproches de porter si loin la ferveur : « Je ne savais ce que c'était, répondit-elle, je n'y avais pas regardé. »

Lorsque le Duc de Vermandois, son fils, mourut, elle répondit avec courage à ceux qui lui annoncèrent cette perte : « Je dois pleurer sa naissance encore plusque sa mort. »

Elle vécut dans l'austérité la plus héroïque, depuis 1675 jusqu'en 1710 qu'elle mourut (6 Juin.)

FÉNELON.

FRANÇOIS de Salignac de la Motte-Fénelon, Précepteur des Enfans de France, & Archevêque de Cambrai, né au Château de Fénelon, en Quercy, le 6 Août 1651. Mourut à Cambrai, le 7 Janvier 1715.

Nous partagerons la vie de Fénelon en deux Epoques; l'Histoire du Quiétisme, & l'Education du Duc de Bourgogne.

Quelques Ecrivains accusent Bossuet d'avoir mis trop de passion dans cette querelle, & d'avoir travaillé plutôt à perdre un Rival dont il redoutait le crédit, qu'à faire triompher la Vérité; inculpation odieuse, que sans doute ils n'eussent osé se permettre, s'ils avaient mieux connu le caractère de ce Prélat.

De nouvelles opinions se répandent; inspirée par son Directeur, une femme prononce ces oracles sublils. On parle d'extases, d'amour pur, de dévoûment parfait; & déja Madame Guyon a fixé l'attention de la Cour & de la Ville. Mais on ne s'entretiendra pas long-tems d'elle sans la calomnier. C'était hier une folle qu'il fallait renfermer; aujourd'hui, c'est une femme séduite par un Prêtre, une femme débauchée qu'il faut punir. A la vérité, les expressions de la nouvelle Mystique étaient d'une spiritualité plus scandaleuse qu'édifiante. *Dieu m'a fait la grâce de m'obombrer par le P. la Combe*, répétait-elle souvent dans ses rêveries; & le bon Père répondait: *J'ai obombré Madame Guyon*.

Tant que ces opinions circulent librement, tant qu'on distingue la Secte, des Sectaires, Fénelon rit avec tout le Public de ces pieuses sottises; mais, dès que le feu de la persécution s'allume, dès que la personne de Madame Guyon est calomniée, son âme indulgente s'émeut; il craint de la condamner sans l'entendre; il cherche à la connaître; il la voit, & devient sa conquête. On s'étonne de la faiblesse de Fénelon; mais tels sont tous les hommes en qui l'imagination domine: aussi-tôt que cette faculté de leur âme est préoccupée, aussi-tôt que leur cœur a parlé, le jugement n'a plus d'action, plus de ressort; ont-ils senti? Ils ne réfléchissent plus.

Etroitement unis jusqu'alors, nos deux Evêques se déclarent la guerre, & leurs écrits prennent la teinte de leur caractère. Fénelon défend la nouvelle doctrine, mais c'est avec tant de modération, de douceur, de calme qu'on croirait volontiers qu'il en est moins touché, que des vertus, de la piété tendre de ceux qui la prêchent: c'est proprement la cause de Madame Guyon qu'il plaide. Incapable de ménagement, Bossuet enveloppe dans la même proscription les opinions & les personnes; il tonne; &, pour anéantir le culte, il détruit l'idole. Son zèle est si ardent, je dirais presque si emporté, que Louis XIV lui-même est surpris: *Qu'auriez-vous donc fait*, lui dit-il un jour, *si j'avais protégé M. de Cambrai? Sire, j'aurais crié vingt fois plus haut*. Réponse fière, qui nous montre Bossuet tout entier; & ne nous permet pas de penser qu'il soit entré dans sa conduite aucune trace de respect humain.

Nous voici parvenus à la seconde Epoque de la vie de Fénelon, & nous avons vu sa gloire plier pendant quelques moments sous la vigoureuse raison de Bossuet, elle va paraître ici, pure, entière & sans nuage,

Nous ne confidérerons plus en lui que le Précepteur du Duc de Bourgogne ; & de tous les Ecrits qu'il compofa pour fon augufte Eléve, nous nous arrêterons à un feul, le *Télémaque*.

Eh ! qui n'a pas relu vingt fois cet Ouvrage enchanteur, dont la morale eft fi pure, les caractères fi vrais, les fentiments fi naturels, les penfées fi juftes, l'expreffion fi brillante ? Eft-ce un Poëme ? Eft-ce un Roman ? Se demandent encore aujourd'hui des Critiques pointilleux ? Cette queftion vicieufe a produit la longue & plate rapfodie de Ramfay qui déshonore toutes les éditions de ce livre. Non, ce n'eft point un Poëme, puifque l'Auteur ne l'a point écrit en vers ; c'eft un Ouvrage original, qui vivra toujours, parce qu'il plaira toujours ; il faut le laiffer feul, jufqu'à ce que, dans le Troupeau de fes nombreux Imitateurs, il s'en trouve un affez habile, ou affez heureux, pour mériter une place à fon côté.

A l'occafion du Télémaque, je propoferai une autre queftion qui me paraît plus intéreffante. Pourquoi la peinture des Champs-Elifées eft-elle froide & monotone, quand la defcription du Tartare eft brûlante & variée ? Et ce reproche que j'ofe faire à Fénelon, je le ferai à tous les Poëtes Epiques, fans en excepter le divin Homère. Mais, fi tous les Poëtes de toutes les Nations, de toutes les Religions, de tous les fiécles, n'ont pû rendre leur Paradis auffi attrayant, qu'ils ont fu faire leur Enfer terrible, ce défaut, commun à tous, doit être un défaut de notre nature ; & il faudra juger que l'homme qui, hélas ! goûte fi rarement le bonheur, foit impuiffant à le peindre. Je le crois.

Quelle idée attachons-nous au mot BONHEUR ? Une feule : l'idée du REPOS. Condamné au travail qu'il hait, l'homme pourfuit fans ceffe ce fantôme, qui fuit fans ceffe devant lui. Or le REPOS ne peut fe peindre. Otez à l'âme les agitations de l'ambition, les défirs de l'amour, les fureurs de la vengeance, en un mot le choc des paffions, vous détruifez du même coup Peinture, Poëfie, Eloquence.

Que fait donc le Poëte qui a entrepris le tableau fi difficile des Champs-Elifées ? Il multiplie les contraftes ; il entaffe *les idées, les expreffions négatives*. Il nous dira que ces Ombres heureufes ne reffentent ni la colère, ni l'envie, ni aucune des paffions qui tourmentent notre chétive exiftence, &, au même tems, il les peindra toutes. Pour éclairer cette Théorie, prenons dans le Télémaque une phrafe au hazard : « On » voyait tout enfemble les fleurs du Printems qui naiffaient fous les pas, » avec les plus riches fruits de l'Automne qui pendaient des arbres. »

Voilà une *phrafe pofitive* ; mais combien ces images font froides, mefquines, communes : fuivons. « Là jamais on ne reffentit les ardeurs de » la canicule ; là jamais les noirs aquilons n'osèrent fouffler, ni faire fentir » les rigueurs de l'hiver ; ni la guerre altérée de fang, ni la cruelle envie » qui mord d'une dent venimeufe, & qui porte des vipères entortillées » dans fon fein & autour de fes bras, ni les jaloufies, &c. »

Voilà par quels moyens l'Auteur remplit fon fujet, & c'eft ce que j'appelle *idées, expreffions négatives*. Supprimez en effet la *négation*, ce portrait de l'envie va convenir au Tartare. Il exifte donc deux manières de peindre ; mais quelle différence pour l'effet ! Vous me dites : la mer eft calme ; à la fuite de cette affertion, vous excitez auffi-tôt le tonnere, les éclairs, la tempête. Eh ! bien, tonnerre, éclairs, tempête, tout cela n'eft qu'un vain bruit qui frappe mes oreilles, fans arriver à mon cœur.

Dessiné par J.F.Schmidt. Gravé par Therese De Vaux.

L'ABBÉ PREVÔT

L'ABBÉ PRÉVOST.

ANTOINE-François Prevoſt d'Exiles, naquit le 4 Avril 1697, à Hesdin. Il fit ſes Humanités chez les Jéſuites de cette petite Ville d'Artois, & une ſeconde année de Rhétorique au Collége de Harcour, à Paris.

Il s'attacha à l'Ordre de ſes premiers Inſtituteurs, & en ſortit pluſieurs fois. Il prit enſuite le parti des armes; &, ayant alors fait un voyage en Hollande, il fut ſéduit par la beauté d'une jolie perſonne qui penſa cauſer ſa perte. De retour en France, il entra dans l'Ordre de S. Benoît. Après avoir étudié la Théologie à l'Abbaye du Bec, enſeigné les Humanités à S. Germer, prêché à Evreux, il vint augmenter le nombre des Savans de S. Germain-des-Prés. Ce fut là qu'on lui fit rédiger un Volume preſque entier du *Gallia Chriſtiana*.

Le lieu qu'il habitait, & le genre du travail dont il était chargé ne lui convenaient pas. Il quitta tout, & repaſſa en Hollande; & ſon cœur y contracta de nouvelles chaînes.

Après avoir prouvé ſon talent d'écrire, dans quelques Ouvrages Polémiques, tel que le *Pour & le Contre*; il publia en 1729 les *Mémoires & Aventures d'un Homme de Qualité, qui s'eſt retiré du monde*; leſquels furent ſuivis bien-tôt après de l'*Hiſtoire de Cléveland, fils naturel de Cromwel*. L'Auteur de ces deux Productions atteint dans le Roman la place où Crébillon s'était élevé dans la Tragédie.

A peine eut-il achevé ces effrayans tableaux, que, pour s'égayer, il peignit les Amours du *Chevalier des Grieux & de Manon l'Eſcaut*: Romans ingénieux, où le vice toujours en action & toujours malheureux, donne un nouveau luſtre à la Vertu réduite en morale.

Il mit au jour, en 1735, l'*Hiſtoire du Doyen de Killerine*. L'*Hiſtoire d'une Grecque moderne*, les *Campagnes Philoſophiques*, les *Mémoires pour ſervir à l'Hiſtoire de Malte* parurent ſucceſſivement; & offrirent à peu-près les mêmes beautés & les mêmes défauts. Ils n'ajoutèrent à la réputation de l'Auteur qu'une preuve plus complette de la fécondité de ſon imagination. On doit ranger dans une autre claſſe l'*Hiſtoire de Marguerite d'Anjou*, imprimée en 1740, & celle de *Guillaume le Conquérant*, publiée en 1742.

Chaque année de ſa vie était marquée par de nouvelles productions. Il traduiſit, en 1743, une *Vie de Cicéron*, écrite en Anglais par Midleton, Ouvrage en quatre Volumes, qui ſe reſſent un peu de la rapidité du travail. Il en vint naturellement à la traduction des *Lettres de Cicéron*. Il donna d'abord celles à *Brutus* & enſuite les *Epitres Familières*.

Dans ce même tems, il fit auſſi paſſer dans notre Langue les *Voyages de Robert Lade*, Hiſtoire intéreſſante & curieuſe ſur les Colonies Européennes, & donna encore un Roman intitulé les *Mémoires d'un Honnête-Homme*.

Il était alors rentré en France, ſous la protection du Cardinal de Biſſy, qui l'avait connu à S. Germain-des-Prés, & fut reçu dans l'Ab-

M

baye de la Croix Saint-Leufroy. M. le Prince de Conti le nomma, peu de tems après, son Aumonier.

Un nouvel orage le força de se retirer à Bruxelles. Il n'y fut pas long-tems, & revint à Paris auprès du Prince de Conti. Ce fut à cette Epoque que M. le Chancelier Daguesseau le chargea d'écrire une *Histoire Générale des Voyages*, d'après une Société de Gens-de-Lettres Anglais. Mais, en recevant l'Ouvrage original feuille à feuille, il traduisit trop Littéralement ce qu'il ne devait qu'extraire. Au huitiéme Volume, n'ayant plus de matériaux à traduire, il continua tout seul cette vaste entreprise; & il s'en acquitta si bien qu'on regrette encore qu'il n'ait pas toujours marché dans cette carriere sans guide. Madame la Duchesse d'Aiguillon lui disait un jour à cette occasion : « Vous pouviez faire mieux que cet » Ouvrage ; mais personne ne pouvait le faire aussi bien. »

On doit placer au rang des Livres les plus utiles celui qu'il fit paraître sous le titre de *Manuel lexique*; mais que ne lui devons-nous pas pour nous avoir fait jouir des deux chefs-d'œuvre de l'immortel Richardson, *Clarisse* & *Grandisson ?*

On lui a encore l'obligation d'une traduction de l'excellente *Histoire de l'infortunée Maison de Stuart.*

Les derniers Romans sortis de sa plume sont le *Monde Moral*, Ouvrage de lui ; l'*Histoire de Misse Bidulphe, Almoran & Hamet*, & les *Lettres de Mentor à un jeune Seigneur* ; ces trois Livres traduits de l'Anglais.

Le Prince de Condé l'avait choisi pour travailler à l'Histoire de sa Maison, & il s'y disposait, lorsqu'en retournant à S. Firmin, près de Chantilly, lieu de sa résidence, il mourut d'apoplexie, le 23 Novembre 1763, à soixante-six ans.

Cet homme qui, dans le cours d'une vie si agitée & si studieuse, n'avait paru prendre la plume que pour peindre les faiblesses & les combats du cœur, avait projetté de consacrer le reste de ses jours à tracer les écarts de l'esprit. Il se proposait de traiter trois sujets.

Dans le premier, il se flattait de prouver la vérité de la Religion par ce qu'il y a de plus certain dans les connaissances humaines; *Methode Historique & Philosophique, qui entraîne la ruine des objections*, pour nous servir de ses propres expressions.

Le deuxiéme Ouvrage aurait eu pour titre : l'*Histoire de la conduite de Dieu, pour le soutien de la Foi, depuis l'origine du Christianisme jusqu'à nos jours.*

Le troisiéme & dernier aurait été l'*Esprit de la Religion dans l'Ordre de la Société.*

L'Abbé Prevost a obtenu les faibles distinctions, dont les Gens-de-Lettres les plus célébres sont honorés parmi nous. Quelques-unes de ses pensées, recueillies au hazard & sans choix, ont été imprimées en un volume in-12, orné de son portrait, au bas duquel on lit ces vers :

> Ecrivain délicat, Critique ingénieux,
> On ne peut mieux vanter son mérite sublime,
> Qu'en publiant qu'un de nos demi-Dieux,
> Le grand Conti, l'aime & l'estime.

CLAUDE NICOLAS LECAT.

CLAUDE-Nicolas Lecat, naquit le 6 Septembre 1700, à Blérancourt, Bourg considérable du Marquisat de ce nom, en Normandie. Son père y exerçait la Chirurgie avec honneur, & destinait son fils à l'état Ecclésiastique; mais la volonté de l'un ne faisait pas la vocation de l'autre. Dès l'âge le plus tendre, celui-ci traçait, comme Pascal, des figures de Géométrie. Mais enfin il se décida pour la Chirurgie; &, pendant ses premières années d'étude, il fit paraître une Dissertation sur l'oscillation des arcs-boutans de l'Eglise de S. Nicaise à Reims.

En 1715, il rassûra le Public sur les craintes d'une aurore-boréale qui parut cette année, par une lettre écrite savamment. Jusqu'en 1731, il étudia dans le silence; & ne sortit de sa solitude que pour disputer & remporter la survivance de Chirurgien en chef de l'Hôtel-Dieu de Rouen; il ne se fixa dans cette Ville qu'en 1733; il était pour lors Docteur en Médecine de Reims.

Il donna des Cours publics d'Anatomie, dans les Ecoles publiques & bâties à ses frais. Il tenait en même tems chez lui des Conférences littéraires, érigées dans la suite en Académie des Sciences de Rouen, dont il fut nommé Secrétaire perpétuel.

Celle de Chirurgie, à Paris, fondée par M. de la Peyronnie, prenait de la consistance. M. Lecat remporta l'accessit du Prix qu'elle distribua pour la première fois. Ce fut là l'époque de ses triomphes Académiques; depuis cette année, jusqu'en 1738, il remporta tous les Prix proposés. L'Académie crut devoir le prier de se reposer sur ses lauriers; il cessa de concourir, en devenant Associé.

En 1739, il publia une dissertation sur les remèdes dissolvans de la pierre; mais ce qui mit le sceau à sa réputation fut le *Traité des Sens* qui reparut plus complet en 1756 sous le titre de *Traité des Sensations, des Passions en général & des Sens en particulier*, avec un Volume de supplément contenant une *Théorie de l'Ouïe*, Ouvrage couronné à Toulouse. Au mois de Décembre 1746, l'Académie des Sciences de Paris l'admit parmi ses Correspondans.

Des Mémoires couronnés dans presque toutes les Académies de l'Europe le firent recevoir successivement, les années suivantes, à la Société Royale de Londres, à l'Académie de Madrid, à celles de Berlin & de Boulogne. Les *Curieux de la Nature de S. Pétersbourg*, l'admirent parmi eux sous le nom de *Plistonicus, le Remporteur de Prix*.

Parmi plusieurs Ouvrages qui justifiaient l'accueil de l'Europe savante, il eut le courage d'en composer un en refutation du Discours de J. J. Rousseau sur les Sciences.

La ville de Rouen, voulant s'attacher un Citoyen aussi précieux, qui joignait à une Théorie lumineuse une sage Pratique, lui accorda, en 1759, une Pension de deux mille livres, en qualité de *Lithotomiste*.

On attendait avec impatience une édition complette des Œuvres de M. Lecat; il s'en occupait férieufement, & elle était fur le point d'être achevée, lorfqu'un incendie vint tout brûler dans fon Cabinet en 1762. Le feu n'épargna rien. Un feul jour vit périr le fruit de quarante ans de travaux & de veilles. Les bienfaits du Souverain auraient réparé cette perte, fi elle eut été réparable. Sa Majefté lui fit donner une nouvelle Penfion de deux mille livres; elle lui accorda en même tems des Lettres de Nobleffe que le Parlement & la Chambre des Comptes de Rouen, par une diftinction particulière, enregiftrèrent fans frais.

M. Lecat, encouragé par de telles récompenfes, employa les dernières années de fa vie à l'Edition des *Mémoires de l'Académie de Rouen*. Ce fut dans cette Ville, & au milieu de ces occupations, qu'il mourut le 20 Août 1768, âgé de foixante-huit ans, moins quelques jours.

Tel fut le Citoyen vertueux, tel fut le Savant que la Société & les Arts fe virent enlever par une mort qui paraîtra toujours prématurée. Homme de Lettres éclairé, Phyficien induftrieux, Chirurgien habile, il embraffait plufieurs genres, dans chacun defquels il eut pu prétendre à la plus haute réputation.

M. Lecat était auffi époux tendre & bon père. Il avait époufé fa femme à l'âge de 13 ans. « Il m'a fervi de père, difait cette Dame ver- » tueufe; & s'il n'avait pas été mon mari, j'aurais voulu qu'il eût été » mon meilleur ami. » --- Leur union fut telle que leurs goûts devinrent bientôt les mêmes. Tandis que le mari foutenait l'ardeur des Eléves en Chirurgie, par des Prix diftribués à fes dépens, Madame Lecat, animée du même efprit, excitait l'émulation des Eléves de l'Ecole de Deffin. Ils continuèrent ces foins généreux jufqu'à ce que le Corps-de-Ville voulut, dans les dernières années, prendre les frais fur fon compte.

Malgré toutes fes occupations, la plupart étrangères, en quelque forte à l'exercice d'une Profeffion qui femble exclure les travaux du Cabinet, M. Lecat trouva encore du tems pour pratiquer les Opérations de Chirurgie les plus difficiles; il avait fur-tout perfectionné celle de la taille, fur laquelle il donna deux Differtations: il la faifait fi heureufement que le Magiftrat de Rouen fit publier, en 1759, que de fept Printems pendant lefquels cet habile Lithotomifte avait taillé dans cette Province, il y en avait cinq dans lefquels il ne lui était mort aucun Sujet. Ses fuccès dans la Médecine & dans la Chirurgie l'ont fait appeller dans différentes Provinces du Royaume, & même à Paris pour des Malades abandonnés des plus fameux Efculapes de cette Capitale. On était fi fort prévenu en fa faveur, qu'on s'attendait de lui voir faire des miracles.

Nommé Secrétaire perpétuel de l'Académie de Rouen, Fontenelle donna des louanges à la manière dont il s'acquittait de cette Place, qui exigea, pour ainfi dire, tous les ftyles. L'Eloge du P. Mercaftel, & du P. Caftel, ceux de MM. Moyencourt, du Boccage, Fontenelle lui-même, de Gunz, Guérin, le Prince Sculpteur, &c. prouvent fon talent qui favait fe diverfifier felon le caractère ou les Ouvrages des hommes célèbres qu'il avait à peindre.

JOLYOT DE CRÉBILLON, PÈRE.

PROSPER-Jolyot de Crébillon, naquit le 13 Février 1674, à Dijon, de Melchior Jolyot, Greffier en Chef de la Chambre des Comptes. Ainsi il semblait destiné par sa naissance à l'étude des Loix. Ce fut dans cette vue que son père l'envoya faire son Droit à Paris, où il avait achevé ses Humanités; il s'y fit recevoir Avocat, & entra chez un Procureur, & parvint jusqu'à l'âge de 30 ans, sans soupçonner son talent.

La première Pièce qu'il ébaucha avait pour titre *la Mort des Enfans de Brutus*. Les Comédiens refusèrent cet Ouvrage qui était froid.

La seconde Tragédie fut *Idoménée*, achevée en moins d'un an, & jouée le 29 Décembre 1705; elle obtint 13 représentations. Ce coup d'essai annonça ce que serait un jour Crébillon.

Et en effet il fut suivi d'*Atrée & Thieste*, qu'on joua 18 fois, à commencer du 14 Mars 1707. L'année d'après, le 14 Décembre, on donna au Théâtre Français *Electre*, le chef-d'œuvre de Crébillon. *Rhadamiste & Zénobie* fut représentée le 12 Janvier 1711, 30 fois de suite.

Xerxès parut après & n'eut pas le même succès; il faut avouer qu'il ne le méritait pas. L'Auteur en fit justice lui-même en jettant les rôles au feu: « Le Public m'éclaire, dit-il, je reconnais que je m'étais trompé. »

Il entreprit de traiter le sujet de *Cromwel*. Son plan était fait & la première scène presqu'achevée. Le Régent, dit-on, lui défendit de continuer cet Ouvrage.

La Tragédie de *Sémiramis*, jouée le 10 Avril 1717, n'eut que sept représentations. Celle de *Pyrrus* du 19 Avril 1726, en eut seize, & *Catilina* du 20 Décembre 1748, 20. Cette dernière fut attendue long-tems; & dut le jour aux bienfaits de la Marquise de Pompadour.

Crébillon avait 76 ans quand il entreprit de donner une suite à cette pièce; & il était plus qu'octogénaire quand le *Triumvirat* parut, le 23 Décembre 1754; on ne la donna que 10 fois.

Il s'occupait encore de *Cléomédon* & de *la mort de Juba*, autres Tragédies, quand il fut atteint d'une maladie mortelle, qui l'emporta le 17 Juin 1762, âgé de 88 ans & demi. Il fut inhumé dans l'Eglise de Saint Gervais. Louis XV ordonna un Monument funèbre à sa mémoire; & l'exécution en fut confiée au célèbre Le Moine; mais ce tombeau est encore à paraître.

On raconte qu'à la première représentation d'*Atrée*, où se fit porter mourant le Procureur chez lequel avait travaillé l'Auteur, l'homme de Loi lui dit en l'embrassant: « Je meurs content; je vous ai fait Poëte, & je laisse un homme à la Nation. »

C'est à Dijon, dans les années 1707 & 1708 que Crébillon, retenu dans cette Ville, pour des affaires de famille, à la suite de la mort de son père, composa sa Tragédie d'*Electre*, où le sévère Boileau ne trouvait à reprendre que le double amour d'Electre & d'Oreste.

Pendant le cours des repréfentations de *Rhadamifte*, il perdit fa femme, fille d'un Apothicaire, qu'il avait époufée contre le gré de fon père. Le chagrin qu'il conçut de cette perte nuifit à fes talents. Indifférent pour la Fortune, MM. Paris, le Baron Hoguer, le Régent lui-même ne purent le forcer de fonger à s'enrichir. Il avait été pourvu, en 1715, de l'Office de Receveur des Amendes de la Cour des Aides, & il en jouit jufqu'en 1721, que cet Office fut fupprimé. L'effet de 47,000 livres qu'on lui donna pour rembourfement profita fi peu entre fes mains qu'il n'en put retirer que 2000 livres. Le fyftême de Law l'appauvrit encore.

L'Académie Françaife l'adopta, en 1731, à la place de M. de la Faye, & lui permit de faire fon remercîment en vers. Ce fut cette forme qu'il choifit de préférence pour l'Eloge du Maréchal de Villars en 1734, & pour la Harangue qu'il fit, en 1744, en qualité de Directeur de l'Académie, au Roi convalefcent.

Ce Monarque lui donna des marques fréquentes de fa bienfaifance. Il lui fit d'abord une gratification annuelle de 600 livres. Il y ajouta, depuis, 400 livres, une place à la Bibliothéque du produit de 1000 livres, & enfin une Penfion de 2000 livres fur le *Mercure;* il ordonna en 1750, qu'on fît au Louvre une Édition in-4°. de fes Œuvres & il la lui donna. Le Comte de Clermont l'honorait auffi d'une bienveillance toute particulière.

Sa mémoire lui demeura fidelle jufqu'à la mort. De toutes fes Tragédies *Xerxés* eft la feule dont il ait écrit le plan. Il ne confiait fes Piéces au papier que quand il les avait achevées.

Il avait une taille haute, & bien prife, l'air noble, les yeux bleus, grands & pleins de feu.

Crébillon n'a laiffé qu'un fils, qui s'eft fait auffi un nom dans la carrière des Lettres, mais dans un tout autre genre.

Il aimait la folitude, & les goûts qu'il avait contractés fortifiaient cette inclination: il fumait beaucoup de tabac, & fans ceffe il était environné d'animaux domeftiques, dont les jeux l'amufaient dans fes loifirs. Ce genre de vie convenait à bien peu de perfonnes; & cet éloignement de la Société lui était néceffaire. Toujours occupé de rêveries quand il ne travaillait point, il haïffait la gêne des converfations. Perfonne dans une auffi longue vie, n'a moins rendu de vifites, & n'en a moins exigé. Sa fanté robufte l'aurait conduit plus loin encore, s'il eut été plus attentif à la conferver; dans l'âge même le plus avancé, il fe nourriffait des aliments les plus groffiers, & mangeait beaucoup. Il avait aimé la parure & les meubles fomptueux. Les années avaient bien changé fes goûts: il était logé, meublé, vêtu très-fimplement, & couché plus durement qu'un Anachorète. Il dormait peu, moins encore la nuit que le jour.

Si, vers le milieu de fa carrière, il eût trouvé les Protecteurs puiffans qu'il rencontra un peu tard, fes bons Ouvrages feraient plus nombreux; mais il fallait que les bienfaits vinffent le chercher, & qu'il n'eût point à rougir de les recevoir.

S. IGNACE DE LOYOLA.

Naquit l'an 1491, d'un père, seigneur d'Ognès, & de Loyola. D'abord, Page de Ferdinand V, avec un esprit romanesque, entêté de livres de Chevalerie, & disposé à l'enthousiasme, il servait dans les Troupes d'Espagne, tandis que les Français, qui voulaient en vain retirer la Navarre, des mains de ses usurpateurs, assiégeaient le Château de Pampelune. Renfermé dans ce Château, il y fut blessé. La *Légende dorée* qu'on lui donna à lire pendant sa convalescence, & une vision qu'il crut avoir, le déterminèrent à faire le Pélerinage à Jérusalem. Il se dévoua à la mortification; se serrant les reins d'une chaîne de fer, mendiant son pain de porte en porte. On assure même qu'il passa sept jours & sept nuits sans manger ni boire : chose presque incroyable, qui marque une imagination un peu faible, & un corps extrêmement robuste. Tout ignorant qu'il était, il prêcha de Village en Village. Tout le monde aimait ses aventures, comment à Notre-Dame de *Monserrat*, il fit la veille des armes & s'arma Chevalier de la Vierge; & voulut se battre avec un Maure qui avait contesté la Virginité perpétuelle de *Marie* : enfin comme il abandonna la chose à la décision de son cheval qui prit un autre chemin que celui du Maure. Il prétendit aller prêcher les Turcs; il alla jusqu'à Venise; mais faisant réflexion qu'il ne savait pas le Latin, langue pourtant assez inutile en Turquie, il retourna à l'âge de trente-trois ans commencer ses études à Salamanque.

L'Inquisition l'ayant fait mettre en prison, parce qu'il dirigeait des Dévotes, & en faisait des Pélerines, & n'ayant pas pu apprendre dans *Alcala* ni dans *Salamanque* les premiers Rudimens de la Grammaire, il alla se mettre en Sixième dans Paris au Collège de Montaigu, se soumettant au fouet comme les petits garçons de sa Classe. Incapable d'apprendre le Latin, pauvre, errant dans la Ville, il trouva des Espagnols dans le même état; il se les associa. Quelques Français se joignirent à eux; ils allèrent tous à Rome, vers l'an 1537, se présenter au Pape Paul III, en qualité des Pélerins qui voulaient aller à Jérusalem, & y former une Congrégation particulière. *Ignace* & ses Compagnons avaient de la vertu; ils étaient désintéressés, mortifiés, pleins de zéle. On doit avouer aussi, qu'Ignace brûlait de l'ambition d'être Chef d'un Institut. Cette espèce de vanité agissait d'autant plus puissamment sur son cœur, qu'elle se joignit à des vertus. Sans cette passion de commande, il serait entré avec les siens dans l'Ordre des Théatins que le Cardinal *Cajetan* avait établi.

Les chemins de Jérusalem n'étaient pas sûrs, il fallut rester en Europe. *Ignace*, qui avait appris un peu de Grammaire, se consacra à enseigner les enfans. Ses Disciples remplirent cette vue avec un très-grand succès. Mais ce succès même fut une source de troubles. Les Jésuites eurent à combattre des Rivaux dans les Universités où ils furent reçus; & les Villes où ils enseignèrent en concurrence avec l'Université, furent un théâtre de divisions.

Il ne fallait rien moins que l'Humilité par laquelle il renonça lui & les siens aux Dignités Ecclésiastiques, pour assurer la grandeur de son

Ordre. La plupart des Souverains prirent des Jésuites pour Confesseurs, afin de n'avoir pas un Evêché à donner pour des absolutions; & la Place de Confesseur est devenue souvent bien plus importante qu'un Siége Episcopal.

Ignace & ses Compagnons, pour arracher du Pape une Bulle d'Etablissement, fort difficile à obtenir, furent conseillés de faire, outre les Vœux ordinaires, un quatrième Vœu d'obéissance au Pape : & c'est ce quatrième Vœu qui, dans la suite, a produit des Missionnaires portant la Religion & la gloire du Souverain Pontife aux extrémités de la terre.

Paul III promulgua leur Bulle d'institution, avec la clause expresse que leur nombre ne passerait jamais soixante. Cependant *Ignace*, avant que de mourir, eut la satisfaction de voir plus de mille Jésuites sous ses ordres, en Italie, en Espagne, en Portugal, en Allemagne, dans les Pays-Bas, dans le Japon, dans la Chine, en Amérique.

Il avait été assisté par *Lainez* & *Saluscron* qui, étant devenus habiles, composèrent avec lui les Loix de son Ordre. François de *Borgia* Duc de *Candie*, petit-fils du Pape Alexandre VI & neveu de *César Borgia*, aussi dévot & aussi simple que son oncle & son grand père avaient été méchans & fourbes, entra dans l'Ordre des Jésuites, & lui procura des richesses & du crédit. François-Xavier, par ses Missions dans l'Inde & au Japon, rendit l'Ordre célébre. Ce mélange d'enthousiasme & de souplesse qui fait le caractère de tout nouvel Institut fit recevoir les Jésuites dans presque tous les Royaumes, malgré les oppositions qu'ils essuyèrent. Ils ne furent admis, en France, qu'à condition qu'ils seraient soumis aux Evêques.

On les a vus depuis gouverner plusieurs Cours de l'Europe, se faire un grand nom, par l'éducation qu'ils ont donnée à la Jeunesse, aller réformer les Sciences à la Chine, rendre pour un tems le Japon Chrétien, & donner des Loix aux Peuples du Paraguay.

A l'Epoque de leur expulsion du Portugal, premier signal de leur destruction, ils étaient environ dix-huit mille dans le monde, tous soumis à un Général perpétuel & absolu, liés tous ensemble uniquement par l'obéissance qu'ils vouent à un seul. Leur gouvernement était devenu le modéle d'un Gouvernement Monarchique. Ils avaient des Maisons pauvres; ils en avaient de très-riches.

Cet Ordre naquit & s'éléva sous la Maison d'Autriche, alors ennemie de la France, & fut protégée par elle. Les Jésuites, du tems de la Ligue, étaient les Pensionnaires de Philippe II. Les autres Religieux, qui entrèrent tous dans cette faction, excepté les Bénédictins & les Chartreux, n'attisaient le feu qu'en France; les Jésuites le souflaient de Rome, de Madrid, de Bruxelles au milieu de Paris.

Leur saint Fondateur est mort content, le 31 Juillet 1556. Il avait vu l'accomplissement des trois choses qu'il désirait le plus : son livre des *Exercices Spirituels* approuvé par le S. Siége : la Société confirmée, & ses *Constitutions* rendues publiques. Si sa jeunesse eut des défauts & des singularités, sa vieillesse fut un modéle de toutes les vertus. Ses enfans lui ont prêté des visions, des extâses & des miracles.

JOLY DE FLEURY.

GUILLAUME-François Joly, Chevalier, Seigneur de Fleury, de Grigny, de Brionne, &c. Naquit à Paris le 11 Novembre 1675, de Jean-François Joly de Fleury, Conseiller au Parlement, & de Magdeleine Talon, fille d'Omer Talon, Avocat-Général.

A l'exemple des Lhôpital, des Montholon, M. Joly de Fleury voulut ouvrir sa carrière, qu'il parcourut avec tant de succès, par l'exercice de la Profession d'Avocat. Il fut reçu au Serment en 1695. Lorsqu'il parut, Nivelle & du Mont remplissaient le Barreau de leur éloquence, & Daguesseau occupait l'une des Places d'Avocat-Général. La dernière action d'éclat où il se distingua, comme Avocat des Parties, fut la Cause de Desmarets, Pensionnaire de la Musique du Roi.

Au mois de Novembre 1700 M. Joly de Fleury succéda à Jean-François le Haguais, dans l'Office d'Avocat-Général en la Cour des Aides. Il ne s'était pas encore entièrement consacré à la Magistrature: On l'avait destiné à l'État Ecclésiastique, & l'on prétend même qu'il fut Titulaire d'un Bénéfice dans le Diocèse de Paris.

La mort de son frère aîné changea tout-à-coup les vues qu'on avait sur lui. Il passa au Parlement le 21 Janvier 1705, pour y exercer une Charge d'Avocat-Général. En peu d'années il se trouva premier Avocat-Général. L'Édit qui appellait à la Couronne les Princes Légitimés, le Testament de Louis XIV, les Procédures de la Cour de Rome contre la Monarchie de Sicile lui fournirent des occasions brillantes pour développer ses grands talents. La Régence fut donnée au Duc d'Orléans sur son réquisitoire.

Le Chancelier Voisin étant mort, en 1717, il fut remplacé par M. Daguesseau, Procureur-Général, qui ne voulut pour successeur que M. Joly de Fleury. Jamais choix ne fut plus approuvé. Le nouveau Procureur fut presqu'en même tems nommé l'un des Membres du Conseil de Conscience établi par le Régent pour les Matières Ecclésiastiques, & qui subsista jusqu'en 1718.

A cette époque, Rome prétendit soutenir un Décret fameux par des lettres qui augmentaient les troubles, au lieu de les calmer. Elles furent flétries par les Tribunaux; l'Arrêt que rendit le Parlement de Paris est dû entièrement au zéle de M. Joly de Fleury.

Revêtu de la Charge de Trésorier-Garde des Chartres & Papiers de la Couronne, il mit tous ses soins à rétablir l'ordre nécessaire à la conservation d'un dépôt si précieux.

Il s'occupa aussi de l'éducation de la Jeunesse. Ce fut lui qui, en 1746, proposa d'établir ces Prix solemnels que l'Université distribue, tous les ans, aux Eléves choisis dans les dix Colléges. Il se démit, la même année, de sa Place de Procureur-Général en faveur de l'aîné de ses fils qu'il avait fait recevoir en survivance dès 1740.

Mais, dans fa retraite, il ne fe paffait rien d'important à la Cour ni au Parlement qui ne lui fût communiqué. En 1752, on le nomma l'un des Commiffaires propofés aux Affaires Eccléfiaftiques, qui s'agitaient alors.

Peu avant fa mort, il dit à M. Grofley, en lui donnant les portraits des deux frères Pithou : « Voilà deux hommes qui me font bien gémir » fur mon ignorance ; j'apprends tous les jours ; j'ai 80 ans ; & je n'ai » rien appris que M. Pithou n'ait fu. »

Il mourut prefqu'en parlant, le 25 Mars 1756. Son corps porté d'abord à l'Eglife de S. Severin, fa Paroiffe, fut inhumé dans celle de S. André-des-Arcs, lieu de la Sépulture de fa Famille.

M. de Fleury était d'une taille médiocre ; fes yeux annonçaient la vivacité de fon efprit : il avait un abord ouvert ; & la mémoire la plus heureufe rendit jufqu'au dernier moment fa converfation auffi agréable qu'inftructive.

Il avait époufé Marie-Françoife le Maître ; il en eut 11 enfans dont 4 font morts en bas âge.

Les Collections que M. de Fleury a faites font immenfes comme fes études. Quelques extraits de fes plaidoyers, imprimés dans les deux derniers Tomes du Journal des Audiences, font connaître le prix de ceux qui n'ont point paru. Les Mercuriales & autres Difcours publics paffent pour autant de Chefs-d'œuvre, il en eft de même des Requêtes qu'il a données en qualité de Procureur-Général. Ce font des traités profonds. Il eut beaucoup de part à la rédaction des Ordonnances de fon tems.

Il a travaillé indirectement pour notre Hiftoire de France, en tirant de la poudre des Greffes plufieurs Regiftres qui femblaient perdus pour le Parlement. Des Piéces, jufqu'alors inconnues, devinrent entre fes mains une fource utile pour l'éclairciffement de notre Droit. L'avidité de fes recherches & les dépouillements qu'il faifait ne nuifaient en rien à la vivacité & aux grâces de fon efprit. On s'empreffait encore de venir à ces Mercuriales ou, fans employer une cenfure amère, il rappellait le jeune Magiftrat à des devoirs que les plaifirs font trop fouvent oublier. L'admiration qu'il excitait redoubla, en 1744, lorfque les trois Avocats-Généraux allèrent avec les Députés du Parlement féliciter en Flandre le Vainqueur de Fontenoi. L'abfence de ces Magiftrats fut de trois femaines. Pendant tout ce tems, le Procureur-Général remplit feul le Miniftère public aux Audiences de la Grand'Chambre & de la Tournelle. Le Bareau qu'il avait étonné, avant 25 ans, ne vit pas avec moins de furprife fa facilité qui dictait encore les difcours d'un Orateur prefque feptuagénaire.

Les Savans & les Magiftrats s'empreffaient de confulter M. de Fleury, lorfqu'ils voulaient publier quelque ouvrage. C'eft à lui particulièrement que nous devons les principales recherches qui enrichiffent la vie de Pierre Pithou. « Il avait bien voulu, dit M. Grofley, m'en tracer le plan, m'in-» diquer les fources, & m'encourager à perfectionner une entreprife dont » l'exécution, difait-il fouvent, lui était infiniment chère, parce qu'elle » avait pour but de défendre de l'oubli les talents & les vertus de ces » Savans Citoyens. Chaque feuille lui était remife pendant l'impreffion, » & il en eft très-peu qu'il n'ait enrichi de corrections favantes ou de réfle-» xions judicieufes. »

JEAN ASTRUC Astruc naquit à Sauve, Ville du bas Languedoc, au Diocèse d'Alais, le 19 Mars 1684. Son père, Ministre du S. Evangile, fit abjuration avant la révocation de l'Edit de Nantes, en sorte qu'il éleva son fils dans la Religion Catholique.

Le jeune Astruc fit sa Philosophie à Montpellier, où il prit le grade de Maître-ès-Arts en 1700. Son inclination le porta à l'étude de la Médecine. Ayant reçu en 1702 le dégré de Bachelier, il publia une *Dissertation sur la Fermentation*. L'année suivante, il fut admis au Doctorat. En 1710, il mit au jour une autre *Dissertation sur le Mouvement Musculaire*, que Manget inséra depuis dans son *Theatrum Anatomicum*.

En ce même tems, Astruc obtint, dans l'Université de Toulouse, une Chaire d'Anatomie & de Médecine proposée au Concours. A peine en possession de cette Place, il publia son *Traité sur la nature de la Digestion*. En 1717 il commença à professer à Montpellier. Ses Elèves étendirent sa réputation dans toute l'Europe & jusqu'à Versailles. Le Roi lui assigna une Pension de 700 livres. Un an après, le premier Médecin le récompensa d'une manière plus conforme à ses goûts, en le nommant Inspecteur des Eaux minérales de Languedoc.

La peste qui désola Marseille & la Provence, en 1721, donna occasion à M. Astruc de développer ses connaissances. Il composa un Ouvrage pour prouver que ce mal est contagieux. Il vint enfin à Paris, principalement dans l'intention de mettre la derniere main à son *Traité des Maladies Vénériennes* & à son *Histoire de la Faculté de Monpellier*. Il ne resta pas long-tems dans la Capitale. Le Roi de Pologne, Electeur de Saxe, l'appella auprès de sa personne, en qualité de son premier Médecin; mais il ne put pas le fixer. La Cour convenait peu à son caractère & à ses études. Il revint à Paris pour n'en plus sortir. Dans la même année, il s'y vit décoré des titres de Capitoul de la ville de Toulouse, de Médecin Consultant du Roi, & de Professeur au Collège Royal.

Il publia, en 1736, son grand ouvrage de *Morbis Venereis*, chef-d'œuvre de critique & d'érudition. Contrefait en 1738, ce livre eut un succès aussi brillant que les *Institutions de Médecine* de Boerhaave; il fut traduit dans presque toutes les langues.

Malgré ses occupations, il trouva moyen de publier dans le même tems des *Mémoires* très-estimés sur les *Antiquités & l'Histoire Naturelle du Languedoc*. Son vaste génie embrassait jusqu'à l'*Histoire Sacrée*; il a laissé des *Conjectures sur les Mémoires Originaux*, dont il croyait que Moyse a pû se servir pour la composition de la *Génèse*. Une personne de beaucoup d'esprit, disait en parlant de M. Astruc : « Cet homme sait tout, même la Médecine.»

La fameuse dispute des Médecins & des Chirurgiens nous valut cinq lettres que M. Astruc fit imprimer, avant qu'il fût Membre de la Faculté de Médecine de Paris. Pour le recevoir, ce Corps antique & respeétablable, crut pouvoir déroger à ses Statuts. Il fut adopté d'un consentement unanime.

Le *Traité des Tumeurs* & celui des *Maladies des Femmes* lui firent le plus grand honneur. Le *Manuel des Accouchemens* pour les Sages-Femmes fut son dernier ouvrage. Le tems ne lui permit point d'achever son *Histoire de la Faculté de Montpellier*. M. Lory présida à la dernière édition du *Traité de Pathologie* de M. Astruc. Sa *Thérapeutique* attend un Editeur.

On connaît peu de détails sur la vie privée de ce Savant; tout entier à sa Profession, il ne donnait rien à la Société, très-peu d'instans à sa famille. Il mourut, le 4 Mai 1768, à l'âge de 82 ans.

M. Astruc avait épousé Jeanne Chaunel, d'une très-bonne famille de sa Province. Il en eut deux enfans, un fils & une fille; sa fille mariée à M. de Silhouette, Ministre d'État, est morte un an avant son père.

La Faculté de Médecine de Paris a fait placer dans son amphithéâtre le buste de M. Astruc, honneur qu'elle n'avait accordé qu'à M. Winslou.

Un grand Roi mandait à un de ses amis : « Je suis tranquille sur votre » sort; un homme tel que vous ne peut avoir pour Médecin qu'Astruc. »

Son grand ouvrage des *Maladies Vénériennes* contient l'Histoire de cette maladie. C'est à la découverte du nouveau monde, par Christophe Colomb, que l'Auteur croit devoir rapporter l'origine de ce fléau dans nos Climats. Les symptômes de ce mal, les différens déguisemens sous lesquels il cherche souvent à se masquer, les phases qu'il parcourt, les accidens terribles qui peuvent survenir, forment la seconde partie de ce Traité. Quelles recherches il suppose. Quel cahos il a fallu débrouiller pour qu'il en résulte un ouvrage raisonné, suivi & complet de cette affreuse maladie. On reproche un peu trop d'uniformité à sa méthode curative. Cette objection tombe d'elle-même, lorsqu'on fait attention qu'il est impossible qu'une méthode générale puisse embrasser tous les cas; c'est au Médecin instruit à varier son traitement, suivant les différentes combinaisons.

Au milieu des infirmités de l'âge, Astruc exposait en latin, au Collége Royal, toutes les maladies & la manière de les traiter dans le plus grand détail. Son exactitude à remplir cette place, son éloquence naturelle, l'élégance & les grâces de sa diction, le faisaient admirer de ses Compatriotes & des Etrangers. On suivait sans peine un guide qui savait faire disparaître les obstacles, applanir les difficultés. Ses Leçons étaient si clairement divisées, exposées si méthodiquement que les Ecoliers les rédigeaient sans dictée. Elles n'eurent pas le sort ordinaire de périr aussi-tôt après avoir vu le jour. Toutes les Universités les adoptèrent. La Doctrine d'Astruc devint celle de l'Europe entière.

Tel fut M. Astruc; tel fut le grand homme qui a rendu des services si importans au genre humain, tant par ses conseils que par ses écrits. « Les » Etrangers, dit M. de Fontenelle, dans l'Eloge de M. Littre, les Etran- » gers le connaissaient mieux que ne faisait une partie d'entre nous. Il arrive » quelquefois qu'ils nous apprennent le mérite de nos propres Citoyens, » que nous négligions, peut-être parce que leur modestie leur nuisait » de près. »

CORNEILLE JANSÉNIUS.

Né en 1585, dans le village d'Accoy, près de Lierdam en Hollande, il vint à Paris en 1604. L'Abbé de S. Cyran le plaça chez un Conseiller pour être Précepteur de ses enfans. La même façon de penser, la même piété, la même ardeur pour les matières Théologiques unirent étroitement ces deux hommes. Revenu à Louvain, il prit le bonnet de Docteur, obtint la direction du Collège de Sainte-Pulchérie & une chaire d'Ecriture-Sainte. L'Université de Louvain le députa deux fois auprès du Roi d'Espagne, pour faire révoquer la permission accordée aux Jésuites de professer les Humanités & la Philosophie dans cette Ville; on le lui accorda. Pour faire sa cour au Monarque Espagnol, il publia un livre contre la France, à l'occasion de son alliance avec les Nations Protestantes. Un an après la publication de cette satyre, il fut nommé à l'Evêché d'Ypres par Philippe IV.

Pendant que les Jésuites établissaient leur science moyenne & leur congruisme, l'Evêque d'Ypres renouvellait quelques idées de Baïus dans un gros livre sur S. Augustin, qui ne fut imprimé qu'après sa mort; de sorte qu'il devint Chef de Secte, sans jamais s'en douter. Personne presque ne lut ce livre qui a causé tant de troubles; mais du Verger de Haurane, Abbé de S. Cyran, homme aussi ardent qu'Ecrivain diffus & obscur, vint à Paris & persuada de jeunes Docteurs & quelques vieilles femmes. Les Jésuites demandèrent à Rome la condamnation du livre de Jansenius: comme une suite de celle de Baïus, & l'obtinrent en 1641. Mais la Faculté de Théologie se partagea. Cinq propositions y furent condamnées, à la pluralité des voix. Ces cinq propositions étaient extraites du livre très-fidèlement, quant au sens, mais non pas quant aux propres paroles. Soixante Docteurs appellèrent au Parlement comme d'abus; & la Chambre des Vacations ordonna que les Parties comparaîtraient.

Les parties ne comparurent point: mais d'un côté un Docteur, nommé Habert, soulevait les esprits contre Jansénius; de l'autre, le fameux Arnauld, Disciple de S. Cyran, défendait le Jansénisme avec l'impétuosité de son éloquence. Il haïssait peut-être les Jésuites encore plus qu'il n'aimait la Grâce efficace; & il était encore plus haï d'eux, comme né d'un père qui, s'étant donné au barreau, avait violemment plaidé pour l'Université contre leur établissement.

Quatre-vingt-huit Evêques de France écrivirent en Corps à Innocent X, pour le prier de décider, & onze autres écrivirent pour le prier de n'en rien faire. Innocent X jugea; il condamna chacune des cinq propositions à part, mais toujours sans citer les pages dont elles étaient tirées, ni ce qui les précédait, & ce qui les suivait.

Cette omission, qu'on n'aurait pas faite dans une affaire civile au moindre des tribunaux, fut faite &, par la Sorbonne; & par les Jansénistes, & par les Jésuites, & par le Souverain Pontife.

Le Cardinal Mazarin fit recevoir unanimement la Bulle du Pape par l'assemblée du Clergé: il était bien alors avec le S. Père; il n'aimait pas les Jansénistes, & il redoutait les factions.

La paix semblait rendue à l'Eglise de France. Mais les Janséniftes écrivirent tant de lettres; on cita tant S. Augustin; on fit agir tant de femmes qu'après la Bulle acceptée, il y eut plus de Janséniftes que jamais.

Si cette difpute ne produifit en France que des Mandemens, des Bulles, des Lettres de Cachet & des Brochures, c'eft qu'il y avait alors des querelles plus importantes.

Les Janséniftes pourtant s'affermirent par la perfécution. Quatre Prélats *Arnauld*, Evêque d'Angers, frère du Docteur; *Bufanval*, de Beauvais; *Pavillon*, d'Alet & *Caulet*, de Pamiers, le même qui depuis réfifta à Louis XIV fur la Régale, fe déclarèrent contre un Formulaire qu'avait compofé Alexandre VII lui-même & qui était femblable à celui que faifaient figner les Evêques de France. Mais, lorfque tout était en feu pour favoir fi les cinq Propofitions étaient ou n'étaient pas dans *Janfenius*, *Rofpigliofi*, devenu Pape fous le nom de *Clément IX*, pacifia tout pour quelque tems. Il engagea les quatre Evêques à figner *fincèrement* le Formulaire, au lieu de *purement & fimplement*. Ainfi il fembla permis de croire, en condamnant les cinq Propofitions, qu'elles n'étaient point extraites de *Janfenius*. Un mot fubftitué à un autre opéra cette paix qu'on appela la *Paix de Clément IX* & même la *Paix de l'Eglife*, quoiqu'il ne s'agît que d'une difpute ignorée ou méprifée dans le refte du monde.

Le Gouvernement mit en liberté les Janséniftes qui étaient prifonniers à la Baftille. On fit revenir les *Religieufes* de Port-Royal de leur exil, & elles fignèrent *fincèrement*. Arnauld fortit de la retraite où il s'était caché, & fut préfenté au Roi, accueilli du Nonce, regardé par le Public comme un Père de l'Eglife.

La paix de *Clément* ayant été donnée à des efprits peu pacifiques, qui étaient tous en mouvement, ne fut qu'une tréve paffagère. Il s'éleva une autre querelle fur le *Fait* & fur le *Droit*. Cette queftion, *fi les cinq Propofitions fe trouvaient* en effet dans *Janfenius*, devint le prétexte d'une guerre inteftine.

L'Archevêque de Noailles ordonna qu'on crût le *Droit* d'une Foi divine & le *Fait* d'une Foi humaine. Les autres, même Fénelon, exigèrent la Foi divine pour le fait. Que ne fe donnait-on la peine de citer les paffages du livre?

Janfenius n'avait pas prévu l'orage que fon *Auguftinus* pouvait former, & ce n'était que pour faire éclater fa foumiffion au Saint Siége qu'il avait écrit, peu de jours avant fa mort, au Pape Urbain VIII, qu'il foumettait à fa décifion & à fon autorité fon ouvrage, & que, fi le Saint Père jugeait qu'il fallait y faire quelques changemens, il y acquiefçait avec une parfaite obéiffance.

Ce bon Evêque mourut frappé de la pefte, & victime de fa follicitude paftorale. Il était pieux, charitable & fobre. Il prêchait avec beaucoup de zéle, & quelquefois avec onction. On lui a reproché feulement d'être un peu vif, & lui-même comparait fes mouvemens fubits d'une colère paffagère au falpêtre qui s'allume à l'inftant & qui s'éteint le moment d'après, fans jetter ni odeur ni fumée.

SOANEN, ÉVÊQUE DE SÉNEZ.

JEAN SOANEN, né à Riom, en 1647, d'un Procureur, fit ses Humanités au Collége que les PP. de l'Oratoire ont dans cette Ville, & peut-être cette circonstance a-t-elle décidé de toute sa vie. Ses études achevées, il entra dans cette Congrégation, & fut admis à l'Institution de Paris, en 1661. Quesnel en était le premier Directeur; Soanen le prit pour Confesseur, & lia dès-lors avec ce Père une amitié qui a duré jusqu'à sa mort. Après son année d'épreuves, il fut envoyé successivement dans différents Colléges de Province. Là, en enseignant, il apprit à perfectionner le talent de la parole, qu'il possédait si éminemment.

C'est dans l'Abbaye de S. Pierre, à Lyon, que Soanen prêcha son premier Carême. Ce début fut si brillant, si soutenu, que ses Supérieurs ne crurent pas devoir laisser plus long-tems dans la Province, un Sujet propre à leur faire honneur dans la Capitale.

De la Maison de l'Institution, Quesnel avait passé à la supériorité de S. Magloire; il réclama son Éléve, & le jeune Orateur fut de nouveau confié à ses soins. La réputation & les succès de Soanen allèrent toujours en croissant; & la voix publique l'eut bientôt placé au nombre des premiers Prédicateurs de sa Congrégation; qu'on ne s'y trompe pas; ces Prédicateurs étaient les PP. *Hubert, la Roche, Massillon!* L'opinion les avait tellement associés, qu'on les appella toujours depuis les *Quatre Evangélistes*.

En 1683, Soanen prononça l'oraison funèbre de *Marie Thérèse*. Louis XIV, voulut voir le discours; il le lut lui-même, & donna à l'éloquence de l'Orateur, plus de larmes, peut-être, qu'il n'en avait donné à la mort de son Epouse.

Cet ouvrage avait fait une telle impression sur l'esprit du Monarque, qu'on fut obligé de lui présenter l'Auteur; il le retint, sur le champ, pour les Carêmes de 1686, & de 1688. On sait que, dans une de ces Stations, Soanen ayant prêché avec vigueur contre les Spectacles, le *Maréchal de la Feuillade* osa s'en plaindre au Roi : M. de la Feuillade, répondit-il vivement, *le Prédicateur a fait son devoir; tâchons de faire le nôtre*.

On doit, à Louis XIV, cette justice, qu'il n'a jamais laissé sans récompense ni talents, ni vertus; & sans doute, il y avait déjà long-tems que la Cour ne songeait plus à l'éloquent Prédicateur, lorsque, de son propre mouvement, il le nomma à l'Evêché de Viviers. A cette nouvelle, la modestie de l'humble Oratorien s'effraye; il déteste sa renommée; il regrette l'obscurité de sa jeunesse. Il est décidé à ne pas accepter; mais quelle raison donnera-t-il de son refus? Il s'agite en tout sens; enfin il a trouvé une excuse. *Viviers est sur une route trop fréquentée; tout son revenu se consumera à représenter; il n'a nul patrimoine; il ne lui restera rien pour les besoins de ses pauvres*.... Le Roi voit sa douleur, & veut bien ne le pas contraindre.

Soanen continuait de remplir, & toujours avec un égal concours d'Auditeurs, les principales Chaires de Paris, quand le Roi, qui veut absolument l'élever à l'Episcopat, lui donne l'Evêché de Sénez. Cette fois-ci; il parla en Maître; il fallut obéir.

On pense bien qu'un Evêque, tel que Soanen, observera la résidence. En effet, aussi-tôt qu'il est sacré, il fait à ses amis les adieux les plus tendres, & part pour sa nouvelle Patrie, baigné des larmes de tous ses Confrères. Arrivé à Sénez, il visite son Diocèse, rétablit la discipline, & répand par-tout l'odeur de ses vertus; instructions fréquentes, conseils amiables, aumônes abondantes, charité sans bornes, il opère le bien par toutes les voies, par tous les moyens. Désormais tous ses jours se ressemblent, parce que, tous les jours, il a les mêmes devoirs à remplir, les mêmes vertus à exercer.

Il y avait près de vingt ans que le saint Evêque goûtait en paix le plaisir si pur d'aimer & d'être aimé; que, tout entier à son troupeau, il recueillait le fruit de ses travaux pénibles, quand la bulle *Unigenitus* parut : bulle fatale, qui devait troubler son repos, & dont il était destiné à devenir la victime.

Nous sommes loin de traiter cette controverse en Théologiens : nous promettons même de ne rapporter que des faits avoués par les deux partis; mais si, dans l'Evêque de Sénez, nous considérons l'homme, de quel œil l'Eléve de Quesnel dut-il envisager un Décret qui déshonorait son cher Maître? Comment renoncer à ce qu'on a aimé dès sa plus tendre jeunesse, dire anathême à ce que, toute sa vie, on a adoré? Si nous pesons les lumières, les talents, si nous calculons le dégré de confiance que mérite Soanen, qui osera craindre de s'égarer avec lui? Si enfin nous comparons les mœurs, les vertus, quelle différence entre ce saint homme & ses Adversaires, entre le Juge & l'Accusé?

Soanen refuse d'accepter la Bulle; & comme, dans ce refus, il n'entre rien d'humain, sa conduite sera invariable comme sa piété, inébranlable comme sa foi. Les Cours de Rome & de Versailles s'irritent également de sa résistance, & déjà le Cardinal de Fleuri a juré sa perte. Car ce n'était plus le tems où le P. de la Chaise disait si plaisamment : *Le Jansénisme est du noir à noircir que nous appliquons où nous jugeons à propos, & que nous ôtons de même.* Sous ce ministère la tache était ineffaçable.

M. de Tencin, Archevêque d'Embrun, est chargé d'assembler les Evêques de sa Province, & Soanen sommé de comparaître à ce Synode de commande, décoré du nom imposant de *Concile*.

Son Diocèse est consterné; la Capitale est indignée. La satyre n'épargna pas les Pères du nouveau Concile; les épigrammes furent si multipliées, si déchirantes, que, pendant quelques moments, on les vit ébranlés. On entendit l'Evêque de Luçon dire au Cardinal de Bissy : *Le Public ne s'accoutumera jamais à voir M. de Tencin être le Juge du plus saint Evêque du Royaume. Que voulez-vous qu'on y fasse*, répondait naïvement le Cardinal, *il faut un exemple; on ne peut le faire que sur M. de Sénez.* Et pourquoi? C'est qu'il était ce qu'on appelle encore scandaleusement *un Evêque de Fortune*.

Nous ne dirons rien des diverses séances de l'Assemblée d'Embrun. Qu'importent les détails d'une procédure dont le Jugement est fixé par avance? L'instruction pastorale qu'il avait publiée pour justifier sa Doctrine & sa conduite, est condamnée comme *téméraire*, *scandaleuse*, &c. Il est déclaré suspens de tout pouvoir & jurisdiction épiscopale, & même de tout exercice des fonctions de l'ordre sacerdotal.

Ainsi finit cette affaire trop fameuse; & le saint Evêque fut exilé à *la Chaise-Dieu*, où il mourut le 25 Décembre 1740, âgé de 94 ans moins 12 jours.

LE MARÉCHAL DE SAXE.

MAURICE, Comte de Saxe, naquit à Dresde le 19 Octobre 1696, d'Auguste II, Electeur de Saxe, & d'Aurore, Comtesse de Konigsmark, Abbesse de Quedlimbourg. L'illégitimité de sa naissance l'éloigna de l'héritage d'Auguste II. Il parut dès l'âge de douze ans marquer sa place, sa fortune & sa carrière. Il disparut, alla joindre à pied l'armée des Alliés devant Lille. Auguste, Roi de Pologne, y servait en qualité de Volontaire; il confia son fils, le Comte de Saxe, à ce célébre Général, Comte de Schulenbourg, qui défendit si bien Corfou, & qui, par la plus belle manœuvre, s'était retiré devant Charles XII, depuis Punitz jusqu'en Saxe, & avait appris par cette retraite à l'Infanterie qu'elle peut se défendre en plaine contre la Cavalerie.

Lille prise, le Comte de Saxe revint à Dresde, d'où il passa en Flandre pour l'ouverture de la Campagne. Il fit les fonctions d'Adjudant général au siége des ville & citadelle de Tournai en 1709. Il y eut son chapeau percé d'une balle de carabine, & son cheval tué sous lui.

Il servit ensuite en Poméranie, sous son père, & se trouva à la prise de Treptow; il passa à la nage sous le feu des retranchements des Suédois, pour le siége de S. Stralsund. Ce fut après cette campagne que le Roi de Pologne, son père, lui donna l'agrément de lever un Régiment de Cavalerie. Il se distingua à la tête de ce Corps, à la bataille de Gadebusch. C'est là qu'il commença à s'inculquer les grands principes de la Tactique, & qu'il vit, par l'exemple du Général Suédois Stinbock, toutes les ressources qu'un Général habile & intrépide sait tirer de ses Soldats.

Après la capitulation de Stralsund, publiée en 1716, il revint à Dresde, où il trouva sa femme accouchée d'un fils qui ne vécut que peu de mois: ce fut le seul enfant qu'il eut de son mariage. Devenu oisif par les ouvertures de paix que fit Charles XII, il alla voyager dans les différentes Cours du Nord. Le Ministre du Roi Auguste avec qui sa mère & lui n'avaient jamais bien vécu, profita des circonstances pour faire licencier son Régiment. Il revint à Dresde, se plaignit vivement au Roi; &, craignant d'être arrêté & envoyé dans le Château de Konigstein, il monta un des meilleurs chevaux de l'écurie du Roi, & se retira dans une des terres de sa femme, à vingt lieues de Dresde. La Comtesse, sa mère, ayant obtenu son pardon, il ne fut absent que peu de jours. Il s'ennuya de son inaction. L'Empereur était en guerre avec les Turcs; le Comte de Saxe fit demander au Roi la permission d'aller servir en Hongrie; ce Prince, en la lui accordant, voulut bien se charger des frais de son Equipage. Il arriva au Camp devant Belgrade le 2 Juillet 1717; il y fut reçu par le Prince Eugène avec la distinction due à son mérite & à sa naissance : il trouva dans cette armée le Comte de Charolais, le Prince de Dombes, Princes du Sang de France, qui étaient venus faire cette Campagne comme Volontaires. Le Prince Eugène fut donc le second Maître du Comte de Saxe. Que de prodiges ne devait-on pas attendre de ces leçons, & des talens du Comte ! La Campagne finie, il revint à Dresde; le Roi le décora de l'Ordre de l'Aigle Blanc. Sa vie galante, la jalousie de sa femme, la haine du Miniftre lui firent prendre la réfolution de voyager en France. Le Duc d'Orléans, Régent du Royaume, lui propofa d'entrer au Service de France, avec le Grade de Maréchal de Camp, le 9 Août 1720, il l'accepta fous la condition que le Roi, fon père, y confentirait. Le Roi y ayant confenti, & lui ayant accordé une augmentation de Penfion & la ceffion de quelques biens confifqués, il concerta en même tems avec fon époufe & de l'agrément du Roi Augufte, les moyens de faire rompre fon mariage. La diffolution ayant été prononcée, fa femme époufa un Officier Saxon. De retour à Paris, le Comte de Saxe obtint l'agrément du Régiment d'Infanterie Allemande de Greder : il s'attacha à former ce Corps fur fes principes que fon expérience lui avait fait juger les plus avantageux pour le bien du Service.

Ferdinand de Keller, Duc de Courlande, brouillé avec fes Sujets, s'était retiré à Dantzick, & y mourut en 1725. La République de Pologne n'attendait que fa mort pour réunir ce Duché à la Couronne. Les Courlandais fongèrent à prévenir ce projet & élurent le Comte de Saxe. Cette Election unanimement faite fut contrariée par la Ruffie & par la Pologne. Le Comte de Saxe ne put jamais parvenir à prendre poffeffion de fon Duché. Il avait alors perdu la Comteffe de Konigfmark, fa mère & fa protectrice; il regretta bientôt le Roi de Pologne, fon père; il vint en France pour fervir dans l'armée qui s'affemblait fur le Rhin, fous les ordres du Maréchal de Berwick. On fait quels furent les lauriers qu'il y moiffonna à la journée d'Etlingen & au fiége de Philipsbourg.

La guerre qui s'alluma en Europe, après la mort de Charles VI, mit encore le Comte de Saxe à portée de développer fes talents militaires. La prife de Prague, celle d'Egra, la deftruction des lignes de Lauterbourg, plufieurs autres expéditions glorieufes fixèrent les regards de toute l'Europe. Devenu Maréchal de France, en 1744, il fut mit à la tête de l'Armée Françaife aux Pays-Bas. Ce fut à fa vigilance & à fa capacité, qu'on dut la victoire de Fontenoy, & cette célèbre journée valut à la France la moitié des Pays-Bas. Pour récompenfer tant de fervices fignalés, Louis XV le créa, en 1747, Maréchal général de fes Armées, & lui donna le Commandement de tous les Pays nouvellement conquis en Flandres.

Après la paix de 1748, il n'eut plus qu'à jouir de fa gloire & des bienfaits du Roi. Il obtint l'agrément de faire venir fon Régiment de Cavalerie légère à Chambord. Il eut le projet de s'établir dans l'île de Tabago, & d'y fonder un petit Etat. L'Amiral de Coligny avait eu le même deffein, dans le XVIe fiécle; mais l'Angleterre & la Hollande s'y opposèrent; il refta à Chambord où il exerçait fon Régiment. Six piéces de canon qu'il avait enlevés aux Ennemis ornaient la principale entrée du Château : cinquante hommes de fon Régiment, avec un étendard montaient la garde à cette porte : feize drapeaux ou étendards de différentes Nations qu'il avait battues, paraient fon anti-chambre; ils étaient couronnés de deux paires de timballes prifes fur les Anglais & fur les Hollandais. En entrant dans cette anti-chambre l'âme fe fentait faifie de refpect & d'admiration pour ce grand-homme dont ces trophées annonçaient la demeure. Généralement eftimé des Etrangers, aimé des Français, comblé des grâces du Roi & de diftinctions marquées, au faîte des grandeurs, jouiffant d'une fanté robufte, tout lui annonçait une longue carrière, lorfqu'une fiévre putride l'enleva le 20 Novembre 1750, après neuf jours de maladie, à l'âge de 54 ans.

GONDRIN, ARCHEVÊQUE DE SENS.

Louis-Henri de Pardaillan de Gondrin, naquit au Château de Gondrin, en 1620. Il fit les études au Collège de la Flèche, & en sortit pour venir à Paris recommencer sa Philosophie à l'Université, & s'asseoir ensuite sur les bancs de la Sorbonne, où il étudia la Théologie pendant trois ans. Il se disposait à prendre les degrés dans cette Faculté, lorsque *Octave* de Bellegarde, Archevêque de Sens, son cousin, le demanda pour Coadjuteur à la Reine Régente, qui le lui accorda. Il n'avait encore que vingt-cinq ans. Deux ans après, il prit possession de cet Archevêché, & se montra, par les vertus & par son zèle, digne du siège qu'il occupait.

L'éternelle guerre que la Grâce efficace avait allumée entre les Jésuites & Port-Royal, était alors dans toute sa vigueur. L'Archevêque de Sens y eut part pour la première fois à l'occasion des cinq fameuses Propositions. Elles avaient été dénoncées à la Faculté: les défenseurs de S. Augustin appellèrent, comme d'abus, de ses décisions, & le Parlement imposa silence aux deux partis; mais les Jésuites écrivirent au Pape Innocent X pour le prier de prononcer sur ces Propositions, qu'ils assuraient pas être tirées de *Jansenius*, mais soutenues en France par un grand nombre de Docteurs.

Les Partisans de Port-Royal, déconcertés par une démarche aussi hardie qu'imprévue, s'efforcèrent de parer le coup en faisant des représentations au Pape, pour le prévenir contre les malignes intentions de leurs Adversaires. Gondrin, secondé par les Evêques de Châlons, d'Orléans, de Comminges, de Beauvais, d'Angers, & plusieurs autres qui prêtèrent leur signature, députa à Rome quatre des plus habiles Théologiens attachés à leur Doctrine. Ils furent chargés d'une lettre pour le Pape, où, après s'être plaints à Sa Sainteté qu'on eût voulu l'engager à décider sur des Propositions faites à loisir, & qui, étant énoncées en des termes ambigus, ne pouvaient d'elles mêmes produire que des disputes pleines de chaleur, dans la diversité des interprétations dont elles étaient susceptibles, ces Prélats la suppliaient de vouloir bien examiner à fond cette affaire; de bien distinguer les différens sens des Propositions, & d'observer, dans les jugemens qu'elle en porterait, la forme légitime des jugemens Ecclésiastiques, qui consistait principalement à entendre les défenses & les raisons des Parties. Mais, pendant deux ans qu'ils furent à Rome, les Députés demandèrent inutilement à être entendus devant leurs parties; ils demandèrent avec aussi peu de succès que les différens sens que pouvaient avoir les Propositions, fussent distingués dans la Censure. Le Pape donna sa Constitution où il condamnait les cinq Propositions, sans aucune distinction de sens Hérétique ni Catholique; & se contenta d'assurer publiquement ces Députés, lorsqu'ils prirent congé de lui, que cette condamnation ne regardait ni la Grâce efficace en elle-même, ni la Doctrine de S. Augustin, *qui était*, disait-il, *& serait toujours la Doctrine de l'Eglise.*

Les cinq Propositions ainsi généralement condamnées, les Jésuites travaillèrent constamment à établir la créance du fait, & mirent à profit toutes les conjonctures propres à favoriser leur dessein. Quelque crédit qu'ils eussent à la Cour, ils n'avaient pas encore su gagner la confiance du Cardinal Mazarin. Le Ministre, qui d'ailleurs semblait prévenu en faveur de Port-Royal, ne se souciait guères plus d'obliger le Pape Innocent X, qu'il avait pourtant intérêt de ménager depuis la détention du Cardinal de Retz. Le P. Annat, récemment arrivé de Rome pour être Confesseur du Roi, lui fit entendre que le moyen le plus sûr de reconcilier les bonnes grâces du Pape, était de faire en sorte que sa Constitution fut reçue dans toute la France sans aucune explication ni distinction. Le Cardinal consentit volontiers à faire au Très-Saint Père un plaisir qui lui coutait si peu.

L'Archevêque de Sens avait publié dans toute l'étendue de son Diocèse, au sujet de la Constitution, une *Lettre Pastorale* dont la Cour de Rome avait été extrêmement piquée, & à laquelle les Jésuites refusèrent d'obéir. Gondrin lança sur eux un interdit qui dura vingt-cinq ans, c'est-à-dire autant que leur rébellion aux Ordonnances de l'Archevêque. Le Cardinal ayant fait assembler tous les Prélats qui se trouvèrent alors à Paris, ne fit aucune mention de la Lettre Pastorale, mais il se plaignit de ce qu'on éludait la Constitution *par des subtilités nouvellement inventées*, & les exhorta à songer aux moyens de donner pleine satisfaction à Sa Sainteté. On nomma huit Commissaires, du nombre desquels étaient les Archevêques d'Embrun & de Toulouse, pour examiner avec soin le livre de *Jansénius*, & en faire leur rapport dans huitaine.

Ce terme expiré, on s'assembla de nouveau, & l'Archevêque d'Embrun, portant la parole au nom de tous les Commissaires, convint qu'on n'avait pas trouvé dans *Jansénius* les cinq Propositions en propres termes; mais qu'à juger un Auteur par tout le contenu de sa Doctrine, on ne pouvait pas douter qu'elles n'y fussent, & qu'il y en avait même trouvé de plus dangereuses. Qu'au reste il y avait deux preuves incontestables que les cinq Propositions y étaient, & qu'il fallait s'en tenir à ces deux preuves. L'une était : les termes mêmes de la Bulle qu'on ne pouvait nier, *à moins que d'être très-méchant Grammairien*, qu'ils ne rapportassent ces Propositions à *Jansénius*. L'autre était : les lettres des Evêques de France écrites à Sa Sainteté avant & après la Constitution, par lesquelles il paraissait visiblement qu'ils avaient tous *supposé* que les cinq Propositions étaient en effet de *Jansénius*. Sur ce solide argument, il fut arrêté que l'Assemblée déclarerait, par un jugement définitif, que le Pape avait condamné ces Propositions comme tirées de *Jansénius* & dans le sens de *Jansénius*; & qu'elle écrirait à Sa Sainteté & à tous les Evêques de France pour les informer de ce jugement. Gondrin & les Evêques, qui l'avaient déjà secondé, refusèrent de signer ces lettres. Ils se rendirent pourtant aux pressantes sollicitations qu'on leur fit, en protestant néanmoins qu'ils ne s'y prêtaient que pour maintenir l'union avec leurs Confrères.

Le Pape, charmé, comme on peut le croire, de la soumission du Clergé de France, répondit à la lettre que lui remit l'Evêque de Lodève, par un Bref succinct & où l'on ne disait pas deux mots du jugement que les Evêques venaient de rendre en sa faveur. Il confirmait seulement la condamnation portée contre la Doctrine de *Jansénius*. Ce Bref arriva en France avec la nouvelle de la mort du Pape. On convoqua encore une Assemblée qui fit passer le Bref & la Constitution à tous les Evêques, avec instances de les faire souscrire par les Communautés régulières & séculières de leurs Diocèses. Gondrin n'y souscrivit qu'avec des modifications. Heureusement la querelle s'appaisa, & l'on n'y pensait presque plus, lorsque le Prélat mourut le 20 Septembre 1674.

M. DE MAIRAN.

SI une longue carrière, dont tous les périodes ont été illustrés par des découvertes utiles, est un titre à l'immortalité, M. Jean-Jacques d'Ortous de Mairan doit obtenir une place distinguée parmi les plus grands hommes de la France. Né à Beziers, en 1678, il n'a cessé, jusqu'au moment de sa mort, arrivée le 20 Février 1771, de s'occuper du progrès des Sciences, de l'étude de la Nature, & d'observations sur les différents phénomènes qu'elle présente. Il avait à peine quatre ans, lorsqu'une mort prématurée le priva de son père. Heureusement pour lui, il restait entre les mains d'une mère, qui, à toute la tendresse que ce titre annonce, joignait beaucoup d'esprit & de mérite. Elle se chargea de former elle-même son fils, dont les mœurs douces, le caractère aimable & sensible se ressentirent toujours des soins maternels. A seize ans, M. de Mairan perdit aussi cette mère respectable. Abandonné à lui-même dans un âge où la liberté serait pour la plûpart des hommes un présent funeste, il n'en profita que pour se livrer à l'étude avec plus d'ardeur. Le goût qu'on lui avait inspiré de bonne heure pour les Lettres & les Sciences, le garantit tout-à-la-fois des dangers de l'indépendance & de la séduction des plaisirs.

Après avoir achevé ses Etudes à Toulouse, M. de Mairan vint à Paris en 1698, pour y perfectionner ses connaissances & en puiser de nouvelles dans le Commerce des Gens de Lettres & des Savans. Son mérite naissant, que sa grande jeunesse rendait encore plus remarquable, le fit connaître avantageusement des hommes célèbres qui occupaient alors des premières places dans l'empire des Sciences. Il se concilia sur-tout l'estime & l'amitié du P. Mallebranche, & ce grand Métaphisicien devina bientôt tout ce que M. de Mairan devait être un jour.

En 1702, M. de Mairan retourna dans sa Patrie, où, treize ans après, il publia une *Dissertation sur la variation du Barometre*, qui fut couronnée par l'Académie de Bordeaux. Ce petit Ouvrage fut suivi en 1716 & 1717 de deux nouvelles *Dissertations sur la formation de la Glace & sur la Cause de la Lumière des Phosphores & des Noctiluques*, qui lui méritèrent les mêmes applaudissements & de nouveaux lauriers. Ces triomphes multipliés déterminèrent l'Académie de Bordeaux à le placer au nombre de ses Membres.

Depuis long-tems la Capitale reclamait des talents qui avaient commencé à se perfectionner dans son sein. En 1718 M. de Mairan y revint, & le 24 Décembre de la même année, il fut reçu par l'Académie des Sciences, sans avoir passé par la Classe des Adjoints.

M. de Mairan crut dès-lors être obligé de rendre compte au public des grands travaux qui l'avaient occupé dès son bas âge. En 1719 il commença à donner les *Principes de sa Théorie ingénieuse du Froid & du Chaud*, à laquelle il n'a mis la dernière main qu'en 1765. La réflexion des corps fut ensuite l'objet de discussions particulières dont il entretint l'Académie dans les années 1719, 1722, 1723, 1738 & 1740. Cette matière, naturellement ingrate, devint entre ses mains une source abondante d'observations neuves & lumineuses, dont on n'avait pas même soupçonné la possibilité; mais l'Ouvrage qui lui a fait le plus d'honneur, c'est son *Traité de l'Aurore Boréale*; & quoique le Système qu'il y défend, ne convienne pas toujours à celui de l'Univers, les observations savantes dont il l'appuie, suffiraient pour placer M. de Mairan au nombre des premiers Physiciens de notre siécle.

En 1741, M. de Fontenelle, qui remplissait depuis plus de 45 ans, la place de Secrétaire de l'Académie des Sciences, ayant demandé la vétérance qu'il avait si bien méritée, on lui donna pour Successeur M. de Mairan. L'ordre, la méthode, la clarté & le jugement qu'il mettait dans la rédaction des mémoires, laissèrent à peine appercevoir que l'Académie avait changé d'Historien. On admira sur-tout dans les *Eloges* de M. de Mairan un style noble & soutenu, des réflexions sages & judicieuses, des expressions toujours proportionnées aux choses & aux personnes dont il parle. Ces nouveaux succès lui méritèrent de nouveaux honneurs Littéraires. En 1741, l'Académie Françaife le choisit pour remplacer le Marquis de S. Aulaire.

M. de Mairan, dont le génie était pour ainsi dire universel, ne se borna pas à étudier la Nature; il voulut aussi pénétrer le secret des Arts. Nous devons à son goût pour la Sculpture & la Peinture, un Commentaire estimé sur la balance des Peintres estimés de M. de Piles. La Musique entrait aussi dans le nombre de ses connaissances; & en 1735, il enrichit la Théorie des sons d'une découverte très-heureuse sur la vitesse relative des sons aigus & des sons graves. Ses Lettres adressées au P. Parennin sur l'état des Sciences & des Arts à la Chine, suffisent pour faire connaître combien il avait approfondi l'Histoire de l'Antiquité.

On eût pu dire, que la Nature, si avare pour la plûpart des hommes, avait pris plaisir à répendre toutes ses faveurs sur M. de Mairan. A 92 ans, il existait encore tout entier pour lui-même, pour la Société, pour les Sciences. On le voyait assiduement aux Assemblées de l'Académie, où il prenait le plus vif intérêt aux recherches dont s'occupe cette Compagnie célèbre. Il a conservé toute sa raison jusqu'au dernier instant de sa vie.

M. de Mairan a été généralement regretté, & personne ne méritait mieux de l'être : aux qualités qui inspirent l'estime & la confiance, il joignait celles qui plaisent le plus universellement dans la Société, un caractère franc & sensible, un esprit aimable, une humeur toujours égale. Inaccessible aux impressions de la haine ou de l'envie; son cœur ne s'ouvrait qu'à des passions douces, & c'est peut-être à cette heureuse disposition, autant qu'à sa bonne constitution, qu'il fut redevable de la longue carrière qu'il a parcourue. La paix & la tranquillité de l'âme font, en effet les sources les plus sûres de la santé du corps.

Il aimait les Sciences; il aimait tendrement sa Patrie : c'est à ces deux sentimens réunis que la ville de Beziers doit une Académie, qui toujours animée de l'esprit de son Fondateur, a mérité par des travaux & des recherches utiles l'estime des Savans, la reconnaissance du public, & la protection du Gouvernement.

RABELAIS.

François Rabelais naquit à Chinon en Touraine, d'un Aubergiste. Après avoir fait ses études, il prit l'habit de Cordelier à Fontenai-le-Comte, & se consacra à la Chaire. Né avec une imagination vive & une mémoire heureuse, Rabelais ne pouvait pas cultiver les dispositions qu'il avait reçues de la Nature, faute de livres dont son Couvent était dépourvu; il remédia à cet inconvénient en sacrifiant les honoraires de ses sermons, & vint à bout de se former une petite bibliothéque. Il eut des succès dans la carrière qu'il avait choisie; déjà sa réputation commençait à se former, lorsqu'une aventure indisposa ses Supérieurs contre le fragile Prédicateur. On lui fit son procès, & il fut condamné par les Révérends à être renfermé dans une prison d'où il n'espérait guères sortir. Il eut cependant le bonheur d'échapper aux fers & à la vengeance Monastiques. Son enjouement lui avait mérité la protection de quelques Personnes de la première qualité, il y eut recours, & elles obtinrent de Clément VII que Rabelais passerait dans l'Ordre de S. Benoît. Ce nouvel état ne lui plut pas d'avantage. Toute espéce de joug lui étant insupportable; il quitta tout à fait l'habit Religieux & alla étudier en Médecine à Montpellier, où il prit le bonnet de Docteur. Ses talens lui méritèrent une Chaire, dans cette Faculté, en 1531. On y conserve encore sa robe, & tous les jeunes Médecins qui prennent le bonnet de Docteur à Montpellier, en sont revêtus. Cette Cérémonie se fait en mémoire du mérite de Rabelais; malheureusement cette robe sacrée ne communique pas la science à tous ceux qu'on reçoit. Cette Faculté regarde aussi Rabelais comme un Protecteur à cause d'un service essentiel qu'il lui rendit en faisant révoquer l'Arrêt qui supprimait ses priviléges. Le tour dont il se servit à cette occasion pour avoir audience du Chancelier Duprat est assez singulier. Il s'adressa au Suisse, dit-on, & lui parla Latin; celui-ci ayant fait venir un homme qui entendait cette Langue, Rabelais lui parla Grec, un autre qui parlait le Grec ayant paru, il lui parla Hébreu; il se servit encore de plusieurs autres Langues à mesure qu'il arrivait un nouvel Interpréte.

De Montpellier Rabelais alla exercer la Médecine à Lyon; il y resta peu de tems. Jean du Bellai l'emmena à Rome. Ses saillies & ses bouffonneries amusèrent beaucoup le Pape & les Cardinaux, & lui méritèrent une Bulle d'Absolution de son Apostasie & une autre Bulle de Translation dans l'Abbaye de S. Maur des Fossés, dont on allait faire un Chapitre. De Cordelier devenu Bénédictin, de Bénédictin Chanoine, de Chanoine il devint Curé. On lui donna la Cure de Meudon, en 1545, & il fut à la fois le Pasteur & le Médecin de cette Eglise.

Ce fut au milieu de ces occupations qu'il acheva son *Pentagruel*, satyre dans laquelle les Moines sont couverts de ridicule. Ils cherchèrent à se venger, en faisant censurer l'Ouvrage par la Sorbonne & condamner par le Parlement. Mais leurs démarches ne servirent qu'à accréditer le livre de *Maître François*, c'est ainsi que l'appelle La Fontaine:

Maître François dit que Papimaine
Ainsi l'a conté *Maître François*.

Les anathêmes qu'on prononça contre l'Ouvrage y firent trouver ce qu'on n'y avait pas vu; c'est-à-dire que ce qui paraissait auparavant fade & insipide fut admiré comme vif & piquant. On rechercha l'Auteur comme le bel esprit le plus ingénieux, & le bouffon le plus agréable.

Rabelais ne jouit pas aujourd'hui de la même réputation. On a dit de son livre que *c'était une belle robe bordée d'ordures*. Pour mieux faire connaître cet Auteur nous citerons l'Ecrivain qui l'a comparé à Cervantes.

« Cervantes & Rabelais, dit-il, sont des Originaux tous deux très-
» plaisans, & pourtant très-opposés. L'Espagnol l'emporte de beaucoup
» sur le Français, soit par la matière qu'il a traitée, soit par la façon dont
» il l'a fait. Si Rabelais trouve plus de Commentateurs que l'autre; c'est
» parce que sa hardiesse tient de l'extravagance. Le premier amuse un
» homme sensé sans cependant le forcer à sourire. L'autre par son extrême
» gaîté, mêlée d'érudition & d'impertinence, fait rire le plus ignorant. Il
» faut entrer dans l'esprit de *Don Quichote*, avant de pouvoir se plaire
» à la lecture du livre de *Cervantes*; & celui qui connaît l'Histoire de
» *Gargantua & de Pantagruel*, n'y trouve plus autant de plaisir, que lors-
» qu'il est obligé de la deviner. En un mot l'un est le Héros de tous
» ceux qui ont le goût de la fine plaisanterie; on l'admire; on rit une
» fois avec Rabelais, & on méprise son livre. »

« Rabelais était meilleur à voir qu'à lire. Un port noble & majestueux;
» un visage régulièrement beau, une physionomie spirituelle, des yeux
» pleins de feu & de douceur, un son de voix gracieux, une expression
» vive & facile, une imagination inépuisable dans les sujets plaisans; tout
» cela en faisait un homme d'une société délicieuse. Rabelais était esti-
» mable, par la réunion des qualités qui forment l'homme d'esprit & le
» Savant. Langues anciennes, Langues modernes, Grammaire, Poësie,
» Philosophie, Astronomie, Jurisprudence, Médecine; il avait orné sa
» mémoire de toutes les richesses de son tems. »

Rabelais mourut à Paris, en 1553, à 70 ans, au rapport de la plûpart des Auteurs, & fut enterré dans le cimetière de la Paroisse S. Paul, au pied d'un arbre qu'on a religieusement conservé pendant long-tems pour en garder la mémoire. Parmi un grand nombre d'épitaphes qu'on lui fit, on distingua celle-ci:

> Pluton, Prince du sombre Empire,
> Où les tiens ne rient jamais,
> Reçois aujourd'hui *Rabelais*,
> Et vous aurez tous de quoi rire.

Que doit-on croire des circonstances ridicules qu'on rapporte de sa mort? Rabelais, dit-on, voulut mettre un *Domino* dans ses derniers momens, parce que l'Ecriture dit: *Beati qui in domino moriuntur*. Il répondit à un Page qui venait lui demander des nouvelles de sa santé de la part du Cardinal du Bellai: *Dis à Monseigneur l'état où tu me trouves; je vais chercher un grand PEUT-ÊTRE; il est au nid de la pie, dis lui qu'il s'y tienne; & pour toi tu ne seras jamais qu'un fou; tire le rideau, la farce est jouée*. Il fit ainsi son testament. *Je n'ai rien, je dois beaucoup: je donne le reste aux Pauvres*. Tout ceci a l'air d'une fable, & nous sommes d'autant plus autorisés à le croire, que du Verdier qui d'abord avait très-mal parlé de Rabelais, assûre qu'il mourut d'une manière édifiante.

M. GILBERT DE VOISINS.

DE toutes les Professions qui partagent les hommes dans les états civilisés, il n'en est aucune plus pénible ni plus respectable que celle du Magistrat; & ses fonctions sont d'autant plus augustes, qu'elles sont exercées avec plus de sagesse, de lumières & d'impartialité. Heureux celui qui, à l'amour de son état, joint les connaissances immenses qu'il exige; la droiture qui en fait la base, & la patience que demandent les différens détails que suggèrent la mauvaise-foi des Plaideurs & les paradoxes de leurs Défenseurs. Telles furent les qualités de M. Pierre Gilbert de Voisins, né à Paris le 13 Août 1684, de Pierre Gilbert de Voisins, Président de la seconde Chambre des Enquêtes, & de Françoise-Geneviéve Dongois, petite-niéce du célébre Boileau.

Destiné dès l'enfance à la Magistrature, le jeune Gilbert reçut dans la maison paternelle une éducation relative à cet état. Son père voulut être son premier Instituteur. Après lui avoir fait faire d'excellentes Humanités, il lui fit embrasser la carrière du Droit. Le 20 Juin 1702, le jeune Gilbert prêta le serment d'Avocat, & au mois de Novembre de l'année suivante, il fut reçu Avocat du Roi au Châtelet.

M. Gilbert de Voisins occupa pendant quatre ans cette Place, où il développa les talens les plus distingués. Il passa ensuite au Parlement, où il fut revêtu d'une Charge de Conseiller qu'il exerça jusqu'en 1711. A cette époque, il fut appellé au Conseil par le Régent. A peine y fut-il reçu en qualité de Maître des Requêtes, qu'il fut chargé de rapporter les affaires les plus importantes. Ses grands talens n'échappèrent point aux regards pénétrans du Régent. Ce Prince choisit M. Gilbert pour servir au Conseil des Finances qu'il venait d'établir; & cette distinction flatteuse, si briguée par tant d'autres, ne lui coûta pas même la peine de la désirer.

En 1718, M. Gilbert obtint une Place d'Avocat-Général au Parlement. C'était le seul Office qu'il eût jamais désiré; &, dans un âge plus avancé, il disait lui même, *qu'il n'avait jamais eu d'autre Maîtresse.* Il lui eût été difficile de choisir un moment plus favorable à son éloquence. Une suite d'affaires, aussi dignes d'intéresser le public par la singularité piquante de leurs circonstances, que de fixer, par leur importance, & leurs difficultés, l'attention des Magistrats, se succédèrent d'année en année, & ouvrirent une vaste carrière à ses talens. Les querelles qui divisaient alors l'Eglise Gallicane, rendirent fort délicates les fonctions de son ministère. Egalement éloigné de cette inflexibilité qui n'admet aucun tempérament, & d'une faiblesse dangereuse, M. Gilbert fit paraître dans ces tems difficiles, une fermeté d'autant plus estimable, qu'elle fut toujours tempérée par l'esprit de douceur qui faisait la base de son caractère. Les requisitoires qu'il prononça dans ces occasions, furent regardés comme des modéles de critique & d'érudition. Il ne s'acquit pas moins de réputation par ses harangues & ses mercuriales; celles-ci sur-tout étaient d'autant mieux accueillies qu'elles étaient prononcées par un Magistrat vertueux & jaloux de ses devoirs.

Devenu premier Avocat-Général, M. Gilbert de Voisins fut obligé de porter la parole au trop célébre Lit-de-Justice du 8 Juin 1725. L'Etat se ressentait encore des suites funestes d'un Systême qui l'avait précipité à deux doigts de sa ruine. Pour réparer le défordre qu'il avait causé dans les Finances, on avait eu recours à des Edits bursaux. Le Parlement n'ayant pas jugé à propos de les enregistrer, le Roi vint tenir son Lit-de-Justice pour forcer la Cour à remplir cette formalité. M. Gilbert s'exprima, en cette occasion, avec toute la fermeté qu'inspire le véritable amour du bien public. Ce Magistrat ne craignit point de mettre sous les yeux du Prince les besoins d'un Peuple accablé sous le poids des impôts. Une lettre du Comte de Maurepas lui apprit que son discours avait déplu au premier Ministre; & en effet, celui-ci ne permit pas qu'on l'imprimât dans le Procès-Verbal du Lit-de-Justice. Cet événement ne rallentit point son ardeur pour les intérêts de la Patrie. Il fut encore chargé de porter la parole au Lit-de-Justice du 3 Septembre 1732. Les éloges qu'il reçut fut pour cette fois sans mélange; & l'on vit la Cour s'accorder avec toute la France pour applaudir au zéle de ce généreux Magistrat.

En 1739, M. Gilbert se détermina à se démettre de sa Place d'Avocat-Général en faveur de son fils aîné. N'ayant alors d'autre qualité que celle de Maître des Requêtes honoraire, il entreprit le *dépouillement de l'immense Recueil de Manuscrits de Brienne*. Le défaut de Table rendait cette précieuse Collection presque inutile; il eut le courage de l'entreprendre, & le courage plus admirable encore de l'exécuter. Avec autant d'amour pour le travail, M. Gilbert ne devait pas rester long-tems sans une occupation relative aux intérêts de l'Etat. Au mois de Mai 1740, il fut nommé Conseiller d'Etat, & successivement Commissaire pour la discussion des affaires des Gabelles, & premier Président au grand Conseil pour l'année 1744. Le Roi le nomma, en 1757, au Conseil des Dépêches; & telle est la confiance qu'on avait dans ses lumières qu'il eut part à presque tous les Réglements utiles qui parurent alors dans ce Département.

M. Gilbert, né avec un tempérament robuste, a poussé sa carrière jusqu'à 85 ans, sans avoir, pour ainsi dire, connu les infirmités de la vieillesse. Le matin même de sa mort, 20 Avril 1769, il avait tenu Bureau chez lui.

M. Gilbert remplissait les devoirs de père, de maître & d'époux, avec la même fidélité que ceux de Citoyen & de Magistrat. La sévérité de ses mœurs, le sérieux de ses occupations ne prennaient point sur les grâces naturelles de son esprit, auquel une Littérature très-étendue fournissait encore de nouvelles ressources, sa conversation était également intéressante & instructive. Admirateur de la simplicité des anciens Magistrats, il la retraçait dans ses discours comme dans ses mœurs. Jamais il n'a connu le luxe, ni les désirs honteux qui le fait naître. Son désintéressement était extrême, & ses actions portérent toujours l'empreinte de cette vertu. Ces qualités étaient d'autant plus estimables, qu'elles avaient leur source dans une piété éclairée, & qu'elles étaient fondées sur un grand amour de la Religion. M. Gilbert, qui en respectait les Dogmes, en pratiquait aussi les Maximes; & il ne voyait qu'avec douleur les traits que ne cessent de lui porter les Incrédules. Ce sentiment, qui animait toutes ses vertus, en annoblissait les motifs.

R. Tournière Pinxit 1710.   P. Maleuvre Sculp. 1772.

LE CHANCELIER D'AGUESSEAU.

Henri-François Daguesseau, Chancelier de France, naquit à Limoges, le 27 Novembre 1668, de Henri Daguesseau, Intendant du Limosin, depuis Conseiller d'Etat, & de Claire le Picart de Périgny. Issu d'une ancienne Maison de Saintonge, qui avait déjà fourni plusieurs grands hommes à l'Etat & à la Magistrature, il joignit à l'avantage de naître avec un nom illustre, le mérite plus rare d'augmenter encore cette succession de gloire qu'il avait reçue de ses Ancêtres. La Nature lui avait donné toutes les qualités dont le concours forme le grand-homme ; un esprit vif & pénétrant, une imagination féconde, un jugement solide, un cœur droit & capable de n'employer qu'au profit de la Vertu toutes ces heureuses dispositions. Son père, attentif à les seconder, ne laissa pas à des mains étrangères le soin de former un Elève qui devait faire tant d'honneur à ses Maîtres. Il se chargea lui-même de remplir cette fonction importante ; & il s'en acquita avec tout le zéle d'un père tendre, & toute la sagacité d'un Maître éclairé.

En 1690, le jeune Daguesseau fut pourvu d'une Charge d'Avocat du Roi au Châtelet, qu'il n'exerça que pendant quelques mois. Louis XIV venait de créer une troisième Charge d'Avocat-Général au Parlement de Paris. Le père de M. Daguesseau la lui demanda pour son fils, qui entrait alors dans sa 22e année. Malgré sa grande jeunesse, le Prince lui donna sans hésiter la préférence sur un autre Sujet. L'éclat avec lequel il s'annonça dans cette nouvelle carrière, justifia la confiance de son père & le choix du Monarque. Le célèbre Denys Talon, témoin de ses premiers essais, s'écria, dans un transport d'admiration, *qu'il voudrait finir comme ce jeune-homme commençait*. On assure même que M. de Lamoignon, premier Avocat-Général, lui prédit, dès lors, la Dignité Suprême dont il fut revêtu dans la suite.

A la mort de M. de la Briffe, Procureur-Général, arrivée en 1700, Louis XIV nomma M. Daguesseau pour le remplacer. Toute la France applaudit à ce choix ; &, pour justifier de plus en plus l'opinion qu'on avait de lui, le jeune Magistrat redoubla d'efforts pour remplir ses fonctions avec autant de sagesse que de dignité. Le maintien des Mœurs publiques, la discipline des Tribunaux, les droits de la Couronne, ceux de l'Eglise Gallicane, une foule d'autres grands objets confiés à la vigilance du Procureur-Général, furent traités par M. Daguesseau avec une égale supériorité. Le Chancelier Voisin étant mort subitement, la nuit du 2 Février 1717, le Régent manda, dès le lendemain matin, M. Daguesseau au Palais Royal, & lui apprit qu'il l'avait nommé Chancelier ; le Magistrat se défendit long-tems ; il allégua son incapacité, fit des représentations ; mais le Régent n'en voulut écouter aucune, & il persista dans son choix qui fut universellement applaudi.

Il y avait à peine 11 mois qu'il était revêtu de cette dignité, qu'il reçut ordre de remettre les Sceaux, & de se retirer à sa terre de Fresne. Son opposition à l'Etablissement du système de Law était l'un des principaux motifs de cette disgrâce. Le discrédit dans lequel ce système tomba bientôt, le fit rappeller. Law lui-même se transporta à Fresne pour y prendre ses conseils; il revint à la Cour; on lui rendit les Sceaux, & il répondit à cette confiance, en travaillant, en Citoyen zélé, aux moyens propres à remédier au mal qu'il avait inutilement voulu prévenir.

Les agitations de la Cour, & les différents événements qui se succédèrent les uns aux autres, lui firent bientôt regretter sa solitude de Fresne, & témoigner même le désir d'y retourner. Il attendit avec une fermeté paisible un nouvel orage, que des vues particulières excitèrent contre lui en 1722, & dont une difficulté qui s'éleva au Conseil de Régence sur le rang des Officiers de la Couronne ne fut que le prétexte. Il exposa leurs droits avec clarté, & avec toute la droiture dont il était capable; & il reçut avec la même tranquillité que la première fois l'ordre de remettre les Sceaux & de retourner à Fresne.

Après avoir passé près de cinq ans & demi dans sa retraite, toujours occupé de ses études, ou à exercer quelque acte de bienfaisance, il fut rappellé au mois d'Août 1727. M. d'Armenonville remit les Sceaux, qui ne furent cependant rendus à M. Daguesseau que dix ans après. Il s'occupa alors du projet qu'il méditait depuis long-tems, la réforme de plusieurs Loix qui se ressentaient encore de la barbarie des derniers siécles. C'est au zéle & aux travaux de ce Magistrat célèbre que nous devons les Ordonnances sur les donations, les testaments, les substitutions, les réglements de Juge, du faux, & des évocations. Toutes ces Loix, dont l'utilité est générale, suffiraient pour immortaliser la mémoire de M. Daguesseau.

Malgré les travaux continuels qui partagèrent la vie de ce Magistrat, une vie sobre conserva sa santé jusqu'à l'âge le plus avancé. Mais des infirmités douloureuses lui étant survenues en 1750, il jugea à propos de se démettre de sa Charge. En agréant sa démission, le Roi lui conserva les honneurs de Chancelier, avec une Pension de cent mille livres. M. Daguesseau ne jouit pas long-tems de cette faible récompense de son mérite & de ses longs travaux. Le 9 Février 1751, il mourut âgé de près de 83 ans. Il avait épousé, le 4 Octobre 1694, Mademoiselle d'Ormesson morte en 1735.

M. Daguesseau était d'une taille avantageuse, d'une figure noble & imposante : la candeur & la sérénité de son âme se peignaient dans tous ses traits: ses regards, pleins d'une douce majesté, intimidaient le crime, & rasûraient l'innocence : tout son extérieur respirait la Vertu, & il était impossible de se défendre, en l'approchant, d'un sentiment profond de respect & de vénération. Bon père, époux tendre, maître indulgent, l'homme privé ne démentait pas en lui l'homme public. Le même amour de l'ordre & de l'équité qui dictait ses décisions, présidait à sa conduite intérieure, & dirigeait ses démarches les plus indifférentes.

Aucun homme n'a réuni autant de talents & de connaissances; il semblait né pour réussir dans tous les Arts & dans toutes les Sciences : on a de lui de très-beaux vers Français & Latins, & ce goût pour la Poësie l'avait étroitement lié pendant sa jeunesse avec Racine & Boileau dont la société faisait ses délices. Il conserva ce talent aimable jusqu'à ses dernières années; mais ce qu'on doit remarquer à sa louange, c'est que jamais il ne lui donna que les moments qu'il aurait pu accorder à ses plaisirs. L'amour de son état & de ses devoirs était sa passion dominante : ses goûts mêmes les plus vifs lui ont toujours été subordonnés.

M. DE LA CHAMBRE.

MARIN Cureau de la Chambre, de l'Académie Française & de celle des Sciences, Conseiller du Roi en ses Conseils, & son Médecin ordinaire, naquit au Mans, vers la fin de 1594.

Il fut un de ces Médecins qui, loin de s'adonner tout entier à des études de spéculation, dans un art où la pratique & l'observation sont les seuls guides qu'il faut consulter, s'occupa davantage du soin de connaître les hommes au moral; & égaya ses méditations philosophiques par la culture des Belles-Lettres. Dès sa plus grande jeunesse, il s'appliqua à différents Ouvrages qui donnèrent de lui l'idée la plus avantageuse. Le premier Livre qu'il fit paraître, a pour titre *Nouvelles Pensées sur les Causes de la Lumière; du Débordement du Nil; & de l'Amour d'inclination.* Il le fit imprimer à Paris, en 1634, in-4°.

Il avait naturellement beaucoup d'éloquence. Dans le Mémoire que donna Chapelain à M. Colbert, sur quelques Gens-de-Lettres, vivant en 1662, voici le témoignage qu'il rend en faveur de M. de la Chambre. « C'est un excellent Philosophe, & dont les Ecrits sont purs dans » le langage, justes dans le dessein, soutenus par les ornements, & subtils » dans les raisonements. Son application est dans les matières Physiques & » morales, en tant que celles-ci regardent la Nature. Je ne le tiens pas » fort dans les Politiques; & je doute qu'il fût propre à écrire l'Histoire, » quoique fort judicieux. »

Ce témoignage d'un contemporain, chargé par le Ministre même de faire connaître ceux des Gens-de-Lettres qui étaient le plus propres à fonder la gloire & l'espérance Littéraire de la Nation, honore infiniment cet Ecrivain; & ce qui ajoute à son mérite, c'est que les talents chez lui étaient soutenus par un grand fond d'honneur & de probité. Sa bienfaisance était connue. Les Gens-de-Lettres trouvaient en lui un ami, qui ne leur manqua jamais au besoin.

Le Chancelier Séguier entendit parler des grandes qualités de M. de la Chambre : il se l'attacha d'abord comme Médecin; & son estime prit un nouveau dégré d'accroissement, quand il vint à le connaître comme un homme consommé dans la Philosophie, & possédant dans les Belles-Lettres des connaissances aussi vastes que profondes & agréables.

Le Cardinal de Richelieu qui venait d'instituer l'Académie Française, ne conçut pas du savant Médecin une opinion moins favorable. Il le destina pour faire un des ornements de cette illustre Compagnie. Il y fut appellé vers la fin de 1634, & y fit son installation, avec M. Habert de Montmor, le 2 Janvier 1635.

Le titre d'Académicien ne ralentit point son zéle pour l'Etude. Le premier des Ouvrages qui en furent le fruit est un discours qu'il prononça le 26 Février de la même année, à l'Académie, *où il est prouvé que les Français sont les plus capables de tous les peuples, de la perfection de l'éloquence.* Ce Discours ne fut imprimé qu'en 1686, in-4°.

L'année suivante, il lut encore à la même Compagnie, à deux différentes fois, (1) la préface d'un Ouvrage de Médecine, qu'il venait de composer, intitulé *Nouvelles Conjectures sur la Digestion*, imprimé à Paris en 1636, in-4°.

Il disait que la plume inspire, que souvent il ne savait ce qu'il allait écrire quand il la prenait, qu'une période produisait une autre période. Cela peut être vrai pour la construction des phrases, mais, un Écrivain aurait tort d'attendre de sa plume une inspiration, si il n'avait d'abord le plan & le projet de son Ouvrage.

Son application à la Physique lui a fait produire différents traités qui, dans son tems, ont eu des succès, & qui maintenant sont oubliés. Cette Science était encore en son berceau. Aristote était le seul guide des Physiciens de son tems, & il parait que ce Chef de la Philosophie péripatéticienne avait été l'objet de ses études les plus particulières; car, à la suite d'un traité écrit en Latin, où il produisit l'apperçu d'une nouvelle Méthode pour interpréter Hipocrate & Aristote, qui fut publié en 1655, il donna une traduction Française du premier livre de la Physique de cet ancien Philosophe. M. Ménage rapporte qu'il tenait de sa bouche que, dans ses Ouvrages, il ne citait point d'autres Auteurs que Scaliger le père, Hipocrate & Aristote. Il avait achevé la traduction des sept autres livres du même Ouvrage; son fils devait, après sa mort, l'insérer dans la Collection complette de ses Œuvres, qu'il avait promis de réunir en deux Volumes in-folio. Ce projet n'a point eu son exécution, & le Public n'a pas dû y perdre. Toute excellente que nous puissions penser que fût la traduction, l'inutilité du texte, depuis les nouvelles lumières répandues sur cette Science, nous empêche d'en regréter la suppression.

Il fallait que le Cardinal, qui se connaissait en hommes, eut pris pour M. de la Chambre une estime bien particulière, puisque, parmi le grand nombre d'Ecrivains qui s'étaient attachés à sa fortune, ce fut à lui qu'il s'adressa pour faire la réponse à un livre séditieux du Docteur Herfent, intitulé: *Optatus Gallus de cavendo Schismate*. Le savant Académicien y répondit par un traité fort court qui parut imprimé à la fin des Œuvres posthumes de Guy Coquille, sous le titre modeste d'*Observations*; & ce fut pour lui un moyen nouveau de capter la bienveillance du Ministre.

L'Académie Française ne déférait pas moins à ses lumières, pour son régime intérieur. Ce fut lui qui, sur quelques orages élevés dans la Compagnie naissante, proposa, le 27 Novembre 1646, de ne plus recevoir d'Académicien qu'il n'eût été présenté au Cardinal, & n'eût reçu son approbation. Cet avis fut admis: c'est ce qui a déterminé la nécessité de deux scrutins, dont le premier sert à déterminer, à la pluralité des suffrages, qu'on proposera le candidat au Protecteur; & le second, pour élire, après l'agrément du Protecteur, le Membre qui a été proposé.

Louis XIV honora M. de la Chambre d'une affection particulière. Il en donna la preuve en le nommant un des premiers parmi les Gens-de-Lettres sur lesquels il voulait verser des bienfaits.

Ce fut le 29 Novembre 1669, qu'il cessa de vivre; il fut enterré à S. Eustache, laissant après lui deux fils, qui ne se montrèrent pas indignes du sang dont ils sortaient.

(1) Les 14 & 21 Avril 1636.

SERVANDONI.

JEAN-Nicolas Servandoni naquit à Florence, en 1695, de Jean-Louis Servandoni, & de Marie Ottariani. Elevé dans le séjour des Arts, que le goût & les bienfaits des Médicis avaient su fixer dans l'Italie, ses ieux s'ouvrirent sur les chefs-d'œuvre des grands Maîtres; & ses premiers regards se portèrent sur les Ouvrages immortels du Perrugin, de Michel-Ange, du Cimabuée & du Palladio. Les crayons & les pinceaux furent les jouets de son enfance; & à peine ses mains délicates pouvaient-elles les soutenir, qu'on le voyait déjà dessiner. Dans un âge aussi tendre, ses productions devaient nécessairement avoir quelque chose d'informe; mais les défauts qu'on y observait, venaient plutôt de la faiblesse des organes que de la stérilité des idées.

On ne connaît qu'imparfaitement l'histoire des premières années du Chevalier Servandoni. Il jouissait déjà d'une grande réputation, lorsqu'en 1728, il fit admirer, dans cette Capitale, la fécondité de son génie dans l'Opéra d'Orion. Les Spectateurs se crurent transportés aux embouchures d'une Isle, au milieu de débris de pyramides & d'autres morceaux d'Architecture, détruits par le Fleuve. Des rochers éclairés par les rayons du Soleil, & que la lumière de cet astre rendait plus affreux, en offrant aux ieux la bizarrerie d'une nature sauvage, ajoutait encore à l'illusion par les effets d'une perspective heureusement ménagée, l'entente des lumières & des couleurs. L'Opéra prit dès lors une forme nouvelle; & cette révolution fut entièrement due aux talents du Chevalier Servandoni.

Cet Artiste célébre eut, pendant environ 18 ans, la Direction du Théâtre de l'Opéra de Paris pour la partie des décorations. Pendant cet espace de tems, il en fit exécuter plus de soixante, toutes d'un goût nouveau & varié. Mais c'est sur-tout dans l'éclatante & superbe décoration du génie du Feu, dans l'Empire de l'Amour, qu'il parut pour ainsi dire supérieur à lui-même. Cette décoration fit d'autant plus d'honneur au Chevalier Servandoni, qu'elle était fort au-dessus de celle du Palais du Soleil, & très-différente de toutes celles qui avaient été faites jusqu'alors. Entièrement dans le vrai caractère du génie du Feu, elle n'empruntait son éclat ni de l'or, ni des pierreries; mais du brillant des couleurs, & de l'heureuse disposition des lumières. Une urne transparente, placée sur son piédestal au milieu du Théâtre, semblait être le foyer d'où partaient des faisceaux de lumière qui éclairaient toute la décoration, & la rendaient si éblouissante, qu'à peine pouvait-on en soutenir la vue.

Les applaudissements du Public, que le Chevalier Servandoni avait si bien mérités en tant d'occasions, ouvrirent à cet Artiste le Théâtre du Roi, appellé la Salle des Machines, au Palais des Tuileries. Il l'eut pendant long-tems à sa disposition. On lui permit d'y donner à son profit des Spectacles de simples décorations, pour former des Eléves dans ce genre. Le premier qu'il fit exécuter fut celui de S. Pierre de Rome; mais ce ne fut que dans la descente d'Enée aux Enfers, exécutée en 1740, qu'il parvint à la perfection. Le Spectateur fut également frappé d'admiration, & d'étonnement à la parfaite imitation de l'eau, par les chûtes, les torrents, les cascades, les nappes & la fluctuation dont les mouvements vifs & pressés imitaient au même dégré de justesse, la fluidité, le cristallin & le bruit des eaux. On célébra sur le parnasse la magnificence de ce spectacle par plusieurs Piéces de Vers à l'honneur du Chevalier Servandoni.

Ces grands succès valurent à notre Artiste le titre de Peintre, Architecte & Décorateur du Roi. Il eut les mêmes titres auprès des Rois d'Angleterre, d'Espagne, de Pologne & du Duc de Wirtemberg. En Portugal, il fut décoré de l'Ordre Royal de Christ.

Des monuments plus durables que de frêles décorations, assignèrent au Chevalier Servandoni la Place qu'il occupe parmi les grands Architectes. A la mort d'Oppenort, il obtint au Concours la conduite du bâtiment de S. Sulpice. Le Portail est entièrement fait d'après ses dessins & l'on sait que cet Ouvrage, d'un goût noble & mâle, est l'un des plus grands morceaux d'Achitecture qu'il y ait en France.

Le Chevalier Servandoni a construit encore plusieurs Edifices particuliers; une Rotonde en forme de temple antique, avec douze colonnes Corinthiennes, pour M. le Maréchal de Richelieu, près Paris; dans la Maison de Sainte-Croix de la Bretonnerie, une Fontaine en forme de demi-coupole, dont les colonnes imitent différentes sortes de marbre, & dont les ornements sont de plomb doré; l'Escalier de l'Hôtel d'Auvergne, morceau d'autant plus beau, que son emplacement est plus resserré, a été élevé sur les dessins de cet Artiste. Il avait fait aussi, dans un goût plein de noblesse & de grandeur, le plan d'une Place pour la Statue Equestre de Louis XV, entre le Pont-Tournant & les Champs Elisées. Cette Place, destinée à servir en même tems pour les Fêtes publiques, aurait pu contenir à l'aise, sous ses galeries & ses péristiles, plus de 25,000 personnes, sans compter la foule presque innombrable qui aurait pu tenir dans l'enceinte même. Elle devait être ornée de 316 colonnes, tant grandes que petites, de 520 pilastres & de 136 arcades.

Avec des talens qui ne pouvaient être récompensés que par des Souverains, le Chevalier Servandoni n'a pas amassé de richesses, parce qu'il ne connut jamais la nécessité de l'économie. Convaincu que, dans l'exécution d'une Fête, l'argent est l'un des grands moyens qu'on puisse mettre en usage, il avait contracté l'habitude de le répandre avec profusion, & il portait cette prodigalité dans ses dépenses domestiques; aussi ne laissa-t-il à sa veuve & à son fils qu'une fortune très-médiocre. Ce grand Artiste mourut à Paris le 19 Janvier 1766, regretté de toute l'Europe qu'il avait su amuser par la variété de ses talents, & particulièrement de ses Amis, qui étaient d'autant plus attachés à lui; qu'il avait l'âme noble & bienfaisante.

LOUIS RACINE.

Louis Racine, fils du grand Racine, naquit à Paris, le 2 Novembre 1692.

Son *Poëme de la Religion* l'a placé parmi le petit nombre de nos Auteurs Classiques. En effet quel Poëme Didactique présente un sujet plus majestueux, un plan mieux ordonné, des Episodes plus sagement distribués, des raisonnemens plus convaincans, une versification plus harmonieuse, un style, enfin, plus pur, plus correct? Aussi, dès sa naissance, a-t-il été traduit en plusieurs Langues? Aussi convient-il à tous les âges, à toutes les conditions, est-il dans toutes les mains?

Ce talent si rare, de faire bien le vers, Racine, comme son père, le tenait de la Nature; & le *Poëme de la Grâce*, n'est pas inférieur à cet égard, à celui de la Religion. Bon juge, en ce genre, *Rousseau* ne pouvait croire que ce fût l'Ouvrage d'un jeune-homme. Il était à Londres, lorsqu'il parut; on travaillait à une Edition du Théâtre de Racine, & il fit tous ses efforts pour le faire comprendre dans la Collection de ses Œuvres. L'austérité du sujet, le mérite de la difficulté vaincue, la piété connue du grand Racine, son attachement à Port-Royal, mais sur-tout l'heureuse fabrication des vers, & leur correction continue, lui avaient fait imaginer que c'était un manuscrit du père, que, pour des raisons de famille, on voulait attribuer au fils.

Une portion bien précieuse des Œuvres Poétiques de Louis Racine, & dont le Public ne connaît encore que quelques essais, c'est une suite de plus de quatre-vingts Pseaumes qu'il a traduits. Les comparerons-nous aux Odes sacrées de Rousseau? Peut-être ils soutiendraient la concurrence: mais pourquoi comparer des productions qui, semblables par leur objet, ont un caractère différent? Le mérite principal de ceux-ci, consiste dans une Mélodie douce, dans un rythme simple, dans une sorte d'abandon, qui, cachant toujours le Poëte, fait passer dans l'âme du Lecteur toute la sensibilité, toute l'onction de l'Ecrivain sacré. On oublie qu'on lit des vers, & la traduction Latine du texte de David, n'est ni plus énergique, ni plus affectueuse, que la Traduction de Racine.

C'est cet abandon qui fait le charme des *Mémoires sur la Vie de son père*. Malheur à l'âme froide qui ne sera pas attendrie en assistant à cette Procession, où l'Auteur d'*Athalie* porte la croix, dont ses filles composent le Clergé, & que termine le jeune (1) *Lionval*, faisant gravement les fonctions respectables de Pasteur! Il faut l'avouer, nos mœurs sont si corrompues, notre goût si frelaté, qu'en lisant ces Mémoires, nous nous croyons transportés dans un Pays de Féerie; mais il est encore des âmes honnêtes qui sentent tout le prix d'un hommage rendu à l'amour paternel par la piété filiale, & jamais, non jamais notre fastueuse Philantropie n'aura les charmes de cette naïveté.

(1) *Lionval*, nom que Louis Racine portait dans sa jeunesse.

V.

Il avait été le modéle des fils, il devint le modéle des époux & des pères. Des époux ! J'en atteste ici sa vertueuse veuve, qui, après vingt-cinq ans de séparation, ne peut encore entendre prononcer ce nom chéri, sans répandre des larmes involontaires ! Femme digne de tous nos hommages, tu acquittais la dette de la Nation, quand ton cœur portait à Racine l'aisance & le repos, l'idépendance & le bonheur !

Le modéle des pères ! Un fils faisait son unique espérance, & que ne devait-il point en attendre ? Il était son seul Précepteur, & la Nature lui avait donné des talents. Mais ô malheur qu'on n'eût pu prévoir ! Lisbonne est renversée; il passe à Cadix; la Mer l'engloutit ! MM. *de Pompignan & le Brun* ont asûré sa gloire en célébrant sa mort funeste : faible soulagement d'une douleur inconsolable ! De la douleur d'un père....
. . . . . . qui voit en un enfant périr tous ses Aïeux !

Deux filles ont survécu, & laissent une nombreuse postérité. . . . . .
. . . . . Sans doute, ils ne peuvent plus s'honorer du nom de Racine; mais ils prétendent avec justice au partage des vertus, depuis si long-tems, héréditaires dans cette Maison.

Nous ne dirons rien de ses *Réflexions sur la Poësie;* elles sont universellement estimées, & M. *Palissot* remarque très-bien que la plupart des critiques les ont mises à contribution sans en mot dire : mais nous-nous arrêterons un moment sur deux Ouvrages de notre Auteur, que certaines personnes paraissent dédaigner ; & nous ne craindrons point d'appeller du jugement trop sévère, ou trop précipité, qu'il leur a plu de prononcer contr'eux.

Le premier, *Observations sur les Tragédies de Racine,* parut en 1752, en trois Volumes.

Il ne connaît pas le Théâtre, disent les uns, & il veut juger des Ouvrages de Théâtre ! S'ils entendent parler de l'effet de la représentation, de la connaissance des *Planches,* ils sont d'accord avec l'Auteur. *Depuis plus de quarante ans, il n'a vu représenter aucune de ces Tragédies.* Convenons que, pour pressentir l'effet Théâtral d'une Piéce non encore représentée, que pour prédire avec quelque vraisemblance sa chûte ou son succès, il faut connaître nos Spectacles, les fréquenter même assidument. Mais à quoi peut servir cette connaissance méchanique, pour juger les chefs-d'œuvre de Racine ? S'est on avisé de demander aux Savans qui nous ont fait connaître la Tragédie Grecque, s'ils avaient vu. . . . . verser des pleurs à la Gréce assemblée ? Et pour prononcer entre les deux *Phédres,* faudra-t-il avoir assisté à une représentation de la *Phédre de Pradon ?*

Trois gros Volumes d'Observations, ont dit les autres, c'est bien long ! Donc on y trouvera du remplissage, des minucies, des puérilités ! Raisonnement commode, qui dispense de l'examen, & qu'on entend répéter tous les jours.

L'autre, est *une Traduction du Paradis perdu de Milton,* imprimée en 1755, aussi en trois Volumes.

Louis Racine est mort, dans les sentimens de la plus vive piété, le 29 Janvier 1763.

Louis Philippe d'Orléans.

Louis-Philippe d'Orléans, Duc d'Orléans, premier Prince du Sang, naquit à Versailles, le 12 Mai 1725, de Louis, Duc d'Orléans & d'Augufte-Marie-Jeanne de Bade.

La vie d'un Prince voué dès le berceau à la défenfe de la Patrie, offre des détails trop multipliés, pour être contenus dans les bornes prefcrites par le plan de cet Ouvrage. L'Ecrivain eft forcé de fe reftreindre à quelques circonftances, les plus propres à faire impreffion fur l'efprit de fes Lecteurs, circonftances pourtant affez intéreffantes pour caractérifer l'homme qu'il veut peindre. Tels font les traits que nous fourniffent l'amour patriotique & l'âme bienfaifante du Duc d'Orléans.

L'amour du Souverain eft héréditaire dans le cœur des Français. Il prend un nouvel accroiffement à mefure qu'on approche fon augufte perfonne. Quelles preuves plus touchantes de ces fentiments affectueux, que les tendres inquiétudes du Duc d'Orléans, pour Louis XV, que la mort menaçait de frapper à Métz? Quelle joie! quelle ivreffe! lorfque ce Monarque fut rendu à nos vœux. M. le Dauphin eft attaqué d'un mal redoutable, &, pour cette fois, échappe au tombeau; mêmes allarmes, mêmes tranfports du Duc d'Orléans. On fe fouviendra long-tems de cette Fête, l'une des plus Nationales, où la joie régnait dans fon plus grand éclat, dont S. Cloud fut le Théâtre, & dont toute la Capitale partagea les enchantements. Le Prince y employa des fommes immenfes avec cet abandon de plaifir où le cœur ne peut rien épargner.

La mort femblait n'avoir retiré fon bras que pour porter un coup plus fenfible à fon amitié. Le Monarque chéri de la Nation allait perdre une vie que le Duc d'Orleans aurait voulu racheter au prix de la fienne. Renfermé, immobile dans l'enceinte du Lit Royal, qui n'était plus que le Théâtre affreux où la mort affife avec la corruption, s'acharnait vifiblement fur fa proie & menaçait de dévorer tous les Spectateurs de fa rage implacable, il aurait voulu raffembler toutes fes fureurs; mais, dans l'excès de fa douleur, il faifait le facrifice de fes jours, fans efpérer de fauver ceux qui lui étaient fi chers.

Tant d'amour pour le Souverain entraîne néceffairement un courage invincible à défendre fes droits. On l'a vu à Dettingue, à Haftenbeck, à Menin, à Furnes, à Fribourg, à Anvers, à Lawfelt; par-tout le même zéle, une bravoure égale, la plus invariable intrépidité. Le tumulte des combats, ne lui fit jamais perdre de vue le plan d'équité & de bienfaifance qui dirigeait toutes fes actions privées. Il achetait dans fes campements des marais & des jardins couverts d'abondans légumes, pour ôter à fes Soldats tout prétexte de rapines. Un Médecin de fes Armées l'a vu tranfporter lui-même des bleffés incapables de fe mouvoir, pour les remettre à fes foins. Il ne fallait qu'être malheureux pour avoir un droit certain à fa tendre compaffion, à fes bienfaits. Ses fecours devançaient leurs follicitations; c'étaient fes loifirs domeftiques. Une fomme de deux-cents quarante mille livres était annuellement confacrée au foulagement des pauvres. C'eft ici que les traits de bienfaifance fe multiplient; dans un de ces emprunts qui permettent de doubler la jouiffance de la Fortune, en anéantiffant le patrimoine, un père, un époux avait placé fur fa tête une fomme repréfentative de tous fes biens. Il meurt. Sa veuve & fes enfans paffent tout-à-coup de l'opulence à la mifère. La mort qui avait dévoré ce Chef dénaturé allait confumer les innocentes victimes qu'il avait réduites à l'impuiffance de lui furvivre. Leurs larmes coulent aux pieds du Duc d'Orléans, leurs cris fe font entendre à fon cœur, c'en eft affez. Il reléve cette famille anéantie ; la fomme entière leur eft rendue, fans la réferve même des redditions annuelles quelque tems acquittées. Nous ne nous permettrons aucune réflexion ; les anecdotes fe fuccédent : nous cédons à l'impatience de les raconter. Un jeune-homme auffi recommandable par fa famille, que par les témoignages flatteurs d'un fervice honorable, portait fur fon front les fignes d'une douleur amère. Le Prince l'obferve plufieurs fois avec inquiétude. Il lui parle de ce ton d'affabilité, de doux intérêt qui encourage l'âme à la révélation de fes peines. Mais les fecrets de ce jeune homme défolé, s'arrêtent toujours fur fes lévres. La vraie bienfaifance a elle-même une pudeur craintive qui redoute d'offenfer l'infortuné en l'interrogeant. Le Duc d'Orléans avait pour l'Humanité un refpect plein de tendreffe, des réferves pleines de délicateffe ; il ceffe fes modeftes interrogations, & s'occupe en fecret à connaître le jeune Officier. Il apprend qu'une inclination vertueufe & profonde était la caufe d'une fi amère trifteffe. Il s'informe avec foin de la convenance des familles, du mutuel accord des jeunes cœurs, du concert de leurs vertus & de leurs penchans ; il voit que la Fortune feule met un obftacle qui paraît invincible. Bientôt tout eft applani ; toutes les difficultés font vaincues par l'afsûrance d'un grade mérité dans le Service Militaire. Le trifte & défefpéré jeune-homme ne fait rien encore ; au moment le plus inattendu, le Prince lui préfente fes nouveaux Alliés, fa vertueufe époufe, la vie, la félicité, & lui fait éprouver à la fois toutes les furprifes de la joie, tous les raviffemens de la reconnaiffance, tous les délices du fentiment.

C'eft ainfi qu'au fein de la Capitale, au milieu du fafte des grandeurs, le Duc d'Orléans favait fe faire des jouiffances rarement connues des Favoris de la Fortune. Il appellait *fa dette* les fommes immenfes qu'il verfait publiquement dans le fein des pauvres. Sa modeftie en réfervait d'autres, dont lui-même était le diftributeur, prifes fur les fonds de chaque mois deftinés à fes amufemens, qu'il nommait *fes menus-plaifirs*. D'autres enfin plus magnifiques, reparaient les revers imprévus de quelques familles honnêtes ; c'étaient fes *jouiffances folemnelles*. Quel nom donnerons-nous aux bienfaits fans nombre qu'il répandait en fecret, qu'il eût voulu enfévelir avec lui dans le tombeau. Un Particulier obfcurément vêtu defcendait dans les cachots, montait au fommet des maifons, pénétrait les plus triftes réduits de la mifère ; payait les dettes des pères de famille, faifait des penfions à des veuves dénuées de tout fecours, afsûrait la fubfiftance à des orphelins délaiffés, délivrait de l'indigence d'anciens défenfeurs de la Patrie, qui cachaient le figne de l'honneur & fe recelaient eux-mêmes fous le toît du pauvre ; fauvait à l'innocence la dure néceffité de chercher dans l'opprobre des reffources pour les premiers befoins de la Nature ; rendait à la vie des malheureux qui attendaient fur un lit de douleur le terme défiré de leur mifère.

Ce Prince vertueux mourut à S. Affife, le 18 Novembre 1785, dans la 60e année de fon âge ; il avait époufé, le 17 Décembre 1743, Louife-Henriette de Bourbon-Conti.

JÉROME FRANCK.

L'École de Flandre est l'une des plus anciennes & des plus illustres de celles qui partagent communément l'Europe. Grand nombre d'Artistes distingués sont sortis de son sein. Une grande intelligence du clair-obscur, une union savante des couleurs bien assorties, un pinceau moëleux, un travail achevé, & fini sans sécheresse, mais une imitation trop fidéle de la Nature, rendue telle qu'elle est & non telle qu'elle peut être : " Voilà, » dit M. l'Abbé de Fontenai, ce qui caractérise les nombreux Artistes qui » sont sortis de cette Ecole. » Elle reconnaît pour Chefs Rubens & Vandyck ; mais ceux-ci sont exempts des défauts qu'on reproche à leurs Compatriotes, & leurs tableaux vont de pair avec ceux des plus habiles Maîtres de l'Univers.

C'est à l'Ecole Flamande que se forma Jérome Franck. Ce grand Artiste, dont les talents illustrèrent le seiziéme siécle, naquit à Hérentals, vers l'an 1530. Il eut pour père Nicolas Franck, dont on ignore l'origine, mais qu'on croit avoir été Peintre. Celui-ci eût trois fils, Jérome, François & Ambroise, qui tous trois se formèrent dans l'Art de la Peinture chez Franc-flore. Il n'est pas rare qu'on ignore les principaux traits de la vie des grands Personnages, parce que, se reposant sur leur propre mérite, ils passent communément leurs jours dans une heureuse obscurité. Tel fut Jérome Franck sur la vie duquel nous n'avons que très-peu de détails. Ce qu'on sait sur son compte, c'est qu'il quitta de bonne-heure Franc-flore, son Maître, & voyagea en France. Il y fut bientôt connu comme excellent Peintre d'histoire & de portrait. Les plus grands Seigneurs de Paris s'empressèrent à lui faire exercer son pinceau. Ses Ouvrages eurent par-tout le plus grand succès. Henri III en faisait sur-tout fort grand cas. Ce Prince, frappé des talents distingués de Jérome Franck, le choisit pour son Peintre de portraits: Après la mort de Franc-flore, les Elèves de ce Maître quittèrent leur Patrie, pour venir à Paris étudier sous le Peintre de Henri III. Déjà il était à la tête d'une Ecole nombreuse, lorsqu'il prit le parti de quitter la France pour voyager dans les Pays des Arts. Cet Artiste remercia le Roi, & passa en Italie, où il ne demeura que quelque tems. Il retourna ensuite à Anvers, où il mourut, laissant après lui une œuvre considérable.

La manière de Jérome tenait assez de celle de son Maître dont le principal caractère était une composition savante, beaucoup d'intelligence dans les groupes, une entente admirable des couleurs & des ombres. Son voyage d'Italie le changea peu. On apperçoit, dans ses grands tableaux, plus d'ordre dans la disposition de ses groupes, & plus d'intelligence que dans les petits tableaux qu'il composait d'après l'Ecriture Sainte, ou l'Histoire Romaine. On distingue celui qui est au retable d'Autel de la Chapelle des Fendeurs de bois, dans l'Eglise de Nôtre-Dame à Anvers. Le sujet est S. Gomer, qui rejoint ensemble les deux parties d'un arbre fendu en deux. Ce tableau, daté de l'année 1607, porte ces caractères H. F. F. & inv.

Le tableau du grand Autel des Cordeliers à Paris, est de Jérome Franck. Ce beau morceau, qui fut fait en 1585, représente la Nativité de Notre Seigneur.

On voit encore de lui, à Paris, dans la maison de feû M. Titon du Tillet, Fauxbourg S. Antoine, le Triomphe des Arts avec un Banquet célefte dans le haut, où Hercule va être admis.

On ne sait que fort peu de chose de la vie de François Franck, frère puiné de Jérome. On le connaît sous le nom de Franck le vieux, pour le distinguer de François Franck, son fils. Cet Artiste fit dans sa jeunesse plusieurs tableaux qui lui acquirent une assez grande réputation. En 1561, il fut admis parmi les Peintres d'Anvers, & il mourut dans la même Ville le 3 Octobre 1766. Plusieurs Villes de Flandre se glorifient de posséder des Ouvrages sortis du pinceau de François Franck le vieux. L'Eglise de Notre-Dame d'Anvers est en possession de son chef-d'œuvre. Il représente notre Seigneur au milieu des Docteurs. Cet excellent tableau & les volets qui le renferment, décorent l'Autel des Maîtres d'Ecole de la même Ville.

Si l'on en croit M. Descamps, Ambroise Franck surpassa ses deux frères dans la Peinture. L'Evêque de Tournai, chez lequel il demeura plusieurs années employa long-tems son pinceau. Son talent consistait principalement à peindre l'histoire. Plusieurs grands Ouvrages d'Ambroise nous font regretter la perte des principaux traits qui ont caractérisé sa vie. Deux tableaux suffisent pour constater son mérite. Ces deux beaux monuments enrichissent l'Eglise de Notre-Dame d'Anvers. Le premier représente le Martyr de S. Crépin & de S. Crépinien dans la Chapelle des Cordonniers.

L'autre est un des volets qui renferme le tableau où S. Luc fait le portrait de la Vierge, Ouvrage de Martin de Vos. L'autre volet est peint par Ottovénius.

MASSILLON.

MASSILLON.

Jean-Baptiste Massillon naquit en 1663, à Hières en Provence. Il eut pour père un Citoyen pauvre de cette petite Ville. Après avoir fini ses Humanités, il entra dans l'Oratoire à l'âge de 17 ans. Ses Supérieurs jugèrent bientôt par ses premiers essais, de l'honneur qu'il devait faire à leur Congrégation. Il le destinèrent à la Chaire. Les Oraisons Funèbres de M. de Villeroi, Archevêque de Lyon, & de M. de Villars, Archevêque de Vienne, par lesquelles il débuta, eurent le plus brillant succès. L'humble Orateur, effrayé de sa réputation naissante, résolut de lui échapper pour toujours, en se vouant à la retraite la plus profonde & la plus austère. Il alla s'ensevelir dans l'Abbaye de Septfons, où il prit l'habit; mais bientôt, le Cardinal de Noailles, instruit des grands talents de Massillon, exigea qu'il abandonnât la régle de la Trappe, & qu'il reprît l'habit d'Oratorien. Il le plaça ensuite dans le Séminaire de S. Magloire, à Paris, en l'exhortant à cultiver l'éloquence de la Chaire.

Ses premiers Sermons produisirent l'effet que le Prélat & ses Supérieurs avaient prévu. A peine commença-t-il à se montrer dans les Eglises de Paris, qu'il effaça presque tous ceux qui brillaient alors dans cette carrière. La Cour désira bientôt l'entendre. Il parut, sans orgueil comme sans crainte sur ce grand & dangereux Théâtre. Son début y fut des plus brillans, & l'exorde du premier discours qu'il y prononça est un des chefs-d'œuvre de l'Eloquence moderne. Louis XIV était alors au comble de sa puissance & de sa gloire, Vainqueur & admiré de toute l'Europe, adoré de ses Sujets, énivré d'encens & rassasié d'hommages. Massillon prit, pour texte, le passage de l'Ecriture qui semblait le moins fait pour un tel Prince: *Bienheureux ceux qui pleurent*, & l'Orateur sut tirer de ce texte un éloge d'autant plus neuf, plus adroit & plus flatteur, qu'il parut dicté par l'Evangile même: « Sire, dit-il au Roi, si le monde parlait à Votre Majesté, il ne lui dirait » pas, *bienheureux ceux qui pleurent* : heureux, vous dirait-il, ce Prince » qui n'a jamais combattu que pour vaincre; qui a rempli l'Univers de » son nom; qui, dans le cours d'un Régne long & florissant, jouit avec » éclat de tout ce que les hommes admirent; de la grandeur de ses con-» quêtes, de l'amour de ses Peuples, de l'estime de ses Ennemis, de la » sagesse de ses Loix..... Mais, Sire, l'Evangile ne parle pas comme le » monde. » L'Auditoire de Versailles tout accoûtumé qu'il était aux Bossuet & aux Bourdaloue, n'était pas à une éloquence tout à-la-fois si fine & si noble; aussi excita-t-elle dans l'Assemblée, malgré la gravité du lieu, un mouvement involontaire d'admiration.

Ces succès éclatans firent à Massillon des ennemis implacables. Il appartenait à une Congrégation dont les opinions étaient alors fort attaquées; plusieurs de ses Confrères avaient été, par ce pieux motif, écartés de la Chaire de Versailles. Mais l'orthodoxie de Massillon était irreprochable, & les Jésuites ne pouvaient attaquer l'Orateur de ce côté là. Pour éloigner Massillon de l'Episcopat, où il était porté par les vœux de toute l'Europe, on calomnia les mœurs de l'Oratorien; & le Souverain même, alors gouverné par une Société puissante, se laissa séduire par la calomnie.

Louis XIV mourut, & le Régent, qui honorait autant les talents de Massillon, qu'il méprisait ses Ennemis, le nomma à l'Evêché de Clermont; ce Prince voulut de plus que la Cour l'entendît encore une fois; & il l'engagea à prêcher un Carême devant le Roi, alors âgé de 9 ans. Ses sermons, composés en moins de trois mois, sont connus sous le nom de *Petit-Carême*. C'est peut-être, dit un Académicien célébre, sinon le chef-d'œuvre, au moins le vrai modéle de l'éloquence de la Chaire. Les grands sermons du même Orateur peuvent avoir plus de véhémence & de mouvement; l'éloquence du *Petit-Carême* est plus insinuante & plus sensible; & le charme qui en résulte, augmente encore par l'intérêt du sujet, par le prix inestimable de ses leçons simples & touchantes, qui, destinées à pénétrer avec autant de douceur que de force dans le cœur d'un Monarque enfant, semblent préparer le bonheur de plusieurs millions d'hommes, en annonçant au jeune Prince qui doit régner sur eux, tout ce qu'ils ont droit d'en attendre.

La même année où furent prononcés ces discours, Massillon entra dans l'Académie Françaife. Il fut reçu Membre de cette illustre Compagnie, le 23 Février 1719, à la place de l'Abbé de Louvois. Le nouveau Prélat partit ensuite pour son Diocèse; & il ne revint à Paris que très-rarement, & pour des causes indispensables. Il demeura constamment à Clermont, tout entièrement occupé des soins de l'Episcopat, jusqu'au 18 Septembre 1742, que l'Eglise, l'Eloquence & l'Humanité eurent la douleur de le perdre à l'âge de 79 ans.

Il est peu d'Evêques qui aient été autant regrettés que Massillon. Vivement pénétré des vraies obligations de son état, ce grand-homme ne s'en écarta jamais. La bienfaisance était celle des vertus qu'il se plaisait le plus à exercer. Il réduisit à des sommes très-modiques ses droits Épiscopaux; & il les eût entièrement abolis, s'il n'avait cru devoir respecter le patrimoine de ses Successeurs. Il fit porter en deux ans vingt-mille livres à l'Hôtel-Dieu de Clermont. Tout son revenu appartint aux pauvres. Aussi dès qu'il parraissait dans les rues de cette Ville, le Peuple se prosternait il autour de lui en criant: *Vive notre Père!*

Ce vertueux Prélat ne se contentait pas de prodiguer sa fortune aux indigents; il les assistait encore, avec autant de zéle que de succès, de son crédit & de sa plume. Témoin dans ses visites diocésaines, de la misère sous laquelle gémissaient les Habitans de la Campagne, & son revenu ne suffisant pas pour donner du pain à tant d'infortunés qui lui en demandaient, il écrivait à la Cour en leur faveur; &, par la peinture energique & touchante qu'il faisait de leurs besoins, il obtenait, ou des secours pour eux, ou des diminutions considérables sur les impôts. On assure que ses lettres sur cet objet intéressant sont des chefs-d'œuvre d'éloquence & de pathétique, supérieurs encore aux plus touchans de ses sermons: & quels mouvements en effet ne devait pas inspirer à cette âme vertueuse & compatissante le spectacle de l'Humanité souffrante & opprimée?

L'Evêque de Clermont laissa un Neveu de son nom, Oratorien comme lui, qui, en 1745 & 1746, donna au public l'Edition originale des Sermons de son Oncle, en 14 Volumes, grand in-12.

Clement XI.

CLÉMENT XI.

JEAN-FRANÇOIS ALBANI, devenu Pape fous le nom de Clément XI, naquit à Pefaro en 1649. Son père avait eu pour premier emploi à Rome, l'office de Réfident de la République de Saint Marin ; enfuite il entra dans la maifon du Cardinal *Barberin*.

C'en fut affez pour frayer à fon fils la route des honneurs de l'Églife. Peut-être auffi ne dut-il fon avancement qu'à fon mérite perfonnel. Plufieurs Pontifes avaient remarqué fon efprit, fa piété & fa prudence, lorfque le Cardinal *de Bouillon*, Doyen du Sacré Collège, le propofa au Conclave pour fuccéder à Innocent XII. Il n'avait que 51 ans, & l'Églife avait befoin d'un Pape qui fût dans la force de l'âge. L'Italie allait devenir le théâtre de la guerre. Clément n'accepta la Tiare qu'au bout de trois jours : il avait confulté des hommes éclairés, pour favoir s'il devait fe charger d'un fardeau trop honorable pour n'être pas dangereux.

Lorfqu'il fut fur le faint Siège, l'Empereur le força à reconnaître l'Archiduc pour Roi d'Efpagne. Cependant on difait qu'il reffemblait à Saint Pierre, parce qu'il affirmait, niait, fe repentait & pleurait, avait toujours reconnu Philippe V à l'exemple de fon prédéceffeur, & il était attaché à la maifon de Bourbon. L'Empereur l'en punit, en déclarant dépendans de l'Empire beaucoup de Fiefs qui relevaient jufqu'alors des Papes, & furtout Parme & Plaifance; en ravageant quelques terres eccléfiaftiques, en fe faififfant de la ville de *Comacchio*.

Autrefois un Pape eût excommunié tout Empereur qui lui aurait difputé le droit le plus léger ; & cette excommunication eût fait tomber l'Empereur du trône : mais la puiffance des Clefs étant réduite à-peu-près au point où elle doit l'être, Clément XI, animé par la France, avait ofé un moment fe fervir de la puiffance du glaive. Il arma, & s'en repentit bientôt. Il vit que les Romains, fous un Gouvernement tout facerdotal, n'étaient pas faits pour manier l'épée. Il défarma; il laiffa Comacchio en dépôt à l'Empereur : il confentit à écrire à l'Archiduc : *à notre très-cher Fils, Roi Catholique, en Efpagne*. Une flotte Anglaife dans la Méditerranée, & les troupes Allemandes fur fes terres, le forcèrent bientôt d'écrire : *à notre très-cher Fils, Roi des Efpagnols*. Ce fuffrage du Pape, qui n'était rien dans l'Empire d'Allemagne, pouvait quelque chofe fur le peuple Efpagnol, à qui on avait fait accroire que l'Archiduc était indigne de régner, parce qu'il était protégé par des Hérétiques qui s'étaient emparés de Gibraltar. Son Pontificat fut encore troublé par les querelles du Janfénifme. Il donna, en 1705, la Bulle *Veniam Domini Sabahôt*, contre ceux qui foutenoient les cinq fameufes propofitions, & qui prétendaient qu'on fatisfaifait par le filence refpectueux à la foumiffion due aux Bulles Apoftoliques. Il ordonna de croire le *fait*, fans expliquer fi c'était d'une foi divine ou d'une foi humaine. En 1713, il publia la fameufe Conftitution *Unigenitus* contre cent & une propofitions du nouveau Teftament de *Quefnel*, Prêtre de l'Oratoire. L'Abbé *Renaudot*, l'un des plus favans hommes de la France, rapportait qu'étant à Rome la première année du Pontificat de Clément XI, un jour qu'il alla voir ce Pape, ami des Savans, & qu'il l'était lui-même, il le trouva lifant le livre qu'il profcrivit enfuite : « Voilà, lui dit le Pape, un Ouvrage excellent; nous n'avons perfonne à Rome qui foit capable d'écrire ainfi. Je voudrais attirer l'Auteur auprès de moi ». Il ne faut pourtant pas regarder ces éloges de Clément XI, & les cenfures qui fuivirent les éloges comme une contradiction. On peut être très-touché dans une lecture des beautés frappantes d'un Ouvrage, & en condamner enfuite les défauts cachés. Le bien, il eft vrai, s'y montrait de tous côtés; le mal, il fallait le chercher, mais il y était.

Clément XI donna vers l'an 1708, un décret contre le livre de *Quefnel*. Mais alors les affaires temporelles empêchèrent que cette affaire fpirituelle, qu'on avait follicitée, ne réufsît. La Cour était mécontente de Clément XI, qui avait reconnu l'Archiduc *Charles*, pour Roi d'Efpagne, après avoir reconnu Philippe V. On trouva des nullités dans fon décret : il ne fut point reçu en France; & les querelles furent affoupies jufqu'à la mort du Père de la Chaize, Confeffeur du Roi, homme doux, avec qui les voies de conciliation étaient toujours ouvertes.

Ce n'était pas affez que nous difputaffions au bout de dix-fept cents ans fur des points de notre Religion; il fallut encore que celle des Chinois entrât dans nos querelles.

Les Lettrés s'affemblent à certains jours en public pour honorer *Confutzée*, ancien Sage, qui près de fix cents ans avant la fondation du Chriftianifme enfeigna la vertu. On fe profterne, fuivant leur manière de faluer leurs Supérieurs. On brûle des bougies & des paftilles. Ces cérémonies font-elles idolâtriques ? Sont-elles purement civiles ? Reconnaît-on Confutzée pour un Dieu ? eft-il même invoqué feulement comme nos Saints ? Eft-ce enfin un ufage politique, dont quelques Chinois fuperftitieux abufent ? Les Dominicains déférèrent les ufages de la Chine à l'inquifition de Rome. Le faint Office défend ces cérémonies Chinoifes, jufqu'à ce que le Pape en décidât. Clément XI envoya un Légat à la Chine, à la Cour de Pékin qui avait ignoré jufque-là qu'on la jugeât à Rome. La querelle fe termina par l'expulfion des Prêtres Romains, qui troublaient le repos d'un Empire où ils avaient été reçus comme amis des fciences.

Clément XI mourut le 19 Mars 1721 dans fa 72ᵉ année, après un règne de plus de 20 ans. Ce Pape était favant. Il écrivait affez bien en Latin. Pour fes fermons, il eft vrai qu'il les faifait de paffages connus : mais c'était la mode.

C'eft une étrange compofé, difait le Cardinal *d'Eftrées*, *que le facré Collége ; la plupart font des fots & les plus pauvres gens du monde. Le Pape d'aujourd'hui*, *Clément XI*, *eft encore ce qu'il y a de meilleur*. On pouvait bien s'en rapporter à fon témoignage, car il le portait avec connaiffance de caufe, & avait tout l'efprit du monde.

Clément XI montra à l'Abbé Renaudot, dans la bibliothèque du Vatican, beaucoup de pièces d'Innocent III que *Baluze* n'a pas eues : avouant auffi que le regiftre imprimé en contenait beaucoup qu'ils n'avaient pas. A la honte de notre fiècle, on a été obligé d'envoyer à la beurrière plus de cinq cents exemplaires de ce regiftre de Baluze, qui eft néanmoins un très-beau recueil & très-inftructif.

C'eft Clément XI qui donna retraite au fils de Jacques II, qui jouit à Rome des honneurs de la Royauté, fous le nom de Jacques III.

C'eft encore lui qui forma une Congrégation compofée des plus habiles Aftronomes d'Italie, pour foumettre à leur examen le Calendrier Grégorien.

JEANNE GRAY.

Jeanne Gray naquit en 1537, du Duc de Suffolck & de Françoife Brandon, appelée, par le teftament de Henri VIII, à la fucceffion de la Couronne, après la Princeffe Élifabeth.

Le Duc de Northumberland voyant, en 1553, Édouard VI attaqué d'une maladie mortelle, maria le Lord Guilfort Dudley, fon quatrième fils, à Jeanne Gray, dans l'intention de mettre la Couronne d'Angleterre fur la tête de l'époufe de fon fils. Il profita, en effet, de tout l'afcendant qu'il avait fur l'efprit d'Édouard, & des droits que le teftament d'Henri VIII donnait à la fille de Suffolck, pour décider ce Prince à facrifier Marie, & à exclure du trône Elifabeth, en faifant le tranfport de la Couronne à Jeanne Gray.

Le Roi accéda aux demandes & aux follicitations du Duc de Northumberland, & ce tranfport fut figné, le 21 de Juin 1553, par tous les membres du Confeil. Quand Édouard mourut, Jeanne n'était que dans fa feizième année. Mais dans cet âge où le jugement commence à peine à fe former, le fien la faifait admirer. Elle ne favait pas que la mort d'Édouard dût lui procurer la Couronne. Sa furprife fut extrême, lorfque les Ducs de Suffolck & de Northumberland vinrent lui annoncer cette nouvelle. « Vous ne me verrez point, leur dit Jeanne, recevoir avec avidité une Couronne qui doit d'abord appartenir à la Princeffe Marie, & que le teftament du Roi Henri place enfuite fur la tête de la Princeffe Élifabeth. Je n'afpire point au trône avant mon rang ». La fanction que le Confeil & les Juges avaient donnée au tranfport d'Édouard, la perfuafion où elle était qu'elle ne faifait, en l'acceptant, rien de contraire aux loix du Royaume, perfuafion qui fut le fruit des efforts de Northumberland & de Suffolck, la déterminèrent cependant.

Northumberland n'eut garde de négliger l'ufage qui oblige, en Angleterre, les nouveaux Rois de fe retirer avec le Confeil dans la Tour de Londres. Jeanne y fut conduite auffitôt; le Confeil l'y fuivit & fe mit ainfi à la difpofition de Suffolck & de Northumberland. Elle fut proclamée Reine à Londres le 10 de Juillet, cinq jours après la mort du Roi. Cette cérémonie caufa de la fermentation dans le peuple. Le Confeil ne s'y prêta que parce qu'il craignait le Duc de Northumberland. Jeanne ne devait la préférence qu'Édouard lui avait accordée fur Marie & fur Élifabeth, qu'au zèle du Monarque pour la Religion réformée, aux intrigues & aux follicitations du Père de Dudley. L'ancienne Religion vivait encore dans le cœur de la plus grande partie du peuple, & les Seigneurs de la Cour étaient difpofés à fuivre celle qui fervirait le mieux leur ambition; mais les uns & les autres portaient une haine égale au Duc de Northumberland. Son caractère impérieux & cruel était déjà trop connu pour ne pas être redouté. Souffrir que Jeanne Gray régnât, c'était courber le front fous le joug de cet ambitieux. C'eft ce que fentirent tous les Anglais, c'eft ce qui fervit les projets de marie.

Cette Princeffe, proclamée Reine à Norwich, voyait déjà dans fon parti les Provinces de Norfolck & de Suffolck. Sa petite Armée fe renforçait chaque jour; un grand nombre de Seigneurs & de Gentilshommes s'étaient rendus à Flamlingham pour lui offrir leurs fervices.

Un des membres du Confeil, le Comte d'Arondel, ennemi capital de Northumberland, dévoué à Marie, foulevait en fecret les efprits. Il profita adroitement de la nécessité où l'on se trouvait d'envoyer des troupes contre celles de Marie, pour éloigner Northumberland qui les tenait en chartre privée dans la Tour. Il persuada à Jeanne qu'il était important de donner le commandement de son Armée, assemblée à Newmarket, au Duc, qui voulut en vain se défendre de l'accepter, en le déférant à Suffolck.

Délivré de la présence de Northumberland, instruit des succès de Marie, le Conseil voulut reconnaître cette Princesse, avant qu'elle eût entièrement détruit les espérances de Jeanne & de ses partisans. Tous les membres du Conseil sollicitèrent donc, sous un faux prétexte, auprès de la Reine & du Duc de Suffolck, la permission de s'assembler dans la ville, le 19 Juillet, chez le Comte de Pembrook. C'est là qu'ils se déclarèrent ouvertement pour Marie, qu'ils firent venir le Maire & les Aldermans de Londres : après leur avoir communiqué la résolution qu'il venait de prendre, ils partirent ensemble pour aller proclamer Marie dans les principaux endroits de la ville. On ne peut attribuer la prompte obéissance des Magistrats de Londres qu'à leur haine contre le Duc de Northumberland.

Le Conseil fait aussi-tôt sommer le Duc de Suffolck de lui remettre la Tour, & fait dire à Jeanne qu'elle ait à quitter le titre de Reine & à se désister de ses prétentions. Jeanne descend du trône avec plus de joie qu'elle n'y était montée.

Le Comte d'Arondel & le Lord Puget vont instruire Marie de cette heureuse révolution. Le premier revient, par ses ordres, à Newmarket, pour arrêter Northumberland, qui se jetant aux genoux d'Arondel, expose à tous les yeux sa bassesse & ses craintes. La cruauté est le propre d'une ame étroite & vile; Northumberland devait être accablé de ce revers. Une femme vint, à son passage, lui présenter un mouchoir teint du sang du Duc de Sommerset, & lui reprocha que c'était lui qui l'avait injustement fait répandre.

Northumberland & ses fils, morts sur un échafaud, devaient appaiser Marie; mais elle avait marqué d'autres victimes, & sa vengeance n'était pas assouvie. Le 3 Novembre, Jeanne Gray & Guilford Dudley, son époux, sont amenés devant le Parlement assemblé, & ils entendent leur arrêt de mort.

Cependant le Duc de Suffolck ne néglige rien pour arracher sa fille à la mort honteuse que Marie lui prépare. Mais la conjuration fut découverte, & il fut conduit à la Tour le 11 de Février.

Le lendemain, on fit dire à Jeanne Gray & à son époux qu'ils devaient se disposer à mourir. Jeanne reçut cette affreuse nouvelle avec la fermeté d'une ame peu commune. Elle avait bien compris que la jalousie du Gouvernement ne permettrait pas qu'on la laissât vivre, & dans cette pensée, elle avait employé tout son temps, depuis qu'elle était en prison, à se préparer à la mort. Plusieurs Auteurs assurent que, sans le dernier attentat du Duc de Suffolck, la Reine aurait épargné Jeanne Gray; mais quand Marie aurait pu pardonner à Jeanne d'avoir voulu lui ravir le trône, le fanatisme, qui fit couler à grands flots le sang des Citoyens, sous cette femme cruelle, eût été sans doute frapper Jeanne, qui n'abandonna point la Religion réformée. Cette jeune & vertueuse Princesse fut conduite au supplice le 21 Février 1554. Elle vit, avant de mourir, passer le corps de son époux, qu'on allait enterrer dans la chapelle de la Tour. Sa constance inébranlable, sa piété fervente, sa religion auraient dû arracher des larmes à l'impitoyable Marie. Le Duc de Suffolck fut jugé le 17 du même mois, & exécuté le 21 avec le regret d'avoir causé la mort de sa fille.

MARTIN LUTHER.

Martin Luther naquit à Illeben dans le Comté de Mansfeld, en 1483, d'un père Forgeron. Après avoir fait ses études avec le plus grand succès, il se fit Moine chez les Hermites de Saint Augustin, à Erforf. La mort d'un de ses amis, tué à côté de lui par la foudre, le détermina à embrasser cet état. Ses Supérieurs distinguèrent bientôt les talents de leur jeune confrère, & l'envoyèrent dans l'Univerſité de Wittemberg. Il y profeſſa la philoſophie & la théologie avec éclat. Son éloquence entraînait les suffrages de ceux qui l'entendaient.

Ce ne sont point les disputes des Dominicains & des Augustins qui firent naître les erreurs de Luther; il en faut chercher la source dans son amour pour les nouveautés, dans son caractère ardent, impétueux, que les remontrances & les objections irritaient, & dans la lecture des livres de *Jean Hus*, qui exaltèrent son imagination & allumèrent dans son cœur la haine la plus violente contre les pratiques de l'Eglise Romaine & les Théologiens.

Avant la distribution des Indulgences plénières, accordées par Léon X en 1517, Luther avait déja attaqué en 1516 divers points de doctrine; ainsi les Indulgences furent l'occaſion & non l'origine d'une doctrine qui se répandit avec la plus grande rapidité. Quiconque est un peu versé dans l'histoire du siècle qui a précédé Luther, verra aisément que beaucoup d'autres choses, outre la théologie, contribuèrent à la réforme, & que ce fougueux Apôtre ne fit que donner le signal de la révolte qu'on attendait depuis long-temps.

Entre les principales causes de cet événement on peut compter, la connoissance des abus de la Religion, l'orgueil avec lequel la Cour de Rome affectait de traiter les Allemands, le caractère de la Nation; un homme phlegmatique, quand il voit qu'il est trahi & mis sous le joug, est le plus intraitable & le plus opiniâtre des hommes; enfin les mœurs du Clergé d'Allemagne.

Fier de la protection de Frédéric, Electeur de Saxe & de l'Univerſité de Wittemberg, Luther dédaigna les anathêmes que Léon X lança contre ses écrits, & pour toute réponse fit brûler publiquement à Wittemberg la Bulle qui les condamnait.

Pour arrêter les progrès de l'héréſie, Charles-Quint convoqua une diete à Worms; Luther s'y rendit sous un sauf-conduit, & refusa de se rétracter. Delà il se fit enlever & renfermer dans un Château, par Frédéric son protecteur. Dans cette Isle de Pathmos, c'eſt ainſi qu'il appelait ce Château, il eut des entretiens avec le Diable qui lui conſeilla de ſupprimer les Meſſes baſſes; il les ſupprima en effet à Wittemberg.

Luther, voulant augmenter le nombre de ſes ſectateurs, ſoulagea les Prêtres & les Religieux de la vertu pénible de la continence. Il se maria lui-même avec une jeune Religieuſe qu'il avait fait ſortir de ſon couvent, après avoir annoncé dans un ſermon, *qu'il lui était auſſi impoſſible de vivre sans femme, que de vivre sans manger.*

Cependant Charles-Quint faiſait de nouveaux efforts contre l'héréſie; mais ſes Edits, loin de l'intimider, produiſirent la ligue offenſive & défenſive de Smalkade entre les Princes Proteſtans. Cette ligue, autoriſée par Luther qui juſqu'alors avait cru que la réforme ne devait s'établir que par la conviction & la douceur, obligea l'Empereur à accorder aux Proteſtans la liberté de conſcience.

Soutenu par un parti redoutable, l'héréſiarque devint plus furieux & plus emporté que jamais. Rome, le Pape, les Cardinaux, les Théologiens furent tour-à-tour l'objet de quelques nouveaux écrits, où, faute de preuves & de raiſons, il vomit les injures les plus groſſières. Le Pape, ſelon lui, était un loup enragé qu'on pouvait attaquer impunément, lui & ceux qui le défendaient, fuſſent-ils des Rois & des Céſars; c'était un ſcélérat qui crachait des diables; les Cardinaux, des malheureux à exterminer; Rome était la proſtituée de Babylone; les Théologiens, des bêtes, des pourceaux, &c. &c. &c.

Une mort tranquille enleva cet homme, trop fameux, à Iſſeben en 1546, à 63 ans. Sa ſecte ſe diviſa après ſa mort, & de ſon vivant même, en pluſieurs branches.

Les écrits de Luther annoncent beaucoup de connaiſſances, un eſprit peu ordinaire & une imagination vive. Si on le juge d'après les principes du goût actuel, on trouvera qu'il tombe ſouvent dans la groſſièreté & la baſſeſſe; mais on doit ſe rappeler qu'il avait à traiter avec la populace, & que ſes Diſciples publièrent pluſieurs de ſes écrits qu'il n'avait pas intention de mettre au jour. Il était irréconciliable & intraitable, lorſqu'une fois on l'avait provoqué. Il remuait ciel & terre contre les Papes. Du ſein des cloîtres & des ſociétés qu'il avait égayées aux dépens de la Cour de Rome, il paſſait dans les cours des Princes, pour hâter l'inſtant du combat. Il ſe livrait quelquefois à des tranſports de colère peu décents. Luther laiſſa une femme & des enfans qui tombèrent dans une extrême pauvreté.

Luther n'attaqua d'abord que l'abus des Indulgences; enſuite il attaqua les Indulgences mêmes; enfin il examina le pouvoir de celui qui les donnait. De cette matière, il paſſa à celle de la juſtification & de l'efficace des Sacrements. Une erreur en entraînait une autre: le purgatoire, le libre arbitre, la confeſſion auriculaire, la primauté du Pape, les vœux monaſtiques, la communion ſous une ſeule eſpèce, les pélerinages, &c. furent tour-à-tour l'objet de ſes déclamations & l'occaſion de propoſitions plus erronnées les unes que les autres.

La Bulle que Léon X lança contre lui en 1520, donna lieu à ſon livre *de la Captivité de Babylone;* il déclare qu'il ſe repent d'avoir été modéré; il exhorte les Princes à ſecouer le joug de la Papauté. Il ſupprime quatre Sacrements, & ne reconnaît plus que le Baptême, la Pénitence & le *pain*. Sous ce mot *pain,* il déſigne l'Euchariſtie. Il rejette la tranſſubſtantiation & admet une conſubſtantiation; c'eſt-à-dire, le pain & le vin demeurent dans l'Euchariſtie avec le vrai corps & le vrai ſang; ils y ſont, *comme le feu ſe mêle dans un fer chaud avec le métal,* ou *comme le vin eſt dans & ſous le tonneau.*

Pour avoir une idée de la manière dont Luther répondait aux réfutations de ſes adverſaires, nous citerons ce qu'il dit d'Henri VIII, Roi d'Angleterre, qui publia contre lui un écrit : « Je ne ſais ſi la folie elle-même peut être auſſi inſenſée qu'eſt la tête du pauvre Henri. Oh! que je voudrais bien couvrir cette Majeſté Angliſe de boue & d'ordures! j'en ai bien le droit ». Tel était l'excès d'audace, de fureur inſenſée, auquel s'abandonnait contre tous ceux qui n'étaient pas de ſon avis, l'Apôtre des Proteſtans. Peut-être, s'il eût vécu de nos jours, eût-il été plus ſage, plus modéré, plus conſéquent; mais ſa doctrine ne lui eût pas valu la célébrité qu'il a acquiſe au XVIe ſiècle.

L'ABBÉ NOLLET.

JEAN-ANTOINE NOLLET naquit à Pimpré, Diocèse de Noyon, le 17, Novembre 1700, de parents honnêtes, mais peu favorisés de la fortune. A défaut de richesses, ceux-ci voulurent au moins assurer à leur fils l'avantage d'une bonne éducation. Ils le mirent, au sortir de l'enfance, au Collége de Clermont en Beauvaisis, où il commença ses humanités, qu'il finit ensuite à Beauvais. Les succès qu'il eut dans ses premieres classes les déterminèrent à l'envoyer à Paris, pour y faire son cours de philosophie. Ils le destinaient dès-lors à l'état ecclésiastique. Des mœurs pures & sévères, beaucoup d'application au travail, un grand amour de ses devoirs, leur parurent des preuves suffisantes de vocation pour un état sur lequel ils, n'avaient pourtant pas assez consulté son inclination.

Le jeune Nollet obéit cependant au choix de ses parents. Le goût qu'il avait annoncé pour la physique, dès qu'il avait commencé à la connaître, n'était pas encore sa passion dominante ; il le sacrifia à l'étude aride de la théologie scolastique, à laquelle il parut se livrer tout entier, sur-tout pendant son cours de licence qu'il fit en 1728. Au milieu de ces travaux, si peu analogues aux talents qu'il a développés depuis, il eut du-moins l'occasion de les exercer quelquefois. Ses supérieurs l'avaient choisi pour présider aux conférences de théologie & de philosophie. On devine bien que dans ces dernières, la physique n'était pas oubliée. Il goûtait ainsi ce plaisir si pur pour une ame honnête, de céder à son inclination sans s'écarter de ses devoirs.

Rendu à lui-même, après avoir pris les ordres, l'Abbé Nollet se livra à l'étude de la physique, avec une ardeur que l'espèce de privation dans laquelle il vivait depuis si long-temps avait encore augmentée. Deux Académiciens célèbres, MM. de Réaumur & Dufay, dont les talents l'avaient rendu l'ami, l'associèrent à leurs travaux, & l'admirent au laboratoire de l'Académie, où il travailla pendant plusieurs années. Ce fut là qu'il conçut le projet d'établir à Paris des cours où il devait démontrer toutes les parties de la physique par l'expérience. Les difficultés de l'exécution auraient effrayé tout autre esprit que le sien; il manquait à-la-fois, & d'instruments & d'ouvriers en état de les construire. Ceux de cette Capitale, loin de se perfectionner dans ce genre, en avaient à peine acquis les premières notions ; & sa fortune ne lui suffisait pas pour suppléer à cette disette, en faisant venir des pays étrangers les machines qui lui étaient nécessaires.

MM. de Réaumur & Dufay, premiers témoins de ses travaux, étaient aussi devenus les confidents de son projet. Tous deux l'approuvèrent ; & le dernier l'ayant communiqué à M. de Maurepas, ce Ministre lui procura, en 1734, les secours nécessaires pour faire le voyage de Londres, où son mérite le fit recevoir de la Société Royale. Deux ans après il passa en Hollande, où il eut souvent occasion, en visitant le cabinet des Savans, d'examiner la construction des machines dont il avait besoin dans ses démonstrations.

De retour à Paris, l'Abbé Nollet reprit ses cours de physique qu'il avait ouverts en 1735. Les personnes les plus distinguées de la Capitale y accoururent en foule. Les Princes du Sang mêmes voulurent être placés au rang de ses disciples. En 1736, M. le Duc de Bourbon avait voulu prendre ses leçons, & ce Prince, pour se l'attacher davantage, lui avait accordé un appartement à Chantilly. En 1738, le Duc de Penthièvre suivit son exemple; & l'année suivante, il fit un cours devant le feue Duc d'Orléans, alors Duc de Chartres. Sa réputation ne se borna pas à la Cour de France; elle lui fit trouver des élèves jusque dans les Cours étrangères. En 1739, le Roi de Sardaigne voulant établir à Turin une chaire de physique expérimentale, appela l'Abbé Nollet dans ses États. Il fit un cours de physique devant le Prince de Piémont, & lorsqu'il l'eut fini, son disciple lui fit présent d'un très-beau diamant, & les machines qu'il avait apportées de Paris, furent placées dans l'une des salles de l'Université. Il y avait déja long-temps que l'opinion publique avait fixé la place qu'il devait un jour occuper parmi les Savans; & c'est à elle seule qu'il dut en 1644, l'honneur d'être appelé à Versailles, pour donner à M. le Dauphin des leçons de physique, auxquelles assistaient souvent le Roi & la Famille Royale.

Au milieu de tous les travaux que lui occasionnait les différentes éducations, l'Abbé Nollet savait se ménager des instans pour écrire. Une longue habitude lui avait fait acquérir l'art heureux de réfléchir au milieu même du tumulte, & de trouver par-tout son laboratoire & son cabinet. Il inséra, dans les Mémoires de l'Académie des Sciences, qui se l'était associé en 1739, plusieurs Mémoires sur la machine pneumatique, sur l'ouie des poissons & sur la formation des glaces. Dans le même temps, il donna au public les deux premiers volumes de ses Leçons de Physique expérimentale.

En 1749, l'Abbé Nollet se détermina à quitter son cabinet pour aller en Italie. L'objet de son voyage était de constater quelques effets surprenans de l'électricité, & de s'assurer par ses propres yeux de ces merveilles singulières que les Physiciens d'Italie attribuaient, depuis quelques années, à la vertu électrique. Son intention était aussi de s'enrichir de nouvelles observations sur la physique, les arts & l'agriculture. Tous ses desirs furent remplis; &, après avoir parcouru l'ancienne Patrie des Romains en observateur éclairé, il revint dans sa Patrie, où il vit enfin l'établissement d'une chaire de physique expérimentale qu'il desirait depuis si long-temps. Cette fondation fut faite à Paris en 1753. Le Roi nomma pour Professeur l'Abbé Nollet, qui fit l'ouverture de ses leçons par un excellent discours sur les dispositions qu'il faut avoir pour faire des progrès dans la physique expérimentale. Ce petit Ouvrage, imprimé alors en Latin par ordre de l'Université, a été depuis traduit en Français, à la tête de la nouvelle édition de ses Leçons de Physique.

Les divers travaux auxquels cette nouvelle chaire l'assujettit, les querelles littéraires qu'il fut obligé de soutenir contre les partisans de M. Francklin, sur les causes de l'électricité, les avis qu'il ne cessait de donner à ceux qui se livraient à l'étude de la physique, tant par ses expériences que pour la formation de leurs cabinets de machines, tout cela affaiblit insensiblement sa santé. Il était depuis long-temps tourmenté d'obstructions au foie. Au mois d'Avril 1770, la maladie parut faire des progrès plus rapides. Il n'attendit point qu'on l'avertît du danger; il se prépara à la mort avec une résignation qui lui était inspirée par la piété dont il avait toujours fait profession. Enfin, après avoir supporté, sans se plaindre, des douleurs cruelles qui le privèrent peu à peu de l'usage de tous ses membres, sans altérer sa raison. Il expira le 24 Avril 1770, en recommandant à ses amis quelques personnes qui allaient perdre ses secours.

L'ABBÉ DE SAINT-CYRAN.

JEHAN DUVERGER DE HAURANNE fut auſſi redevable de la célébrité à la réputation de ſes Diſciples, & au genre de travail auquel il ſe livra, qu'à ſes talents perſonnels. Il était iſſu de parents nobles qui le firent étudier en France & à Louvain. Il ſe fit connaître dans l'une & l'autre école avec diſtinction. Cette derniere s'applaudiſſait en même-temps des ſuccès du célebre Janſénius. L'époque de leur rivalité fut pour nos deux jeunes Antagoniſtes, celle d'une amitié dont ils ne ſe départirent jamais. Duverger, devenu en 1620 Abbé de Saint-Cyran, par la réſignation de *Henri-Louis Chateignier de la Roche-Poſai*, Evêque de Poitiers, dont il avait été le Grand-Vicaire, conſacra ſes veilles à la lecture des Peres & des Conciles. Il crut voir dans le ſyſtême de la Grace, avancé par *Baius*, & ſucceſſivement condamné par les Bulles de deux Papes, une nouvelle opinion qui applaniſſait toutes les difficultés ſur la liberté, & la Toute-Puiſſance Divine. Il en écrivit à pluſieurs Théologiens avec leſquels il était en relation, mais qui apparemment ne voulurent être ni Juges ni Parties dans une affaire qui avait fait éclater les foudres du Vatican. *Janſénius* qui venait d'être nommé Profeſſeur de Théologie à Louvain, l'écouta plus volontiers. Il avait employé douze années à lire Saint Auguſtin; il communiqua ſes réflexions à Duverger, qui dès-lors ne ſongea qu'à ſe mettre en état de faire face à l'érudition de ſon ami: leur correſpondance ne fut plus que le réſultat d'un travail long & pénible, que la mort de *Janſénius*, devenu Evêque d'Ypres, put à peine ſuſpendre.

Duverger pleurait en ce ſavant Prélat un ami ſenſible, un compagnon infatigable. C'était d'ailleurs en partie ſur ſon éloquence qu'était fondé tout le crédit du nouveau ſyſtême; il fallait ſe réſoudre à perdre le fruit de ce qu'ils avaient fait, ou ſupporter ſeul tout le poids de ce qui reſtait à faire. Ce dernier parti était plus conforme à ſon zele; il s'y tint, & s'occupa des moyens qui tendaient plus ſûrement à l'exécution de ſon projet. Paris fut le théâtre qu'il choiſit pour déclamer une doctrine qu'il croyait être celle des Peres.

Un extérieur ſimple & mortifié, un ſavoir profond, des vertus portées à un degré éminent, ne pouvaient manquer de prévenir en ſa faveur: le talent de la parole, qu'il ſavait faire valoir à propos, entraîna les eſprits qui s'étaient permis quelques doutes. Tous les ordres, tous les états adopterent ſa morale; des Prêtres, des Laïques, des femmes, des Communautés de Religieux & de Religieuſes devinrent ſes proſélytes.

Si l'on en croit *Morenus* & d'autres, qui avant lui ont interprété les ouvrages de l'Abbé de Saint-Cyran, ſa morale n'était rien moins que conforme aux autorités qu'il citait: c'était l'eſprit des Saints Peres pris à contre-ſens. Selon lui (toujours en prenant *Morenus* pour guide), « il était inutile de s'accuſer des péchés véniels, que la pratique en était nouvelle; c'était un acte d'humilité qui pouvait ſe faire à tout Laïque; .... la confeſſion n'était qu'une œuvre de ſurérogation; l'abſolution n'était qu'un ſigne qu'ils ſont pardonnés, ne remettait point les péchés..... Il trouvait la communion beaucoup plus propre à effacer les péchés que la confeſſion; & l'invocation du ſaint Nom de Jéſus, auſſi efficace pour cet effet que la communion. De tous les Sacrements, la Confirmation était celui dont il avait la plus haute idée ; il la préférait au Baptême.....»

Quoi qu'il en foit, le bruit de fa réputation paffa de la ville à la Cour, où il fit encore des partifans. Déja il avait gagné, par fes paroles douces & infinuantes, l'efprit de plufieurs Dames de qualité, que tous ceux qui les entouraient s'emprefsèrent de prendre pour modèle. Des fuccès auffi rapides le firent regarder comme un homme dangereux. Il avait toujours foutenu avec force la validité du mariage de *Gafton*, Duc d'*Orléans*, Frère de *Louis XIII*, avec *Marguerite de Lorraine*; il n'en fallait pas tant pour déplaire au Cardinal de Richelieu, & lui déplaire était un crime qu'il ne fut jamais pardonner. L'Abbé de Saint-Cyran fut enfermé par fon ordre au Château de Vincennes. Il fortit de fa prifon après la mort du Miniftre, & mourut lui-même peu de temps après. Il fut enterré dans l'Églife de Saint-Jacques-du-Haut-Pas où l'on voit encore fon Épitaphe, à côté du Maître-Autel.

L'Abbé de Saint-Cyran perdait à la lecture ce qu'il gagnait à être entendu : faible en Latin comme en Français, toujours diffus, incorrect & obfcur. Le Monaftère de Port-Royal, qu'il avait entraîné dans fon parti, lui prêta fort à propos la plume de MM. Arnaud, Nicole, Pafcal, &c..... pour affermir une Doctrine qui ne manquait pas de frondeurs. La morale de l'Abbé de Saint-Cyran n'étant point la leur, il devait néceffairement devenir leur ennemi. Ceux-ci l'accufaient d'autorifer le fuicide dans un petit Traité intitulé : *Queftion Royale*, où l'on examine *en quelle extrémité le fujet pourrait être obligé de conferver la vie du Prince aux dépens de la fienne*. Mais il eft évident que ni lui ni fes Difciples n'ont eu en vue aucune des inductions malignes, que fes ennemis s'efforçaient d'en tirer. Une autre difpute s'éleva à l'occafion d'un énorme volume *in-fol.* imprimé aux dépens du Clergé, fous le titre de *Petrus Aurelius*, pour la défenfe de la Hiérarchie Eccléfiaftique contre les Jéfuites. Les Révérends Pères le firent faifir, mais il fut pourtant diftribué, fur les remontrances du Clergé, qui voyait l'Abbé de Saint-Cyran & fes volumineux écrits d'un œil tout-à-fait différent que les Jéfuites. Ce livre, après tout, ferait devenu fort inutile, fi une main impartiale en avait arraché tous les feuillets qui n'étaient point à la louange de la Société de Jéfus. Si l'on ne favait ce que peut enfanter l'efprit de parti, on fe perfuaderait à peine que de pareils écrits puffent fortir de la plume d'un homme tel qu'on nous peint l'Abbé de Saint-Cyran. La fimplicité de fes mœurs allait jufqu'à la bonhomie. Il difait fon chapelet fort régulièrement, & exorcifait les livres des Hérétiques avant de les lire. C'eft à cette fimplicité, qui cachait un fonds inépuifable de fcience, qu'il dut le plus grand nombre de fes fuccès. La pratique des vertus les plus auftères achevait de lui gagner les cœurs que fon éloquence n'avait fait qu'émouvoir.

On a gravé au bas de fon portrait le diftique fuivant, qui peint affez bien fon caractère.

Æquam nulla poteft inflare fcientia mentem ;
In quali didicit, fimplicitate docet.

LOUIS MOLINA.

MOLINA naquit à Cuença, dans la Castille-Neuve, d'une famille noble. En ce temps-là l'Espagne était aussi fertile en Auteurs scolastiques, que stérile en Philosophes.

Jésuite dès l'âge de dix-huit ans, il fit ses études à Coimbre ; & enseigna, pendant vingt ans, la Théologie dans l'Université d'Ebora avec grand succès : d'un esprit vif & pénétrant, avec une mémoire heureuse, il se plut à se frayer des routes nouvelles, & à chercher de nouveaux sentiers dans les anciennes.

Il crut avoir découvert précisément comment Dieu agit sur les créatures; & comment les créatures lui résistent. Il distingua l'ordre naturel & l'ordre surnaturel, la prédestination à la grace, & la prédestination à la gloire, la grace prévenante & la coopérante; il fut l'inventeur du concours concomitant, de la science moyenne & du congruisme. Cette science moyenne, & de congruisme étaient sur-tout des idées rares; Dieu, par la science moyenne, consulte habilement la volonté de l'homme, pour savoir ce que l'homme fera quand il aura eu sa grace; & ensuite, selon l'usage qu'il devine que fera le libre-arbitre, il prend ses arrangemens en conséquence pour déterminer l'homme; & ces arrangemens font le congruisme.

Les Dominicains Espagnols qui n'entendaient pas plus cette explication que les Jésuites, mais qui étaient jaloux d'eux, écrivirent que le livre de *Molina* désignait le *précurseur de l'Antechrist*.

Comme c'était en travaillant sur la Somme de *Saint Thomas*, que Molina avait cru trouver le moyen d'accorder le libre-arbitre avec la préscience de Dieu, la providence & la prédestination, il se flattait que *Saint Augustin* lui-même aurait approuvé les voies qu'il avait imaginées. Les Pères anciens, disait-il, qui ont précédé l'hérésie de *Pélage*, ont fondé la prédestination sur la préscience du bon usage du libre-arbitre; au lieu que *Saint Augustin* & ses Disciples n'ont parlé si affirmativement, que parce qu'ils avaient à combattre les *Pélagiens* qui donnoient tout au libre-arbitre, & qu'il semblait qu'on devait lui ôter beaucoup. Selon *Molina*, le libre-arbitre *est la faculté d'agir ou de ne pas agir*, ou de faire une chose, en sorte qu'on puisse faire le contraire. Il avoue que l'homme, par ses seules forces, ne peut rien faire qui entre dans l'ordre de la grace, & qui soit même une disposition éloignée à la recevoir. Mais, ajoute-t-il, quoique Dieu distribue comme il veut les dons des graces que Jésus-Christ nous a méritées, il a néanmoins ajusté les loix ordinaires de cette distribution à l'usage que les hommes font du libre-arbitre, à leur conduite & à leurs efforts. L'homme donc pour agir en bien, a besoin qu'une grace prévenante excite & pousse son libre-arbitre. Et Dieu ne manque jamais de la donner, principalement à ceux qui la demandent avec ardeur; mais il dépend de leur volonté de répondre ou de ne pas répondre à cette grace.

C'est ce système qui a fait naître ces disputes qui partagèrent les Jésuites & les Dominicains en Molinistes & en Thomistes. Ceux-ci soutinrent thèses sur thèses pour foudroyer la nouvelle Ecole.

La Cour de Rome évoqua la dispute qui était déja entre les mains du Cardinal *Quiroga*, Grand Inquisiteur, & ordonna, avec beaucoup de sagesse, le silence aux deux partis, qui ne le gardèrent ni l'un ni l'autre.

Enfin on plaida férieufement devant Clément VIII, & à la honte de l'efprit humain, tout Rome prit parti dans le procès. Un Jéfuite nommé *Achilles Gaillard*, affura le Pape qu'il avait un moyen sûr de rendre la paix à l'Églife; il propofa gravement d'accepter la prédeftination gratuite, à condition que les Dominicains admettraient la fcience moyenne, & qu'on ajufterait ces deux fyftêmes comme on pourrait. Les Dominicains refusèrent l'accommodement d'*Achilles Gaillard*. Leur célèbre *Lemos* foutint le concours & le complément de la vertu active. Les Congrégations fe multiplièrent fans que perfonne s'entendît.

La plupart des Moines n'admettaient point le congruifme, la fcience moyenne, la grace verfatile de *Molina*. Mais ils foutenaient une grace fuffifante, à laquelle la volonté peut confentir & ne confent jamais ; une grace efficace à laquelle on peut réfifter & à laquelle on ne réfifte pas ; & ils expliquaient cela clairement, en difant qu'on pouvait réfifter à cette grace dans le fens divifé, & non pas dans le fens compofé.

Clément VIII mourut avant d'avoir pu réduire les arguments pour & contre à un fens clair. Paul V reprit le procès; mais comme lui-même en eut un plus important avec la République de Venife, il fit ceffer toutes les Congrégations qu'on appella & qu'on appelle encore *de Auxiliis*. On leur donnait ce nom auffi peu clair par lui-même que les queftions que l'on agitait, parce que ce mot fignifie *fecours*, & qu'il s'agiffait dans cette difpute des fecours que Dieu donne à la volonté faible des hommes. Paul V, finit par ordonner aux deux partis de vivre en paix.

C'eft pendant que les Jéfuites établiffaient leur fcience moyenne & leur congruifme, que Janfenius imagina un fyftême qui n'eft ni philofophique ni confolant : que Dieu commande des chofes impoffibles. Cet efprit de paix, qu'avait recommandé le Pape, fut la chofe à laquelle on penfa le moins. Il refta entre les Dominicains & les Jéfuites une animofité fourde. Le Duc de *Lerme*, Miniftre de Philippe III, en appréhendant les fuites, tâcha de les amener à l'unité de doctrine, mais en vain. Ce Miniftre abandonna fon projet, perfuadé qu'il était plus facile de réconcilier les Puiffances ennemies, que deux corps divifés par des difputes d'école. Enfin le temps eft venu où tout le monde Chrétien reconnaiffant la néceffité de la grace de Jéfus-Chrift, fe borne à la demander, fans chercher à favoir comment elle opere.

Molina mourut à Madrid en 1600, à 65 ans. Ses principaux ouvrages font : des *Commentaires* fur la première partie de la Somme de Saint Thomas, en latin : un grand traité de *Juftitia & Jure* : & un livre *de Concordiâ gratiæ & liberi arbitrii*. Ce dernier, avec un *Appendix*, eft fort cher, parce qu'il eft très-rare.

Tous ces ouvrages eurent une grande vogue dans fon temps, & par la réputation de l'Auteur & par la chaleur des difputes. Cette chaleur s'eft attiédie; les livres ont été oubliés.

Suarez, fon confrère, dont nous avons 23 vol. *in-fol.*, n'a fait que développer, par fon *congruifme*, le fyftême de *Molina* qu'il a mieux afforti au langage des Théologiens. C'eft toujours Dieu qui voit d'abord par une prévifion de fimple intelligence toutes les chofes poffibles : & qui enfuite voit par une autre prévifion, qu'on appelle la *Science des futurs conditionnels*, non-feulement tout ce qui arrivera en conféquence de telle ou telle condition; mais encore ce qui ferait arrivé (& qui n'arrivera pas) fi telle ou telle condition avait eu lieu.

M. DE CHEVERT.

François de Chevert, né à Verdun fur Meufe le 21 Février 1695, fut Soldat ; & de cette claffe infime, il s'éleva au grade de Lieutenant-Général des Armées du Roi, & aurait obtenu le bâton de Maréchal de France, fi l'envie ne s'était attachée à fa gloire, & fi des Courtifans, que Chevert ne favait point ménager, ne l'euffent écarté des promotions, où le Peuple, & l'Armée & l'Europe, le plaçaient opiniâtrément.

Soldat dans le Régiment de Beauce, Chevert, qui n'avait point d'aïeux, dut furmonter des obftacles infinis, non-feulement pour parvenir, mais pour s'inftruire dans la tactique. Ses premiers pas durent lui coûter cher : il dut tout hafarder en entrant dans la carrière ; que d'efforts pour pouvoir feulement être remarqué ! Des lauriers, & toujours des lauriers ! voilà ce qu'il devait préfenter fans ceffe aux difpenfateurs des graces de la Cour ! Un malheur, un revers, l'aurait écarté de la lice, & l'envie l'aurait replongé dans l'obfcurité.

Il parut fentir toute l'étendue de fa tâche, & il fe fit un nom par l'exactitude à remplir fes devoirs, par une connaiffance profonde de fon état, par fes études fuivies & conftantes, & par une régularité de difcipline qui le fit citer & imiter. C'était beaucoup ; car ce furent là fes premiers protecteurs. Son mérite parlait feul pour lui. Il fit auffi parler fon mérite auffitôt qu'il s'apperçut qu'on s'efforçait de le déprécier. Il fut lui-même l'Avocat & l'Orateur de fes talents & de fes actions. Ce qui eût été une vaine jactance pour un autre, devint pour lui l'expreffion de fon ame, fon attitude journalière, & une néceffité. On pardonne à Scipion, de s'écrier en entrant dans le Capitole : *je fuis Scipion*. Ce mot en impofa à tous fes Délateurs. C'eft ainfi que Chevert fermait la bouche à la calomnie. Il faut le voir auprès du Miniftre de la Guerre, follicitant la place de Lieutenant-Colonel du Régiment de Beauce, qu'on ne voulait point lui accorder. Monfieur, dit-il, mon Colonel me hait, vous le favez, les Officiers du corps font jaloux de moi ; mais fi vous leur demandez à tous lequel mérite mieux cette place, ils me nommeront. Le Miniftre fut curieux de tenter cette épreuve, & elle réuffit.

La retraite de Prague, par le Maréchal de Belle-Ifle, fit connaître Chevert. Laiffé avec mille huit cents hommes dans cette place, preffé par la famine, par les habitans, par l'Armée alliée, il prend les ôtages, les enferme dans une cave avec des tonneaux de poudre, réfolu de fe faire fauter avec eux, fi les habitans veulent le forcer de fe rendre. Cette réfolution terrible en impofa ; il obtint ce qu'il demandait, fortit avec les honneurs de la guerre, & deux pièces de canon.

Les guerres de 1741, 1757, lui donnèrent mille occafions de fe fignaler. A la journée d'Haftembeck, il fut chargé de dépofter des montagnes les ennemis. En s'engageant dans cette pourfuite périlleufe, il fe tourna vers le Marquis de Bréhant qui le fuivait avec fon Régiment. — Jurez-moi, foi de Chevalier, que vous & votre Régiment vous vous ferez tuer jufqu'au dernier, plutôt que de reculer.

Il infpirait à fes foldats la confiance la plus inouie & la plus aveugle : le trait fuivant en eft une preuve. Il appelle un Grenadier ; vas droit à ce fort fans t'arrêter, dit-il ; on te dira *qui va là* ? Tu ne répondras rien ; on

B b

te le dira encore, tu avanceras toujours fans rien répondre : à la troifième fois on tirera fur toi, on te manquera : tu fondras fur la garde & je fuis là pour te foutenir. — Le Grenadier partit à l'inftant, & tout arriva comme Chevert l'avait préyu.

Par ce trait, on juge que Chevert n'était pas deftiné à des entreprifes communes ; tous fes triomphes furent achetés. Il ne figurait point à la tête d'une brigade comme tant d'autres, il agiffait, le pofte du péril était le fien, le moment du danger était celui où il s'ébranlait, & dans les reffources, c'était encore lui.

Il ne fe diffimula jamais qu'il était né dans la dernière claffe des fujets, & il eut la noble modeftie de ne pas reconnaître, pour parents, des Gentils-hommes qui voulaient lui appartenir. *Tant d'honneur ne me convient point*, répondit-il, *je n'ai qu'un parent qui eft Tambour.*

Il fut décoré de l'Ordre de l'Aigle Blanc de Pologne, & Commandeur Grand Croix de l'Ordre de Saint-Louis, Gouverneur de Givet & de Charlemont. Sa table était ouverte, à Paris, à tous les Officiers qu'il accueillait avec une franche cordialité, & avec lefquels il aimait à s'entretenir de leurs anciennes campagnes. Il mourut en 1769, âgé de 74 ans. On lit l'Épitaphe fuivante fur fa tombe : « Sansamis, fans fortune, fans appui, orphelin dès l'enfance, il entra au fervice à l'âge de onze ans. Il s'éleva malgré l'envie à force de mérite, & chaque grade fut le prix d'une action d'éclat. Le feul titre de Maréchal de France a manqué, non pas à fa gloire, mais à l'exemple de ceux qui le prendront pour modèle ».

M. de Chevert, toujours occupé des devoirs de fon état, fut du petit nombre des Héros qui n'eurent jamais à rougir de leurs exploits. Il fut moins fenfible à fes fuccès qu'à l'eftime dont il a joui jufqu'à fa mort. Il était jufte, humain, fenfible & bienfaifant. L'amitié lui était néceffaire; elle le confolait dans fes peines, & le trouvait fidèle dans fes profpérités; il obligeait avec empreffement, & ne payait point d'un refus de longues follicitations nourries d'efpérances; heureux d'être utile dans fa retraite, & de former des hommes capables de le remplacer, il raffemblait à fa table des Militaires de tous les âges, & leur partageait les tréfors de fon expérience. C'était, dit l'Auteur de fon éloge, un père qui s'honorait de la gloire de fes enfans.

Sa taille était avantageufe & bien prife; l'air martial, qui le rendait fi terrible dans les combats, fe mêlait, dans fa vie privée, aux traits & aux caractères de la bonté. Sa bravoure allait prefque jufqu'à l'audace, & fon impétuofité ne fouffrait point d'obftacles. Élevé loin des Cours, & formé dans les Camps, il joignait aux talents d'un Général, la droiture & la franchife d'un Chevalier Français, & les vertus d'un Citoyen. Il idolâtrait fa patrie & fon Prince. Il ne fe rappelait jamais, fans être attendri, ce que Louis XV eut la bonté de lui dire, après une longue maladie qui avait retardé fon départ pour l'Armée; je voudrais vous donner des ailes. Ce mot feul lui aurait fait facrifier cent fois fa vie : heureux le Prince qui trouve des fujets fi fenfibles à l'éloge! La mémoire de ce Guerrier fera toujours chère aux compagnons de fa gloire, refpectable aux jeunes Militaires, & précieufe à tous les Français.

LE MARÉCHAL DE LOWENDAL.

ULRIC-FRÉDÉRIC VOLDEMAR, Comte de Lowendal, naquit à Hambourg en 1700. Il était petit-fils d'un fils naturel de Frédéric III, Roi de Danemarck. Il avait commencé de servir en Pologne, en qualité de simple Soldat, en 1713. Il devint Capitaine en 1714, & comme l'Empire était en paix, il alla servir en Danemarck contre les Suédois. Il passa en Hongrie en 1716, & se distingua au Siège de Peterwaradin, de Temeswar, & au Siège de Belgrade. Il se signala également à Naples, en Sardaigne & en Sicile, & se trouva dans toutes les actions depuis 1718 jusqu'en 1721. Il entra ensuite au service d'Auguste, Roi de Pologne, qui l'éleva au grade de Maréchal de Camp, & Inspecteur de l'Infanterie Saxone. Il fit les campagnes de 1734 & 1735 sur le Rhin.

La paix qui fut conclue en 1736, entre la France & l'Empire, mit presque toute l'Europe dans une profonde tranquillité. La Russie seule avait la guerre contre la Porte. C'en fut assez pour déterminer le Comte de Lowendal à écouter les propositions que la Czarine lui fit faire de s'attacher à son service. Il passa à Petersbourg, où il fut fait sur le champ Lieutenant-Général des Armées Russes, & destiné à servir, en cette qualité, sous les ordres du Général Munich. Ceux qui ont lu les Mémoires de M. de Lowendal, publiés par M. Reust, savent combien il fut utile aux Russes dans cette guerre. La prise d'Oczakow fut le premier fruit de ses lumières & de son courage. Cette ville menaçait les troupes Russes d'une longue résistance. Elle était défendue par une garnison de vingt mille Turcs, bien fournies de toutes sortes de munitions de guerre & de bouche. Cependant on profita si bien du trouble qu'y causa un incendie arrivé par hazard, que cette ville fut escaladée & emportée l'épée à la main, sans qu'il y eût aucune brèche. Il y périt plus de dix mille Turcs : on y fit quatre mille six cents prisonniers, tant hommes que femmes, sans compter les Pachas & des autres Officiers de moindre condition ; & l'on s'empara des munitions & de l'argent qui se trouvèrent en abondance dans la place. Le Comte de Lowendal paya la part qu'il eut à une action si hardie, par une blessure qu'il y reçut.

La prise de Choczin & la conquête de toute la Valachie déterminèrent la Porte à demander la paix, qui fut signée entre les deux Couronnes. Le Comte de Lowendal fut mis au premier rang entre les Généraux qui s'étaient distingués dans cette guerre ; & l'Impératrice, après l'avoir élevé au grade de Général, & Chef des Armées Russes, lui donna le Gouvernement de l'Estonie & de Revel.

Cette réputation devenue universelle, l'estime que le Maréchal de Saxe avait pour lui, engagèrent le Roi de France à faire un état au Comte de Lowendal. Il fut nommé en 1743 Lieutenant-Général des Armées, & se montra tel qu'on l'avait espéré aux Sièges de Menin, d'Ypres, de Fribourg en 1744. Il commandait le Corps de réserve à la bataille de Fontenoi, & chargea, avec une ardeur inouie, la colonne Anglaise qui ébranlait l'Armée Française. Il prit dans la même campagne, Gand, Ostende, Oudenarde, Nieuport.

C'est en récompense de cette campagne que le Roi le décora du collier de ses Ordres. L'année 1747 le couvrit de gloire. Il commença par les Sièges de l'Écluse & du Sas de Gand, défendit Anvers que les Alliés voulaient reprendre sur nous; mais sa gloire fut portée au plus haut degré par la prise de Berg-op-zoom. Cette place, regardée comme imprenable, était défendue par une forte garnison, & soutenue par une Armée qui campait à ses portes. Elle fut prise d'assaut le 16 Septembre 1747. Le lendemain de cette belle journée, le Comte de Lowendal reçut le bâton de Maréchal de France.

La paix le rendit à ses amis, à ses études; il devait jouir de sa célébrité, & mourut en 1755, à l'âge de cinquante-cinq ans.

Depuis le célèbre Pic de la Mirandole, on n'avait point reconnu de Général qui parlât & écrivît toutes les langues, & fût universellement instruit. Le Comte de Lowendal parlait bien Latin, Danois, Allemand, Anglais, Italien, Russe & Français. Il possédait supérieurement la Tactique, le Génie, la Géographie, & l'Histoire de tous les pays. Il lisait beaucoup, il écrivait beaucoup, & on a dû trouver dans son porte-feuille beaucoup de manuscrits intéressans.

Il paraît que sa qualité dominante était d'accélérer toutes ses opérations, & de braver les dangers. Il ne menait pas, mais il poussait les Soldats à la gloire. Des attaques brusques, une vivacité d'action soutenue, point de repos, vaincre n'était pas assez; emporter était son mot. Peut-être ne ménageait-il pas assez le sang du Soldat; mais sans cette chaleur, peut-être n'eût-il pas pris Berg-op-zoom. Il faut lire l'Histoire de ce fameux Siège, pour être convaincu qu'il fallait un Général aussi ardent que le Comte de Lowendal pour emporter cette ville. Il fut heureusement secondé par M. de Lalli & M. Devaux, non moins ardents, non moins intrépides, non moins habiles. Que ne fait-on pas avec l'élite des Grenadiers Français, commandés par de bons Officiers!

Le corps du Maréchal de Lowendal resta trois jours après sa mort au Palais du Luxembourg, où le Roi lui avait accordé l'un des appartements destinés aux Princes, & delà il fut porté à l'Eglise de Saint-Sulpice, accompagné d'une infinité d'Officiers de tout grade & de tout rang, & d'un concours immense de peuple, dont les uns honoraient les cendres d'un Héros, & les autres pleuraient le Citoyen. En effet, rien de plus affable ni de plus dégagé que lui, de ce faste qui obscurcit plus souvent la gloire des grands Hommes qu'elle ne l'augmente. Il cherchait autant à se faire aimer de ceux qu'il avait choisis pour ses concitoyens, qu'à se faire craindre des ennemis, & réussissait également à l'un & à l'autre.

Il était grand & bien fait. Son visage annonçait la candeur qui faisait le fond de son caractère. Il parlait bien, & avec une noble simplicité. Jamais enivré de sa gloire, il ne songeait à ses actions que pour en méditer de plus grandes. Aussi content d'obéir que de commander, il était toujours satisfait lorsqu'il pouvait assurer la victoire: en un mot, on peut le regarder comme un des Héros de notre siècle, & comme le digne rival de gloire de l'illustre Maréchal de Saxe; tous deux sortis du sang des Rois; tous deux consommés dans l'Art militaire; tous deux d'une valeur à toute épreuve; tous deux favoris de la victoire; tous deux, comme ces feux si desirés des Matelots, venus au secours de la France au fort de l'orage; tous deux enfin, par une triste conformité avec ces météores bienfaisans, disparus presqu'avec la tempête.

SAINT-CHARLES BORROMÉE.

Neveu d'un Pontife (Pie IV.), que son mérite avait élevé sur la chaire de Saint-Pierre, & qui ne perdit jamais de vue l'agrandissement de sa famille; ami de la retraite & des lettres pour lesquelles il montra dès sa jeunesse un goût décidé; doué d'ailleurs de toutes les vertus qu'un mérite rare & précoce rendait encore plus précieuses, Charles ne pouvait manquer de se frayer une route rapide aux honneurs & aux dignités. Cardinal & Archevêque de Milan à vingt-deux ans, il déploya dans l'exercice de son ministère la sagacité d'un homme mûri par l'expérience & l'habitude du travail.

Plongés dans les ténèbres de l'ignorance, oisifs par inclination, incapables des moindres efforts pour sortir de leur léthargie, les Romains semblaient attendre qu'un génie tutélaire les tirât, presque malgré eux, du néant où ils étaient plongés. Charles vint dissiper le nuage qui les enveloppait. On vit tout-à-coup s'élever une Académie composée d'Ecclésiastiques & de Séculiers, que son exemple & ses libéralités excitaient à l'étude des lettres & à la pratique de la vertu. Son Palais devint l'asyle des beaux-esprits de ce temps-là.

Il était bien difficile que, dans un âge où tout fait illusion, Charles, décoré d'un titre pompeux, entouré d'une Cour fastueuse, ne cédât pas au penchant de la vanité. Des appartements somptueux, des meubles recherchés, des équipages magnifiques, un nombreux domestique, une table dont la délicatesse était poussée jusqu'à l'excès, devinrent sa passion dominante. Une foule de Gentilshommes & de Gens-de-Lettres se disputaient l'honneur de lui faire la cour. Sa Sainteté, qui de tout temps avait fait vœu d'ostentation, charmée des brillantes dispositions de son neveu, lui fournit de quoi soutenir sa magnificence. On vit pleuvoir sur la tête de Charles toutes les dignités de l'Église. Il fut en peu de temps grand Pénitencier de Rome, Archi-Prêtre de Sainte-Marie-Majeure, *protecteur* de plusieurs Couronnes & de divers Ordres Religieux & Militaires; Légat de Bologne, de la Romagne & de la marche d'Ancone.

Le Concile de Trente, que Pie IV faisait continuer à regret, occupait toujours les esprits. Charles y était appelé à plus d'un titre. Il fut de ceux qui proposèrent la réformation du Clergé. Mais, persuadé qu'on prêche en vain les vertus de l'Évangile quand ses Ministres affichent les vices contraires; il osa, au grand scandale des partisans du luxe, il osa, dis-je, appuyer ses conseils de son propre exemple. Quatre-vingt domestiques d'appareil furent supprimés. Il quitta les habits de soie pour en prendre de plus conformes à son état. Il s'imposa toutes les semaines un jeûne rigoureux, & se prescrivit bientôt des obligations plus importantes. Il tint différents Conciles pour confirmer celui de Trente qui venait d'être terminé par ses soins. Sa maison, auparavant le séjour de la dissipation, devint un rendez-vous où tous les Évêques s'assemblaient pour concerter entr'eux les intérêts de la Religion. Il fonda des Colléges, des Séminaires & des Communautés. Il renouvela son Clergé, & fut le restaurateur d'un grand nombre de Monastères. Les pauvres, les orphelins trouvèrent en lui un père tendre, un ami consolateur, qui leur distribua, avec largesse, les trésors que l'Église lui avait confiés. Par leur zèle, ses soins généreux s'étendirent jufque fur ces infortunées, que la mifère proftitue plus fouvent que le libertinage ; il créa des Hofpices où des ames pieufes veillaient à leur éducation. Celles que le vice avait déja flétries, & que le repentir amenait à fes pieds, trouvaient encore en lui des fecours & des confolations.

Tant d'œuvres pies ne firent qu'exciter la haine de fes ennemis. Il avait voulu réformer l'Ordre des *Humiliés* ; le Frère *Farina*, membre de cette abominable fociété, vint lui tirer un coup d'arquebufe pendant qu'il faifait la prière du foir au milieu de fes domeftiques. La balle ne fit que l'effleurer ; Charles demanda la grace de fon affaffin, qui fut puni de mort malgré fes follicitations. L'Ordre fut fupprimé.

Charles, échappé à ce danger, vifita les extrémités abandonnées de fon Diocèfe, abolit les excès fcandaleux du carnaval, prêchant par-tout les maximes de l'Évangile, en même temps qu'il en pratiquait les vertus, & par-tout béni d'un peuple, qui les larmes aux yeux demandait au Ciel la confervation de fon Pafteur.

Dans les ravages que fit une pefte cruelle, il difperfa fes Eccléfiaftiques pour foulager les pauvres. Il vendit fes meubles pour leur porter du fecours, & ce même Prélat qu'on avait vu traîner à fa fui e la pompe d'un Souverain, affifta pieds nus, la corde au cou, à des proceffions qu'il avait ordonnées pour fléchir la colère de l'Être fuprême.

Saint-Charles aurait pu fe paffer, fans faire tort à fa dévotion, de fupprimer tant d'ufages anciens pour en fupprimer de nouveaux & des fêtes : comme auffi de fonder de nouveaux Couvens dans un pays où il en fourmillait déja. Quand je le vois aux couteaux, dit l'Abbé de Longuerue, avec le Gouverneur *Requefens*, qui en conféquence d'un ordre du Roi d'Efpagne défendait le port d'armes, comme le moyen le plus fûr pour abolir les meurtres fi fréquents en ce pays-là, & que lui-même en donnait l'exemple ; quand je le vois employer tous les foudres de l'Eglife pour que fon Barrigel eût toujours fon épée à fon côté : quand je vois Dom Barthélemy-des-Martyrs en faire de même, afin que fon Bailli ne rendît point compte aux Officiers du Roi, de la manière dont il adminiftrait la juftice : je dis, *Jefus, Maria!* Eft-il poffible que l'on life cela à de jeunes gens dans des Séminaires. Saint-Charles, ajoute-t-il, était grand adorateur du Pape, des Cardinaux. Il parlait du Sacré Collége comme il eût fait des neuf chœurs des Anges.

Ces reproches ne font que donner du prix aux éloges que le même Abbé de Longuerue ne peut refufer à ce faint homme ; il regrette bien fincérement qu'il foit mort à 47 ans. Il eût fait beaucoup de bien à l'Eglife & aux hommes.

On a de lui un très-grand nombre d'ouvrages fur des matières dogmatiques & morales. La bibliothèque du Saint Sépulcre de Milan conferve précieufement trente-un volumes manufcrits *de lettres* du Saint Prélat. Le clergé de France fait réimprimer, à fes dépens, les *Inftitutions* qu'il avait dreffées pour les Confeffeurs.

Son Secrétaire, Jean Botero, devint Précepteur des enfans de *Charles-Emmanuel* Duc de Savoye. On a de lui quelques écrits de politique, & un Recueil de lettres qu'il avait écrites au nom de Saint-Charles.

HENRI DE SPONDE.

Henri de Sponde.

Henri de Sponde était petit-fils d'un Secrétaire de Jeanne d'Albret, Reine de Navarre; il naquit à Mauléon en Béarn le 6 Janvier 1558, & fut tenu sur les fonts baptismaux par Henri le Grand, qui pour lors n'était que le Prince de Béarn. Il fit de bonnes études en langue Grecque, puis voyagea. Guillaume Saluste du Bartas, si connu alors par son poëme de la Création, aujourd'hui si ignoré, Ambassadeur du Roi de Navarre en Angleterre, emmena de Sponde à sa suite. Le jeune Béarnais se familiarisa promptement avec l'idiôme des Anglais, & fut présenté au Roi Jacques & à la Reine Elisabeth. Cette Princesse l'honora du plus gracieux accueil, & parut le distinguer.

A son retour de Londres, il se livra tout entier à la Jurisprudence, & se fit connaître avantageusement au Barreau du Parlement de Paris, transféré à Tours. Son auguste Parrain, devenu Roi de France, n'oublia pas son compatriote, & le fit Maître des Requêtes.

Il professait le protestantisme au sein duquel il était né. Les écrits polémiques du Cardinal Duperron, alors de mode, tombèrent entre ses mains. Il les lut avec avidité, & en fut ébranlé. Après bien des combats, il crut devoir renoncer à la foi de ses Pères, & fit abjuration publique. Il ne s'en tint pas là. Il accompagna le Cardinal de Sourdis à Rome. Le séjour qu'il fit dans cette Capitale du monde Chrétien, fortifia tellement son zele, qu'il demanda & obtint la prêtrise. Ce fut à cette époque qu'il entreprit de réduire les volumineuses Annales du Cardinal Baronius; il publia son travail en France; l'Église Gallicane en agréa la dédicace. Cet épitome qui contient les douze premiers volumes de l'ouvrage original, fut achevé d'imprimer en 1617, & valut à l'Auteur plusieurs gratifications considérables. Il s'en est fait plusieurs éditions, & il a été traduit en plusieurs langues. Le Cardinal Baronius lui écrivit lui-même qu'il était très-content de son travail, quoique les Écrivains, même les plus féconds & les plus prolixes ne se voient pas ordinairement traduits de bon œil, dans la crainte que les abrégés ne fassent oublier tout-à-fait les livres dont ils renferment la substance. La Cour de Rome voulut se l'attacher, & Paul premier le nomma Reviseur des expéditions du Tribunal de la pénitence. Au moment où de Sponde se croyait fixé en Italie pour le reste de ses jours, Louis XIII lui donna, à son insu, l'Évêché de Pamiers en Languedoc. Il reçut cette faveur, qu'il n'avait point sollicitée, en 1626; mais loin de l'accepter avec empressement, il fallut que le Pape fit intervenir son autorité suprême, Notre Prélat Béarnais se défiait de ses forces. Conduire tout un Diocèse, disait-il, est chose plus difficile que d'abréger un bon livre.

Il fallut obéir: il fut ordonné à Rome, vint saluer à Paris le Roi qui le combla de marques d'estime, & tout aussitôt alla prendre possession de son Siège au mois de Mai 1627. Les temps étaient orageux: l'Église souffrait au dedans comme au dehors. Chargé par le Pape de rétablir la paix parmi les Franciscains de la Province d'Aquitaine, il en vint à son honneur. Mais il ne fallait rien moins pour cela qu'un tel Prélat.

Peu après, il essuya un autre assaut: les Hérétiques surprirent la ville Épiscopale. De Sponde se vit obligé de se sauver par une ouverture pratiquée aux murailles de Pamiers. Le Prince de Condé ayant enfin ramené le calme, notre bon Évêque put se livrer tout entier à ses devoirs apostoliques. C'était pour lui tous ses plaisirs. Il voulut prendre une connaissance exacte de son Diocèse. Il en parcourut tous les lieux avec attention. Les guerres précédentes y avaient beaucoup relâché la discipline Ecclésiastique. Il en réforma les abus, & donna une face nouvelle à beaucoup d'établissements utiles, tombés en désuétude. Il opéra de si heureux changements, qu'on vit plus de treize cents Calvinistes rentrer dans le giron de son Église; tant est grande l'influence d'un seul homme de bien!

Parvenu à un âge avancé, il se donna un Coadjuteur dans la personne de son Neveu, fit un voyage à Paris pour y veiller à une édition complette de ses Annales, & mourut à Toulouse le 18 Mai 1643. Il légua ses livres aux Religieux Minimes de cette ville, qui se glorifient de la sépulture de ce digne Prélat.

Le premier tome de ses Annales comprend ce qui s'est passé depuis la création du monde jusqu'à la venue du Messie, & pourrait passer pour un abrégé bien fait de celle de Tomiel. Les deux & trois tomes qui contiennent les principaux faits historiques, arrivés depuis la naissance du Christ jusqu'au Pontificat d'Innocent III, sont un résumé de Baronius, où rien d'essentiel n'a été omis. Les trois volumes qui suivent, sont tout entiers de la composition du laborieux Henri de Sponde; l'histoire des événements y est conduite jusqu'à l'an 1640. L'ouvrage n'a point son pareil pour l'étendue qu'il embrasse; laquelle n'est pas moindre que celle de tous les siècles.

De Sponde avait deux choses à cœur, comme Évêque de Pamiers: la discipline ecclésiastique parmi son Clergé; & les mœurs chrétiennes parmi les Diocésains. Il pourvut au premier de ces deux objets, en tenant de fréquentes conférences dans sa maison Épiscopale, bâtie pour lui. Les jeunes Lévites ne manquaient pas de s'y rendre, & de prendre part aux questions que l'on y agitait. Ils en sortaient toujours plus instruits & édifiés de leur Pasteur, qui ne sépara jamais dans sa personne l'exemple du précepte.

Quant au second objet, voulant tout voir par ses yeux, il sortait de son Palais pour aller visiter les chaumières. Il consolait les uns, excitait l'émulation chez les autres; & tous, en le voyant partir, le bénissaient, & ne perdaient jamais le souvenir de sa visite.

On pourrait lui appliquer ce passage d'un Orateur moderne:

Son zèle ne s'était point renfermé dans l'enceinte du Temple, & dans les fonctions solennelles du ministère. Il savait la vigilance & l'activité continuelle qu'un Pasteur doit étendre sur toutes les parties de son troupeau, sans porter les recherches au delà des bornes de la discrétion; car il est des limites que la vigilance pastorale doit respecter elle-même. Son zèle semblait pénétrer, comme l'œil de la Providence, jusque dans le secret des cœurs.

Fin du premier Volume.

LES ILLUSTRES
MODERNES;
OU TABLEAU
DE LA VIE PRIVÉE DES PRINCIPAUX PERSONNAGES
DES DEUX SEXES.

LES ILLUSTRES
MODERNES;
OU TABLEAU
DE LA VIE PRIVÉE DES PRINCIPAUX PERSONNAGES

DES DEUX SEXES,

QUI, *depuis la renaissance des Lettres, ont acquis de la célébrité en Europe, tant en Politique ou dans les Armées, que dans les Arts, les Sciences & la vie contemplative.*

Morte jacent victi, victrix sed fama superstes.

TOME SECOND.

A PARIS,

Chez LEROY, Libraire, rue S.-Jacques, vis-à-vis celle de la Parcheminerie.

M. DCC. LXXXVIII.
AVEC APPROBATION ET PRIVILEGE.

LES ILLUSTRES MODERNES.

Le Cardinal GASTON DE ROHAN.

ARMAND-GASTON-MAXIMILIEN DE ROHAN, naquit à Paris le 26 juin 1674. Il était le quatrième fils de François, Prince de Rohan-Soubise, & d'Anne de Chabot, fille aînée de Henri de Chabot, Duc de Rohan.

Une figure noble, & dont les traits heureux semblaient formés par les graces, fut le moindre des présens qu'il reçut de la nature; elle lui prodigua ses dons les plus précieux. Aux saillies d'une imagination brillante, aux agrémens d'un esprit vif & juste, se joignit tout ce qui peut annoncer un cœur sensible, vertueux, bienfaisant; & le germe de ces qualités aimables, qui devaient le rendre si cher à la société, se développa rapidement avec l'âge, son enfance fut l'aurore d'un beau jour.

L'éducation seconda ses talens naturels. Ses études eurent un succès dont l'éclat n'est point effacé par celui qui couvre le reste de sa vie. La ville de Bourges, où il les commença, sous les yeux du Prince de Soubise, son père, Gouverneur du Berri, en partagea la gloire avec le Collège d'Harcourt, où il vint les achever. Les charmes de cette littérature agréable, dont nous cueillons les prémices dans le cours des Humanités, ne l'empêchèrent pas de sentir le mérite réel de la Philosophie: cependant il fallait alors une grande pénétration pour le reconnaître, à travers des ronces dont cette science était hérissée; il l'envisagea comme une introduction à la Théologie, vers laquelle il tournait toutes ses vues, pour se disposer à l'état ecclésiastique.

L'estime générale, qu'il s'était acquise dans ses premières études, le suivit en Sorbonne. Les progrès qu'il fit dans la science de la Religion furent rapides & brillans. Sa première thèse est du mois de mars 1696; il la soutint couvert, avec tous les honneurs qu'on ne défère qu'aux Princes issus de maisons souveraines. Cet acte, où son érudition eut ses maîtres eux-mêmes pour admirateurs, mit dans un nouveau jour le talent singulier qu'il avait pour la parole.

Il en donna des preuves encore plus frappantes deux ans après, dans le panégyrique de Louis XIV, qu'il prononça comme Prieur de Sorbonne: panégyrique comparable à celui de Trajan, mais dont l'Auteur connaissait mieux que Pline la véritable éloquence. La sienne avait cette noble simplicité, qui fait en tout genre le caractère essentiel du beau. Ce discours enleva tous les suffrages; & la traduction française qu'on en fit sur le champ, multiplia les éloges. Le talent de l'Orateur parut égaler la majesté de son sujet.

La renommée porta dans l'Europe savante le nom de M. l'Abbé de Soubise. Ces traits de sa jeunesse sont d'autant plus remarquables, que l'idée qu'ils donnaient de son caractère, contribua beaucoup à son élévation. Ce fut autant son mérite que sa naissance qui le fit élire, en 1702, Coadjuteur de Strasbourg. Le Cardinal Guillaume Egon de Furstemberg, en l'adoptant pour son successeur, le sacra dans l'Eglise Abbatiale de

Tome II. A

Saint-Germain-des-Prés. L'Alsace applaudit à cette élection; elle vit avec plaisir un siège souvent occupé par des Archiducs, par des Princes de Lorraine, de Brandebourg & de Bavière, à la veille d'être rempli par un Evêque de la maison de Rohan; de cette auguste maison, l'une des plus anciennes du Royaume, & qui, depuis tant de siècles, joint à sa propre grandeur celle que donnent les alliances les plus distinguées.

L'événement justifia les espérances que la Province avait conçues. Le Coadjuteur, devenu Titulaire en 1704, sut se montrer à la fois Evêque & Prince. On le vit soutenir la dignité de son siège avec une noblesse qui lui mérita l'estime & la considération de toute l'Allemagne: corriger les abus, rendre au service divin la majestueuse décence qui le caractérise; rétablir dans son diocèse l'ordre & la tranquillité; ménager les prétentions des Réformés, en conservant avec courage les droits de l'Eglise dont il était le Pasteur.

En 1712 il fut créé Cardinal par Clément XI; devenu Grand Aumônier de France l'année suivante, il fut l'un des Présidents de l'Assemblée extraordinaire convoquée pour l'acceptation de la Bulle *Unigenitus*. On sait qu'en qualité de Chef de la commission, il se chargea du rapport, & que le corps respectable auquel il rendit compte, en louant son zèle, donna les plus grands éloges à son éloquence.

Le Cardinal de Rohan alla quatre fois à Rome, & son suffrage influa beaucoup sur l'élection d'Innocent XIII, de Benoît XIII, de Clément XII & de Benoît XIV. Chaque fois qu'il se présentait dans cette ancienne Capitale du monde, son entrée était une espèce de triomphe, où la joie de le revoir éclatait par mille applaudissemens.

Ce Prince était à Paris, dans le sein de sa famille, lorsque le 19 Juillet 1749, la mort vint terminer sa longue carrière, en son appartement du vieux Louvre. Deux jours après son corps fut transporté au Couvent des Religieux de la Merci, où il fut enterré, d'après son testament du 3 Mars 1748.

Louis XV, en apprenant sa mort, dit à ceux qui l'environnaient: « Je fais une véritable perte dans la personne du Cardinal de Rohan; » c'était un grand Seigneur, un excellent Evêque & un bon Citoyen ».

Ce Prélat vécut toujours avec autant de grandeur que de magnificence; mais cette magnificence n'était ni une pompe frivole, dont l'éclat est inutile à ceux qu'il éblouit, ni le faste odieux que le sage méprise, & que le vulgaire contemple en murmurant: bienfaisante & libérale, elle alliait les dehors de la représentation avec le soulagement des malheureux; elle entretenait les arts & l'industrie, & elle répandait dans l'Alsace l'abondance & la joie.

Les Ecclésiastiques, les Militaires, les Gens de Lettres, étaient admis à sa table & logés, lorsqu'ils voulaient y faire quelque séjour. Il suffisait de lui être présenté, pour y demeurer aussi long-tems que la nécessité des affaires, le charme du lieu, ceux de la société, pouvaient y retenir; & l'on en sortait, plein de reconnaissance, pour faire place à d'autres, qui devaient y trouver les mêmes agrémens. Les soldats ennemis, retenus prisonniers pendant la guerre, aux environs de Strasbourg, ressentirent les effets de sa généreuse compassion; hommes, femmes, enfants, il les fit tous venir dans son Palais, & il les consola, dans leur misère, par des secours de toute espèce. Saverne, l'asyle des Muses & des beaux Arts, était aussi un temple consacré à l'hospitalité.

Le P. BOUHOURS.

« C'était un homme poli, dit l'Abbé de Longuerue, ne condamnant
» personne, & cherchant à excuser tout le monde ».

Comment, avec un tel caractère, le P. Bouhours s'est-il trouvé mêlé dans toutes les querelles de son tems? C'est qu'il fut trop sensible à la critique, & que la critique fut presque toujours injuste à son égard.

Dominique Bouhours, né à Paris en 1628, entra dès l'âge de seize ans chez les Jésuites. Remarquons ici une circonstance qui lui fait le plus grand honneur; c'est que ses Supérieurs, au lieu de l'envoyer, comme les autres sujets, former ses talents & perfectionner ses études dans leurs Colléges de Province, lui donnèrent, en sortant du noviciat, une Chaire d'Humanités dans le Collége de Paris. Son premier cours fut interrompu par une maladie grave, dont il guérit; mais qui lui laissa de fréquents maux de tête, qui le tourmentèrent toute sa vie.

Il fallut alors changer sa destination, & on le borna à prendre soin de l'éducation des deux jeunes Princes de Longueville. L'amitié que ces jeunes enfans conçurent pour leur maître, & la confiance qu'ils prirent en lui fut telle, que Henri second Duc de Longueville, leur père, enchanté de leurs progrès, & de l'éloge qu'ils lui faisaient incessamment de la douceur & des vertus de Bouhours, voulut mourir entre ses mains. C'est par-là que le Jésuite débuta, & dans le ministère & dans le monde littéraire. Touché de la mort chrétienne du Prince, il ne voulut pas priver le Public de cet exemple édifiant; & la relation qu'il en donna en 1663, fut son premier Ouvrage.

Cette Relation, écrite d'après son cœur, eut le plus grand succès, & le méritait: le style de cette pièce a en effet toutes les beautés des autres Ouvrages de l'Auteur, sans avoir aucun de leurs défauts.

Les Jésuites, charmés de ce double succès, envoyèrent le P. Bouhours à Dunkerque, où son zèle eut de quoi s'exercer, auprès de la garnison dont la direction lui fut confiée, & des Catholiques réfugiés d'Angleterre, qu'il fallait soutenir dans leur attachement à la foi.

C'est-là qu'il composa ses *Entretiens d'Ariste & d'Eugene*, le plus faible de ses Ouvrages. Ce Livre eut d'abord un succès inouï: les éditions s'en multiplièrent à Paris & en Province; mais il faut avouer que la critique qu'en fit Barbier d'Aucourt, critique qu'on ne peut lire sans y joindre les *Entretiens*, est le seul motif qui les fait encore imprimer aujourd'hui.

Bouhours fut rapelé à Paris, & fixé pour toujours au Collége de Clermont. Là son tems fut partagé entre les conseils qu'il donnait aux jeunes Professeurs, & ses propres études. Il fit pour les premiers ses Ouvrages de Rhétorique & de Grammaire, & pour lui-même, ses Livres d'Histoire & de Piété.

C'est à l'occasion de ses occupations littéraires, qu'il essuya cette violente sortie qu'on trouve dans les *Essais de Morale* de Nicole:

« S'il se rencontrait par hasard qu'un Prêtre ou un Religieux, se
» piquant de bel-esprit, fît des recueils de mots qui se disent dans les
» ruelles & dans les lieux qu'il ne doit point connaître; qu'il parût
» plein d'estime pour la galanterie & la conversation des dames, on

» ne le souffrirait pas, & même tout le monde deviendrait spirituel à
» ses dépens; & soit par malignité ou par un sentiment de religion,
» on ferait mille réflexions sur la disproportion des pensées dont il s'oc-
» cuperait, avec la sainteté de son ministère ».

N'est-il pas vrai que, sans *malignité*, ce texte satirique ferait *faire mille réflexions* ? N'en faisons point que nous n'ayions entendu ce que l'Apologiste de Port-Royal ajoute à ce passage, qu'il copie avec tant de complaisance : « Le P. Bouhours, qui avait trop d'esprit pour ne se pas
» faire l'application de ces mots, jura de s'en venger ».

Oh ! voilà le mystère découvert ! Ces Messieurs ont dit, il n'est pas de notre gravité, il est contre nos principes de nous permettre aucune critique, eh bien ! faisons de la morale ; il nous faudra des exemples, nous ne nommerons personne, mais nos échos diront : Voyez-vous ce portrait ? c'est le P. Bouhours : & le Jésuite pestera.

Car ils n'oseraient convenir que le *Religieux* lisoit les Essais de Morale, puisque ce serait avouer qu'il ne s'occupait pas sans relâche à *des recueils de mots qui se disent dans les ruelles;* mais le rigide Nicole, ou ses confrères, pour compiler leur *Epigrammatum delectus*, n'a-t-il pas ou n'ont-ils pas lu toutes les ordures de Catulle & de Martial ?

Richelet savoit bien qu'en penser, lorsqu'il dit avec sa naïveté ordinaire :
« Le P. Bouhours est l'un des plus polis & des plus agréables Ecrivains
» que nous ayions. Si l'on en croit de certaines gens, il ne pense pas
» toujours juste : serviteur à ces Messieurs. Le cher M. Patru, tandis qu'il
» a été au monde, a estimé les Ouvrages du P. Bouhours ; & par pur
» respect seulement, je ne saurais n'être pas de son avis, &c. ».

Veut-on savoir le vrai motif de la haine que lui avaient jurée Nicole & ses adhérents ? Il avait traduit en même tems qu'eux le *Nouveau Testament*, & bien des gens préféraient sa version. Il avait écrit les *Vies de S. Ignace* & de *S. François-Xavier;* tranchons le mot, il était Jésuite, & c'était un péché originel, pour réparation duquel ils ne reconnaissaient point de grace efficace.

Bouhours eut encore une querelle avec Ménage, mais celle-ci ne fut pas de longue durée; & le Père en fut quitte pour cette épigramme assez plaisante : c'était à l'occasion de ses *Pensées ingénieuses des Anciens & des Modernes*.

> Dans ce beau Recueil de Pensées
> Que votre main a ramassées,
> Vous en usez modestement.
> Vous citez les Livres des autres,
> Et n'avez rien tiré des vôtres.
> Que vous avez de jugement !

Au reste, ce Livre, la *Manière de bien penser*, les *Doutes* & les *Remarques sur la Langue française*, sont des Ouvrages excellents. Il n'y a point de maître, point d'écolier, auxquels la lecture des deux premiers ne soit utile : peut-être même sont-ils devenus plus nécessaires de nos jours, où nous voyons le calembour & la pointe remplacer le faux goût des *Concetti*, qu'il y combat à chaque page.

Le P. Bouhours mourut le 27 Mai 1702, âgé de 75 ans.
Dans son *Temple du Goût*, Voltaire l'a placé derrière les hommes de génie, marquant sur des tablettes les fautes de langage & les négligences qui leur échappent. Assurément, il aurait eu souvent besoin d'un pareil correcteur.

BRACHET

BRACHET DE LA MILLETIERE.

THÉOPHILE BRACHET, sieur de la Milletière, naquit, l'an 1596, d'Ignace Brachet, Maître des Requêtes de l'hôtel du Roi, & Intendant de la maison de Navarre, & d'Antoinette Faye, sœur de Jacques Faye, Seigneur d'Espeisses, Président au Parlement.

Théophile eut une destinée peu commune. Il semblait appelé, par sa naissance, à remplir les premières places de la magistrature; cependant, à peine eut-il été reçu Avocat, que son imagination bouillante lui persuada d'abandonner le Droit pour la Théologie.

Elevé dans le sein du Calvinisme, il en fut d'abord l'apôtre le plus zélé, mais il faillit d'en être le martyr. Une bonne foi rare, un zèle brûlant, une activité infatigable, rendaient la Milletière précieux aux novateurs. S'élevait-il une querelle entre deux Ministres? la Milletière volait chez eux, conférait avec eux, & les réunissait au moins extérieurement. S'agissait-il d'un dogme controversé? la Milletière écrivait, consultait les diverses Eglises, tenait des conférences, & négociait presque toujours avec succès. Il devint bientôt l'ame du parti, puisqu'il n'avait pas encore vingt-quatre ans lorsqu'il fut nommé l'Ancien du Consistoire de Charenton.

C'était le moment des persécutions, & déja Richelieu méditait le siége de la Rochelle. Devait-on défendre, par la voie des armes, la liberté de sa religion, ou, dans tous les cas, conserver la soumission aux Puissances? Grande question, que chacun résolvait suivant ses affections. On s'attend bien que le jeune la Milletière ne plaida pas en faveur de la modération; & comme dans toutes les assemblées, le nombre des gens sages est toujours le plus petit, son avis passa : la guerre fut résolue; & pour prix de cet imprudent conseil, on le nomma Député de la Province de France à l'assemblée de la Rochelle.

La Milletière ne s'en tint pas là; il osa soutenir par écrit son opinion militante. Il publia, à la Rochelle même, un Ouvrage intitulé : « Discours des vraies raisons pour lesquelles ceux de la Religion, en France, » peuvent & doivent, en bonne conscience, résister par armes à la persécution ouverte que leur font les ennemis de leur Religion & de » l'Etat ».

C'en était bien assez pour le rendre suspect au Gouvernement; mais à ce point bien prouvé, vint se joindre une nouvelle accusation.

Il fallut avertir les frères de Hollande des malheurs qui menaçaient ceux de la Rochelle, & la Milletière fut encore chargé de cette commission. Il partit, mais le Cardinal surveillait ses démarches. On lui persuada que, sous prétexte d'aller conférer des affaires de Religion, le véritable objet de la députation de la Milletière, était de demander un secours d'armes & d'argent. Quelque tems après on saisit une petite poignée de Hollandais armés, au moment où ils allaient se jetter dans la Rochelle : ces circonstances réunies firent jurer la perte de la Milletière. Il fut arrêté à son retour, & conduit à Toulouse, dont le Parlement avait été choisi pour faire son procès. Il faut l'entendre lui-même.

« J'ai vu dans mes mains l'arrêt de ma mort, dressé de la main du » premier Président Masuyer, sous l'autorité du Parlement de Toulouse,

» auquel je me lisais condamné, comme atteint & convaincu des cas à
» moi imposés; & cet arrêt, mis dans les mains du Greffier avant qu'en
» la délibération du Parlement, qui, par son interlocutoire, donna lieu
» à l'attente, qui tira depuis, des mains de l'autorité souveraine, ma
» conservation & ma délivrance ».

Un arrêt souscrit par le premier Président seul, & remis au Greffier avant d'être délibéré ! voilà bien la manière de procéder du Cardinal ! Il attachait donc une grande importance à la condamnation de la Milletière. Le doigt du Ministre a marqué la victime, & cependant elle échappe; c'est une énigme que n'ont pu deviner ni Bayle, ni aucun des Historiens qui ont parlé de la Milletière, mais dont on trouve le mot dans les Mémoires manuscrits de M. de la Mare, Conseiller au Parlement de Dijon.
« La Milletiere, dit-il, fut fait prisonnier par les troupes du Roi, pendant
» les guerres de la Religion, & il aurait été pendu, si les Rochelois
» n'eussent pris en même tems M. de Feuquières, cousin-germain du
» P. Joseph, Capucin, qu'on menaça de traiter de la même façon que
» le sieur de la Milletière le serait ».

Ainsi c'est à la fidélité des Rochelois qu'il dut la vie : peut-être s'en repentirent-ils dans la suite; on serait tenté de le croire, en voyant avec quel acharnement ils ont cherché à déshonorer leur ancien Héros : car il faut observer que les quatre années que la Milletière passa dans les prisons de Toulouse, en firent un autre homme. Son goût pour la guerre était passé; & depuis il prêcha la concorde & l'union avec autant de force qu'il avait crié aux armes. Ce n'est pas qu'il eût cessé d'être enthousiaste, mais il avait rêvé que la réunion des deux Eglises était possible, & il se dévoua tout entier à écrire en faveur de ce projet. C'est dans cette vue qu'il composa cette foule d'Ouvrages que sa plume féconde paraissait enfanter sans peine; *le Catholique réformé*, dont nous avons extrait les détails de son procès; *le Moyen de la Paix chrétienne, le Pacifique véritable, la Victoire de la Vérité pour la paix de l'Eglise*, &c. &c. &c.

Ces Livres eurent le sort de tous ceux où l'on propose des plans impraticables; ils déplurent également aux deux partis : l'Auteur se vit à la fois censuré en Sorbonne & excommunié au Consistoire.

Enfin en 1645, après avoir long-tems combattu pied à pied pour conserver quelques articles de son ancienne croyance, il se réunit de bonne foi à l'Eglise catholique. Son abjuration ne l'empêcha pas de continuer d'écrire en faveur de son idée favorite; car il *dépensa*, dit encore la Mare, *plus de 40,000 livres en impression de Livres pour réunir les Calvinistes à l'Eglise*. Mais elle changea prodigieusement les dispositions des Protestans à son égard; ils ne le traitèrent plus qu'avec le dernier mépris; ils prodiguèrent les invectives, les calomnies, les injures personnelles : ses mœurs, sa probité, jusqu'à sa naissance, rien ne fut épargné. Le seul Grotius lui conserva son amitié, & la Milletière fut toujours à ses yeux *un homme plein de piété, aimant la paix, & ayant toutes les connaissances nécessaires pour la procurer*.

Il mourut en 1665, ne laissant qu'une fille, mariée à *François Catelan*, Secrétaire du Conseil d'Etat.

Madame de MAINTENON.

FRANÇOISE D'AUBIGNÉ naquit, en 1635, dans les prisons de la Conciergerie de Niort. Elle était destinée à éprouver toutes les vicissitudes de la fortune. Menée à l'âge de trois ans en Amérique, elle fut à une telle extrémité, qu'elle ne donnait plus aucun signe de vie. Sa mère la prend entre ses bras, pleure, gémit, & la réchauffe dans son sein. Fatigué de ces cris, le Baron d'Aubigné veut lui arracher l'enfant qui cause son désespoir; un matelot va la jetter dans la mer: le canonier prêt à tirer, Madame d'Aubigné demande qu'un dernier baiser lui soit du moins permis, porte la main sur le cœur de sa fille, & soutient qu'elle n'est pas morte. Depuis, Madame de Maintenon, racontant ce trait à Marly, l'Evêque de Metz, qui était présent, lui dit: *Madame, on ne revient pas de si loin pour peu de chose.*

Orpheline à l'âge de douze ans, élevée avec dureté chez une parente, ce fut un grand bonheur pour elle d'épouser le Poëte Scarron, perclus de tous ses membres, qui lui reconnut quatre louis de rente: deux grands yeux fort mutins, un très-beau corsage, une paire de belles mains, & beaucoup d'esprit, & ne lui assurait, disait-il, que l'*immortalité*.

Ce Scarron était d'une ancienne famille dans la robe; il avait un oncle, Evêque de Grenoble. Sa maison était le rendez-vous des plus aimables voluptueux de la Cour & de la Ville: le ton en était extrêmement libre. Son épouse y ramena la décence: on voulut lui plaire, & ce fut une raison de l'imiter. Cependant elle ne se refusait pas à la douce joie de la conversation; elle contait, & tout le monde prenait le plus grand plaisir à l'entendre. Un jour un de ses domestiques s'approchant de son oreille, lorsqu'on était à table, lui dit: *Madame, une histoire à ces Messieurs, car le rôt nous manque aujourd'hui.*

A la mort de son mari, elle fit long-tems solliciter une pension de 1500 livres, dont il avait joui. La multitude des placets fit dire au Roi, d'un ton d'humeur: *Entendrai-je toujours parler de la veuve Scarron ?* En vérité, dit Madame de Montespan, il y a long-tems, Sire, que vous ne devriez plus en entendre parler. La pension fut accordée. La veuve Scarron alla remercier la maîtresse du Roi, qui goûta sa conversation; elle jetta même les yeux sur elle, pour élever en secret les enfans que lui faisait Louis XIV. Gouvernante de ses enfans, elle n'en plaisait pas plus au Monarque, qui la regardait comme un bel-esprit, qu'il était pourtant forcé d'estimer. Il fut question de chercher une personne de confiance, pour mener aux eaux de Barège le Duc du Maine, qui avait un pied difforme; Madame Scarron conduisit cet enfant: & comme elle écrivait directement au Roi, ses lettres effacèrent les impressions désavantageuses qu'il avait prises sur elle. De l'aversion il passa à la confiance, & de la confiance à l'amour.

On l'accuse d'avoir cherché à supplanter Madame de Montespan, sa bienfaitrice; d'avoir employé, pour séduire Louis XIV, le langage de la piété, & couvert ses desseins ambitieux du masque de la Religion. Est-il étonnant que Louis XIV, né avec un esprit droit & sérieux, dégoûté des plaisirs des sens, de la coquetterie & du manège des femmes, dans l'âge où les passions, plus calmes, laissent parler la raison, ait trouvé une grande différence entre Madame de Montespan, plus jeune & plus belle, mais hautaine, capricieuse, extravagante, & Madame de Maintenon, douce, modeste, affectueuse, joignant, à toutes les graces de l'esprit, toute la solidité de la raison?

Elle mérita enfin d'épouser Louis le Grand. La bénédiction nuptiale fut donnée, dans une chapelle secrette, en présence du Confesseur & de deux témoins, par l'Archevêque de Paris. Son élévation fut pour elle une espèce de retraite. Renfermée dans son appartement, elle se bornait à une société de deux ou trois dames retirées comme elle. Louis XIV venait tous les jours la voir avant son dîner, avant & après le souper, & jouissait, à ses côtés, des douceurs innocentes d'une vie privée. Il travaillait avec ses Ministres, pendant qu'elle s'occupait à la lecture ou à quelque ouvrage de main, s'empressant peu de parler d'affaires d'Etat, paraissant quelquefois les ignorer, quoiqu'elles ne lui fussent pas indifférentes. Asservie aux volontés du Roi, elle fut en général plus occupée de lui complaire que de gouverner. Cet esclavage fit son malheur. Je n'y puis plus tenir, dit-elle à son frère; je voudrais être morte: vous avez donc parole, répondit d'Aubigné, d'épouser Dieu le père. Quel supplice, disait-elle encore à sa nièce, d'amuser un homme qui n'est point amusable. Si quelque chose peut détromper de l'ambition, ce sont les Lettres de Madame de Maintenon.

Si sa place avait des côtés fâcheux, elle lui procurait du moins le plaisir de donner: elle n'était pourtant point riche; car elle coûtait moins au Roi en un an, que ses maîtresses ne lui avaient coûté en un mois.

En se rappelant les diverses particularités de sa jeunesse, de ce tems pénible où elle n'avait que des tapisseries d'emprunt, où elle allait porter chez l'Imprimeur les *épreuves* de *Scarron*, elle se ressouvint qu'un jour qu'elle devait recevoir des femmes de qualité, une blanchisseuse lui avait loué quelques meubles, & avait refusé le paiement du loyer; honteuse de s'en ressouvenir si tard, elle ordonna à ses gens de chercher cette femme. On la trouva dans un galetas, accablée de vieillesse & d'infirmités, prête à vendre sa dernière chaise pour avoir encore un morceau de pain. Madame de Maintenon va la voir, lui rappelle le prêt des meubles, & lui assure, pour le reste de ses jours, une petite pension, dont elle lui paie le premier quartier.

A peine avait-elle vu luire les premiers rayons de sa fortune, qu'elle conçut le dessein de quelque établissement en faveur des filles de condition nées sans bien. Ce fut à sa prière que Louis XIV fonda, dans l'Abbaye de Saint-Cyr, une Communauté de trente-six Dames Religieuses & de vingt-quatre Sœurs converses, pour élever & instruire *gratis* trois cents jeunes demoiselles, qui devaient faire preuve de quatre degrés de noblesse du côté paternel.

A la mort du Roi, elle se retira dans cette maison, pour y donner l'exemple de toutes les vertus, partageant, avec les maîtresses des classes, les soins pénibles de l'éducation, avec la douceur & la patience que l'on a pour tout ce qu'on fait par goût.

Cette femme illustre mourut en 1719, à quatre-vingt-quatre ans, regrettée de tous les pauvres.

BENOIT.

BENOIT XIV.

Prosper Lambertini, né à Bologne le 13 Mars 1675, donna dès son enfance les plus belles espérances.

Il n'avait que treize ans lorsqu'Innocent XII, l'ayant entendu prononcer un discours latin de sa composition, lui accorda un bénéfice. Les membres du sacré Collège cherchèrent à déterminer son goût vers la Théologie, persuadés qu'il serait un jour l'honneur de la Religion, & des Lettres. Après ses études, il fut élève du fameux Avocat Justiniani, & bientôt exerça lui-même la charge d'Avocat consistorial.

Il passa rapidement à l'exercice de plusieurs charges, dont les fonctions étaient pénibles & délicates. On me suppose un homme à trois têtes, écrivait-il à Dom Quirini, Religieux du Mont Cassin, à raison des charges dont on m'accable : il me faudrait une ame pour chaque place, & la mienne peut à peine me gouverner.

Bologne se souvient encore de la manière de gouverner de ce bon Archevêque, voyant tout par lui-même, n'écoutant ni la flaterie ni la délation ; il n'ouvrit son ame qu'à la vérité. Je n'attends pas qu'elle vienne, disait-il, je vais la chercher, d'autant mieux qu'elle est d'un rang à ne pas devoir faire anti-chambre.

Laborieux, sage, modeste, occupé des affaires publiques, & en même tems du bonheur des hommes confiés à ses soins ; observateur exact des devoirs & des préceptes de sa Religion, ami de la paix, indulgent, prompt à éteindre toutes les étincelles de discorde & les apparences du fanatisme ; profond dans ses vastes connaissances, aimable & spirituel dans sa conversation, également familier avec les Pères de l'Eglise & avec le Tasse, le Dante, l'Arioste, Horace & Virgile, il était fait pour les plus hautes places.

Enfin Clément XII meurt. Le Conclave de 1740 fut long & tumultueux ; les chaleurs de l'été devenaient insupportables aux Cardinaux, renfermés dans le Vatican. Lambertini, aussi fatigué & moins ambitieux, leur dit, avec son enjouement ordinaire, voulez-vous faire un saint ? nommez Golti ; un politique ? Aldovrandi ; un bon-homme ? prenez moi : & il fut élu.

Son règne fut celui de la douceur, & sa première lettre fut au Prieur d'un Monastère, qu'une domination despotique rendait odieux. Il lui apprit que des hommes qui n'ont pour perspective que des murs, ont moins besoin d'un maître que d'un père.

La Congrégation de l'*Index* mérita son attention. Il défendit de flétrir un Livre sur son titre ou sur le nom de son Auteur ; il lui prescrivit les règles les plus sages & les plus circonspectes.

Au milieu des troubles qui agitaient l'Europe, lorsqu'on disputait à l'illustre Marie-Thérèse son patrimoine, Benoît XIV fit voir que Lambertini, tour-à-tour Savant, Religieux, Homme du monde, savait être Souverain, & faire marcher, par une politique sage & modérée, ses intérêts de front avec ceux des grands Empires.

Ce grand Homme encouragea les Savans par une protection honorable, fit rechercher les manuscrits orientaux, augmenter les bibliothèques, cultiver les arts; il perfectionna la Peinture & la Sculpture par de superbes édifices, qu'il fit ou construire ou réparer. Il entreprit des ouvrages utiles, s'occupa du desséchement des marais Pontins, de la construction des hôpitaux, de la réparation des grands chemins, de la réforme des portes : & s'il omit quelque chose, c'est que le tems ou l'argent lui manquèrent.

On commença sous son règne à dire, au milieu de Rome, qu'une superstition ridicule avait condamné Galilée, & que la vraie Religion doit toujours être accompagnée de la saine Philosophie. Benoît XIV, en dépouillant son pays de préjugés, doit être regardé comme ayant amené la suppression de la Bulle *in Cœnâ Domini*, que Clément XIV eut le courage de retirer au moment qu'on allait la publier ; comme ayant disposé d'avance le triomphe de Corilla, que Pie VI fit couronner au Capitole avec le plus grand éclat ; comme ayant enfin préparé de loin le voyage du Pape chez l'Empereur, en rendant les souverains Pontifes plus accessibles & plus communicatifs.

Son humanité était fondée, non pas sur des motifs frivoles de vanité, mais sur des principes. Lorsqu'une Religieuse, qu'une passion violente avait fait sortir de son cloître, vint offrir à ses pieds deux enfans & leur père, il rompt ses liens, la relève de toutes censures, & dans l'effusion de son cœur, il bénit, en versant des pleurs, le père, la mère & les enfans.

Son caractère de bonté s'étendait sur tous les hommes, Anglais, Suédois, Russes, de toutes les communions. Il écrivait à Voltaire, à Racine le fils, au Marquis Scipion Maffei ; en un mot, à tous ceux qui avaient des talens, du savoir ou des vertus.

Ce Pontife allait souvent, seul & sans suite, faire sa prière à l'Eglise de S. Pierre ; un jour, en s'y rendant par une galerie où il n'avait pas coutume de passer, il apperçut un jeune homme, copiant avec beaucoup d'attention un tableau qui faisait l'ornement d'un autel : le Pape s'arrêta, le regarda avec intérêt, sans vouloir l'interrompre. Le jeune homme l'apperçoit ; & croyant qu'un Hérétique, trouvé dans une Eglise de Rome, courait risque au moins d'être empalé, comme le serait un Chrétien surpris dans une Mosquée à Constantinople, il tombe en faiblesse. Mon ami, lui dit le Pape, je suis charmé des dispositions que je vous vois pour la Peinture ; vous faites bien de vous attacher à copier de bons morceaux : vous dessinez avec beaucoup de hardiesse & de correction ; je vous ferai recevoir au nombre des jeunes élèves qu'on forme ici à mes dépens. Ah ! S. Père, répond en bégayant le jeune homme, je suis Protestant. Protestant ! reprit le S. Père, j'aimerais mieux que vous fussiez Catholique ; mais il y a de grands Peintres parmi les Protestans : la Religion n'a rien de commun avec la Peinture. J'aurai soin de vous procurer tous les secours nécessaires pour vous perfectionner dans votre art. Le Pape a tenu parole, sans exiger du jeune Artiste qu'il changeât de Religion.

Lambertini sentit décliner sa vie long-tems avant de la perdre ; mais les infirmités n'altérèrent point son caractère d'enjouement & de vivacité. Un Prélat s'étant approché de son lit, il lui dit : Le *pauvre Prosper* est au moment de perdre jusqu'à son nom : *Sic transit gloria mundi*. Il mourut le 3 mai 1758.

C'est un Anglais, c'est un citoyen libre, le fils du Ministre Walpole, qui honora ses mânes d'une inscription.

JEAN LE ROND D'ALEMBERT.

SECRÉTAIRE perpétuel de l'Académie Françaife, membre des Académies des Sciences de France, de Pruffe, de Ruffie, de Portugal, de Naples, de Turin, de Norwège, de Padoue, de l'Académie royale des Belles-Lettres de Suède, de l'Inftitut de Bologne, de la Société littéraire de Caffel, & de la Société philofophique de Bofton; il naquit à Paris le 17 novembre 1717.

Né hors du mariage, comme Erafme, il fut comme lui laver, par un grand mérite, la honte de fa naiffance. Cet homme, qui devait être l'honneur de fa patrie & de fon fiècle, deftiné par la nature à enrichir de tant de vérités nouvelles le fyftême des connaiffances humaines, fut expofé fur l'efcalier de l'Eglife de Saint-Jean-le-Rond. Attiré par fes cris, le Bedeau le recueillit. Craignant pour fes jours, & ne doutant pas que ce ne fût un enfant abandonné, il le fit baptifer fur le champ, & on le nomma *Jean Le Rond*, du nom de l'Eglife où il avait été trouvé.

Sa mère était madame de T.., connue dans le monde par fes galanteries, & dans les Lettres par quelques Romans bien écrits. Religieufe, elle avait obtenu du Pape un bref qui la rendit à la fociété. A peine fut-elle inftruite du hafard heureux qui avait fauvé, peut-être de la mort, le fruit de fes habitudes criminelles, elle fit réclamer le malheureux enfant par une perfonne de confiance. La femme d'un Vitrier, établi à Paris, rue Michel-le-Comte, fut chargée de le nourrir & de l'élever: on lui faifait parvenir, fans fe faire connaître, dequoi fournir à fa fubfiftance & à fon éducation.

Le Rond n'avait que fept ou huit ans lorfqu'il fut mis au Collège des Quatre-Nations; il s'y diftingua par une vivacité d'efprit & une jufteffe de jugement qui le firent chérir de fes maîtres. Quand il eut fini fa Philofophie, on lui fignifia qu'il était libre d'embraffer l'état qu'il jugerait à propos, & d'aller vivre où bon lui femblerait; on lui remit en même tems vingt-cinq louis, avec promeffe de lui faire toucher exactement, tous les fix mois, une pareille fomme, à condition qu'il ne ferait point de recherches pour découvrir d'où elle lui venait. Le jeune Le Rond retourna chez la Vitrière, fa nourrice, où il refta plus de vingt ans. Il conferva pour cette *mère* le plus tendre attachement, & ne s'en fépara qu'après lui avoir affuré 600 livres de rente, fur un contrat de 1200 livres, que le Chevalier Deftouches lui avait fait remettre avant de mourir.

L'amour des Lettres & de l'indépendance l'empêcha de prendre un état; il cultiva fon efprit dans le filence du cabinet, & fe livra particulièrement à l'étude des fciences exactes, pour lefquelles il eut toute fa vie un goût irréfiftible.

Très-jeune encore, il remporta le prix propofé par l'Académie de Berlin, dont le fujet était, *la caufe générale des vents*. Cette Compagnie, pleinement fatisfaite de l'Ouvrage, ne fe contenta pas de couronner l'Auteur, elle l'élut Académicien fans fcrutin & par acclamation. Dans ce même tems l'*Alexandre du Nord*, après avoir gagné trois batailles contre les Autrichiens, venait de terminer fes campagnes par une paix glorieufe: d'Alembert profita de cette heureufe circonftance pour dédier fon Ouvrage au Roi de Pruffe, qui voulut dès-lors l'enlever à la France.

Mais heureux du plaisir que donne l'étude, & de sa liberté, réduit au simple nécessaire, il préférait, aux honneurs & à la fortune, un petit nombre d'amis, que lui avaient acquis son génie & son cœur.

Sa tranquillité fut altérée dès que sa réputation fut plus répandue. Son Discours préliminaire de l'*Encyclopédie* fit sa gloire & son malheur. Il échappa pour un moment à ses ennemis, par le voyage qu'il fit à Wesel. Le Roi de Prusse lui sauta au col, & l'embrassa tendrement. L'Impératrice de Russie, non moins sensible au mérite du *Newton* français, lui proposa de se charger de l'éducation du grand Duc de Russie, son fils, & elle avait attaché à cette place cent mille livres de rente, & des avantages considérables. D'Alembert, quoique vivement touché de cet honneur, refusa cet emploi si important & si délicat : il le refusa comme il l'aurait accepté, sans orgueil & sans ostentation. Peut-être même ne crut-il pas faire un sacrifice ; car une Cour orageuse, où dans l'espace de vingt ans deux révolutions avaient renversé le trône, & où le changement de ministère avait été souvent aussi funeste qu'une révolution, ne devait pas être le séjour d'un Philosophe, qui était bien sûr de n'avoir aucun des talents nécessaires pour s'y conduire.

Ces offres ne lui furent pas inutiles, puisqu'elles contribuèrent à faire mieux connaître à la nation française, la valeur de ce qu'elle possédait. Toutes ces marques de considération, une correspondance suivie avec Voltaire & Frédéric, ses rapports avec les Étrangers célèbres qui venaient à Paris pour le voir, son influence dans l'Académie des Sciences, & surtout dans l'Académie française, tout concourut à lui faire jouer un rôle vraiment important. Ses ennemis, qui lui supposaient de l'adresse, l'ont appelé le *Mazarin de la Littérature* : mais c'est à l'estime qu'il inspirait, qu'il a dû son empire littéraire. Cet empire, il le méritait bien par l'usage qu'il sut faire de ses talents. Son zèle, pour le progrès des Sciences & la gloire des Lettres, ne se bornait pas à y contribuer par ses Ouvrages ; il devenait le bienfaiteur, l'appui, le conseil de tous ceux qui dans leur jeunesse annonçaient pour le moins l'amour de l'étude. Souvent il a éprouvé de l'ingratitude, mais l'amitié qu'il a trouvée quelquefois pour prix de ses services & de ses leçons, le consolait, & il ne se trouvait pas malheureux d'avoir fait cent ingrats pour acquérir un ami.

Son caractère était franc, vif & gai. Il avait une tournure d'esprit maligne ; mais ses saillies donnaient en même tems à penser & à rire. M. l'Abbé de Voisenon, au sortir d'une séance de l'Académie, dit d'un ton fâché : S'il se fait ici quelqu'étourderie, on ne manque jamais de me la prêter ; c'est qu'on aime prêter aux riches, lui répondit le Philosophe.

Il comparait les journalistes à ces mercenaires subalternes établis pour lever les droits aux portes des grandes villes, qui visitent sévèrement le peuple, laissent passer avec respect les grands Seigneurs, permettent la contrebande à leurs amis, la font très-souvent eux-mêmes, & saisissent en revanche pour contrebande ce qui n'en est pas.

Quoique M. d'Alembert ait écrit contre les Jésuites, qu'il n'aimait pas, il ne laissa pas de voir avec des yeux de compassion le traitement qu'ils subirent en Portugal & en Espagne. Parmi tant de malheureux qui se trouvent sans asyle, disait-il, il n'y a peut-être pas vingt coupables : les droits de l'humanité m'arrachent cette réflexion.

Cet homme, qui dédia ses Ouvrages à deux Ministres disgraciés, avait encore à sa mort toute la force de son génie.

ANNE

ANNE D'AUTRICHE.

CETTE Princesse, fille aînée de Philippe II, Roi d'Espagne, n'eut jamais été Reine de France, si Henri IV eût vécu. Petite-fille du plus grand ennemi de la maison régnante, devait-on espérer qu'elle gouvernerait ce même royaume, sur lequel ses ancêtres avaient versé un déluge de maux ?

Quoiqu'elle eût assez de beauté, & même assez d'esprit pour fixer la tendresse d'un époux, Louis le *Juste* ne l'aima point, & ses préventions durèrent jusqu'à sa mort : son testament en fut la preuve authentique. S'il la déclarait Tutrice & Régente du Royaume, il établit en même tems un Conseil de régence, qui, par les bornes qu'il aurait pu mettre à son autorité, ne lui aurait laissé qu'un vain titre. A peine Louis XIII fut-il mort, qu'Anne d'Autriche se transporta en pompe au Parlement, & y obtint la régence pleine & entière. Les Rois, qui sont si puissans pendant leur vie, quand ils ne sont plus, peuvent moins que le dernier de leurs sujets, dont la volonté est du moins respectée.

Régente absolue, elle fit du Cardinal Mazarin le maître de la France & le sien. Il avait sur elle cet empire qu'un homme adroit devait avoir sur une femme née avec assez de faiblesse pour être dominée, & avec assez de fermeté pour persister dans son choix.

Les Grands, qui se relevaient du joug dur & impérieux de Richelieu, s'abandonnèrent aux intrigues du Louvre ; & de petits événemens de Cour, influant sur la politique, donnèrent naissance à deux partis, à celui de la Cour & à celui de la Fronde. Mazarin affectait pourtant, dans les commencemens de sa grandeur, autant de simplicité que Richelieu avait déployé de hauteur. Loin de prendre des gardes, & de marcher avec un faste royal, il eut d'abord le train le plus modeste ; il mit de l'affabilité, & même de la mollesse, par-tout où son prédécesseur avait fait paraître une fierté inflexible : mais ce rôle lui coûtait trop à jouer.

L'argent le tenta ; il augmenta les impôts, & se fit haïr dans le tems même où il consommait le grand ouvrage de la paix de Munster.

La Régente soutint le Cardinal contre toutes les Compagnies du Royaume. Le Ministre avait pour politique de laisser dire à la nation tout ce qu'elle voulait, & de ne point arrêter sa première impétuosité ; trop vive pour être durable. Il craignait que ce feu, dispersé en bons mots, ne se concentrât ; & tant qu'il s'évaporait, il ne le jugeait pas dangereux. Il avait inspiré la même politique à Anne d'Autriche ; elle disait à un Libraire, qui tremblait sur les suites d'une impression, faites imprimer, & ne craignez rien ; je protégerai toujours la vérité : faites tant de honte aux vices, qu'il ne reste que de la vertu en France.

Il nous reste une foule de pièces originales & curieuses, en vers & en prose, qui attestent avec quelle libre énergie on s'énonçait sur le Ministre & sur la Cour. Paris, vexé d'impôts, du moins pour son argent, se livrait aux chansons : & le Ministre laissa chanter le Parisien, qui n'en payait que mieux.

Ce ne fut que quand l'Archevêque & le Parlement de Paris eurent recommencé les troubles, que le peuple se livra à des emportemens. La

Reine ne put plus paraître en public sans être outragée : on ne l'appelait que *Dame Anne*. Elle entendait de tous côtés ces chansons & ces vaudevilles, monuments de plaisanterie & de malignité, qui semblaient devoir éternifer le doute où l'on affectait d'être de sa vertu. Madame de Motteville dit, avec sa noble & sincère naïveté, *que ces infolences faifaient horreur à la Reine, & que les Parifiens trompés lui faifaient pitié.*

Elle s'enfuit de Paris avec ses enfans, son Miniftre, le Duc d'Orléans, le grand Condé lui-même, & alla à Saint-Germain, où prefque toute la Cour coucha fur la paille. On fut obligé de mettre en gage, chez les ufuriers, les pierres de la Couronne.

Le Roi manqua fouvent du néceffaire. Les Pages de fa chambre furent congédiés, parce qu'on n'avait pas de quoi les nourrir. En ce tems-là même la tante de Louis XIV, fille de Henri le Grand, femme du Roi d'Angleterre, réfugiée à Paris, y était réduite aux extrémités de la pauvreté ; & fa fille, depuis mariée au frère de Louis XIV, reftait au lit, n'ayant pas de quoi fe chauffer, fans que le peuple de Paris, enivré de fes fureurs, fît feulement attention aux afflictions de tant de perfonnes royales.

Anne d'Autriche, dont on vante l'efprit, les graces, la bonté, n'avait prefque jamais été en France que malheureufe. Long-tems traitée comme une criminelle par fon époux, perfécutée par le Cardinal de Richelieu, elle avait vu fes papiers faifis au Val-de-Grace ; elle avait été obligée de figner, en plein Confeil, qu'elle était coupable envers le Roi, fon mari. Quand elle accoucha de Louis XIV, ce même mari ne voulut jamais l'embraffer, felon l'ufage ; & cet affront altéra fa fanté au point de mettre fa vie en danger. Enfin dans fa régence, après avoir comblé de graces tous ceux qui l'avaient implorée, elle fe voyait chaffée de la Capitale par un peuple volage & furieux. Elle & la Reine d'Angleterre, fa belle-fœur, étaient toutes deux un mémorable exemple des révolutions que peuvent éprouver les têtes couronnées : & fa belle-mère, Marie de Médicis, avait été encore plus malheureufe.

Une obfervation fingulière qu'on a faite fur le goût de cette Princeffe, c'eft qu'elle avait tant d'antipathie pour les rofes, qu'elle ne pouvait en fupporter la vue, même en peinture, quoiqu'elle aimât paffionnément toutes les autres fleurs. On a dit la même chofe du Chevalier de Guife. Par une antipathie bien plus fingulière, Jean II, Czar de Mofcovie, s'évanouiffait à la vue d'une femme.

Anne d'Autriche, à trente-neuf ans, portait encore des rubans de couleur, parce que les Dames en portent toute leur vie en Efpagne. Le Roi lui dit que, fans fe faire moquer d'elle, les Dames, en France, n'en portaient plus quand elles avaient trente-cinq ans paffés : je croyais, lui dit-elle, que j'en pouvais porter encore cinq ou fix ans ; & moi, Madame, lui répondit-il, je croyais qu'il y a cinq ou fix ans que vous deviez les avoir quittés. La Reine ne porta plus de rubans de couleur depuis ce jour-là, & même ne fe mit plus de rouge. On a dit qu'en mourant elle mit fa bague au doigt de Madame de Maintenon : c'était lui indiquer le choix qu'il devait faire ; & il l'était déjà dans le cœur du Monarque.

Le P. MABILLON.

DOM JEAN MABILLON, Bénédictin de la Congrégation de Saint-Maur, naquit à Pierre-Mont, village du diocèse de Rheims, le 23 Novembre 1632.

Une érudition immense, un jugement profond, une critique lumineuse, un ftyle toujours pur, toujours châtié, toujours clair, caractérifent les nombreux Ouvrages de ce favant Ecrivain.

Nous ne dirions rien de fes premières années, fi nous n'avions à rendre compte d'un accident qui penfa priver la République des Lettres d'un fujet qui lui a été fi utile.

A peine Mabillon eut-il prononcé fes vœux, que, foit le régime trop auftère de l'Abbaye de Saint-Remi, où la réforme, encore récente, était fuivie à la rigueur, foit que le tempérament du jeune Religieux ne fût pas tout-à-fait formé, il fut accueilli de maux de tête violents, qui réfiftèrent à tous les remèdes. Son amour pour l'étude égalait fa ferveur pour les exercices du cloître. Il fallut renoncer à cette paffion chérie, & tout travail lui fut interdit. Ses Supérieurs l'envoyèrent à Saint-Denis, où fon emploi fut borné au foin de montrer aux curieux le tréfor de l'Abbaye & les tombeaux de nos Rois.

La nature & le tems furent fes feuls médecins. Rendu à fa première fanté, Dom Mabillon defira de reprendre fes anciennes études; mais avant tout, il fallait fe débarraffer de la commiffion faftidieufe dont il était chargé. Deux circonftances vinrent en même tems à fon fecours. Dom Luc d'Achery avait eu occafion de le connaître; & connaître Mabillon, c'était l'aimer, l'eftimer. Il le demanda aux Supérieurs, pour l'aider dans la collection du *Spicilège*; & fa requête fut d'autant plus favorablement répondue, que dans l'intervalle, Mabillon, montrant à fon ordinaire le tréfor, avait caffé un bijou, affurément bien précieux, *un miroir qu'on prétendait avoir appartenu à Virgile!*

Le voilà donc transféré à Paris, fous la direction de Dom d'Achery. Ce favant maître s'attacha d'autant plus à fon élève, que chaque jour il découvrait en lui de rares connaiffances, foutenues d'une modeftie plus rare encore. Bientôt la Congrégation forma un projet qui mit au grand jour tous fes talents : c'était de donner, des Pères de l'Eglife, des éditions plus parfaites, plus complettes que toutes les éditions connues. Dom Mabillon follicita le travail à faire fur faint Bernard, & l'obtint. Mais quelle fut la furprife de fes confrères, lorfqu'au bout de cinq mois, il foumit fon ouvrage à l'examen, & qu'il annonça comme achevée, une entreprife qu'on croyait à peine commencée!

C'eft qu'à Saint-Denis, dans l'intervalle que lui laiffaient, & fes maux de tête, & l'importune curiofité des paffans, il s'était exercé fur les Œuvres de ce Père, & qu'il s'en était caché avec d'autant plus de foin, que l'étude lui avait été plus féverement défendue. Au furplus, ç'a été l'unique défobéiffance qu'il ait jamais eu à fe reprocher. L'édition parut en 1667, *in-fol.* & *in-8°*, & déja le P. Mabillon fut compté au nombre des Savans célèbres. S. Bernard avait fait les délices de fa jeuneffe, & toute fa vie il s'en occupa. En 1690, il en donna une nouvelle édition;

& lorfqu'il mourut, on le trouva encore appliqué à en préparer une troifième, publiée, en 1719, par Dom Maffuet & Dom Tixier.

C'eft peut-être encore à l'emploi qu'il avait eu à Saint-Denis, que nous devons fon chef-d'œuvre, *la Diplomatique*, Ouvrage traduit dans toutes les langues, & auffi neuf par fon objet que par fon titre. En effet, c'eft pour ce Livre fameux que fut créé le mot *diplomatique*, comme celui de *fpicilège* l'avait été pour le Recueil de Dom d'Achery. De ce moment tous les Corps littéraires & religieux de l'Europe décernèrent unanimement, à Mabillon, la palme du favoir. Je crois qu'il n'était pas trop fâché d'avoir caffé le *miroir de Virgile ;* car jamais il ne parlait, fans s'indigner, de la chaire de Dagobert, & d'autres guenilles de même efpèce, dont il avait tant de fois répété l'hiftoire merveilleufe à des auditeurs ftupéfaits.

Auffi, dans cet excellent Traité, emploie-t-il toutes les forces de fon génie à réduire en art, à donner des règles à une fcience qui n'en connaiffait point avant lui. Papiers des différents fiècles, fceaux des différents Princes, écritures de chaque peuple, de chaque génération, il pèfe tout, il analyfe tout, il explique tout.

Cet Ouvrage profond étonna tellement les Savans, qu'aucun n'ofa le critiquer : les Journaliftes de Trévoux même en firent l'éloge le plus complet. Ce ne fut qu'après vingt-deux ans d'applaudiffements unanimes, qu'un P. *Germon*, Jéfuite, eut la hardieffe d'attaquer *la Diplomatique*. L'Auteur n'eut pas befoin de fe mefurer avec cet adverfaire, car il parut, prefqu'à la fois, autant d'apologies de fes principes, qu'il y avait alors de Savans en Europe. On fait aujourd'hui pourquoi ce Jéfuite s'était avifé de faire cette critique ; c'eft que le P. Mabillon avait légitimé un manufcrit de S. Auguftin, dont le texte ne s'accordait pas avec la doctrine de la Société.

Jufqu'ici notre Auteur n'avait écrit qu'en latin ; il fe fervit de notre langue avec le même fuccès, & publia, contre le fentiment du pieux Réformateur de la Trape, le *Traité des études monaftiques*, Ouvrage qu'on lit encore avec intérêt : mérite qu'on trouve rarement aux Livres de controverfe, dont la fortune périt toujours avec la querelle qui les a fait naître.

Mabillon fut eftimé de Colbert, & il lui fit entreprendre plufieurs voyages par ordre du Gouvernement. D'une de ces courfes, purement littéraires, il rapporta, à la Bibliothèque du Roi, trois mille volumes rares, tant imprimés que manufcrits.

Il était de l'Académie des Infcriptions, & pour lui faire accepter cette légère diftinction, il ne fallut pas moins que les ordres combinés du Roi & de fes Supérieurs.

Auffi quand l'Archevêque de Reims, *le Tellier*, en le préfentant au Roi, lui dit : *Sire, voilà le Religieux le plus favant de votre Royaume,* il ne faifait que lui rendre juftice ; mais lorfque Boffuet, l'interrompant, cria avec feu : *Monfeigneur, ajoutez donc le plus humble*, il en faifait le plus parfait éloge.

Ce témoignage de Boffuet eft confirmé par M. de Boze : « Quand » Mabillon venait à nos affemblées, c'était autant de jours de fêtes pour » l'Académie : fa préfence excitait une noble émulation ; *& chacun avait* » *les yeux fixés fur cet homme fimple, qui ne les levait prefque jamais* ».

Le P. Mabillon eft mort à Saint-Germain-des-Prés, le 27 Décembre 1707, âgé de foixante-quinze ans. *C. F. PANARD.*

C. F. PANARD.

CHARLES-FRANÇOIS PANARD, naquit, en 1690, à Nogent-le-Roi, ville du pays Chartrain. La fortune, qui ne fut jamais auſſi prodigue envers lui que la nature, avait traité ſes parens avec plus de rigueur encore. Il vint à Paris de bonne heure, & s'y trouva forcé de prendre un mince emploi, dans un bureau fort obſcur. Il y fit quelques vers, qui parvinrent juſqu'aux oreilles de Legrand : ce Comédien habile en découvrit l'Auteur, & l'engagea aux Muſes.

Ce fut en compoſant des Opéra-Comiques charmans, qu'il fit l'eſſai de ſes talens pour le Théâtre. On ſe rappellera toujours avec plaiſir les *Époux réunis*, le *Magazin des Modernes*, le *Foſſé du ſcrupule*, &c. Il' en compoſa pluſieurs autres auſſi en ſociété ; de ce nombre ſont les *deux Suivantes* ; avec Porteau ; *Pygmalion*, avec l'Affichard ; *Zéphir & Fleurette*, avec M. Favart. C'eſt dans le *Départ de l'Opéra-comique* que ſe trouvent les jolies ſtances ſur l'Opéra :

J'ai vu le ſoleil & la lune
Qui faiſaient des diſcours en l'air, &c.

Il donna au Théâtre français, en 1735, les *Acteurs déplacés*, Comédie en un acte, en proſe, où il ſe trouve pluſieurs ſcènes d'un bon comique. Fagan travailla à cette pièce, qui fut très-bien reçue.

Il fit jouer ſur le Théâtre italien, en 1744, les *Fêtes ſincères*, au ſujet de la convaleſcence du Roi ; il en reçut beaucoup d'applaudiſſemens, ainſi que pour les *Vœux accomplis*, repréſentés ſur le même Théâtre en 1751, à l'occaſion de la naiſſance du Duc de Bourgogne.

Les Comédies qui méritèrent le plus d'éloges à Panard, ſont ſes *Tableaux*, & particulièrement ſon *Impromptu des Acteurs*, auxquelles Sticoti eut quelque part, ainſi qu'à la *Parodie de Roland*.

Outre ces pièces imprimées, il en a fait un bien plus grand nombre qui ne l'ont jamais été ; ainſi que beaucoup de divertiſſemens, compoſés pour des pièces dont il n'était point l'Auteur : & c'eſt-là que l'on trouve la plupart de ces couplets qui l'ont fait, à ſi juſte titre, appeler *le la Fontaine du Vaudeville*, ou *le père du Vaudeville moral*. Ce dernier genre eſt principalement celui où il excella ; & le nombre en eſt conſidérable, comme on peut le voir dans l'édition de ſes Œuvres, en quatre vol. in-12, qui en a été donnée, par un de ſes amis, en 1763. On ſait qu'il a réuſſi pareillement dans le genre léger de la Chanſon ; & aucune de ces productions ne bleſſe les perſonnes : elles tombent toutes ſur le vice, & jamais ſur le vicieux. Ses Airs bachiques ſont tous parfaits ; ſes Pièces anacréontiques ſont autant de miniatures meſurées. Il n'eſt pas même juſqu'à l'Idylle, dont il a laiſſé un modèle dans le *Ruiſſeau de Champigny*.

Si quelques traits de ſes Écrits ont pu le faire comparer à la Fontaine, ſes mœurs, ſon caractère, ſa modeſtie & ſa timidité le rapprochèrent encore davantage de ce Poëte de la nature. Il y eut, entre leur humeur, la plus grande conformité : la Philoſophie lui avait fait une vertu du déſintéreſſement ; l'ambition ne le tourmenta jamais ; & quelque peu qu'il eut, il eût toujours aſſez. M. Favart, qui, quoique rival de Panard,

Tome II. E

fut un de ſes meilleurs amis, l'a peint très-heureuſement dans le vers qui ſuit :

Il chanſonna le vice & chanta la vertu. . . . .

Et voici comme il ſe peint lui-même :

D'une humeur aſſez douce & d'une ame aſſez ronde,
Je crois n'avoir point d'ennemi ;
Et je puis aſſurer, qu'ami de tout le monde,
J'ai, dans l'occaſion, trouvé plus d'un ami.

Il mourut à Paris, en 1765, âgé de ſoixante-quatorze ans, à la ſuite d'une attaque d'apoplexie. Il fut le dernier Poëte qui fit des Chanſons à boire : depuis qu'elles ne ſont plus d'uſage, le Français a perdu beaucoup de ſa gaîté.

Dans le Recueil de ſes Œuvres, on trouve des vers en preſque tous les genres, & dans tous cette aiſance, ce ſentiment & cette douce Philoſophie, qui caractériſent l'Inventeur du Vaudeville. Quelquefois le choix de l'expreſſion ne répond pas toujours à celui des idées. Panard a des négligences, & même ſe permet des fautes contre les règles de la Poéſie : & ce qui eſt pis, contre les loix du goût ; mais ces défauts étaient une ſuite de ſa grande facilité.

Nous terminerons cette notice par dire, qu'un Poëte tel que Panard, n'eſt bien apprécié que par ſes propres Ouvrages. Ce n'eſt pas ſans raiſon que les Français paſſent pour des modèles dans le genre de la Chanſon ; depuis Anacréon, a-t-on rien produit de plus agréable que ce couplet :

Dans ma jeuneſſe
Les papas, les mamans,
Sévères, vigilans,
En dépit des amans,
De leurs tendrons charmans
Conſervaient la ſageſſe :
Aujourd'hui ce n'eſt plus cela ;
L'amant eſt habile,
La fille docile,
La mere facile,
Le père imbécile,
Et l'honneur va
Cahin, caha.

Peut-on mettre plus de fineſſe & de légèreté dans la cenſure de nos mœurs, qu'on n'en trouve dans cet autre Vaudeville :

Quand on veut voir quelque ménage
Où l'on n'entende point gronder ;
Quand on veut voir quelque partage
Où l'on s'arrange ſans plaider ;
Quand on veut voir veuve jolie
Que rien ne puiſſe conſoler,
Apprenez-moi, je vous ſupplie,
Dans quel pays il faut aller.

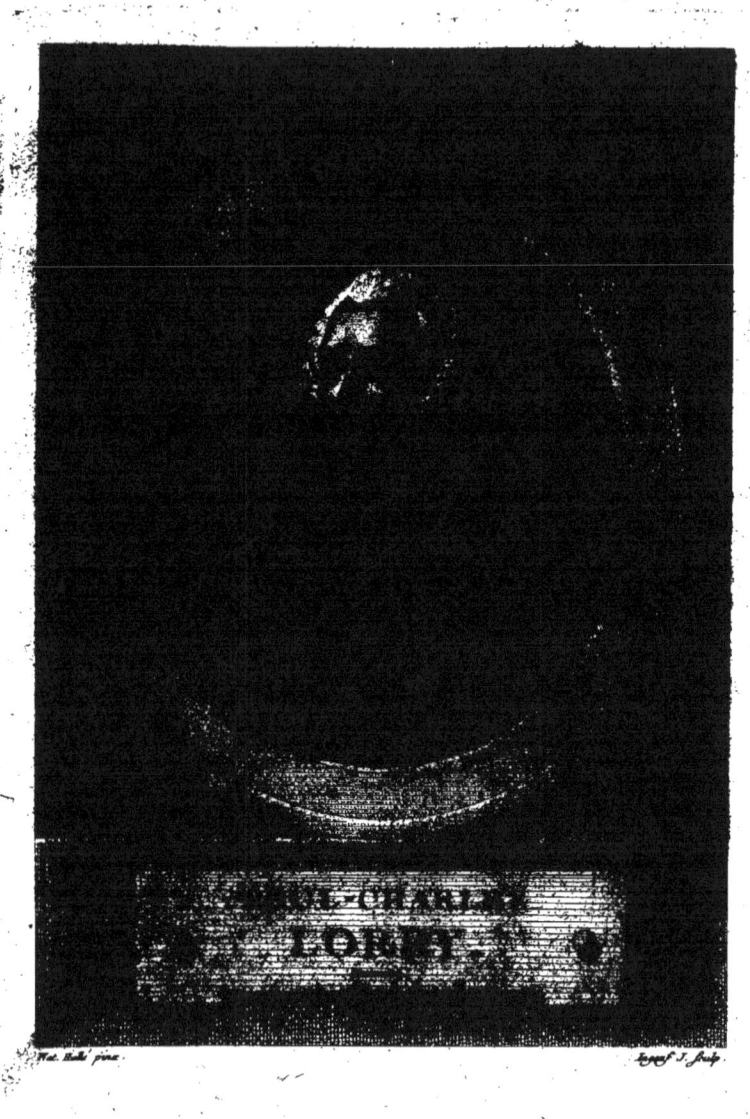

M. LORRY.

Paul-Charles Lorry, Conseiller du Roi, Docteur & Professeur de la Faculté de Droit de Paris, naquit, dans cette Capitale le 18 Décembre 1719, de François Lorry, aussi Professeur en Droit, & de Madeleine-Marguerite de la Fosse, petite-nièce du fameux Peintre de ce nom, & du célèbre Auteur de Manlius.

Au sortir de l'enfance, son père, sans l'éloigner de la maison paternelle, lui fit faire ses Humanités au Collège de Beauvais. Rollin en avait eu long-tems la direction, & les études s'y ressentaient encore du soin qu'il avait pris d'y former d'habiles Instituteurs. Le jeune Lorry profita si bien de leurs leçons, qu'en peu d'années il connut à fond les Poëtes & les Auteurs Grecs & Romains.

Après avoir fait, avec autant de succès, son cours de Philosophie dans ce même Gymnase, il s'adonna tout entier à la Jurisprudence. Il était convenable que son père, jouissant dans son état de la considération la plus générale & la mieux méritée, desirât de la perpétuer dans sa famille, & se choisît un successeur dans l'aîné de ses enfans. Sa volonté seule eût décidé de la vocation de M. Lorry, né pour réussir également dans toutes les professions qui n'exigent que des talens & des mœurs; mais sa déférence, pour les vues de son père, ne lui coûta aucun sacrifice. L'étude d'une science qui rappelle sans cesse les règles immuables de la morale & de l'équité, devait plaire à un cœur aussi droit que le sien.

M. Lorry porta l'esprit d'analyse & de saine critique dans l'étude de la Jurisprudence; il ne s'arrêta pas long-tems aux Livres élémentaires & aux Commentateurs, & consulta les sources mêmes. A la connaissance des loix, il joignit celle des monuments historiques, qu'on ne doit jamais en séparer.

Formé par ces excellentes études, qu'il étendit également aux loix canoniques, M. Lorry soutint, avec le plus grand succès, les épreuves de la licence & du doctorat. Il était à peine revêtu de ce dernier titre, qu'il mérita, au concours, une des douze places d'Agrégés, qui le liait plus intimement à la Faculté, & le consacrait spécialement à l'instruction publique.

M. Lorry ne s'arrêta pas à ce premier succès. En 1751 le trépas de M. Maillot ayant fait vaquer une Chaire de Professeur, il l'emporta sur des concurrents dont le mérite connu relevait encore la gloire de son triomphe. Cette place, en devenant la récompense de ses travaux, lui imposait en même tems la nécessité d'en entreprendre de nouveaux. Des six Professeurs, deux sont chargés d'enseigner les instituts de Justinien, tandis que les quatre autres se partagent le digeste, les décrétales & le décret, qu'ils expliquent, aux jeunes étudians, dans des leçons publiques.

C'est pour ces leçons, trop peu suivies, que M. Lorry a composé plusieurs Traités successifs sur différents titres du digeste; ils comprennent la matière importante des successions & des testaments: cet Ouvrage n'est que manuscrit. Outre l'érudition méthodique qu'il renferme, il a de plus le mérite du style & d'une latinité très-pure; il est précédé d'un Historique sur la Jurisprudence Romaine, & d'une Notice de la Vie & des Ouvrages des Jurisconsultes dont les décisions forment le digeste.

Un autre manuscrit de M. Lorry, entrepris également à l'usage des écoles, & qui mériterait d'être entre les mains de tous ceux qui veulent approfondir l'étude du Droit canon, c'eſt ſon excellent Commentaire ſur le Décret de Gratien.

Ces deux importans Ouvrages ont fait l'occupation de preſque toute la vie de M. Lorry; il n'en a été diſtrait que par deux autres moins conſidérables : le premier eſt un Eſſai de Diſſertation ſur le Mariage, conſidéré comme contrat & comme ſacrement, imprimé en 1760.

Le ſecond Ouvrage eſt entiérement dû à ſon amour pour la Faculté dont il était membre, & à ſon zèle pour les études; il s'y plaint de la déſertion preſque générale des écoles. Deux Magiſtrats célèbres approuvèrent les ſages réflexions qui lui échappent à ce ſujet, & l'exhortèrent à les publier. C'eſt pour répondre à leurs vues, qu'il rédigea ſon Mémoire ſur la Réformation des Ecoles de Droit, qui parut en 1764.

Outre ces deux Diſſertations, M. Lorry avait donné, en 1757, un Commentaire de ſon père, ſur Juſtinien. Ce Traité eſt très-eſtimé dans nos écoles, & même chez l'étranger.

Il préparait une autre production beaucoup plus importante, quand il ſe ſentit atteint de violentes coliques d'eſtomach, qui le conduiſirent au tombeau le 6 Novembre 1766.

En peignant M. Lorry comme un Juriſconſulte profond, nous n'avons fait connaître qu'une partie de ſon mérite. La ſcience du Droit était accompagnée, chez lui, d'une littérature très-étendue, & d'une grande connaiſſance de l'Hiſtoire ancienne & moderne. Il ne s'était pas contenté d'en ſaiſir les époques principales & les réſultats généraux, il en avait étudié toutes les parties dans le plus grand détail; il connaiſſait tous les petits faits, toutes les anecdotes particulières, qui nous découvrent ſouvent les véritables reſſorts de la politique, & mettent dans tout leur jour le caractère des principaux perſonnages. Tout cela s'était placé dans ſa tête ſans effort & ſans confuſion; & ſa mémoire, auſſi fidelle à lui repréſenter les objets, qu'exacte à les retenir, lui fourniſſait ſans ceſſe de nouvelles reſſources, & rendait ſa converſation inſtructive & amuſante, ſans qu'il cherchât à plaire ni à inſtruire.

Lorry était encore plus eſtimable par les qualités de ſon cœur que par ſes talents. L'amour de ſes devoirs & de ſon état dirigeait toutes ſes actions. Sa vertu, toujours aimable, ne reſſentait pas la contrainte, & ne lui coûtait aucun effort. Sévère pour lui-même, indulgent pour les autres, il ne jugeait que favorablement des actions dont il ignorait les motifs; & cette retenue, ſi louable & ſi rare, était encore moins l'effet de ſa ſoumiſſion aux préceptes de la religion, que de l'eſtime qu'il a toujours conſervée pour ſes ſemblables. Une heureuſe ignorance des vices & de la fauſſeté, éloigna toujours de ſon cœur ce ſentiment de défiance utile, mais pénible, auquel les ames honnêtes ne s'accoutument qu'avec peine.

Son extérieur grave & ſérieux en impoſait au premier coup-d'œil, & donnait le change ſur ſon caractère; mais quand on le connoiſſait mieux, on appercevait, dans tous ſes traits, l'expreſſion de l'ame la plus franche & la plus ſenſible : & l'amitié ſuivait bientôt l'eſtime. Sa douceur, l'égalité parfaite de ſon ame, répandait, ſur ſa ſociété, un charme inexprimable. Toujours bien avec lui-même, dans quelqu'inſtant qu'on le ſurprît, on liſait, dans ſes yeux, la ſérénité douce, la gaîté paiſible que donne à l'homme de bien le ſpectacle de ſon propre cœur.

Le

Le Président HÉNAULT.

CHARLES-JEAN-FRANÇOIS HÉNAULT, naquit à Paris, le 8 Février 1685, de J. R. Hénault, Fermier-Général. Penſionnaire chez les Jéſuites, il ſe diſtingua dans le cours de ſes études; puis il fit ſon droit, & fut reçu, en 1706, Conſeiller au Parlement, avec diſpenſe d'âge. Fidèle aux devoirs que lui impoſait Thémis, il conſacrait ſes loiſirs aux Muſes. A vingt-un ans il obtint un prix à l'Académie Françaiſe, & un autre, l'année ſuivante, aux Jeux Floraux de Toulouſe.

Il voulut auſſi s'exercer dans le genre dramatique, & il enfanta deux Tragédies, *Cornélie* & *Marius*, qu'il fit paſſer ſous des noms étrangers. La première eut un ſuccès médiocre; la ſeconde en eut davantage : elle eſt même reſtée au Théâtre.

Ces eſſais d'éloquence & de poéſie avaient été aſſez bien reçus pour l'attacher à des ouvrages d'imagination. Son goût délicat & ſon caractère voluptueux devaient encore fortifier ce penchant, mais un jugement exquis lui fit rechercher une gloire plus ſolide. Il touchait, pour ſe délaſſer, la lyre d'Anacréon, & retournait à l'étude de l'Hiſtoire & de la Philoſophie.

C'eſt à cette étude conſtante qu'il dut le choix que fit de lui le Régent; pour la compoſition de différents diſcours qui furent prononcés au Parlement, à la déclaration de la majorité du Roi. C'eſt dans ſon application à découvrir l'origine des loix fondamentales du Royaume de France, qu'inſenſiblement ſon Ouvrage principal, celui qui doit éternifer ſon nom, ſe développa ſous ſes mains. Il n'écrivit d'abord que pour lui ſeul. De tous ceux qu'il conſulta, le ſavant de Foncemagne eſt celui qui l'aida le plus de ſes lumières.

Après un travail continué pendant pluſieurs années, l'Abrégé chronologique de l'Hiſtoire de France parut en 1744 : dès 1723 l'Auteur avait été reçu à l'Académie Françaiſe. Jamais un ſi vaſte tableau n'avait été renfermé dans un ſi court eſpace. Cet Ouvrage a moins excité l'envie & la malignité, que pluſieurs autres moins recommandables, parce qu'il cachait ſon mérite ſous les ſimples dehors de la Chronologie.

Dans la ſeptième édition, publiée en 1768, on trouve des augmentations de près de moitié, qui conſiſtent en pluſieurs articles intéreſſans, en Remarques ſur la troiſième race, & en une Table des matières, parfaitement bien rédigée. Ce Livre a eu le ſort de nos meilleures productions, celui d'être traduit en pluſieurs langues; il le fut en italien, en allemand & en anglais, & preſqu'en même tems. De tous les Abréviateurs de l'Hiſtoire Ancienne, celui que le Préſident Hénault eſtimait davantage, était Velleius Paterculus; & cette prédilection provenait ſans doute des traits ſinguliers de reſſemblance qu'il avait avec lui.

Les autres Ouvrages du Préſident Hénault conſiſtent en une vie du Cardinal de Luynes, pluſieurs Pièces de Théâtre, & quelques Diſſertations ou Diſcours inſérés dans les Recueils de Mémoires des Académies dont il était membre. Parmi ſes Œuvres dramatiques, on doit ſur-tout diſtinguer *François II*, Drame irrégulier, dont Shakeſpear lui avait donné un modèle dans la Tragédie de Henri IV. Ses Comédies ont eu plus de succès; elles joignent, au mérite rare de l'enjouement & de la gaîté, l'avantage, non moins rare, d'être du meilleur ton. C'est à ce petit nombre de productions qu'il s'est borné. Ses amis & ses héritiers ont en dépôt une foule d'autres Ecrits, mais il n'a pas permis qu'on en fît rien paraître. Sa modestie a résisté aux éloges même & aux pressantes sollicitations de Voltaire. Mis souvent en parallèle avec Anacréon, dont il avait la volupté & les graces, il a sacrifié toutes ses Poésies érotiques.

Sans aucun desir d'augmenter sa fortune, il avait été nommé à la place de Surintendant de la maison de la Reine, qu'il sollicitait pour un autre. Les marques singulières de protection & d'estime dont il fut honoré à la Cour de son Souverain, existent encore dans un recueil considérable de lettres, conservées précieusement par sa famille. Cette place de Surintendant rapportait 15000 livres; il se contenta de 10000 livres, & obtint que le reste fût donné, en pension, à la veuve de son prédécesseur.

Il avait épousé, en 1714, Demoiselle Le Bas de Montargis, dont il n'a point eu d'enfans; elle était sœur de madame la Marquise d'Arpajon, mère de madame la Maréchale de Mouchy. Pourvu, en 1710, de la charge qu'il avait achetée de M. le Président de Maupeou, il la vendit en 1713, & fut reçu Président Honoraire dans la même année. Il était de l'Académie Française, Honoraire de l'Académie royale des Inscriptions & Belles-Lettres, de celles de Nancy, de Berlin & de Stockolm.

Malgré les infirmités de la vieillesse, M. le Président Hénault a travaillé jusqu'au dernier moment de sa vie. Il a fait ses Remarques sur la troisième race des Rois de France, dans sa quatre-vingt-deuxième année. Il est mort, à Paris, le 24 Novembre 1770.

M. le Prince de Beauveau, son successeur à l'Académie Française, a dit de lui: Les passions qui troublent la paix de l'ame, & qui nuisent le plus aux agrémens de l'esprit, l'ambition, l'intérêt, l'envie, lui étaient inconnues..... Toutes ses qualités étaient tellement tournées à l'avantage de la société, qu'il se fit des amis dans toutes les classes qui la composent: également recherché des Gens de Lettres, des Gens de la Cour & des Etrangers, sa maison semblait être le rendez-vous des hommes de mérite de tous les états & de tous les pays.

Nous terminerons cet article par un parallèle entre l'Auteur de l'Abrégé chronologique de l'Histoire de France, & l'Abréviateur des Annales Romaines, Velleius Paterculus. L'un & l'autre, en résumant, & malgré l'ordre méthodique qui règne dans leurs Ouvrages, ont eu le talent de conserver le caractère d'Historiens, & d'enchaîner imperceptiblement les faits, pour exciter autant que pour satisfaire le désir de savoir. Tous deux ont tempéré la sécheresse d'un abrégé par des réflexions profondes & rapides; leurs marches sont également enrichies de portraits finis & d'un grand nombre d'anecdotes intéressantes: dans l'un & dans l'autre, c'est la même finesse de discernement & de goût. Partisans du pouvoir absolu, tous deux ont considéré des mêmes yeux le droit public de leurs nations; tous deux, dignes de leur siècle, ont respecté leur langue, & prouvé, par la noblesse & les charmes de leur style, vif & concis, qu'ils vivaient à la Cour de leurs Maîtres. Mais le Président Hénault l'emporte sur son modèle, par une attention scrupuleuse à n'omettre rien d'essentiel, par un ordre admirable, & sur-tout par des Remarques savantes sur les grandes révolutions arrivées dans toutes les parties qui constituent le Royaume de France.

De la Tour pinx. L. J. Cathelin sculp.

DE MONCRIF.

FRANÇOIS-AUGUSTIN PARADIS DE MONCRIF, naquit à Paris, en 1687, d'une honnête famille de bourgeoisie. Ses parents ne lui laissèrent pas beaucoup de bien, mais ils lui donnèrent une bonne éducation. Né avec le goût des Lettres, il s'y livra dès sa plus tendre jeunesse. En recherchant les faveurs des muses, il ne négligea point celles de la fortune; il avait tout ce qu'il faut pour se produire, dans le grand monde, avec avantage : & il fit de bonne heure usage de ses ressources naturelles & acquises.

Alors son génie poétique prit l'essor. Il n'avait encore produit que quelques Odes : ce genre n'était pas le sien; on en peut juger d'après son Ode sur la mort de Louis XIV, & ses Rimes chrétiennes, composées par ordre de la Reine. Le grand nombre de jolis Couplets, de Madrigaux charmans, qu'il prodigua aux Dames de la plus haute distinction, commencèrent sa réputation.

Appelé à toutes les fêtes, on ne pouvait plus se passer de lui, & il savait merveilleusement se ployer aux circonstances, à la mode régnante; jusques-là, qu'il crayonna une Parade, pour être jouée sur les tréteaux de la Foire. A tous les talents qui font rechercher dans la société, il joignait celui de bien lire : c'est sans doute ce qui contribua, par la suite, à le faire nommer Lecteur de la Reine.

Avant d'occuper cette place, il avait eu le bonheur d'être attaché à M. le Comte de Clermont, en qualité de Secrétaire de ses commandements. La Comédie de l'Oracle de Delphes, faussement attribuée au Président Hénault & à Fuzelier, l'avait fait admettre dans la société du Prince. Cette Pièce, jouée à Paris en 1722, représentée trois fois avec succès, fut défendue à la quatrième.

Ce contre-tems dégoûta l'Auteur; & ce ne fut que dix ans après qu'il donna sa Comédie des Abderites, qui, dans le principe, n'avait été destinée que pour servir d'amusement à madame la Duchesse Douairière, mère du Comte de Clermont.

Moncrif fit une troisième Pièce, sous le titre de *la Fausse Magie*, qui fut représentée, en 1719, sur le Théâtre Italien.

Il eut plus de succès à l'Opéra. Il y débuta, en 1733, par le Ballet de l'empire de l'Amour sur les mortels; les Génies & les Dieux, en trois actes; suivirent successivement la Reine de Circassie, Amasis, Linus, Ismène, Isis & Osiris, Alcide & Omphale, la Sibille : les Génies tutélaires, à l'occasion de la naissance du Duc de Bourgogne; Zelindor, le Trophée, & enfin Erosine.

Zelindor, traduit en italien par l'Abbé Frugoni, a été aussi bien accueilli à la Cour du Duc de Parme, qu'à Versailles & à Paris.

De Moncrif imagina encore un autre Ballet, qui n'eut jamais les honneurs de la représentation; il porte pour titre, *les Ames réunies* ou *la Métempsicose*, & il a trois actes. La singularité du sujet a nui à sa publicité.

Mais de tous les Ouvrages de Moncrif, celui qui lui fit le plus d'honneur, fut son Essai sur la Nécessité & sur les Moyens de plaire : C'est un

Livre qu'il faut avoir lu, difait le Dauphin, père de Louis XVI. A la fuite font plufieurs Contes de Fées, pour fervir comme d'application à la théorie précédente.

L'Hiftoire des Ames rivales eft une Fable agréablement tiffue : ce Roman contient le fyftême métaphyfique des Brames. Le manufcrit, communiqué à un Prêtre de l'Inde, l'étonna beaucoup, & lui infpira la plus haute vénération pour l'Auteur.

De Moncrif raffembla lui-même toutes fes Œuvres en quatre volumes *in*-12, mais on n'y trouve point fes Lettres fur les chats.

C'eft dans le Recueil de fes Poéfies légères, qu'on doit chercher le vrai talent de Moncrif. Ses Chanfons naïves font principalement le genre dans lequel il excella. Sa Romance d'Alix & d'Alexis,

Méchans parents ! qu'avez-vous fait ?....

eft un modèle de naturel & de fimplicité : mais de tout ce qui eft forti de fa plume, rien n'égale fa Pièce du Rajeuniffement inutile, ou des Amours de Tithon & de l'Aurore.

Moncrif parvint à un âge avancé fans reffentir aucune des infirmités de la vieilleffe : quelques jours encore avant fa mort, il avait affifté à une repréfentation d'Opéra, fon fpectacle favori. Il ceffa de vivre en 1770.

Il avait obtenu toutes les diftinctions auxquelles fa qualité d'Homme de Lettres pouvait lui permettre de prétendre. Peu de tems après avoir été nommé Lecteur de la Reine, il fut reçu de l'Académie Françaife : on l'admit pareillement dans celles de Berlin & de Nancy.

Moncrif portait la reconnaiffance jufqu'à l'héroïfme. Les marques d'attachement qu'il témoigna publiquement, lorfque M. d'Argenfon, qui l'honorait de fon amitié, eut le malheur d'être exilé, font une preuve éclatante qu'il n'était pas moins fenfible que courageux. Au rifque de perdre fes places & d'être difgracié lui-même, il fut trouver la Reine, fe jetta à fes genoux, & la pria en grace de folliciter pour lui la permiffion qu'il accompagnât ce Miniftre : il obtint celle d'aller le voir, tous les ans, dans le lieu de fon exil, & fes places lui furent confervées.

Voici comme l'a peint un de fes amis, & il ne fallait pas être du nombre pour reconnaître la reffemblance du portrait :

C'était un honnête homme, un homme honnête, un bon citoyen, un bon ami, un bon parent : qualités rares dans ce fiècle. Il élevait, il foutenait, de fon bien, de pauvres jeunes gens, qui ne rougiffaient pas des bienfaits dont il les comblait; il n'en parlait jamais lui-même : & cette générofité ferait ignorée, fans leur reconnaiffance.... Quant à fes amis particuliers, fon plus grand bonheur était de leur rendre fervice : quand il apprenait pouvoir leur être utile, un plus grand bonheur encore pour lui, était de les prévenir. Perfonne n'obligeait comme lui. Il m'a prefque fait fouhaiter d'être malheureux, pour avoir befoin de fes fecours, &c.....

Il avait un domeftique digne de lui être attaché, auquel il laiffait toujours une fomme d'argent, dont il faifait, fans intérêt, la diftribution aux malheureux qui recouraient à lui.

Madame de GRAFIGNY.

FRANÇOISE D'ISSEMBOURG D'HAPPONCOURT DE GRAFIGNY, naquit, à Nancy, vers la fin du dernier siècle, d'un Major de la Gendarmerie du Duc de Lorraine, & d'une petite nièce du fameux *Callot*; sa mère se nommait Marguerite de Seaureau, fille d'Antoine de Seaureau, Baron de Houdemont & de Vandœuvre, premier Maître-d'hôtel du même Duc Léopold. Le père de madame de Grafigny, sorti de l'ancienne & illustre maison d'Issembourg, en Allemagne, servit en France dans sa jeunesse; il fut Aide-de-Camp du Maréchal de Boufflers, au siège de Namur. Louis XIV, content de ses services, le reconnut Gentilhomme en France, comme il l'était en Allemagne, & confirma tous ses titres. Il s'attacha depuis à la Cour de Lorraine.

Sa fille fut mariée à M. François Huguet de Grafigny, Exempt des Gardes-du-Corps & Chambellan du Duc de Lorraine. Elle eut beaucoup à souffrir de son mari; après bien des années d'une patience héroïque, elle en fut séparée juridiquement. Elle en avait eu quelques enfans, morts en bas âge, avec leur père.

Madame de Grafigny était née sérieuse, & sa conversation n'annonçait pas tout l'esprit qu'elle avait reçu de la nature. Un jugement solide, un cœur sensible & bienfaisant, un commerce doux, égal & sûr, lui avaient fait des amis, long-tems avant qu'elle pensât à se faire des lecteurs.

Libre de ses chaînes, elle vint à Paris avec mademoiselle de Guise, destinée à M. le Maréchal de Richelieu. Peut-être sans cette circonstance n'y serait-elle jamais venue : du moins l'état de sa fortune ne lui permettait guère d'y songer; & d'ailleurs elle ne prévoyait pas plus que les autres la réputation qui l'attendait dans cette Capitale. Les bons Juges de Paris découvrirent bientôt tout ce qu'elle était. Plusieurs gens d'esprit, réunis dans une société où elle avait été admise, la forcèrent de fournir quelque chose pour le *Recueil* de ces *Messieurs*. Le morceau qu'elle donna est le plus considérable du Recueil; il est intitulé : *Nouvelle Espagnole; le mauvais exemple produit autant de vertus que de vices*. Le titre même, comme on voit, est une maxime, & tout le Roman en est rempli : l'on y apperçoit néanmoins, à travers une diction recherchée, des lueurs de sentiment, de raison & d'humanité. Cette bagatelle ne fut pas goûtée par quelques-uns des Associés. Piquée des plaisanteries de ces Messieurs sur la *Nouvelle Espagnole*, elle prépara la meilleure de toutes les réponses; elle fit mieux : ses Lettres d'une *Péruvienne* parurent, & eurent le plus grand succès. On y trouva quelques beaux détails, des images vives, tendres, ingénieuses, riches, fortes, légères; des sentimens délicats, naïfs, passionnés. On fut touché de ce grand morceau plein d'art, de feu & d'intérêt, où la Péruvienne se trouve, plus que jamais, pressée entre son cher *Aza* & le plus généreux des bienfaiteurs. Ce n'est pas que ce Roman n'ait ses défauts; le dénouement ne satisfait point; les Lettres XXX & XXXI refroidissent la scène : le style est souvent alambiqué, & d'autrefois trop peigné; le ton en est quelquefois métaphysique, & ce ton est toujours froid en amour.

Peu de tems après, madame de Grafigny donna au Théâtre Français, avec des applaudissements qui ne se sont point démentis, *Cénie*, en cinq actes, en prose. Ce serait une des meilleures Pièces que nous ayions dans le genre attendrissant, après *Mélanide*, si l'Auteur ne donnait trop souvent dans le néologique & le précieux, & si on n'y voyait une imitation trop marquée de la Gouvernante, de *la Chaussée*. La Fille d'*Aristide*, autre Pièce en cinq actes, en prose, dans le genre de *Cénie*, fut moins applaudie, & méritait moins de l'être. Elle a paru, imprimée, après la mort de madame de Grafigny, qui, dit-on, le jour même de sa mort, en avait corrigé la dernière épreuve. On assure aussi que le peu de succès de cette Pièce au Théâtre, n'a pas peu contribué à la maladie dont elle est morte. Elle avait cet amour-propre louable, père de tous les talents; une critique, une épigramme, lui causait un véritable chagrin, & elle l'avouait de bonne-foi. Comme elle s'était livrée aux Lettres fort tard, elle avait beaucoup de nos opinions modernes sur les différents genres de littérature : elle n'aimait point les vers. L'Académie de Florence se l'était associée. L'Empereur, & l'Impératrice, Reine de Hongrie, l'honoraient d'une estime particulière, & lui faisaient souvent des présents, ainsi que Leurs Altesses Royales le Prince Charles & la Princesse Charlotte de Lorraine, avec lesquelles elle avait même la distinction d'être en commerce de lettres. Elle a légué ses livres à feu M. Guymond de la Touche, Auteur de la moderne Tragédie d'Iphigénie en Tauride, & de l'Épître à l'Amitié.

On peut juger de son esprit par ses Ouvrages, ils sont entre les mains de tout le monde; on peut juger de son ame par ses amis, elle n'en a eu que d'estimables : leurs regrets firent son éloge. Le fond de son caractère était une sensibilité & une bonté de cœur sans exemple; elle faisait tout le bien qu'elle pouvait faire. On ne sait presqu'aucune particularité de sa vie, parce qu'elle était simple & modeste, & ne parlait jamais d'elle. On sait seulement que sa vie n'a été qu'un tissu de malheurs : & c'est dans ces malheurs qu'elle aura puisé, en partie, cette douce & sublime philosophie du cœur, qui a fait passer ses Ouvrages à la postérité.

Les Lettres d'une *Péruvienne*, & *Cénie*, ont été traduites en italien. L'Auteur du *Colporteur* prétend que ces Ouvrages ne sont pas de madame de Grafigny : elle acheta, dit-il, le premier d'un Abbé, & un autre Abbé, plus généreux, lui donna le second. C'est une assertion qu'il serait difficile de prouver : *Zilia* & *Cénie* sont deux sœurs qui se ressemblent trop, pour n'avoir pas la même mère.

Ce n'est pas le seul chagrin que l'envie ait fait à madame de Grafigny. Après la chûte de *la Fille d'Aristide*, on lui mit ces vers sous sa serviette :

> Bonne maman de la gente *Cénie*,
> A cinquante ans vous fîtes un poupon ;
> On applaudit, on le trouva fort bon ;
> On passe un miracle en la vie.
> Mais d'un effort moins circonspect,
> Sept ans après tenter même aventure,
> Et travailler encor dans le goût grec,
> Pardon, maman, si la phrase est trop dure,
> Je le dis, sauf votre respect,
> C'est, de tout point, vouloir forcer nature.

Madame DU CHATELET.

CETTE femme célèbre, épouse du Marquis du Châtelet-Laumont, Lieutenant-Général des Armées du Roi, a entrepris & achevé, à l'étonnement & à la gloire de son pays, une Traduction des Principes de *Newton*, que plusieurs savans Hommes de France devaient faire, & que les autres doivent étudier.

Ce n'était pas son coup d'essai; elle avait auparavant donné au Public une Explication de la Philosophie de *Leibnitz*, sous le titre d'*Institutions de Physique*, adressées à son fils, auquel elle avait enseigné elle-même la Géométrie.

Le Discours préliminaire qui est à la tête de ces Institutions, est un chef-d'œuvre d'éloquence & de raison; elle a répandu, dans le reste du Livre, une méthode & une clarté que Leibnitz n'eut jamais, & dont ses idées ont besoin.

Après avoir eu le courage de l'embellir, elle eut celui de l'abandonner: courage bien rare dans quiconque a embrassé une opinion; mais qui ne coûta guères d'efforts à une ame passionnée pour la vérité.

Défaite de tout esprit de *système*, elle prit pour sa règle celle de la Société royale de Londres, *nullius in verba*; & c'est parce que la bonté de son esprit l'avait rendu ennemie des partis & des systèmes, qu'elle se donna toute entière à *Newton*; car Newton ne fit jamais de système, ne supposa jamais rien, & n'enseigna aucune vérité qui ne fût fondée sur la plus sublime Géométrie, ou sur des expériences incontestables.

Madame du Châtelet a rendu un double service à la postérité, en traduisant le Livre des Principes, & en l'enrichissant d'un Commentaire.

A l'égard du *Commentaire algébrique*, c'est un Ouvrage au-dessus de la Traduction. Elle y travailla sur les idées de M. *Clairaut*; elle fit tous les calculs elle-même; & quand elle avait achevé un chapitre, M. Clairaut l'examinait & le corrigeait.

Autant on doit s'étonner qu'une femme ait été capable d'une entreprise qui demandait de si grandes lumières & un travail si obstiné, autant doit-on déplorer sa perte prématurée. Elle n'avait pas encore terminé le Commentaire, lorsqu'elle prévit que la mort allait l'enlever. Elle était jalouse de sa gloire, & n'avait point cet orgueil de la fausse modestie, qui consiste à paraître mépriser ce qu'on souhaite, & à vouloir paraître supérieur à cette gloire véritable, la seule récompense de ceux qui servent le Public, la seule digne des grandes ames: c'est ce soin qu'elle avait de sa réputation, qui la détermina, quelques jours avant sa mort, à déposer, à la bibliothèque du Roi, son Livre, tout écrit de sa main.

Elle joignit, à ce goût pour la gloire, une simplicité que donnent souvent les études sérieuses; jamais femme ne fut si savante qu'elle, & jamais personne ne mérita moins qu'on dit d'elle, c'est une femme Savante. Elle ne parlait jamais de science qu'à ceux avec qui elle croyait pouvoir s'instruire, & jamais elle n'en parla pour se faire remarquer. Elle vécut long-tems dans des sociétés où l'on ignorait ce qu'elle était, & elle ne prenait pas garde à cette ignorance.

Les dames qui jouaient avec elle chez la Reine, étaient bien loin de se douter qu'elles fussent à côté du Commentateur de *Newton*. On la prenait pour une personne ordinaire; seulement on s'étonnait quelquefois de la rapidité & de la justesse avec laquelle on la voyait faire des comptes, & terminer les différends : dès qu'il y avait quelque combinaison à faire, la Philosophe ne pouvait plus se cacher. On l'a vu diviser jusqu'à neuf chiffres par neuf autres chiffres, de tête & sans aucun secours, en présence d'un Géomètre étonné, qui ne pouvait la suivre.

Née avec une éloquence singulière, cette éloquence ne se déployait que quand elle avait des objets dignes d'elle : le mot propre, la précision, la justesse, étaient le caractère de son éloquence. Elle eût plutôt écrit comme *Paschal* & *Nicole*, que comme Madame de *Sévigné*.

Sensible aux beautés de sentiment, les charmes de la Poësie la pénétraient, & jamais oreille ne fut plus sensible à l'harmonie. Elle savait par cœur les meilleurs vers, & ne pouvait souffrir les médiocres : le *Tasse* & *Milton* lui étaient familiers comme *Virgile*.

Elle se livrait au plus grand monde comme à l'étude; tout ce qui occupe la société était de son ressort, hors la médisance : jamais on ne l'entendit relever un ridicule. On lui montra, un jour, je ne sais quelle misérable Brochure, dans laquelle un Auteur, qui n'était pas à portée de la connaître, avait osé mal parler d'elle; elle dit que si l'Auteur avait perdu son tems à écrire ces inutilités, elle ne voulait pas perdre le sien à les lire. Le lendemain, ayant su qu'on avait renfermé l'Auteur de ce libelle, elle écrivit en sa faveur, sans qu'il l'ait jamais su.

Il eût été heureux, pour ses amis, qu'elle n'eût pas entrepris ses Ouvrages, dont les Savans jouissent. On peut dire d'elle, en déplorant sa destinée, *periit arte suâ*.

Elle fut frappée à mort long-tems avant le coup qui l'a enlevée à la France; dès-lors elle ne songea plus qu'à employer le peu de tems qu'elle prévoyait lui rester, à finir ce qu'elle avait entrepris, & à dérober à la mort ce qu'elle regardait comme la plus belle partie d'elle-même. L'ardeur & l'opiniâtreté du travail, des veilles continuelles, dans un tems où le repos l'aurait sauvée, amenèrent enfin cette mort qu'elle avait prévue : elle la subit au Palais de Lunéville, le 10 Août 1749, à l'âge de quarante-trois ans & demi. Elle a été inhumée dans la Chapelle voisine.

Nous ne pouvons mieux terminer cette notice sur la vie de madame du Châtelet, qu'en rapportant un quatrain charmant de sa composition, qui sert à prouver la finesse de son esprit & l'universalité de ses talents. M. de Voltaire lui avait adressé, pour ses étrennes, les vers suivans :

>Une étrenne frivole à la docte Emilie !
>Peut-on la présenter ? Oh ! très-bien, j'en réponds.
>Tout lui plaît, tout convient à son docte génie ;
>Les livres, les bijoux, les compas, les pompons,
>Les vers, les diamans, les biribis, l'optique,
>L'algèbre, les soupers, le latin, les jupons,
>L'opéra, les procès, le bal & la physique.

Madame du Châtelet répondit ainsi à cette galanterie :

>Hélas ! vous avez oublié,
>Dans cette longue kirielle,
>De placer le nom de l'amitié ;
>Je donnerais tout le reste pour elle.

Peint par L.M. Vanloo en 1764. Gravé par S.C. Miger en 1773.

CARLE VANLOO.

CARLE VANLOO naquit à Nice, dans le Comté de Provence, le 15 Février 1705, de Louis Vanloo, issu d'une famille noble de cette ville, & de Marie Follé.

La naissance de Vanloo fut marquée par un événement. Sa patrie était, en ce moment, assiégée par le Maréchal de Berwick; les bombes y volaient de toutes parts. Sa mère, tremblante pour ses jours, l'emporte avec précipitation, & va le cacher dans sa cave. Jean-Baptiste Vanloo, frère aîné de Carle, attentif au jeu de l'artillerie, croit voir sa maison menacée; il vole au secours du jeune Carle, & l'enlève de son berceau; il s'en éloignait à peine, qu'une bombe le frappe, & le couvre de ses débris.

C'est à ce frère, à qui Vanloo fut redevable de la vie, que nous devons peut-être ses talents; il lui servit tout-à-la-fois de maître & de père. Appelé à Turin par le Roi de Sardaigne, il l'y conduisit avec lui, & delà à Rome. Les premiers essais de Carle annoncèrent ce qu'il serait un jour. Son frère, après lui avoir donné les premiers éléments du dessin, l'avait fait entrer dans l'attelier du célèbre *Benedetto Lutti*, dont lui-même avait été élève. Ses progrès, sous ce maître, furent si rapides, qu'on en parla bientôt dans Rome avec étonnement. Le Gros, habile Sculpteur français, fut curieux de le voir, & voulut en faire son élève. Vanloo, qui n'avait que treize ans, balança quelque tems entre la Peinture & la Sculpture. Il parut enfin se décider pour cette dernière; mais la mort de Le Gros le ramena bientôt à son premier maître.

Vanloo repassa en France, avec son frère, en 1719. En 1723 il remporta, à dix-huit ans, la première médaille du dessin. Après un assez long usage du crayon, Jean-Baptiste, son frère, lui permit enfin d'employer les pinceaux; & en peu d'années il se vit en état d'aider son maître. Lorsque celui-ci fut chargé, par le Régent, de réparer, à Fontainebleau, la belle galerie du Primatice, il ne fit aucune difficulté d'associer son élève à ce travail.

Carle retourna, une seconde fois à Rome, en 1727, avec Louis & François Vanloo, ses neveux. Il obtint, dans cette Capitale des arts, le prix de dessins que l'Académie de S. Luc y distribue tous les ans. Il fut presqu'aussi-tôt chargé de faire un tableau pour l'Angleterre; les Romains, eux-mêmes, voulurent employer son pinceau. Il peignit, pour l'Eglise de S. Isidore, un plafond représentant l'apothéose de ce Saint. Le saint François, & la sainte Marthe, destinés à embellir l'Eglise des Cordeliers de Tarascon, lui firent aussi beaucoup d'honneur. Le Pape le décora, en 1729, d'un cordon de Chevaliers qu'il accompagna d'un brevet encore plus flatteur.

Vanloo quitta enfin l'Italie; &, passant par Turin, le Roi de Sardaigne lui fit peindre, pour son cabinet, onze sujets tirés de la Jérusalem délivrée, du Tasse. Il décora aussi l'Eglise de S. Philippe de Neri, & celle des Religieuses de la Croix, de trois tableaux, qui ne firent qu'ajouter à sa réputation. C'est à Turin qu'il épousa, en 1734, Christine Somis, fille du premier Musicien de l'Italie. Il vint avec elle se fixer à Paris. Son

Tome II. H

tableau de Marsias, écorché par l'ordre d'Apollon, lui mérita presqu'en même tems une place & le grade d'Adjoint à Professeur dans l'Académie de cette Capitale. L'année suivante il fut élu Professeur.

Il a traité le portrait avec autant de succès que l'histoire ; celui du Roi, exposé au Salon de 1763, suffirait seul pour prouver qu'il aurait pu se faire un nom dans ce genre.

Le Roi de Prusse voulut l'attirer à Berlin, & lui fit offrir la place de son premier Peintre. Vanloo, honoré des bienveillances de son Roi, refusa, avec reconnoissance, les offres du grand Frédéric.

Parmi ses nombreuses productions, on distingue sur-tout une sainte Clotilde, un S. Charles, un Silène, le grouppe des Parques, le retour de la chasse de Diane, & une Iphigénie.

De tous ses juges, il était le plus sévère & le plus éclairé. Il a détruit lui-même le tableau de Porus, destiné pour le Roi d'Espagne, celui du S. Augustin, & celui des Graces enchainées par l'Amour, exposés au Salon de 1763; & il les a recommencés depuis sur de nouvelles toiles : mais il en est qui ont été absolument perdus.

En 1749, le Roi nomma Vanloo à la place de Directeur de l'école des élèves protégés, & en 1751 il l'honora du cordon de S. Michel. L'Académie le nomma, presqu'en même tems, Adjoint à Recteur.

Ayant obtenu, en 1762, le titre de premier Peintre du Roi, M. le Dauphin demanda quel sujet amenait Vanloo à la Cour : c'est, lui répondit M. de Marigny, pour remercier le Roi de la place de premier Peintre. — Mais il l'est depuis long-tems, répliqua le Prince.

En 1763, le Ministre le chargea de peindre, dans la coupole des Invalides, les principaux traits de la vie de S. Grégoire. Il n'en a laissé que les esquisses, & ce sont les derniers ouvrages sortis de ses mains. Il fit, pour sa santé, un voyage en Angleterre, mais il ne séjourna qu'un mois à Londres. Il expira d'un coup de sang, le 15 Juillet 1765, dans la soixante-unième année de son âge.

Carle Vanloo était d'une figure agréable & intéressante ; ses yeux annonçaient tout-à-la-fois la candeur de son ame & la vivacité de son esprit. Laborieux, dur à lui-même, il travaillait toujours debout, & sans feu, pendant les plus grands froids. Franc, sincère, affectueux dans la société, la bonté de son caractère faisait aisément oublier les saillies de sa vivacité, à laquelle il se livrait quelquefois. Ses enfans trouvèrent en lui un ami tendre, & ses élèves, un père qui s'intéressait vivement à leurs succès. Il eut le défaut commun aux hommes de génie & aux ames honnêtes ; uniquement occupé de sa gloire, il travailla peu pour sa fortune.

Sa réputation ne le mit cependant pas à l'abri de la critique. Plus d'une fois il se vit en butte à ces écrits anonymes, où, sous prétexte d'éclairer les arts, des Auteurs obscurs se consolent de leur médiocrité en abaissant le génie ; trop souvent même il y parut plus sensible qu'il n'aurait dû l'être : il ne se ressouvint pas assez que l'indifférence est le seul sentiment que doivent inspirer de pareils Ouvrages. Au surplus, s'il donna lieu à une juste censure, s'il eut quelques légers défauts, (& quel est l'Artiste qui peut se flatter d'en être exempt?) par combien de beautés ne les rachetait-il pas? Que ne pardonnerait-on pas à ce dessin élégant & facile, à ce pinceau plein de chaleur & de graces, à ce coloris suave & enchanteur qui distinguent ses productions?

L'Abbé D'OLIVET.

JOSEPH THOULIER D'OLIVET naquit, à Salins, le 30 Mars 1682. Son père, qui depuis fut Conseiller au Parlement de Franche-Comté, se chargea lui-même de l'éducation de son fils. Après de brillantes études, le jeune d'Olivet entra chez les Jésuites, où il avait un oncle célèbre par son érudition. Ses premiers essais en littérature eurent pour objet la Poésie; puis il tourna ses vûes du côté de la prédication : il prêcha un carême à Grenoble. Enfin, il retourna à la belle Littérature, qui l'occupa tout entier le reste de sa vie. Cicéron dès-lors était son Auteur favori. L'amour des Lettres & de la Philosophie devint pour lui un goût si exclusif, qu'il refusa l'éducation du Prince des Asturies. A trente-trois ans il quitta l'Ordre célèbre, dont les statuts gênaient trop l'indépendance nécessaire à un Ecrivain.

Il vint à Paris, où il était déjà connu par les liaisons qu'il avait entretenues avec Huet, le Président Bouhier, le P. Tournemine & Maucroix. On le chargea de revoir les Traductions de ce dernier; & ce travail lui fit connaître le véritable genre auquel il était destiné.

Dès l'année 1723, sans qu'il ait encore rien publié sous son nom, l'Académie Française le mit au nombre de ses membres. La brigue n'eut aucune part à son élection : d'Olivet était pour lors à Besançon, occupé à rendre les derniers devoirs à son père.

De retour à Paris, il voulut répondre à l'attente qu'on avait de lui. Sa Traduction des *Entretiens de Cicéron* parut en 1726; il la dédia au Roi : elle passa pour un chef-d'œuvre. La critique, qui ne put rien sur le corps de l'Ouvrage, chercha à s'en venger en attaquant les Remarques. Mais quoique l'Abbé d'Olivet ait répondu depuis à ces objections, dans l'édition de 1765, ces démêlés & ceux qu'il essuya quand il mit au jour le *Traité de la faiblesse de l'entendement humain*, par l'Evêque d'Avranches, l'engagèrent à brûler une Histoire de l'Académie d'Athènes.

L'année suivante il publia la Traduction des Philippiques de Démosthènes & des Catilinaires de Cicéron, & elles eurent un succès mérité. L'Histoire de l'Académie Française, de Pelisson, demandait un continuateur : l'Abbé d'Olivet la reprit où son devancier l'avait laissée, en 1652, & la continua jusqu'en 1700. Cet Ouvrage fit du bruit, & arma la critique contre l'Auteur.

Mais le Public le vengea par l'accueil qu'il fit à ses *Essais de Grammaire*, & sur-tout à son excellent *Traité de Prosodie française*. Un an après, il mit au jour la Traduction des *Tusculanes de Cicéron*. Le Président Bouhier, son ami, y avait travaillé : les morceaux de ce dernier sont fidèles; mais on y desirerait quelquefois plus de précision.

Ce fut dans ce tems que la Cour d'Angleterre fit proposer à l'Abbé d'Olivet de présider à une superbe édition des Œuvres de Cicéron; il ne se rendit point aux propositions avantageuses de l'Etranger. Son patriotisme fut récompensé par la permission que lui accorda le Cardinal de Fleury, de consacrer à l'éducation du Dauphin, le travail qu'il eût destiné au duc de Cumberland. Le Roi lui accorda, en conséquence, une pension de 1500 livres, à prendre sur sa cassette.

Les Œuvres de Boileau & de Racine étaient sa lecture favorite ; il les commenta : mais nous n'avons que ses Remarques sur le second de ces deux Poëtes classiques.

Dans la querelle des Anciens & des Modernes, l'Abbé d'Olivet s'était élevé fortement contre les détracteurs des premiers ; il ne montra pas moins de fermeté contre les novateurs de la langue française, dans ses Lettres au Président Bouhier, dernier Ouvrage sorti de sa plume. Il consacra au repos le reste de ses jours.

Ce fut à l'Académie qu'il sentit les avant-coureurs de la maladie dont il mourut. Il se résigna sans peine : *ce soir*, dit-il, *cette nuit, quand on voudra, je suis prêt*. Enfin, après avoir poussé sa carrière jusqu'à quatre-vingt-cinq ans, il expira le 8 Octobre 1768.

Lié dès sa jeunesse avec les Ecrivains les plus célèbres, il fut le dépositaire des travaux de la plupart d'entr'eux. Il remit, à la Bibliothèque du Roi, plusieurs Manuscrits que le P. Hardouin lui avait confiés en mourant. On lui est redevable de l'édition des Poésies & des Pensées diverses de l'Abbé Fraguier & de M. Huet, qui parut sous le titre de *Huetiana*. On trouve, à la tête de ce Recueil, un Eloge de ce savant Critique.

Sans autre passion que celle de l'étude, il ne voulut jamais faire servir à l'agrandissement de sa fortune, l'accès qu'il avait auprès du Cardinal de Fleury, & la confiance dont l'honorait M. de Mirepoix.

Quelqu'un lui demandant un jour ce qu'il pensait d'une Tragédie nouvelle, à laquelle des circonstances heureuses, l'enthousiasme du moment, donnaient une existence brillante : *Cela ne fait de mal à personne*, répondit froidement l'Abbé d'Olivet.

Fidèle à ses principes dans la pratique, l'Abbé d'Olivet a toujours écrit avec force, avec netteté, avec simplicité. Dédaignant toutes les futilités qu'il croyait trouver dans le style des Littérateurs modernes, son grand art était de n'en point avoir. On ne doit point être surpris, d'après sa façon de penser & sa manière de voir, du peu de cas qu'il faisait de la plupart des productions de son tems ; il les regardait comme indignes de sa critique : l'indifférence était tout ce qu'elles pouvaient attendre de lui.

Ses Remarques sur Racine portent toutes, ou sur des expressions qui ont vieilli, ou sur des phrases irrégulières à la vérité, mais autorisées par les privilèges de la Poésie, que l'Abbé d'Olivet voulait resserrer dans des bornes trop étroites. Ses Observations sont pleines de finesse, de précision, & en même tems de respect pour l'Auteur qu'il critique. J'ai lu Racine avec attention, dit-il, mais non à dessein d'y trouver des fautes. Lire un Auteur dans la vue de le reprendre, c'est vouloir, à tout moment, trouver mal ce qui est bien. — Il propose ses doutes avec modestie. — J'avoue, continue-t-il, qu'un Critique, s'il condamne absolument ce qu'un grand Maître a écrit avec mûre réflexion, se sent plus de courage que je n'en ai. Ce n'est pas là le langage de la satyre. Quel travers absurde, dit M. Le Batteux, dans son Discours à l'Académie, de prendre ces Remarques pour un acte d'hostilité, & de vouloir venger Racine d'un hommage qu'on lui rendait.

Le

Le Comte DE CAYLUS.

ANNE-CLAUDE-PHILIPPE DE THUBIERES, Comte de Caylus, naquit, à Paris, le 31 Octobre 1692; il était l'aîné des deux enfans de Jean-Anne, Comte de Caylus, Menin du grand Dauphin, & de Marthe-Marguerite-Hippolyte le Valois, Marquise de Villette, & nièce de madame de Maintenon.

Ses études finies, le jeune Comte fut placé dans les Mousquetaires; & dès sa première campagne, en 1709, Louis XIV le loua devant toute sa Cour, & lui donna un guidon de Gendarmerie. Bientôt il fut élevé au grade de Mestre-de-Camp. En 1711 il se distingua dans la Catalogne, à la tête d'un Régiment de Dragons de son nom. Deux ans après, il servit sous le Maréchal de Villars, & se trouva au siège de Fribourg, où il courut les plus grands dangers.

La paix de Radstadt lui permit de voyager. Il vit l'Italie & la Sicile. De retour à Paris, après un an d'absence, il renonça tout-à-fait au service, & chercha l'occasion de passer dans le Levant, pour étudier les monuments de l'Antiquité : il partit, en 1716, avec le Marquis de Bonnac, nommé Ambassadeur à Constantinople. Un délai de quelques jours le retenant à Smyrne, il en profita pour visiter Ephèse & les ruines du fameux temple de Diane. De Constantinople, où il séjourna deux mois, il passa le détroit des Dardanelles, pour visiter la célèbre Troye, ou du moins la place qu'elle occupait. Sa curiosité satisfaite en partie, il se rendit aux vœux ardents de sa mère, & rentra dans le port de Marseille le 27 Février 1717, pour ne plus quitter la France, que pour aller deux fois à Londres.

L'Académie royale des Inscriptions & Belles-Lettres se l'associa en 1742; il avait été reçu, en 1731, dans celle de Peinture & de Sculpture, où il fonda, pour les élèves, un prix d'*expression* annuel.

L'Académie de Gottingue lui envoya des lettres d'Honoraire, sans qu'il les eût demandées : on s'empressait de lui dédier des Ouvrages dans toute l'Europe. L'Infant de Parme le fit consulter, quand on entreprit les fouilles de Velleia.

Au milieu de tous ces honneurs, les seuls que le Comte de Caylus ait desirés, il sentit tout-à-coup son tempérament s'affaiblir. Au mois de Juillet 1764, un dépôt d'humeurs, fixé sur une de ses jambes, détruisit sa santé, mais sans interrompre ses études. Quand la plaie fut fermée, il reprit ses occupations; & visita avec empressement ses amis, c'est-à-dire, les Savans & les Artistes. Enfin, un abattement universel l'ayant condamné à rester au lit, il s'en arrachait encore pour aller à l'Académie : on l'y vit dix jours avant sa mort, qui arriva le 5 Septembre 1765. Ses dernières paroles furent des vœux pour les arts, & un ordre de transporter, pour la troisième fois, son Cabinet dans celui du Roi.

Il écrivit, mais comme sa mère, quelquefois par souvenir, jamais avec prétention. Les *Étrennes de la Saint-Jean* & les *Œufs de Pâques* furent les premiers essais qui lui échappèrent. Il jetta encore dans le Public des Contes Orientaux, des Féeries, des Romans de Chevalerie, l'*Académie de ces Dames & de ces Messieurs*, &c. Il fit aussi des vers, mais ils ne portent point son nom. La *Fausse Prévention*, Comédie en trois actes & en vers libres, jouée en 1750, était, en grande partie, du Comte de Caylus : destinée d'abord pour la Scène Française, elle eut plusieurs représentations sur le Théâtre Italien.

Qui eût pensé que l'Auteur de ces bagatelles ingénieuses devait finir sa carrière après avoir composé sept volumes *in*-4°. d'Antiquités, & plus de cinquante Mémoires, presque tous sur des matières savantes.

L'Académie royale de Peinture, Sculpture & Gravure fit imprimer, en 1752, deux Éloges de Mignard & de Le Moyne, composés par M. de Caylus : quelque tems avant il avait écrit la Vie de Watteau, & depuis il a consacré un pareil tribut à la mémoire de Bouchardon.

C'est ce dernier Artiste célèbre qui lui fournit l'idée des *Tableaux tirés de l'Iliade & de l'Odissée*, Ouvrage qu'il publia en 1757, & de l'*Histoire d'Hercule*, autre Dissertation pittoresque, qui parut l'année suivante.

Il retrouva les procédés des anciens, de la peinture encaustique, dont il exposa un essai fait d'après ses recherches, par M. Vien, dans une séance publique de l'Académie des Inscriptions & Belles-Lettres, le 12 Novembre 1754. A cette découverte il en ajouta une autre en 1759, celle d'incorporer la couleur dans le marbre, & d'en fixer le trait. Il parvint à retracer, par la gravure, des sujets anciens long-tems perdus pour nos yeux, tels que le bouclier d'Hercule, décrit par Hésiode, celui d'Enée, le bûcher d'Ephestion, le tombeau de Mausole & le théâtre de Curion.

Protecteur des Artistes, il aimait à faire éclore le talent. Un jour il vit, sur le bord d'un fossé, un rustre qui dormait d'un profond sommeil; près de cet homme était un enfant de onze ans, qui, d'un œil attentif, considérait son caractère de tête & son habillement pittoresque : le Comte de Caylus s'approche d'un air affable, & lui demande à quoi il pense : Monsieur, dit l'enfant, si je savais bien dessiner, je voudrais faire cet homme. — Faites-le toujours, voilà des tablettes & un crayon. L'enfant encouragé, trace l'objet de son mieux ; & à peine a-t-il fini sa tête, que le Comte l'embrasse & s'informe de sa demeure, pour lui procurer un sort plus heureux.

Dans les promenades que le Comte de Caylus faisait presque toujours seul, il s'amusait quelquefois à demander la monnoie d'un écu aux pauvres qu'il rencontrait. Quand ils étaient allés la chercher, il se cachait, pour jouir de l'embarras où ils seraient à leur retour : peu après il se montrait, prenait plaisir à louer le pauvre de son exactitude, & le récompensait en doublant la somme. Il a dit plusieurs fois à des amis : Il m'est arrivé de perdre mon écu, mais j'étais fâché de n'avoir pas été dans le cas d'en donner un second.

Le Comte de Caylus avait une simplicité de caractère & une candeur rares : cette simplicité avait même passé jusques sur son extérieur; & personne ne fut plus ennemi du luxe, au moins pour lui-même. Lorsque sa fortune se fut accrue, en 1760, de celle du Duc de Caylus, son oncle, il n'ajouta rien à sa dépense : les Lettres & les Arts recueillirent tout cet héritage.

Le Cardinal DE NOAILLES.

LOUIS-ANTOINE DE NOAILLES naquit en 1651 ; il fut élevé dans la piété & dans les lettres, parce qu'on le destinait à l'Etat eccléfiastique, qui exige de la religion & des connaissances. Il remplit les devoirs d'un Prêtre avec tant de vertu, que fa mère, qui était le modèle des femmes chrétiennes, le choifit pour être, au tribunal de la pénitence, le dépofitaire de fes plus fecrettes penfées. Le Roi, inftruit de la réputation qu'il avait acquife fur les bancs de Sorbonne, le nomma à l'Evêché de Cahors en 1679 : l'année d'après, il fut transféré à Châlons-fur-Marne. Dans ces deux villes il rappela, par la follicitude paftorale, la mémoire des Evêques des premiers fiècles de l'Eglife.

L'Archevêché de Paris vaqua. Louis XIV jetta les yeux fur lui pour remplir ce pofte fi honorable & fi dangereux. L'Evêque de Province repréfenta au Roi qu'il ferait accablé de contradictions dans la Capitale, parce qu'il aurait pour ennemis les Jéfuites, dont il n'épouferait pas les paffions, & les Janféniftes, dont il combattrait les fentiments. Voilà bien des ennemis, lui dit Louis XIV, mais vous pouvez compter fur toute mon autorité. Noailles accepta, & le Roi dit à fes Courtifans : Si j'avais connu un homme plus digne de cette place, l'Evêque de Châlons ne l'aurait pas eue. Ce qui fait le mérite de ces paroles, c'eft qu'elles étaient vraies, & qu'elles infpiraient la vertu.

Le nouvel Archevêque, plus indifférent fur fon élévation que fur celle de fa famille, fe fervit d'un tour à-peu-près pareil pour avoir, pour fucceffeur à Châlons, l'Abbé de Noailles, fon frère. — Sire, fi je connoiffais un meilleur fujet, je vous le propoferais.

L'Archevêque de Paris fit ce qu'il avait fait à Châlons, d'excellents réglements pour le gouvernement de fon diocèfe & pour la réforme de fon clergé : mais fon zèle ne fit que hâter les chagrins qu'il avait prévus.

Le Père Quefnel, Prêtre de l'Oratoire, ami du célèbre *Arnauld*, & qui fut compagnon de fa retraite jufqu'au dernier moment, avait, dès l'an 1671, compofé un Livre de Réflexions pieufes fur le texte du Nouveau Teftament. Ce Livre contient quelques maximes qui pourraient être favorables au Janfénifme ; mais comme elles font confondues dans une fi grande foule de maximes faintes & pleines de cette onction qui gagne le cœur, l'Ouvrage fut reçu avec un applaudiffement univerfel.

Un des Prélats qui avait donné, en France, l'approbation la plus fincère au Livre de *Quefnel*, était le Cardinal de *Noailles*. Il s'en était déclaré le protecteur lorfqu'il était Evêque de Châlons ; & le Livre lui était dédié. Ce Cardinal plein de vertus & de fcience, le plus doux des hommes, le plus ami de la paix, protégeait quelques Janféniftes fans l'être, & aimait peu les Jéfuites, fans leur nuire & fans les craindre.

Les Jéfuites engagèrent le Roi lui-même à faire demander la condamnation du *Livre* : c'était faire condamner le Cardinal, qui en était le protecteur le plus zélé. On fe flattait, avec raifon, que le Pape Clément XI mortifierait l'Archevêque de Paris. Il faut favoir que quand Clément XI était le Cardinal *Albani*, il avait fait imprimer un Livre tout molinifte, de fon ami le Cardinal de *Sfondrate*, & que M. de Noailles avait été le dénonciateur de ce Livre. Il était naturel de penser qu'*Albani*, devenu Pape, ferait au moins contre les approbations données à *Quesnel*, ce qu'on avait fait contre les approbations données à *Sfondrate*. On ne se trompa point. Le Pape donna, vers l'an 1708, un décret contre le Livre de *Quesnel*.

Le Cardinal avait en France un ennemi presqu'aussi puissant qu'un Pape : c'était le Confesseur du Roi. Letellier, fils d'un Procureur de *Vire*, en Normandie, homme sombre, ardent, inflexible, cachant ses violences sous un phlegme apparent, dressa des lettres & des mandements que des Evêques devaient signer. Il leur envoya des accusations contre le Cardinal de *Noailles*, au bas desquelles ils n'avaient plus qu'à mettre leur nom. Ces manœuvres furent découvertes, & le Roi, dont la conscience était alarmée par son Confesseur, ne les punit pas. En vain le Cardinal lui demanda justice de ces *mystères d'iniquité*. Il s'adressa au Dauphin, duc de Bourgogne, qu'il trouva prévenu par les lettres & les amis de l'Archevêque de Cambrai. La faiblesse humaine entre dans tous les cœurs. Fénélon n'était pas encore assez Philosophe pour oublier que le Cardinal de Noailles avait contribué à le faire condamner, & *Quesnel* payait pour madame *Guyon*.

Le Cardinal n'obtint pas davantage du crédit de madame de Maintenon, qui, n'ayant guère de sentiments à elle, n'était occupée que de se conformer à ceux du Roi.

Le Cardinal-Archevêque, opprimé par un Jésuite, ôta les pouvoirs de prêcher & de confesser à tous les Jésuites, excepté à quelques-uns des plus sages & des plus modérés. Sa place lui donnait le droit dangereux d'empêcher *Letellier* de confesser le Roi ; mais il n'osa pas irriter à ce point un Jésuite. Enfin Louis XIV crut bien faire de solliciter lui-même, à Rome, une déclaration de guerre, & de faire venir la fameuse Constitution *Unigenitus*, qui remplit le reste de sa vie d'amertume. Elle vint, & souleva contre elle presque toute la France. Une nombreuse assemblée d'Evêques fut convoquée à Paris. Quarante acceptèrent la Bulle pour le bien de la paix ; mais ils en donnèrent en même tems des explications, pour calmer les scrupules du Public. Le Cardinal de Noailles & sept autres Evêques de l'assemblée, qui se joignirent à lui, ne voulurent ni de la Bulle ni de ses correctifs.

Letellier osa présumer de son crédit jusqu'à proposer de faire déposer le Cardinal de *Noailles* dans un Concile national ; & pour préparer ce Concile, dans lequel il s'agissait de déposer un homme devenu l'idole de Paris & de la France, par la douceur de son caractère, & plus encore par la persécution, on détermina Louis XIV à faire enregistrer au Parlement une déclaration, par laquelle tout Evêque qui n'aurait pas reçu la Bulle *purement* & *simplement*, serait tenu d'y souscrire, ou qu'il serait poursuivi suivant la rigueur des Canons.

Enfin Louis XIV mourut, & le Régent, qui n'aima pas les disputes théologiques, exila le Jésuite Letellier, chargé de la haine publique ; & le Cardinal, qui avait promis de se rétracter quand le Parlement obéirait, fut forcé de tenir sa parole. On afficha son mandement de rétractation le 20 Août 1720. Il mourut l'année suivante, ne laissant, ses meubles vendus, pas plus de cinq cents livres. Ses charités doivent un peu expier ses préventions : s'il n'a pas toujours fait le bien, du moins a-t-il toujours eu l'intention de le faire.

BOUCHER.

F. BOUCHER.

BOUCHER.

François Boucher, Peintre du Roi, & Directeur de l'Académie royale de Peinture & de Sculpture de Paris, naquit, en cette ville, en 1704. Son père, Dessinateur médiocre & peu favorisé de la fortune, ne pouvait guère lui donner que l'exemple du travail, & les premiers élémens d'un art qu'il avait cultivé sans succès. Mais il ne fut pas long-tems sans s'appercevoir que ce jeune homme méritait un guide plus habile. Il confia au célèbre Le Moine le soin de diriger des talens que les leçons & les exemples de ce grand Maître achevèrent de développer. C'est à la vue de ses ouvrages, que Boucher sentit les premières impulsions de son génie. Il s'apperçut bientôt, comme le Corrège, qu'il était Peintre, & il ne tarda pas à le prouver. Un tableau, représentant le jugement de Susanne, qu'il fit à l'âge de dix-sept ans, mérita les éloges de Le Moine. Cet Artiste crut dès-lors pouvoir lui annoncer les plus grands succès. Ses espérances ne furent point trompées; Boucher, à peine âgé de dix-neuf ans, remporta le premier des prix que l'Académie distribue tous les ans à ses élèves.

Des progrès aussi rapides le tirèrent de la classe où sa grande jeunesse semblait devoir encore le placer. En peu de tems son nom fut connu de tous les Amateurs : plusieurs s'empressèrent d'employer ses pinceaux, & lui fournirent des occasions d'étendre sa réputation naissante. Il peignit, pour le cabinet de M. de Thiers, quelques tableaux qui ne parurent point déplacés dans cette magnifique collection. C'est dans le même tems que M. de Julienne, possesseur de la plus grande partie des desseins de Watteau, l'engagea à les graver à la pointe, & à dessiner ceux qui lui manquaient; il s'en acquitta avec succès, & saisit parfaitement les graces, la légéreté & la correction du Peintre flamand.

C'est à ces différens travaux & à l'étude constante de la nature & des règles de son art, que Boucher employa les quatre années que les élèves couronnés passent à l'école du Louvre. En 1727 il partit pour Rome, où ses talens achevèrent de se perfectionner, à l'aide des divins modèles que l'Italie offre au génie des Artistes. Parmi les Peintres de l'école italienne, ceux dont Boucher paraît avoir le mieux saisi la manière, sont l'Albane & Pierre de Cortone. On retrouve, dans plusieurs de ses compositions, la facilité, la touche fine, la délicatesse & les graces du premier; il emprunta du second la beauté de l'ordonnance, l'arrangement pittoresque des grouppes, & les grands effets du clair-obscur. Il a aussi traité quelques morceaux dans le style de Lanfranc. En général, les premiers tableaux qu'il a peints à son retour d'Italie, se ressentent du séjour qu'il y a fait, & sont pleins des beautés mâles & vigoureuses des grands Maîtres. La couleur en est vraie & harmonieuse, quoique toujours brillante; les têtes & les figures ont toute l'expression dont la toile peut être animée.

De retour à Paris en 1731, il fut agréé par l'Académie, qui, trois ans après, l'admit au nombre de ses membres. Sa réputation s'accrût en très-peu de tems, par le grand nombre de tableaux qui sortirent de son attelier. Jamais Peintre ne fut aussi fécond; & nous observerons, à sa louange, que cette étonnante facilité ne nuisît pas à la perfection de ses ouvrages. Une imagination riante & fertile répandait, sur tous ses sujets, les charmes de la poésie la plus séduisante, & ne laissait cependant rien à desirer du côté de l'exécution.

Parmi le grand nombre de productions de cet Artiste, qui toutes méritent les plus grands éloges, nous nous contenterons de distinguer ici sa *Vénus sur les eaux*, que l'art de la Gravure a multipliée dans tous les cabinets, & le tableau où il a peint la même Déesse, demandant à Vulcain des armes pour Enée. Ce dernier morceau reçut sur-tout le plus bel accueil, lorsqu'il fut exposé au Sallon; & la fraîcheur du coloris, la correction du dessin, la richesse de la composition, l'ont placé dans la classe des plus parfaits chefs-d'œuvres. Boucher s'est aussi exercé dans le genre du paysage, sur-tout depuis qu'il fut attaché à la manufacture de Beauvais. Les tentures exécutées d'après ses tableaux, sont très-estimées des Connaisseurs; les ciels en sont bien rendus, d'une couleur gaie & lumineuse; les arbres sont touchés avec une grande légèreté; ses airs de tête sont spirituels, ses attitudes gracieuses, & variées avec goût. Si l'on a quelques reproches à faire à ses productions, c'est que la nature y paraît toujours embellie des couleurs de l'imagination.

Après avoir successivement passé par tous les grades de l'Académie, Boucher fut nommé, en 1765, à la place de premier Peintre, vacante par la mort de Carle Vanloo. Lorsqu'on le présenta au Roi, ce Prince lui marqua son étonnement de le trouver plus vieux qu'il ne pensait. — « Sire, lui répondit Boucher, l'honneur dont Votre Majesté m'a comblé, va me rajeunir ». Tout le Public applaudit au choix du Prince; l'Académie, en particulier, témoigna combien il lui était agréable, en décernant à Boucher la place de Directeur, que Vanloo occupait, mais qui n'est pas toujours attachée à celle de premier Peintre.

Boucher ne jouit pas long-tems de ces distinctions flatteuses. Sa santé, affaiblie par l'âge, par le travail, & peut être aussi par les suites d'une vie peu réglée, s'altérait insensiblement; les accès fréquents d'un asthme, qui le tourmentait depuis long-tems, lui portèrent les derniers coups. Il mourut les pinceaux à la main, au mois de Mai 1770, âgé de près de soixante-sept ans, après avoir recommandé à sa femme de donner à M. Poissonnier l'aîné, son Médecin & son ami, le dernier de ses tableaux, qu'il n'avait pas encore terminé.

Boucher avait singulièrement le génie de la Peinture, & possédait, dans un degré supérieur, toutes les parties qui concourent à la perfection de cet art difficile. Son dessin est facile & correct, ses contours doux & gracieux; son ordonnance est sage & son exécution infiniment spirituelle, mais son coloris n'est pas toujours égal. Les premiers tableaux qu'il fit à son retour d'Italie, sont, à cet égard, fort supérieurs à ce qu'il a produit depuis; on y trouve le ton de couleur & la force des plus grands Maîtres. Dans ses dernières compositions, il a donné un peu dans le pourpre, & ses chairs semblent éprouver le reflet d'un rideau rouge; il s'en excusait lui-même sur l'affaiblissement de sa vue, qui ne lui présentait, disait-il, qu'une couleur terreuse dans les objets où les autres croyaient appercevoir le cinabre & le vermillon.

Il joignait, à un esprit aimable & naturel, un cœur sensible, un caractère obligeant & désintéressé; aucun Artiste n'a plus enrichi ses amis de ses productions.

Le Duc de Montmouth.

JACQUES, Duc de Montmouth, fils naturel de Charles II, Roi d'Angleterre, naquit à Rotterdam, en 1549. Dès l'âge de neuf ans il fut mené en France, & on l'y éleva dans la religion catholique.

Son père, qui avait long-tems promené ses malheurs dans différentes contrées de l'Europe, déguisé tantôt en Bucheron, tantôt en Valet-de-chambre, grace aux secours de Louis XIV, qui le pensionnait, de retour enfin dans ses Etats, le fit venir à sa Cour, & lui donna toutes les preuves de sa tendresse. Il le créa Comte d'Orkenay, titre qu'il changea ensuite en celui de *Montmouth*, le fit Duc & Pair du Royaume d'Angleterre, Chevalier de l'Ordre de la Jarretière, Capitaine de ses gardes, & l'admit dans son Conseil.

Lorsque les Presbytériens d'Ecosse jurèrent de ne plus obéir au Roi, comme Chef suprême de l'Eglise anglicane, de n'obéir qu'au Seigneur, & d'immoler au Seigneur tous les Prélats qui s'opposeraient aux Saints, ce fut le Duc de Montmouth que le Roi envoya contre les Saints, avec une petite armée. Les Presbytériens marchèrent contre lui au nombre de huit mille hommes, commandés par des Ministres du saint Evangile. Cette armée s'appellait *l'armée du Seigneur*. Il y avait un vieux Ministre, qui monta sur un petit théâtre, & qui se fit soutenir les mains, comme *Moyse*, pour obtenir une victoire sûre. L'armée du Seigneur fut mise en déroute dès les premiers coups de canon. On fit douze cents prisonniers; le Duc de Montmouth les traita avec humanité : il ne fit pendre que deux Prêtres, & donna la liberté à tous ceux qui voulurent jurer de ne plus troubler la patrie au nom de Dieu. Neuf cents firent le serment; trois cents jurèrent qu'il valait mieux obéir à *Dieu* qu'aux hommes, & qu'ils aimaient mieux mourir, que de ne pas tuer les Anglicans & les Papistes. On les transporta en Amérique, & leur vaisseau ayant fait naufrage, ils reçurent, au fond de la mer, la couronne de leur martyre.

Cet esprit de vertige était presque détruit, lorsque le Duc de Montmouth lui-même se joignit aux factieux, & trempa dans une conspiration contre son père & le Duc d'York, son oncle. Charles, en bon père qui frappe toujours à côté, ne put se venger de cette monstrueuse ingratitude qu'en la pardonnant. Mais le Duc de Montmouth, dévoré de la fièvre de l'ambition, ne sentait plus que le besoin des crimes; il se retira en Hollande, en attendant que la fortune lui offrît les moyens de devenir coupable. A peine a-t-il appris que le Duc d'York, fils de Charles premier & de *Henriette* de France, qui s'était signalé sous *Turenne*, sous Dom *Juan d'Autriche* & sous le Prince de Condé, était proclamé Roi d'Angleterre, d'Ecosse & d'Irlande, qu'il accourt pour soulever les peuples. Ce *Jacques*, qui avait paru digne du trône, dès qu'il y fut monté, ne fut plus le même homme. Attaché à la religion catholique, il avait le desir de la répandre : & ce desir, si louable en lui-même, devint funeste par les moyens dont on se servit. La nation imagina que son projet était de détruire la religion anglicane; & déjà alarmée, elle acheva de s'aigrir par le spectacle inutile d'un Nonce, qui fit son entrée publique à Londres.

Le Duc de *Montmouth*, profitant des dispositions atrabilaires du peuple, rassembla ses troupes rebelles, & hasarda le combat contre celles de son Souverain. Il fut vaincu, & contraint de se sauver à pied. Deux jours après la bataille, on le trouva dans un fossé, couché sur de la fougère. Dès qu'il fut arrêté, il écrivit au Roi dans les termes les plus soumis, pour obtenir sa grace, & il obtint la permission de venir se jetter à ses pieds. *Jacques* avait une occasion précieuse de se signaler par sa clémence, mais il ne montra que de la rigueur. Sa victoire fut suivie des plus barbares exécutions. Le Duc de *Montmouth* fut conduit à la Tour, d'où il ne sortit que pour porter sa tête sur un échafaud, le 25 Juillet 1685. Il parut sur ce théâtre ignominieux avec la grandeur du courage qu'il avoit montré dans les batailles.

Dans ce tems-là un prisonnier inconnu est envoyé, dans le plus grand secret, au château de Pignerol, & de là transféré aux *Isles-Sainte-Marguerite*. Cet homme, qui portait un masque dont la mentonnière avait des ressorts d'acier, qui lui laissaient la liberté de manger & de boire, annonçaient, par ses goûts magnifiques, de la naissance & de l'éducation. On ne lui refusait rien de ce qu'il demandait; on lui donnait les plus riches habits, on lui faisait la plus grande chère, & le Gouverneur s'asseyait rarement devant lui : c'était lui qui mettait les plats sur la table, & ensuite se retirait.

Qui était ce captif? Ce n'était pas le Duc de *Beaufort;* car ce *Roi des halles*, qui avait joué, du tems de la Fronde, un personnage plus étrange qu'illustre, fut envoyé au siège de *Candie*, dont il retarda la prise de plus de trois mois. Il est vrai qu'on ne put retrouver son corps, dont les Turcs avoient coupé la tête.

Ce n'était pas le Comte de *Vermandois*, quoiqu'on ait prétendu que ce Prince, fils légitimé de Louis XIV & de la Duchesse *de la Vallière*, a été dérobé à la connaissance des hommes par son propre père, pour le punir d'un soufflet donné à Monseigneur le Dauphin : comme si on ne savait pas que le Comte de *Vermandois* mourut au camp devant Dixmude, & fut enterré solemnellement à *Arras*.

M. de Sainte-Foix a prétendu qu'à la place du Duc de *Montmouth*, on fit mourir un homme qui lui ressemblait parfaitement, & que ce Duc fut envoyé en France, & enfermé dans une prison des *Isles-Sainte-Marguerite*, avec un masque de fer. Il conjecture que le Duc de *Montmouth* est le même que le *prisonnier masqué de fer;* mais ces présomptions ne nous ont point paru, à beaucoup près, des preuves concluantes.

La détention de cette victime de la politique est un secret d'Etat, que les contemporains n'ont pu deviner, & que devinera encore moins la postérité. Pour résoudre ce problème historique, il faudrait avoir des mémoires des personnes qui ont eu ce secret important. En les attendant, on formera peut-être encore plus d'une conjecture sur cette *victime* de la *politique*, sans pouvoir jamais lui ôter le masque.

Si l'on en croit La Grange-Chancel, Dubuisson, Caissier de feu Samuel Bernard, ayant été relégué aux Isles-Sainte-Marguerite, « il fut
» placé dans une chambre au-dessus de celle qui était occupée par cet
» inconnu. A l'aide d'un tuyau, ils pouvaient se communiquer leurs
» pensées ; mais Dubuisson lui ayant demandé pourquoi il s'obstinait à
» taire son nom & ses aventures, il répondit que cet aveu lui coûterait
» la vie, ainsi qu'à ceux auxquels il aurait révélé son secret ».

ERASME.

ERASME.

DIDIER ERASME naquit à Rotterdam, en 1467, d'un Bourgeois de Goude, nommé Gérard, & de la fille d'un Médecin. Il fut enfant-de-chœur, dans la Cathédrale d'Utrecht, jusqu'à l'âge de neuf ans. Ces premières années n'annonçèrent pas ce qu'il devait être un jour. A cette époque, son père se chargea de son éducation, & le succès répondit à ses soins : Erasme fit les plus rapides progrès.

La mort sépara bientôt Gérard de son fils ; il le laissa, à quatorze ans, entre les mains de trois parents, ses tuteurs, qui dissipèrent le bien du jeune orphelin, & le forcèrent à se faire Chanoine régulier de Saint-Augustin. Cet état n'était pas du choix d'Erasme, mais l'étude & les arts le consolèrent dans ses peines. A vingt-cinq ans il fut élevé au Sacerdoce par l'Evêque d'Utrecht.

Déja ses talents étaient connus ; pour les perfectionner, il voyagea en France, en Angleterre, en Italie, & prit à Bologne, en 1506, le bonnet de Docteur en Théologie. Une méprise pensa lui faire perdre la vie dans cette ville. On le prit pour un Chirurgien des pestiférés, à cause de son scapulaire blanc, & on le poursuivit à coups de pierres. Cet accident lui donna occasion de demander & d'obtenir la dispense de ses vœux.

Rendu à la liberté, qu'il chérissait, Erasme passa à Venise, à Padoue, & à Rome, où sa réputation l'avait devancé. Le Pape & les Cardinaux s'empressèrent à lui témoigner la haute opinion qu'ils avaient de lui. Estimé & recherché, Rome eût été pour lui un séjour avantageux & agréable, mais il préféra Londres, où l'attiraient les promesses de ses amis & l'admiration de Henri VIII pour ses talents. A son arrivée, il se présenta, sans se nommer, à Thomas Morus, grand Chancelier du Royaume. Les charmes de la conversation de l'illustre Etranger surprirent si agréablement Morus, qu'il s'écria : *Vous êtes Erasme ou un démon*.

La vie de ce grand Homme ne fut, pour ainsi dire, qu'une suite de voyages. L'Angleterre ne put le fixer ; il revint en France en 1510, & retourna peu de tems après en Angleterre, qu'il quitta encore pour se retirer à Bâle. De cette retraite, il faisait de fréquentes courses dans les Pays-Bas & à Londres ; mais ses voyages ne l'empêchèrent pas de publier un grand nombre de Livres, des Epîtres, des Traductions de quelques Pères Grecs, une Version du Nouveau-Testament, des Apologies, des Ouvrages de Grammaire, de Réthorique, de Philosophie, parmi lesquels on distingue les *Colloques* & *l'Eloge de la Folie*. Il y a de bonnes plaisanteries dans cette Satire de tous les états de la vie, mais il y en a beaucoup plus de mauvaises : la latinité seule fait rechercher ses Colloques.

La gloire d'Erasme était parvenue au plus haut degré. Tout ce qu'il y avait de grand en Europe, François premier, Henri VIII, Sigismond, Roi de Pologne, Ferdinand, Roi de Hongrie, le Pape, voulurent à l'envie se l'attacher ; mais les témoignages éclatans de l'estime & de la bienveillance des Princes & des Rois ne purent le séduire : l'étude & la liberté avaient pour lui plus de charmes que les dignités & les richesses. Il accepta seulement de Charles d'Autriche (depuis Charles-Quint) la

Tome II.

charge de Conseiller d'Etat, place qui lui acquit du crédit, sans lui faire éprouver la gêne qu'il redoutait. Paul III songeait à l'élever au Cardinalat; il refusa en remerciant le souverain Pontife *de la trop bonne opinion qu'il avait de lui*.

Le nombre des Réformateurs, dont le Chef avait vainement tenté de l'engager dans son parti, augmentant de jour en jour à Bâle, Erasme se retira à Fribourg. Sept ans après il revint à Bâle, où une dissenterie termina les jours de cet illustre Ecrivain, en 1536, à soixante-dix ans. Erasme avait été honoré pendant sa vie, le deuil fut général à sa mort. Bâle & Rotterdam s'honorent, l'une de l'avoir possédé pendant long-tems, l'autre de lui avoir donné naissance. Rotterdam lui a élevé une statue dans la grande place, & les Magistrats ont fait mettre cette inscription sur le frontispice de la maison où l'on croit qu'il est né :

Hæc est parva domus, magnus quâ natus Erasmus.

C'est sous cet humble toit qu'est né le grand Erasme.

Il faut se transporter au tems où vivait Erasme, pour ne pas être surpris de la célébrité dont il a joui. Si on lui refuse aujourd'hui le titre de grand Homme, il le mérita dans le siècle où il parut : il en fut le plus Bel-Esprit & le Savant le plus universel. On lui doit la renaissance des Belles-Lettres, la première édition des Pères de l'Eglise, la saine critique, le goût pour les Ecrits des illustres Morts de l'antiquité. Il réforma beaucoup de choses, combattit plusieurs abus & le mauvais goût. Son mérite, & la liberté avec laquelle il reprit l'oisiveté des Moines, la mollesse des Ecclésiastiques, lui suscitèrent des ennemis. Il se réconciliait facilement avec ceux qui revenaient à lui avec sincérité. Il ne fut point jaloux de la gloire des autres. Passionné pour l'étude, ennemi du luxe, sobre, libre dans ses sentiments, sincère, détestant la flatterie, excellent ami, constant dans ses amitiés, il fut aussi recommandable par les qualités du cœur que grand par son esprit.

On voit encore, à Bâle, son anneau, son cachet, son épée, son couteau, & son testament, écrit de sa propre main.

Il n'est pas hors de propos de rapporter ici quels furent les sentiments d'Erasme sur Luther & ses disciples. On sait qu'il pencha d'abord en faveur des Réformateurs : « On a beau vouloir, disait-il en plaisantant, que le Luthéranisme soit une chose tragique, pour moi, je suis persuadé que rien n'est plus comique; car le dénouement de la pièce est toujours quelque mariage ». Dans une réponse amicale à Mélanchton, qui lui avait écrit pour justifier son changement de religion, il lui dit : « Je ne veux point juger des motifs de Luther, ni vous obliger à changer de sentiment; mais j'aurais voulu qu'ayant un esprit propre aux Lettres, vous vous y fussiez entièrement attaché, sans vous mêler de cette querelle de religion ». Il ajoute que plusieurs choses le choquent dans la conduite & dans la doctrine de Luther. Il se plaint principalement de ce qu'il défend ses opinions avec une véhémence extrême; de ce qu'il outre tout, & que, lorsqu'il est contredit il va encore plus loin. Une liberté plus modérée eût été, dit-il, beaucoup plus propre à faire entrer les Evêques & les Princes dans la réforme. Il parle ensuite d'Ecolampade, de Pélican & d'Hédion, qui avaient embrassé la réforme, & qui croyaient avoir beaucoup fait, quand ils avaient défroqué quelques Moines ou marié quelques Prêtres.

RAMEAU.

JEAN-PHILIPPE RAMEAU naquit à Dijon, le 23 Septembre 1683, de Jean Rameau, Organiste, & de Claudine Martincourt. La Musique fut sa première langue; & le premier usage qu'il fit de ses doigts, fut sur le clavier d'une épinette. Il avait à peine atteint sa huitième année, qu'il touchait déja parfaitement du clavecin; & qu'il commençait à se distinguer dans cet art, qu'il devait un jour perfectionner.

Parvenu à l'âge de vingt ans, Rameau pensa à voyager, dans l'intention de se former le goût sur les Ouvrages des grands Maîtres. L'Italie était alors le seul pays de l'Europe où la Musique offrît de bons modèles. Il passa à Milan, où il fit quelque séjour. Il revint ensuite à Paris, où il se mit au rang des disciples du célèbre Marchand, le plus grand Organiste, pour l'exécution, qu'on eût encore entendu dans cette Capitale de la France. Fortifié des leçons de ce Musicien, il quitta Paris, pour se rendre à Clermont en Auvergne, où il toucha, pendant quelque tems, l'orgue de la Cathédrale.

Rameau ne tarda pas à s'appercevoir qu'une ville de province n'offrait pas un théâtre digne des grands talents qu'il avait reçus de la nature. Il revint à Paris, où il jouissait déja d'une réputation distinguée. Il y donna, pendant quelque tems, des leçons de clavecin. Organiste de Sainte-Croix de la Bretonnerie, il y attira bientôt une foule d'Amateurs, qu'il étonnait par sa science, & qu'il charmait par son jeu agréable & sa touche brillante. Ses Cantates, quelques Motets à grands chœurs, & sur-tout ses Pièces de clavecin, toujours estimées des Connaisseurs, quoiqu'exclues aujourd'hui de presque tous les Concerts, lui méritèrent aussi les plus grands applaudissements.

Mais ce n'était point sur ces Pièces passagères qu'il devait établir un jour les fondements de sa célébrité. La révolution que son génie était sur le point de produire dans nos Opéra, devait lui assurer une réputation immortelle. *Hyppolite* parut, & le nouveau genre de musique, dont il enrichit cet Opéra, déconcerta ceux dont les oreilles étaient accoutumées aux intonations douces & faciles de Lulli. Cette production, parée de tout l'éclat d'une imagination riche, variée, savante, n'eut cependant pas le succès qu'on eût dû s'en promettre. Une cabale puissante la fit tomber; mais bientôt les applaudissements des Connaisseurs ayant succédé aux cris tumultueux d'une multitude ignare, *Hyppolite* obtint enfin la place distinguée qu'il méritait. Cette justice, rendue aux talents de Rameau, l'engagea à faire de nouveaux efforts. Ce fut par l'Opéra des *Indes galantes*, qu'il acheva d'apporter, dans la Musique, la révolution que celui d'*Hyppolite* avait commencée. Il montra, par cet Ouvrage, que son génie pouvait se monter, à son gré, à tous les tons. Quelle force, quelle énergie dans l'acte entier des *Incas* ! quelle majesté dans le morceau *Clair flambeau du monde* ! quelle noble harmonie dans celui de *Brillant soleil*, dont la Parodie devint le Vaudeville du tems ! quelle fierté dans l'ame sublime des *Sauvages* ! quelle touche riante, que celle du Divertissement des *Fleurs* ! La Musique y est aussi fraîche, aussi variée, aussi naturelle, que les objets qu'elle peint.

La gloire de Rameau, fondée sur deux productions aussi brillantes, ne fit que s'accroître par la multitude des Ouvrages qui les suivirent. *Castor & Pollux*, chef-d'œuvre de ce grand Homme, plaça sur-tout son nom dans le temple de l'immortalité. *Dardanus, Pygmalion, les Fêtes de l'Hymen*, quoique moins riches en images, furent cependant accueillis avec le plus vif empressement. Nous remarquerons que tous ces Opéra, quoique généralement applaudis dès l'origine, ont été encore plus goûtés quand on les a remis au Théâtre, que lorsqu'ils ont été donnés pour la première fois. En 1760, le Public rendit une justice éclatante aux talents de ce Musicien : c'était à une représentation de *Dardanus*; on l'apperçut à l'amphithéâtre, on se retourna de son côté, & l'on battit des mains pendant un quart-d'heure. Après l'Opéra, les applaudissements le suivirent jusques sur l'escalier. Dardanus n'avait pas eu les mêmes succès dans sa nouveauté.

Les *Fêtes de l'Hymen*, qui furent reprises en 1765, reçurent aussi du Public l'accueil le plus distingué; mais ce qu'on doit se rappeler sur-tout, c'est l'impression générale que fit *Castor & Pollux*, à la reprise qu'on en donna la même année. Quoique cet Opéra fût joué dans une saison où les plaisirs de la campagne sont préférés à ceux que procurent les spectacles, il y eut, pendant tout le tems qu'on le représenta, la plus grande affluence de monde. Il eut, sans interruption, trente représentations, qui furent également suivies.

Rameau ne fut pas témoin de ce nouveau succès : cet Artiste célèbre était mort dès le 23 Août 1764. Il était sur le point d'être décoré de l'Ordre de Saint-Michel, lorsqu'une maladie violente le précipita au tombeau. Annobli par ses talents rares, il le fut aussi par des lettres du Prince. De son mariage avec Marie-Louise Mangot, il eut plusieurs enfans, qui lui survécurent.

Si Rameau pratiqua son art en homme de génie, il fut aussi l'approfondir en Savant & en Philosophe. Lorsqu'il parut, la Musique n'avait aucune règle certaine, & le Compositeur ne suivait souvent d'autre guide que son instinct, ses caprices & son goût. L'étude profonde qu'il fit des Mathématiques, le mit à portée de dissiper ces nuages. En mettant de l'ordre dans ses idées, il eut la gloire de développer les grands principes de l'Harmonie, décrits confusément par Descartes, Mersenne & plusieurs autres Savans.

Avant Rameau, quinze années suffisaient à peine pour apprendre à toucher le clavecin; il a abrégé la route ordinaire, & dix-huit mois d'étude instruisent aujourd'hui de cette partie si difficile de notre éducation. C'est encore à lui qu'on est redevable d'une méthode facile pour connaître les règles de la composition.

Cet homme célèbre, dont les traits du visage ressemblaient assez à ceux de J. J. Rousseau, avait une taille fort au-dessus de la médiocre, & sa maigreur était extrême. Sa figure portait le caractère du génie; ses yeux étaient pleins de feu, & les traits de son visage fortement prononcés. Comme Rousseau, il n'était jamais plus satisfait que lorsqu'il était seul. Au moment même où il ne pensait à rien, il paraissait enfoncé dans les méditations les plus profondes. Il ne pouvait souffrir d'être interrompu lorsqu'il travaillait. Quand il avait fait quelque découverte heureuse, sa joie éclatait sur son visage : il était, au contraire, furieux, s'il ne jugeait pas ses productions dignes de fixer l'attention du Public.

HENRI

HENRI DE LORRAINE, Duc de Guise.

CE Prince naquit le 31 Décembre 1550, de François de Lorraine, Duc de Guise, & d'Anne d'Est. Issu d'une maison qui ne pouvait aspirer qu'à l'honneur de défendre le trône, Henri de Guise voulut y monter, appuyé de ses seules qualités personnelles; & sans notre Henri IV, nous regretterions peut-être qu'il n'ait pas rempli jusqu'au bout le rôle brillant qu'il s'était donné. Il était doué de toute la valeur française, mais le sang dont il sortait lui avait transmis l'ambition héréditaire de ses ancêtres. A l'âge de dix-neuf ans, il se montra, à Jarnac, tel qu'il devait être toute sa vie. Onze années après, une blessure qu'il reçut au visage, dans une affaire assez vive, près de Château-Thierry, loin de le défigurer, ne le rendit que plus aimable, ou du moins plus cher. Henri le Balafré n'en plut que davantage aux femmes, aux soldats & au peuple. Avec cette triple faveur, il était difficile, à ce jeune Héros, de ne pas donner l'essor à son génie, dans un tems d'ailleurs aussi favorable que celui de la Ligue. La Religion le servit merveilleusement. Un parti puissant & recommandable par ses chefs, portait ombrage au culte dominant. Henri de Guise, qui n'avait pas encore pris son rang dans l'Etat, masqué ses projets sous un zèle apparent pour la foi de ses pères, & marche à la tête d'une faction catholique. Ses premiers succès lui donnent de nouveaux partisans. Il ne règne pas encore, mais Henri III est obligé de vouloir ce que veut Henri de Guise. Son audace s'en accroît, & sa confiance devient telle, qu'il croit pouvoir ne tenir aucun compte des ordres de son Roi. Ce fut bien autre chose, quand il vit le Monarque lui céder lâchement la place, & lui abandonner, pour ainsi dire, la capitale du Royaume. Cependant les Etats-Généraux s'assemblent à Blois : Henri de Guise n'avait pas peu contribué à leur convocation; c'est-là qu'il espérait réaliser ses grands desseins. Il avait pour lui la majeure partie des suffrages; quelques jours encore, & la nation, subjuguée par son ascendant, eût méconnu ses maîtres légitimes. Le danger était pressant, & le moment décisif. Henri III, mal conseillé, au lieu de faire arrêter le Duc, & de le mettre sous le glaive de la justice, distribue lui-même des poignards à quelques assassins, les fait cacher dans le château de Blois, & mande Henri de Guise auprès de sa personne. Il arrive, malgré les avis contraires qui lui sont donnés de toutes parts. S'il faut en croire d'Aubigné, on dit au Duc, à propos d'un habit neuf qu'il portait : Cet habit est bien léger, au tems qui court; vous auriez dû en prendre un plus fourré : il n'en revint pas pour cela sur ses pas. De la chambre du Conseil, il s'achemina vers celle du Roi. Comme il levait lui-même la tapisserie qui en couvrait la porte, il fut frappé de plusieurs poignards à-la-fois. Cet événement tragique arriva le Vendredi 23 Décembre 1588, à huit heures du matin. Ce Prince avait à peine trente-huit ans. Il possédait, dit Voltaire, plus de grandes qualités que de bonnes, & semblait né pour changer la face de l'Etat, dans ce tems de troubles. Le même Ecrivain ajoute qu'il était fort de la faiblesse de son Souverain. A la journée des barricades, il se contenta de renvoyer, à Henri III, ses gardes, après les avoir désarmés. Cependant, un véritable Grand-Homme n'eût point foulé aux pieds le corps de l'Amiral de Coligni, comme Henri de Guise eut la lâcheté de le faire : mais l'ambition, dit l'Abbé de Choisy, avait corrompu toutes ses vertus. On rapporte que dès sa première jeunesse, il avait donné des marques du caractère ambitieux qu'il soutint dans la suite ; il voulait être le maître par-tout avec les enfans de son âge. Henri IV, alors Roi de Navarre, s'écria, en apprenant sa mort : *Je l'aurois traité autrement*. Mais Guise ne se fût pas conduit de même.

Il a, dans la petite ville d'Eu, un tombeau, ou plutôt un cénotaphe ; car son cadavre fut brûlé aussi-tôt après l'assassinat, dans la salle même des Etats, tant on craignait l'enthousiasme du peuple, qui aurait bien pu honorer, comme un saint martyr, ce Prince, l'idole de ses compatriotes pendant sa vie. On montre encore, dans le château de Blois, une pierre de la muraille contre laquelle il s'appuya en tombant, & qui fut la première teinte de son sang. Quelques Lorrains, en passant par Blois, ont baisé cette pierre, &, la raclant avec un couteau, en ont emporté précieusement la poussière. On appelle encore aujourd'hui *chambre noire*, l'appartement où Henri, Duc de Guise, fut tué. Son frère, le Cardinal, expira sur la porte de la tour voisine.

L'exécution de l'assassinat projetté des Guises, révolta Crillon, Mestre-de-Camp des Gardes Françaises, auquel on le proposa. Il ne voulut point s'en charger : Je me battrai contre lui, dit-il, avec toute la générosité & la franchise d'un brave Chevalier français ; je me battrai contre lui ; je ne parerai point : il me tuera, mais en même tems je le tuerai. Quand on veut bien donner sa vie, on est maître de celle d'autrui.

L'assassinat des Guises révolta bien du monde & fit bien des mécontents, qui exhalèrent leur murmure dans des libelles. Dans l'un d'eux on rapportait les signes merveilleux apparus, sur la ville de Blois, à cette occasion. Il serait bien étonnant, remarque M. Anquetil., dans les Mémoires de la Ligue, que le meurtre des Guises se fût passé sans que leurs partisans eussent vu, dans le ciel, des signes de cette catastrophe. Ils virent donc un flambeau tomber sur la ville de Blois ; deux Gendarmes blancs, tenant dans la main droite une épée sanglante, & enfin des armées entières qui combattaient, tant sur Blois qu'ailleurs.

On ne s'en tint pas à ce seul écrit ; il en parut un autre intitulé : *Histoire, au vrai, du martyre du Duc de Guise, pour être considéré par les gens de bien*, avec une estampe. On y célèbre beaucoup le Prince assassiné : on en fait, pour ainsi dire, l'apothéose. Et il faut avouer que de toutes les manières de se défaire de lui, on avait choisi la plus révoltante, & la plus capable de faire regretter la victime, déja idolâtrée du peuple. Les voies de fait sont presque toujours odieuses. On pardonne à Brutus d'avoir assassiné César, parce qu'il n'y avait pas d'autre moyen de s'en assurer. Henri de Valois n'en était pas réduit à cette extrémité. Dailleurs, le meurtre des deux frères n'éteignit point les feux de la guerre civile. L'assassinat d'un Héros, alors le coryphée du Catholicisme, & celui d'un Prince de l'Eglise, rendirent Henri III exécrable aux yeux de tous les Catholiques, sans le rendre plus respectable. L'emportement du fanatisme était même si violent, la haine pour ce Monarque était si vive, que la Sorbonne, après avoir décidé « Qu'on pouvait ôter le gouverne-
» ment aux Princes qu'on ne trouvait pas tels que la loi l'exigeait, comme
» l'administration au tuteur qu'on avait pour suspect », délibéra, après la mort de Henri III, de demander à Rome la canonisation de J. Clément.

CUJAS.

CUJAS, fils d'un Foulon, naquit à Toulouse en 1520, avec toutes les dispositions propres à lui faire tenir un rang distingué parmi les hommes célèbres de son siècle. Il fit d'excellentes études; & sortit du Collége pour se livrer à la connaissance des loix, d'abord sous la discipline du savant Arnoul Ferrier, qui professait alors à Toulouse avec réputation; mais des raisons particulières ne lui permirent pas de suivre long-tems ses leçons. Cujas n'en devint que plus déterminé à vaincre tous les obstacles. Il s'enferma dans son cabinet, n'ayant pour maîtres que les livres de l'art. Il s'y donna tout entier; ses progrès furent rapides: bientôt on le vit sur les rangs pour briguer une chaire de Professeur. Le succès ne répondit point à son attente. Un rival plus heureux, qui d'ailleurs n'était point sans mérite, *Etienne Forcadel*, l'emporta sur lui. Cujas, à qui sa patrie devait déja plusieurs découvertes intéressantes, piqué de l'affront qu'il venait d'en recevoir, résolut de quitter une ville qui rendait si peu de justice à ses talents. Il enseigna successivement dans plusieurs Universités, où les étrangers accouraient en foule pour étudier sous lui. Il revint ensuite professer à Toulouse, qu'il quitta bientôt pour se rendre à Cahors. Sa réputation était trop étendue pour qu'il pût jouir paisiblement de ses succès: toutes les Universités se le disputaient. Sa vie fut une chaîne de voyages, qui le conduisit de Cahors à Bourges, de Bourges à Valence, de Valence à Turin, & de Turin à Bourges, où il mourut le 4 Octobre 1590.

Il avait été appelé à Valence par *Bertrand de Liuciane*, Seigneur de Gordex, Lieutenant-Général au Gouvernement de Dauphiné, qui lui fit donner, par le Roi, le privilège de s'asseoir sur les fleurs-de-lys, avec le titre de Conseiller au Parlement de Grenoble. Cujas reçut avec reconnaissance cette marque d'estime de son Souverain, mais il refusa constamment d'user de ses droits. Il trouva des protecteurs aussi zélés dans les personnes d'*Emmanuel Philibert*, Duc de Savoie, & du Pape *Grégoire XIII*. Ce Pontife, qui lui-même avait fait une profonde étude de la Jurisprudence, voulut l'attacher à l'Université de Bologne, sa patrie. Cujas se serait volontiers rendu à ses instances, si son âge & ses infirmités ne l'eussent empêché d'accepter les offres avantageuses de Sa Sainteté. Il continua de professer à Bourges, où il ne cessait de communiquer, à ses écoliers, les lumières qu'il répandait chaque jour sur le dédale ténébreux des loix. Sa bourse & sa bibliothèque étaient deux sources intarissables, où ils puisaient des secours que l'affection du généreux Cujas leur rendait encore plus chers. Il ne perdit jamais de vue leurs progrès, & s'appliqua sur-tout à leur frayer des voies courtes & faciles, qui leur fissent parcourir sans dégoût la carrière épineuse de la Jurisprudence.

Avant lui, cette science n'était qu'un amas confus de loix & d'ordonnances assemblées au hasard, aussi obscur pour le Magistrat éclairé que fastidieux pour le Candidat: elle prit une nouvelle forme sous sa plume créatrice. Jusqu'alors elle avait été regardée comme l'écueil du solide raisonnement; il fallait un grand génie pour l'en rendre susceptible. Cujas parut, & une révolution totale fut le fruit de son infatigable application. Il est, de tous les Jurisconsultes, celui qui a pénétré plus avant dans l'origine des loix & du droit romain. L'analogie des mots & la connaissance de l'Histoire, voilà les deux grands ressorts qu'il fit mouvoir pour arriver à ses fins. C'est la marche qu'avaient suivi avant lui, mais avec moins de succès, ceux qui ont écrit sur le droit. Ne ferons-nous pas taxés d'exagération, si nous ajoutons que Cujas, familiarisé avec les Auteurs grecs & latins les plus difficiles, n'eut jamais d'autres maîtres que lui-même? *Scévole de Sainte Marthe* dit de lui, que la nature l'avait doué d'un esprit supérieur, pour le consoler de la bassesse de son extraction. Il brillait autant par les qualités du cœur que par celles de l'esprit: sa douceur & son aménité envers ses élèves, lui acquirent le surnom de *père des écoliers*. Les plus célèbres Magistrats que la France eût alors, avaient été formés à son école. On lui appliqua ce distique d'*Ausone* à *Minervius*:

>*Mille foro juvenes dedit hic, & mille Senatus*
>*Adjecit numero, purpureisque togis.*

Plusieurs Savans, étonnés de la réputation de Cujas, se rendirent à Bourges pour le voir; & en Allemagne, on avait une si haute idée de son mérite, que les Professeurs, lorsqu'ils le citaient, portaient la main à leur bonnet, pour marquer l'espèce de culte qu'ils rendaient à cet illustre Interprête des loix.

On l'a accusé d'irréligion, pour avoir répondu à ceux qui lui parlaient des ravages du Calvinisme: *Nil hoc ad edictum Prætoris*. « Cela » ne regarde point l'édit du Préteur ». Mais cette réponse caractérise plutôt un Savant fortement occupé de ses livres, sourd & muet à tout le reste, qu'un incrédule qui se moque de tout. On a encore appliqué aux Ouvrages de Cujas ce qu'un homme d'esprit a dit des anciens Jurisconsultes:

« On trouve dans leurs Ecrits une vaste connaissance & une médi- » tation profonde de la partie des loix, à laquelle chacun d'eux s'était » particuliérement dévoué; le projet d'y tout éclairer, & même d'y tout » simplifier; presque toujours un grand sens; l'énergie d'un esprit ferme » & libre, souvent même les traits hardis d'un esprit original, & un » grand nombre de vues de réformes sages & courageuses. Mais ces qua- » lités précieuses sont dégradées par des défauts qu'on ne peut imputer » qu'à leur siècle; un continuel abus de l'érudition; des préjugés qui » rétrécissent leur génie; des détails sans utilité & sans mérite; une pro- » lixité qui égare & fatigue; un style qui a souvent l'empreinte du » talent, mais qui conserve toute la pesanteur & la bigarrure des tems » où l'on n'a encore ni le sentiment ni les principes du goût ». Cujas l'emporte encore sur les Jurisconsultes de son tems, en ce qu'il est plus clair & plus méthodique.

Papyre Masson rapporte, dans la Vie de ce grand Homme, qu'il avait pris l'habitude d'étudier sur un tapis, couché sur le ventre, ayant ses livres autour de lui. Il a donné une édition de ses Œuvres, en cinq volumes *in-fol*. Une grande partie des livres de sa bibliothèque étaient notés de sa main. Il ordonna, par son testament, qu'ils fussent vendus en détail, de peur que tombans entre les mains d'un seul, ses notes, mal entendues, ne servissent à faire de mauvais Livres.

INNOCENT XIII.

INNOCENT XIII.

Après avoir rendu au Pape Clément XI les pompeux honneurs de la sépulture apostolique, le sacré Collége songea à lui donner un successeur. Cinquante-cinq Cardinaux entrèrent au Conclave, & cinquante-quatre voix décernèrent la tiare à *Michel-Ange Conti*, né à Rome en 1655, Cardinal & Evêque de Viterbe, alors âgé de soixante-six ans. Le Doyen du sacré Collége, accompagné de trois autres Cardinaux, vint lui demander s'il approuvait l'élection qu'on avait faite de sa personne. Il répondit avec beaucoup d'humilité, qu'il s'en croyait indigne, que ses forces n'étaient point à l'épreuve d'un fardeau si pesant : il permit enfin qu'on le proclamât, au son de l'artillerie, au son des cloches, des tambours & des trompettes, sous le nom d'*Innocent XIII*.

La Cour de Rome se flattait d'avoir créé une Sainteté qui ne respirait que la paix de l'Eglise, prête à terminer les différends qui divisaient tous les Princes chrétiens. Le nouveau Pontife passait pour un homme prudent & éclairé, dont les intentions étaient droites & le cœur noble. Il aimait les Savans, & l'était lui-même. On regardait son avénement à la tiare comme le présage heureux d'une paix long-tems desirée de toute l'Europe, & l'on ne doutait point qu'un exploit si glorieux ne signalât les premiers jours de son pontificat. Mais le très-saint Père ne crut pas devoir, en bonne politique, consacrer à des affaires d'état les prémices de sa toute-puissance. Il s'acquitta d'abord envers le sacré Collége, par un remercîment fort modeste, & s'appliqua ensuite à mettre, charitablement, la fortune de ses parens à l'abri de tous revers. La sainte famille était composée de deux frères, d'une sœur & de trois neveux, qui moissonnèrent abondamment dans le patrimoine de S. Pierre.

Ces soins généreux n'occupaient pas tellement le souverain Pontife, qu'il n'eût le loisir de se livrer aux affaires du tems. La fameuse Bulle *Unigenitus*, donnée par son prédécesseur, fixa bientôt son attention. Bien qu'il n'eût pas pour les Jésuites toute la vénération que les RR. PP. inspiraient à leurs partisans, on le croyait cependant porté à remplir les engagements de Clément XI, dont il était la créature. Sept Evêques de France lui adressèrent, à ce sujet, une lettre où ils lui représentaient que la Constitution appuyant de mauvais principes, avancés par quelques membres de la Société de Jésus, devait être révoquée, pour l'honneur du saint Siége. Le Pape ne goûta point leur remontrance. La lettre venait d'en être censurée, lorsqu'il reçut un message de Charles VI, qui se plaignait également des troubles que la même Bulle excitait dans les Pays-Bas. Le Cardinal d'*Althan*, chargé de cette commission, fut assez bien accueilli de Sa Sainteté, qui le tranquillisa, en disant que tous ses soins tendaient à chercher les moyens les plus convenables de donner la paix à l'Eglise, en conservant l'honneur & les droits du Saint-Siége. Mais ces belles assurances n'étaient que des paroles de cœur. Le Pape trouvait fort mauvais qu'un Empereur osât sonder ses intentions. Le mouvement de ses troupes, en Italie, étaient cependant de faibles raisons pour le ménager : c'est ce qui le détermina à lui donner l'investiture du Royaume de

Naples, que les Impériaux n'avaient pu obtenir de la Cour de Rome, depuis qu'ils s'étaient rendus maîtres de cet Etat.

D'un autre côté, les Turcs menaçaient l'isle de Malte, & la Religion avait besoin d'argent pour s'y maintenir. Cette importante affaire fut mise en délibération dans un consistoire secret, & le Pape fit, au sacré Collége, un discours très-pathétique, où il l'exhortait à demander, aux Princes chrétiens, des hommes & de l'argent, pour défendre le troupeau du Seigneur contre les attaques des Infidèles. Il se montra le premier défenseur de ses brebis, en offrant un don de quarante mille écus, dont la moitié devait servir à réparer les fortifications de Corfou.

Sur ces entrefaites, le Pape éprouva quelques incommodités qui le menaçaient d'une violente maladie, mais il en fut quitte pour la peur. On attribua cette indisposition aux mauvais succès du Chevalier de Saint-Georges. Ce Prince, ou soi-disant-tel, pour qui le trésor de S. Pierre n'était jamais fermé, enfantait sans peine des projets qui ne lui coûtaient pas un baiocchi, bien qu'ils fussent très-dispendieux. La Cour de Rome avait donné, tête-baissée, dans ses visions ; elles ne tendaient qu'à le faire monter sur le trône d'Angleterre. La réconnaissance y eût placé le Catholicisme aux côtés du nouveau Monarque. Quelle gloire pour Innocent XIII ! quelle source intarissable de richesses ! Le zèle de la Religion se refroidit quand l'espoir du gain l'abandonne. Le Chevalier postiche faisait de vains efforts pour esquiver l'influence de sa mauvaise étoile : le Pape, ennuyé de subvenir aux frais d'un entretien royal, le recommanda à la générosité des Rois de France & d'Espagne. Tant de contrariétés altérèrent singuliérement la santé du très-saint Père, au grand déplaisir de sa famille : elle se raffermit pourtant un peu, & il reprit le gouvernement des affaires.

La France avait demandé à l'Empereur, pour le Roi d'Espagne, l'investiture des Etats de Parme & de Plaisance. Le Pape soutint qu'ils relevaient du Saint-Siége, & se disposa à faire valoir ses droits : droits imaginaires, droits usurpés. Au milieu de toutes les révolutions qu'ont éprouvées ces deux Etats, les Empereurs n'ont jamais perdu leur droit de haute souveraineté. Les injustes prétentions de ce Pontife commençaient à devenir une affaire très-sérieuse. Il adressa à tous les Evêques, à tous les Etats catholiques, un Bref qui portait en somme, que la tranquillité de l'Eglise dépendait de la soumission des prétendans. Ne pas renoncer au droit d'investiture, c'était encourir l'indignation de Sa Sainteté & la vengeance du Ciel. L'imprudent Pontife s'engageait, sans réflexion, dans une dispute où il n'avait pas tout à gagner, & qu'un chapeau rouge, accordé à M. *de Bichi*, Nonce à Lisbonne, aurait terminée, s'il n'eût pas été entiché d'un défaut trop commun aux successeurs du Prince des Apôtres.

Son prédécesseur avait entamé le procès du Cardinal *Alberoni*, que ses confrères n'avaient pas jugé canonique : Innocent XIII, après en avoir fait examiner toutes les pièces, réhabilita sa mémoire, & voulut qu'il jouît, à l'avenir, de toutes les prérogatives attachées à la dignité de Cardinal. Ce fut sa dernière expédition. Il mourut le 7 Mars 1724, âgé de soixante-neuf ans. Malgré l'esprit d'intrigue qui anima toujours Innocent XIII, on ne peut nier qu'il n'eût de belles qualités. Il faut rendre justice à sa piété & à son désintéressement, à son amour pour la paix : il lui sacrifiait tout, quand il le pouvait faire sans compromettre les intérêts du Saint-Siége.

LE TELLIER,
Archevêque de Reims.

LE TELLIER, Archevêque de Reims.

CHARLES-MAURICE LE TELLIER, Archevêque de Reims, Commandeur de l'Ordre du Saint-Esprit, Docteur & Proviseur de Sorbonne, Conseiller d'Etat ordinaire, né à Paris en 1642, était fils de Michel Le Tellier, Secrétaire d'Etat, & frère de François-Michel Le Tellier, Marquis de Louvois.

Il se distingua par son zèle pour les sciences & pour l'observation de la discipline ecclésiastique. Son savoir, la vigueur avec laquelle il a toujours soutenu la prééminence & les droits de sa dignité, l'attention & l'exactitude qu'il apporta à redresser les faux-pas des Réguliers de son diocèse, firent de Le Tellier un des plus illustres Prélats de l'Eglise Gallicane. On peut juger de sa sévérité envers les Réguliers ignorans ou hardis, qui usaient de la chaire de vérité pour offrir aux peuples des principes erronés & dangereux, par le trait que nous allons rapporter.

Un Cordelier, un Capucin, un Bénédictin, avaient prêché dans son diocèse le 2 d'Août 1694, en l'honneur de S. François, à la solemnité de la Portioncule. Le Tellier, instruit de la manière peu évangélique que ces Pères avaient employée, les fit venir. Après une forte réprimande, il leur donna lui-même, par écrit, les rétractations qu'il leur enjoignait de faire publiquement, afin de les rendre à l'avenir plus circonspects, de détromper les peuples qu'ils avaient séduits, & de fournir à ces derniers un préservatif contre de pareilles impressions. Les Prédicateurs obéirent.

Il serait à désirer que la conduite de l'Archevêque de Reims fût plus constamment imitée. L'empire des pensées monachales, à l'égard de certains Saints, & touchant les prérogatives de quelques indulgences, n'est guère diminué, quoiqu'un règne de lumière & d'érudition ait succédé aux siècles d'ignorance & de barbarie qui le fondèrent. La superstition est une hydre que nos Philosophes n'ont pu terrasser encore.

Les Jésuites de Reims méritèrent aussi l'animadversion de Le Tellier. Ces Pères avaient soutenu deux thèses, où le poison de leurs principes était caché sous une logique adroite & sous une diction décevante. Mais la perspicacité de jugement de l'Archevêque de Reims égalait l'adresse des Jésuites. Il lança, le 15 Juillet 1677, une ordonnance fort savante contre ces deux thèses. Les Jésuites ne furent point atterés par cette ordonnance, & ils y répondirent fortement : mais leur réponse ne resta pas sans réplique.

On ne peut dissimuler cependant que la rigueur de l'Archevêque de Reims & le zèle scrupuleux de ce Prélat, pour tout ce qui touchait à la Religion, ne s'étendirent pas jusqu'à ce dépouillement apostolique, qui fut, dans tous les tems, l'essence de la morale de l'Eglise. On ne s'étonne point de voir Le Tellier placé, par sa naissance & son mérite, sur le siége de Reims ; mais que l'Abbé de Louvois (Camille Le Tellier, son neveu) à peine âgé de neuf ans, réunisse, par ses soins, le Prieuré de Saint-Belin, l'Abbaye de Bourgueil, celle de Vauluisant & plusieurs autres Bénéfices, la conduite de l'Archevêque de Reims paraît alors en contradiction avec le rigorisme de ses principes. Cet abus, si commun de nos jours, eſt très-contraire à toutes les règles. Il eſt vrai que le mérite précoce de l'Abbé de Louvois, a pu rendre cet abus tolérable dans ſa perſonne, & juſtifier, en quelque manière, le relâchement de ſon oncle. M. Baillet a donné une place honorable à l'Abbé de Louvois, dans ſon Hiſtoire des Enfans célèbres par leurs études. Au retour du voyage d'Italie, que ce jeune Abbé fit en continuation de ſes études, ſon oncle le rapprocha de lui, en le mettant au nombre de ſes Grands-Vicaires, & en 1706 il en rempliſſait encore les fonctions.

-Reims dut à Le Tellier pluſieurs établiſſements utiles, parmi leſquels on compte la Communauté des Filles de l'Enfant-Jéſus, où l'on nourrit, élève & inſtruit trente orphelines. Les lettres d'enregiſtrement ſont du 4 Avril 1690. Les Séminaires de Reims & de Sedan lui doivent auſſi leur naiſſance. On connaît le Recueil des différentes pièces pour l'établiſſement de ces deux maiſons : il fut imprimé à Paris, par ordre du Roi, en 1700, chez François Muguet, premier Imprimeur du Roi & du Clergé. Le procès-verbal de fondation du Séminaire de Sedan, dreſſé par l'Archevêque de Reims, eſt du 28 Octobre 1683. C'eſt encore Le Tellier qui fonda à Sedan, au mois d'Avril 1679, la maiſon des Filles de la Propagation de la Foi. Les lettres-patentes de cet établiſſement furent enregiſtrées à Metz, en Parlement, le 8 Mai 1679.

Le Tellier cultiva & protégea les Lettres. Il forma une bibliothèque des débris de celles que pluſieurs Réformés de Paris & de Champagne furent obligés d'abandonner, lors de la révocation de l'Edit de Nantes : elle devint, par ſes recherches, une des collections les plus nombreuſes & les plus précieuſes de Paris. L'accès n'en fut jamais interdit aux Curieux ; ils en uſaient à leur gré. Par cette liberté, l'Archevêque de Reims procura aux Gens de Lettres les moyens de reculer les bornes de la Science & de la Philoſophie. Ce Prélat ſavait que l'eſprit, comme le corps, a beſoin de nourriture. Il publia, l'an 1693, un Catalogue de ſa bibliothèque, ſous le titre de *Bibliotheca Telleriana*.

Les principaux Ouvrages de Le Tellier ſont, un *Mandement ſur les autels privilégiés* : il parut en 1694 ; une *Ordonnance pour l'approbation des Réguliers de Reims*, in-4°. 1697 ; une *Ordonnance* (dont nous avons déja parlé.) *à l'occaſion de deux thèſes ſoutenues chez les Jéſuites ;* & la *Requête de ce Prélat, en réplique à la remontrance d'un Jéſuite ſur l'Ordonnance précédente*.

Tandis que Le Tellier éclairait & défendait l'Egliſe par ſes Ecrits, qu'il en affermiſſait l'empire par divers établiſſemens de piété, ſes regards ſévères ſe portaient auſſi ſur les mœurs de ſon diocèſe. Il fit autoriſer, par lettres-patentes, les Adminiſtrateurs de l'Hôpital-général de Reims, à enfermer les femmes & les filles dont la débauche était connue.

L'Elégie qui fut dédiée à ce Prélat, en 1677, par Jean de Martin, une foule d'autres Ouvrages qui lui furent adreſſés, prouvent que les Savans & les Gens de Lettres, de ſon ſiècle, ne négligèrent point de préconiſer ſes talents & ſon mérite.

Le Tellier mourut ſubitement à Paris, en 1710, âgé de ſoixante-neuf ans. Il laiſſa ſa belle bibliothèque aux Chanoines réguliers de l'Abbaye de ſainte Geneviève de Paris.

Malgré le zèle qu'il montra pour la Religion, malgré ſes talents & ſes vertus, on voit cependant que ce Prélat tenait beaucoup du caractère dur & impérieux de ſon père & de ſon frère : il ne ſut jamais pardonner.

L'Abbé

L'Abbé CHAPPE.

VICTIME d'un amour immodéré pour les Sciences, l'Abbé Chappe est un exemple frappant de ce que peut produire cette paffion, lorfqu'elle eft portée à l'extrême. Né le 23 Mai 1728 de Jean Chappe, Seigneur de la baronie d'Auteroche, & de Madeleine de la Farge, le jeune Chappe apportait, en naiffant, le précieux avantage de n'avoir pas à difputer fes talents à l'adverfité. L'état diftingué que fes parents tenaient dans leur province, l'aifance de leur fortune, le mirent à portée de recevoir une bonne éducation. Les fondements en furent jettés au Collége de Mauriac, fa patrie, où il commença fes études. Il vint enfuite les achever au Collège de Louis-le-Grand. La célébrité des Profeffeurs qui y enfeignaient pour lors, lui promettait les fuccès les plus brillans; il les obtint en effet.

Une forte inclination pour le Deffin & les Mathématiques, s'était déclarée dès fa plus tendre enfance. Un attrait irréfiftible le portait à lever des plans, à faire des calculs, fans que qui que ce foit en fût inftruit. Cette impulfion extraordinaire lui fit découvrir, dans le filence du cloître, des reffources fur lefquelles il ne devait pas compter. Pendant fon cours de Philofophie, il fit connaiffance avec le Père Germain, Chartreux, qui lui donna les premières leçons de Mathématique & d'Aftronomie. Des mains de ce Religieux, l'Abbé Chappe paffa dans celles de feu M. de Caffini, qui, flatté de trouver des talents fi diftingués dans fon élève, voulut les rendre utiles à la fociété. Il l'occupa à la levée des plans de plufieurs maifons royales, & le fit travailler à la Carte de France.

Un Ouvrage plus important fit connaître l'Abbé Chappe dans le monde aftronome. On fait que dans des Tables aftronomiques, M. Halley avait tracé la route que devaient tenir les planetes, marqué leurs éclipfes; & par une application ingénieufe de fa théorie aux parallaxes de Vénus & du Soleil, le Savant anglais était parvenu au point d'annoncer que le paffage de cette planete par le difque du foleil, pourrait faire connaître la vraie diftance de cet aftre à la terre. Ces Tables, qui avaient, pour plufieurs perfonnes, l'obfcurité des anciens oracles, furent traduites, en 1752, par l'Abbé Chappe. Les augmentations qu'il y fit, les nouvelles inductions qu'il tira des calculs de l'Aftronome anglais, rendirent fa Traduction très-précieufe, & placèrent prefqu'au même niveau le Traducteur & l'Original.

L'Abbé Chappe, que cet Ouvrage avait fait connaître du Gouvernement, qui l'avait employé à lever les plans du Comté de Bitche, fut admis, en 1759, par l'Académie des Sciences, au nombre de fes membres. Le jeune Académicien ne tarda pas à juftifier le choix que cette Compagnie célèbre venait de faire de fa perfonne : les deux comètes qui parurent en 1760 lui en fournirent l'occafion. Il les obferva toutes deux avec la plus grande affiduité; & les obfervations qu'elles lui fournirent, furent confignées dans le Recueil des Mémoires de cette même année. Il y joignit des réflexions fur la lumière zodiacale, & fur une aurore boréale qu'on apperçut alors.

Un événement célèbre devait encore ajouter à la gloire de l'Abbé

Chappe. M. Halley avait annoncé, pour le 6 Juin 1761, le passage de Vénus sur le Soleil, & cette prophétie importante fixait l'attention de tous les Astronomes. Tobolsk, capitale de la Sibérie, & l'Isle Rodrigue, dans la mer des Indes, devait être le théâtre de cette observation. M. Pingré offrit de se rendre à l'Isle Rodrigue, & l'Abbé Chappe fut choisi pour aller à Tobolsk. Après un mois d'une marche aussi pénible que dangereuse, l'Astronome français arriva sur les bords de l'Irtis. La superstition des Russes, leur ignorance, & l'opinion erronée qu'ils ont des astres, pensèrent coûter la vie à l'Abbé Chappe. Les Russes, attentifs à ses moindres démarches, ne voyaient qu'avec effroi tous ses préparatifs : l'observatoire qu'il faisait élever, les instruments qu'on y transportait, tout augmentait leurs alarmes. Le débordement de la rivière d'Irtis, qui submergea une grande partie de Tobolsk, à la suite d'un dégel considérable, les confirma dans leur frayeur. M. Ismaelow, Gouverneur de la ville, homme très-instruit, auquel nous devons une bonne Carte de la mer Caspienne, fut obligé de lui donner une escorte qui le garantît des fureurs de la multitude. L'Abbé Chappe fit tranquillement ses observations ; & ayant retourné à Paris en 1762, après deux années d'absence, il s'occupa de la publication de son voyage.

Le zèle trop ardent que mettait l'Abbé Chappe à la perfection de l'Astronomie, fut enfin la cause de sa mort. Les calculs astronomiques annonçaient, pour le 3 Juin 1769, un nouveau passage de Vénus sur le Soleil, & indiquaient la pointe de la Californie comme un des endroits les plus avantageux qu'on l'on pût trouver au sud-ouest. L'Abbé Chappe ne laissa pas échapper cette nouvelle occasion de s'instruire. Il partit de Paris en 1768, & arriva à San-Joseph au tems marqué pour l'observation. Une maladie contagieuse désolait alors cette contrée. Trois jours après son opération, l'Abbé Chappe fut attaqué de la peste. Privé des secours qu'il eût pû trouver dans sa patrie, il lutta quelque tems entre la vie & la mort. On eut cependant quelques lueurs d'espérance ; mais son imprudence la fit bientôt évanouir. Le jour même d'une médecine, il voulut observer une éclipse de lune. A peine put-il achever son observation : le mal augmenta considérablement ; & les remèdes n'ayant pas été administrés à propos, il mourut le premier Août 1769, âgé de quarante-un ans.

Les fruits de l'observation faite par l'Abbé Chappe, auraient été entièrement perdus pour la société, si M. Cassini ne se fût chargé d'en enrichir la République des Lettres. Cet Académicien estimable, fils d'un père qui s'était rendu si célèbre dans les fastes de l'Astronomie, a donné au Public l'histoire de ce voyage, d'après les papiers que l'Abbé Chappe avait remis, en mourant, à M. Pauly, Ingénieur français, qui l'avait accompagné à la Californie.

L'Abbé Chappe avait toujours envisagé la mort avec une force d'âme singulière, que le témoignage d'une conscience pure & irréprochable peut seul donner. La veille de son départ, il était à souper chez M. le Comte de Mercy, Ambassadeur de l'Empire ; plusieurs de ses amis lui représentant qu'il ne devait pas entreprendre ce voyage, qu'il y avait à parier qu'il n'en reviendrait pas, il leur répondit : « Que la certitude de » mourir le lendemain de son observation, ne serait pas un motif assez » puissant pour l'en détourner ». Effectivement, quatre jours avant sa mort, il dit à ceux qui l'environnaient : « Il faut finir, je sens que je n'ai » plus que huit jours à vivre ; j'ai rempli mon objet, & je meurs content ».

DE LAUNOY.

JEAN DE LAUNOY naquit en Normandie. Docteur en Théologie, ce fut un Savant laborieux & un Critique intrépide.

Un voyage, qu'il fit à Rome, lui procura l'amitié du Bibliothécaire du Vatican, de ce fameux *Holstenius*, qui fut envoyé au-devant de la Reine Christine, pour recevoir, à Inspruck, sa profession de foi. Il se concilia de même l'estime du Grec *Ellatius*, qui a fondé divers Colléges dans l'Isle de Chio.

De retour à Paris, il se renferma dans son cabinet, occupé sans cesse à recueillir les passages des Pères sur toutes sortes de matières.

Comme il n'avait point de talent ni pour prêcher ni pour chanter, il ne voulut jamais accepter de bénéfice : *Je me trouverais bien de l'Eglise, mais l'Eglise ne se trouverait pas bien de moi.* C'était toujours sa réponse à ceux qui voulaient lui inspirer de l'ambition.

Les *Conférences* qui se tenaient chez lui tous les Lundis, furent une espèce d'école académique, où les Savans même trouvaient à s'instruire : elles roulaient sur la discipline de l'Eglise & sur les droits de celle de France. Cette Académie détrompa de plusieurs erreurs, & sur-tout de l'existence de plusieurs Saints. On y attaquait avec force les prétentions ultramontaines; on y discutait les fables des légendes; l'apostolat de saint *Denis* l'Aréopagite en France; le voyage de *Lazarre* & de la *Madeleine* en Provence; la résurrection du Chanoine qui produisit la conversion de saint *Bruno*; l'origine des Carmes; la vision de *Simon Tock*, qui prétendit avoir reçu de la sainte *Vierge* le scapulaire, comme une marque de sa protection spéciale envers tous ceux qui le porteraient : & une foule de traditions mystiques furent discutées & proscrites par cette courageuse Société, que présidait le Docteur *Launoy*. On peut bien penser que ce juge sévère des préjugés, en éclairant la moitié du monde, déplaisait à celle qui est la plus nombreuse & la plus incurable. Elle sonnait le tocsin, en criant *au dénicheur de Saints*.

Ses amis, qui sentaient combien de services il rendait à la Religion, en l'épurant, le plaisantaient quelquefois, mais ne l'admiraient pas moins. M. Godefroi, Historiographe de France, étant sorti de son logis de grand matin, le premier jour de l'an, rencontra M. de Launoy, qui s'en allait en Sorbonne. Il l'aborda, & lui dit, en l'embrassant : *Bon jour & bon an, Monsieur; quel Saint dénicherez-vous du Ciel cette année?* M. de Launoy, surpris de la demande, lui répondit : *Je ne déniche point du Ciel les véritables Saints que Dieu & leur mérite y ont placés, mais bien ceux que l'ignorance & la superstition des peuples y ont fait glisser sans l'aveu de Dieu & des Savans.*

Le Curé de saint Eustache de Paris disait avec bonhomie : « Quand » je rencontre le Docteur Launoy, je le salue jusqu'à terre, & ne lui » parle que le chapeau à la main, & avec bien de l'humilité, tant j'ai » peur qu'il ne m'ôte mon saint Eustache, qui ne tient à rien ».

Etant à Basville, chez le Président de Lamoignon, ce Magistrat lui dit : *Au moins ne faites point de mal à notre saint Yon.* Le Docteur lui répondit : *Comment lui ferais-je du mal, je n'ai pas l'honneur de le connaître ?*

Ce Précurseur de la faine Philofophie vécut toujours pauvrement & fimplement, ennemi de ce commerce de fourberies qu'on appelle *cérémonial*, attaché au vrai, & fe plaifant à le dire. Ses ennemis ne lui pardonnaient pas d'avoir rayé de fon calendrier fainte *Catherine*, & fur-tout de dire, le jour de fa fête, une meffe de *requiem*. Mais fa conduite & fes mœurs auftères les forçaient; finon au refpect, du moins au filence. Que pouvaient-ils contre un homme d'une probité inaltérable, qui aima mieux fe faire exclure de la Sorbonne, que de foufcrire à la cenfure du Docteur *Arnauld*, quoiqu'il ne pensât pas comme lui fur les matières de la Grace. Il fit plus; il écrivit contre le *Formulaire* de l'affemblée du Clergé, de 1656.

La République des Lettres lui eft redevable de plufieurs Ouvrages. Cet habile Critique n'écrit ni avec pureté ni avec élégance : fon ftyle eft dur & forcé. On lui reproche de donner des tours finguliers à des chofes très-communes, & des citations très-longues, qu'il répete fouvent. Il faut avouer que les premiers fiècles étaient pays inconnus pour lui. Il a fait bien voir la fuppofition de la prétendue Pragmatique de S. Louis, fabriquée pour foutenir la Pragmatique-fanction, du tems que Louis XI la révoqua, ayant jufqu'alors été inconnue de toute la terre. M. Fleury, dans fon Hiftoire Eccléfiaftique, & l'Auteur de la Vie de faint Louis, nommé *la Chaife*, l'ont foutenue comme véritable ; mais ces gens-là n'ont nulle critique : il n'y a qu'à voir leurs miférables raifons.

M. de Launoy avait fait je ne fais combien d'Ecrits, pour faire voir tout ce que les Scholaftiques ont inventé & introduit dans la Théologie : lui feul était capable d'une telle recherche, & lui feul avait affez de courage pour dire ce qu'il en penfait. Il n'ofa confier fes papiers à fon ami le Docteur Marais, de peur qu'on ne les allât enlever là. Il s'imagina, en mourant, qu'ils feraient en fûreté chez le Lieutenant-Civil, qu'on n'oferait fergenter ; mais le Lieutenant-Civil les remit depuis à un bon Prêtre de Paroiffe, qui, par zèle pour la maifon de Dieu, les brûla.

Le *dénicheur de Saints* avait l'humeur un peu cauftique, & fa phyfionomie n'était pas trompeufe. *Ménage* lui reprochait un jour d'avoir choqué certains Religieux, qui ne l'épargneraient pas dans leurs Ecrits. Il répondit malicieufement : *Je crains plus leur canif que leur plume*. L'épigramme eft trop dure, s'il eft vrai, fur-tout, qu'il ait été long tems penfionnaire des Jéfuites. Il devait d'ailleurs quelques égards à la Société, qui comptait, parmi fes membres, le P. Sirmond; dont il avait toute la confiance, & qu'il confultait fouvent. Ce bon Père difait de lui : *Quand il m'a entendu dire quelque chofe de bon, il va faire un Livre*.

M. de Launoy éprouva qu'il ne faut jamais fe mettre à dos une Société qui a l'oreille des Rois. Le Roi lui fit défendre de tenir des affemblées dans fa chambre, quoiqu'on ne s'y entretînt que des fciences.

L'indifférence de M. de Launoy pour la fortune, l'empêcha de s'enrichir. Il mourut dans l'hôtel du Cardinal d'Eftrées, qui fe faifait un plaifir de le loger. Son teftament commençait par ces mots : *J'aurai bientôt fait, car je n'ai pas beaucoup de bien.*

Le

LE MARECHAL DE BELLE-ISLE.

Le Maréchal DE BELLE-ISLE.

CHARLES-LOUIS-AUGUSTE FOUQUET DE BELLE-ISLE naquit, en 1684, à Ville-Franche, petite ville de la Province de Rouergue. Son nom, trop célèbre en France, n'était pas pour lui une recommandation à la Cour. Petit-fils du fameux Surintendant Fouquet, il ne pouvait se rappeller l'illustration de sa famille, sans se rappeller, en même tems, la disgrace de celui qui l'avait enrichie.

Ami du travail & des bons livres, le Comte de Belle-Isle fit des progrès rapides dans les Mathématiques. Ses talents, pour la guerre, qu'il développa dès le bas âge, déterminèrent Louis XIV à lui accorder un Régiment de Dragons. Il se signala à l'attaque des lignes de Turin, y fut blessé, & obtint, pour récompense de ses services, le grade de Brigadier des armées. Deux ans après, il fut fait Mestre-de-Camp général des Dragons.

Créé Maréchal de Camp par le Régent, il servit, en Espagne, sous le Maréchal de Berwick. L'armée française fut témoin de sa valeur au siége de Fontarabie & de Saint-Sébastien. De retour en France, il fut pourvu du Gouvernement de Hunningen. Déja il commençait à jouir d'une grande faveur à la Cour, lorsque le Duc d'Orléans, son protecteur, vint à mourir. Cet événement fut fatal au Comte de Belle-Isle. Lié particuliérement avec M. Le Blanc, il fut enveloppé dans la disgrace de ce Ministre, & enfermé à la Bastille, d'où il ne sortit que pour être exilé dans ses terres.

La guerre qui s'éleva en Europe, à l'occasion de l'élection de Stanislas au trône de Pologne, tira le Comte de Belle-Isle de cette obscurité. Déja créé Lieutenant-Général, il fut chargé d'occuper, avec les troupes françaises, la ville de Nancy, afin de contenir la nation Lorraine, dont le zèle pour la maison d'Autriche avait toujours éclaté. M. de Belle-Isle alla ensuite rejoindre l'armée du Rhin, commandée par le Maréchal de Berwick. Il fut chargé du commandement du corps d'armée qui devait agir sur la Moselle. Ses succès justifièrent le choix qu'on avait fait de sa personne. La prise de Trèves, & de Traerbach, furent le fruit de sa valeur & de son intelligence. Louis XV reconnut ses grands services, en lui donnant le cordon bleu, avec le commandement des troupes en Allemagne.

En 1741, le Comte de Belle-Isle fut décoré du titre de Maréchal de France. Lorsqu'il vint prêter, entre les mains du Roi, le serment que sa nouvelle dignité exigeait, M. d'Argenson, alors Ministre de la guerre, lui dit, en présence de toute la Cour : *M. le Maréchal, le bâton que le Roi vous a remis aujourd'hui, ne sera pas dans vos mains un ornement inutile.*

La mort de Charles VI ayant fait vaquer le trône de l'Empire, la Cour de France conçut le projet de faire passer cette première couronne de l'Europe sur la tête de l'Electeur de Bavière. Le Maréchal de Belle-Isle fut chargé de cette négociation; & il fut assez heureux pour réunir tous les suffrages. Il fut ensuite envoyé en Bohême, pour soutenir cette élection par la voie des armes. La prise de Prague fut le fruit de cette expédition, qui d'ailleurs n'eut pas tout le succès qu'on eût dû en attendre. Ayant enfuite reçu ordre d'évacuer cette ville, avec fa garnifon, le Maréchal de Belle-Ifle fortit en bon ordre la nuit du 16 au 17 Décembre 1742, & ramena environ treize mille hommes de Prague à Egra, à travers des défilés que la hauteur des montagnes, les neiges & les glaces faifaient regarder comme impraticables. Cette retraite favante, qui eût été digne de Turenne & Condé, a été comparée à celle des dix mille, célébrée par Xénophon.

Le Roi qui, en 1742, avait fait le Maréchal de Belle-Ifle Duc de Gifors, le créa Pair de France en 1747 : depuis cette époque, fa faveur ne fit qu'augmenter. Toujours confulté fur les projets de campagne & fur le plan des traités à conclure, il jouiffait de toute la confiance du Souverain. Enfin ce Prince le choifit, en 1757, pour fon principal Miniftre. La France était alors dans un état de crife qui devenait de plus en plus alarmant. Il était dangereux de fe charger, dans ces fâcheufes conjonctures, des rênes de l'adminiftration. Le Maréchal de Belle-Ifle, dévoré d'un zèle ardent pour fa patrie, ne fut point effrayé du danger; il prit fur lui tous les rifques que des revers multipliés pouvaient faire courir à fa réputation. Il embraffa, avec une égale activité, tous les objets de fon miniftère. Mais fa trop grande affiduité au travail, les malheurs qu'éprouvait la France, & les efforts qu'il fit pour les réparer, affaiblirent peu à peu fa fanté, & le précipitèrent enfin au tombeau, le 26 Janvier 1761. Louis XV honora de fes regrets la perte de ce Miniftre, & il voulut qu'on lui élevât un fuperbe catafalque dans l'Eglife des Invalides.

Le Maréchal de Belle-Ifle avait une belle ame, un cœur droit; & il favait allier la franchife du Guerrier à l'aménité du Courtifan. Affable & prévenant, il ne fit jamais apperçevoir cette autorité dédaigneufe qu'exercent trop communément les gens en place fur ceux qui font au-deffous d'eux. Son caractère était naturellement froid; fes converfations n'étaient pas gaies, mais elles étaient inftructives. Il parlait avec netteté & précifion. L'Académie Françaife avait orné fa lifte de fon nom. Le Difcours qu'il prononça à fa réception, eft un chef-d'œuvre; il y règne une éloquence noble, mâle & vigoureufe, qui fied fi bien à un Guerrier : on y admire fur-tout l'éloge du Cardinal de Richelieu. Ce Difcours ne fut pas le feul que le Maréchal de Belle-Ifle prononça à l'Académie. Lorfque le Comte de Biffy fut reçu, il fe trouva obligé, en qualité de Directeur, de répondre au Difcours du nouvel Académicien : il remplit cette fonction d'une manière qui lui mérita les plus grands applaudiffements. Quoique fes occupations ne lui permiffent pas de fe rendre affiduement aux affemblées, il était affez exact aux répétitions; & il n'accordait fon fuffrage qu'aux Ouvrages vraiment eftimables.

La gloire du Maréchal de Belle-Ifle ne fut pas toujours exempte d'amertume. Le rang élevé qu'il occupait ne le mit pas à l'abri, ni des railleries du peuple, ni de quelques défagréments de la part du Miniftère; mais il ne répondit aux unes que par de profonds mépris, & n'oppofa jamais aux autres que de la douceur & de la modération. Quand les flatteurs voulaient l'irriter contre les chanfons & les vaudevilles que l'on publiait contre lui, il leur répondait froidement : « Je remplirais les vues » de ces faifeurs de vers, fi j'avais la petiteffe de me fâcher de leurs » bons mots ».

WINSLOW.

JACQUES-BÉNIGNE WINSLOW naquit à Odenfée, dans la Fionie, Province de Danemarck, le 2 Avril 1669, de Pierre Winflow, Curé d'Odenfée, & de Marthe Broffe. Il montra, dès fon bas âge, les talents les plus diftingués. Ses parents le deftinèrent au miniftère eccléfiaftique; & dès qu'il eut atteint un âge mûr, il s'appliqua à l'étude de la Théologie, & compofa plufieurs Sermons. Sa réputation naiffante, qui fe répandait déjà dans tout le voifinage, engagea un Curé, vieux & infirme, à lui propofer de venir partager fes fonctions, en lui affurant fon bénéfice après fa mort. Mais on s'apperçut bientôt que le jeune Winflow n'avait pas une vocation bien décidée pour cet état. L'étude de la Médecine avait pour lui des attraits inexprimables; & cette étude l'obligea à voyager. Il ne négligea cependant pas celle de la Théologie. Comme il était Luthérien de bonne foi, il cherchait férieufement à s'inftruire. Pour le faire avec plus de fuccès, il convint avec M. Vorme, fon compatriote, de faire avec lui des Conférences fur les principaux points qui divifent l'Eglife catholique de la Communion luthérienne. Fortifié par la lecture de l'*Expofition de la Doctrine de l'Eglife*, de l'illuftre Boffuet, il eut la fatisfaction de combattre avec fuccès fon antagonifte, & de le réduire au filence.

Winflow, ébranlé par la défaite de fon adverfaire, vint en France faire part de fes doutes au favant Prélat dont les Ecrits l'avaient fi fenfiblement touché. Perfuadé que la doctrine que prêchait l'Evêque de Meaux était celle de la primitive Eglife, il fe détermina à l'embraffer; & le 8 Octobre 1699, il fit abjuration entre fes mains.

Les parents de Winflow eurent à peine appris fon changement de religion, qu'ils réfolurent de l'abandonner & de le laiffer périr dans l'indigence. On lui propofa alors de paffer en Hollande, où il avait des amis, ou d'aller à Florence, avec une recommandation, auprès du grand Duc de Tofcane. Il devait d'autant plus compter fur cette protection, que ce Prince l'avait déja accordée à l'illuftre Stenon, grand-oncle de M. Winflow. Après avoir été, en Danemarck, l'oracle de l'Anatomie, Stenon avait, comme fon petit-neveu, tout abandonné, pour rentrer dans le fein de l'Eglife. Ce favant homme parvint enfuite à l'Epifcopat & à la dignité de Légat apoftolique, dans le Nord. Winflow, perfuadé qu'il trouverait plus de reffources en France que dans aucune autre région de l'Europe, préféra de fe préfenter à la Faculté de Médecine de Paris. Il était affuré, quoique dépourvu de fortune, de trouver, dans cette illuftre Compagnie, toutes les facilités néceffaires pour y acquérir le grade de Docteur. On fait que ce Corps, qui n'a jamais voulu s'aftreindre, par aucune loi, à faire, pour les droits d'ufage, des remifes à qui que ce foit, ne les a jamais refufées à ceux qui en étaient dignes.

Jamais Candidat n'eut autant de titres pour les obtenir, qu'en apportait Winflow; auffi la Faculté les lui accorda-t-elle avec la plus grande diftinction: elle pouffa même plus loin fa générofité à fon égard; car douze ans après, Winflow ayant offert, fuivant l'ufage, de fatisfaire à tout ce qu'il devait pour être admis à préfider & au titre de Docteur-Régent, la Compagnie lui en fit une entière remife. Cette diftinction était d'autant plus flatteufe & plus honorable, qu'elle n'avait pas encore eu d'exemple.

Un génie tel que celui de Winflow ne pouvait être long-tems caché à un Anatomifte auffi zélé, pour les progrès de la fcience, que l'était le célèbre Duvernay. Il fe l'attacha, & bientôt après il l'attacha à l'Académie des Sciences. Winflow ne fut pas long-tems fans juftifier le choix de cette Compagnie par d'excellents Mémoires.

En 1744, la Faculté de Médecine ayant fait rebâtir l'amphithéâtre qui fert à fes démonftrations publiques d'Anatomie elle crut ne pouvoir mieux confacrer cet édifice à l'utilité publique, qu'en engageant Winflow à y faire le premier cours d'anatomie. Il était jufte que, poffédant alors dans fon fein celui que les fuffrages de toute l'Europe avaient mis à la tête des Anatomiftes, elle s'en fît honneur, aux yeux du Public, dans une occafion auffi éclatante. M. Winflow fe fignala par plufieurs thèfes foutenues fous fa préfidence, qui peuvent paffer pour des Differtations achevées fur les fujets qu'il traitait. Dans deux de ces thèfes, il entreprend, avec raifon, de démontrer que les fuccès de la Médecine dépendent, en grande partie, des progrès de l'Anatomie, & que le Médecin, qui néglige de s'inftruire profondément dans cette dernière fcience, s'expofe volontairement à tomber dans des erreurs funeftes aux malades. Dans une autre, il infifte beaucoup fur les opérations qu'il croit néceffaires pour s'affurer de la mort de ceux que l'on croit décédés. On a accufé ce grand Homme d'avoir pouffé trop loin les précautions qu'il jugeait néceffaires dans cette importante occafion; mais fi l'on réfléchit fur les fréquents accidents qui fuivent une trop grande précipitation à enterrer les morts; fi l'on fe rappelle que lui-même, pendant fa jeuneffe, avait été enféveli deux fois comme mort, on ne peut que le louer des prudents confeils qu'il donne à fes femblables. La fenfibilité, qui faifait le fonds de fon caractère, lui faifait appréhender, pour les autres, le danger effrayant auquel lui-même avait été expofé.

Winflow enrichit la France de fes confeils & de fes écrits, pendant plus de foixante années. Epuifé enfin par l'âge & les travaux immenfes qui avaient partagé fa vie, il mourut à Paris, le 4 Avril 1760, âgé de quatre-vingt-onze ans. Quelques années avant fa mort, il était devenu fujet à une furdité qui alla toujours en augmentant. Il venait cependant toujours aux affemblées de l'Académie, & il fe faifait inftruire, à l'aide d'un cornet, de ce qu'il ne pouvait entendre. Cependant il fallut enfin céder aux infirmités, & il fut obligé de refter chez lui. Il y continua, pour ainfi dire, jufqu'au moment de fon décès, à répondre à la confiance de ceux qui recouraient à fes lumières.

A la réputation d'un grand Anatomifte, Winflow joignit celle d'un honnête homme, d'un bon citoyen, d'une ame religieufe. La candeur & la probité étaient peintes fur fon vifage; & ce miroir de l'ame exprimait, en effet, les mouvements de fon cœur. Il était finguliérement attaché à la Religion catholique; & il eft vraifemblable qu'il était d'autant plus ferme dans fa croyance, qu'elle était le fruit d'une étude réfléchie. Sa modeftie était extraordinaire; & tel était fon amour pour l'Anatomie, qu'il cherchait à s'inftruire dans la converfation de ceux mêmes qui étaient infiniment au-deffous de fes difciples. Son mérite ne perçait que dans les occafions où fes talents l'obligeaient à faire ufage des vaftes connoiffances qu'il avait acquifes.

BOSSUET,

BOSSUET, Evêque de Meaux.

JACQUES-BÉNIGNE BOSSUET naquit, à Dijon, le 27 Septembre 1627, d'une famille de robe, noble & ancienne. Il laissa voir, dès son enfance, tout ce qu'il devait être un jour. Ses parents le destinèrent au Barreau ; & l'on assure même qu'il y eut un contrat de mariage entre lui & la demoiselle Desvieux, fille d'esprit, à laquelle il fut attaché toute sa vie. Après ses premières études, Bossuet vint à Paris en 1642, & dix ans après, il y reçut le bonnet de Docteur de Sorbonne. De retour à Metz, où il était Chanoine, il s'appliqua à l'instruction des Protestans, dont il convertit plusieurs. Ses succès eurent de l'éclat. On l'appella à Paris pour remplir les Chaires les plus brillantes. Anne d'Autriche, qui admirait ses talents, lui fit donner, à l'âge de trente-quatre ans, l'Avent de la Cour en 1661, & le Carême en 1662. Le Roi fut si enchanté du jeune Prédicateur, qu'il fit écrire à son père, Intendant de Soissons, pour le féliciter d'avoir un fils doué de si rares talents. Son Carême de 1666, son Avent de 1668, prêchés pour confirmer le Maréchal de Turenne, nouvellement converti, lui valurent l'Evêché de Condom. En 1670, le Roi lui confia l'éducation du Dauphin ; & un an après il se démit de son Evêché, ne croyant point, disait-il, pouvoir garder une épouse avec laquelle il ne vivait pas.

Les soins, que Bossuet s'était donnés pour l'éducation du Dauphin, furent récompensés, en 1680, par la charge de premier Aumônier de la Dauphine, & en 1681, par l'Evêché de Meaux. En 1697, il fut honoré d'une charge de Conseiller d'Etat, & l'année suivante, de celle de premier Aumônier de la Duchesse de Bourgogne. Ce grand Homme ne jouit pas long-tems de tous ces honneurs, que son mérite avait accumulés sur sa tête : il fut enlevé, le 12 Avril 1704, à son Diocèse, à l'Eglise, à la France, aux Lettres, à l'âge de soixante-dix-sept ans.

On ne peut prononcer le nom de Bossuet sans se rappeller les nombreux Ouvrages qu'il a publiés, & les sublimes Oraisons funèbres qu'il a prononcées dans nos Temples. Aux faits connus de sa vie, que nous avons passés sous silence, nous substituerons ici quelques observations nouvelles sur le caractère du génie de ce Prélat célèbre.

Le premier objet qui frappe en lisant Bossuet, c'est *l'unité de l'ensemble* ; c'est cette liaison intime entre tous les membres d'un même corps. Les Anciens disaient : *On arracherait plutôt à Hercule sa massue, qu'on n'ôterait un vers à Homère.* Cet adage antique caractérise parfaitement la manière de Bossuet : sa pensée tient à l'expression, son expression à la phrase, sa phrase au tout. Les Rhéteurs sont convenus d'admirer ses transitions : je dirai plus, moi, je les cherche.

Un autre caractère de l'éloquence de Bossuet, c'est *l'uniformité*. Oraisons funèbres, Histoire, Controverse, Ouvrages ascétiques, c'est par-tout la même manière, les mêmes formes, le même style : il n'en a qu'un. Si cette proposition est vraie, que penser de tous ces Critiques, qui vont répétant les uns après les autres : *Il a transporté l'éloquence dans l'Histoire :* genre, ajoutent-ils gravement, *qui semblait rejetter cette sorte d'ornement.* Ils lui supposent, comme de concert, le dessein formé d'aggrandir

Tome II.   Q

le domaine de l'éloquence : quelques-uns même ont la générosité de faire des efforts pour légitimer cette usurpation apparente. Ils n'ont pas vu qu'il était impossible à Bossuet d'écrire autrement, & qu'ils attribuaient à l'art de l'Ecrivain ce qui tenait à sa nature. Qu'il nous soit permis de le remarquer en passant, cette manière unique, exclusive, inspirée, sert à expliquer sa prodigieuse fécondité.

On va crier au paradoxe. Comment Bossuet peut-il être uniforme & monotone, & cependant toujours intéressant, attachant, entraînant ? Répondons, avec le Poëte Rousseau : « Mais savez-vous qui fait vivre un » Ouvrage ? c'est le génie, & vous ne l'avez point ».

Quel homme, en effet, que celui qui peut transformer ses défauts en vertus ! Aussi Bossuet est-il de ces peintres qui ne forment point d'école : on le copiera souvent, on ne l'imitera jamais.

Il était de l'Académie Française ; ce qui lui a attiré, de la part de son Historiographe, un long & fastidieux panégyrique. J'ignore où M. d'Alembert a trouvé que Bossuet avait négligé, dans sa jeunesse, l'étude de la Géométrie ; mais il appuie sur ce menu fait avec tant de complaisance, il s'arrête si longuement à vanter l'universelle utilité de sa science chérie, qu'on prendrait volontiers cette anecdote pour une invention oratoire.

Avait-il donc oublié que Voltaire s'était moqué, plus d'une fois, du Géomètre de Berlin, qui prétendait prouver l'existence de Dieu par une équation ? Avait-il oublié l'avis, qu'au nom de l'Académie, il donnait lui-même aux Poëtes, en leur recommandant plus de liaison dans leurs idées ? *La logique du Poëte n'est point celle qui s'apprend dans les livres ; s'il ne la trouve pas dans sa tête, il ne doit la chercher nulle part.*

Eh quoi ! vous dispensez le Poëte de l'étude de la Dialectique ! Et le Théologien, dont la science est toute positive, toute de faits, vous le renvoyez à l'Algèbre ! Disons, mais tout bas : *Ah ! monsieur Josse !*

S'il est difficile de lire ce discours sans ennui, dans l'Eloge de Fléchier, M. d'Alembert loue Bossuet comme il mérite de l'être. Là, blâmant avec raison le peu de justesse de ces parallèles dont on abusait au siècle dernier, de ces comparaisons forcées, où l'on opposait Fléchier à Racine, Corneille à Bossuet, il juge très-bien qu'ils ne se ressemblent nullement, pas même par leurs défauts.

« Les négligences de Corneille viennent de lassitude & d'épuisement ; » celles de Bossuet d'un excès de chaleur & d'abondance. Dans Cor- » neille, quand l'expression est familière, elle est presque toujours sans » noblesse ; dans Bossuet, quand l'idée est grande, la familiarité même » de l'expression semble l'aggrandir encore ».

Il faut l'avouer, ce passage répond pleinement & à la réputation de l'Historien, & à la gloire du Héros.

Je me suis toujours étonné que M. d'Alembert n'ait pas essayé de défendre la Philosophie, de ce reproche mille fois répété, qu'elle a anéanti la Poésie. Je crois entrevoir, dans l'excellence de nos Prosateurs, la vraie cause du décri où sont tombés les Ouvrages en vers.

Par-tout la Poésie a précédé la Prose. Idées, expressions, tableaux, rien n'existe encore ; mais créer est son emploi comme son triomphe. Le langage poétique est séparé, par des bornes immenses, du langage de la prose ; ou plutôt, celle-ci n'est qu'un *jargon parlé*, que le Poëte abandonne au peuple. Enfin a-t-il, à force de soins, formé, perfectionné sa langue, le Prosateur s'en empare. Tel est le talent de Bossuet.

MARIVAUX.

PIERRE CARLET DE CHAMBLAIN DE MARIVAUX naquit, à Paris, en 1688, d'un père qui avait été Directeur de la monnaie à Riom, en Auvergne. Ses parents s'appliquèrent à lui donner une excellente éducation, & réuſſirent parfaitement. Elle développa en lui le germe d'un eſprit juſte & délicat, qui devait lui aſſigner un rang diſtingué parmi les *Beaux-Eſprits* de ſon ſiècle. Marivaux, à peine ſorti des jeux de l'enfance, charmait déja la ſociété par la vivacité de ſon imagination.

Il avait montré de bonne heure un goût décidé pour le Théâtre; ce fut la carrière qu'il choiſit, lorſque l'âge & la raiſon lui permirent de faire valoir les talents qu'il avait reçus de la nature : & l'on ſait avec quel ſuccès il la parcourut!

La Scène offrait à ſes yeux une foule de *Pièces de caractère*, qui le firent déſeſpérer de réuſſir en ce genre. L'*intrigue* ouvrait un champ plus vaſte à ſon génie; mais ſa plume novice trouvait bien des obſtacles à ſuivre une route auſſi battue. Il ſut les vaincre tous, & dut, à l'analyſe la plus ſuivie du cœur humain, une ſource nouvelle & abondante de ſujets intéreſſans, de ſituations heureuſes, de traits originaux, de ſaillies, d'épigrammes, que la gaieté de ſon dialogue rendait encore plus piquantes.

Marivaux regardait comme inutile, pour ne pas dire dangereux, tout Ouvrage qui n'avait pas un but moral. *Je voudrais rendre les hommes plus juſtes & plus humains*, diſait-il; *je n'ai que cet objet en vue*. C'eſt dans cet eſprit qu'il compoſa un grand nombre de Comédies, qui firent, pendant long-tems, la fortune des Italiens, & dont pluſieurs embelliſſent encore aujourd'hui leur Scène. D'autres Ouvrages, qui n'eurent pas un ſuccès moins brillant, lui méritèrent un fauteuil à l'Académie. Précieux aux Lettres pour ſes talents, cher à la ſociété pour les qualités du cœur, il ſe montra, dans le commerce de la vie, ce qu'il avait toujours été dans ſes Ecrits. A un caractère doux & tranquille, quoique vif & ſenſible, à une exacte probité, à un déſintéreſſement porté quelquefois juſqu'à l'indifférence, à une candeur aimable, il joignait une ame bienfaiſante, une modeſtie ſans fard & ſans prétention, une attention ſcrupuleuſe à éviter tout ce qui aurait pu offenſer ou déplaire. Il avait coutume de dire : *Qu'il aimait trop ſon repos pour troubler en rien celui des autres.* On ne peut néanmoins diſſimuler qu'il ne mît trop de vivacité, j'ai preſque dit trop d'aigreur, dans ſes diſputes. Mais l'étude approfondie qu'il avait faite des hommes, lui avait appris à ſe connoître : il diſputait rarement. On aimait autant à l'entendre qu'à le lire. Sa converſation était empreinte de cette douce Philoſophie-Morale répandue dans ſes Ouvrages, & qu'il fait paſſer, ſans qu'on y penſe, dans l'ame de ſes lecteurs. L'eſprit & le ſentiment devenaient, ſous ſa plume, deux reſſorts toujours actifs, & toujours ſe mouvans à leur profit : on peut dire qu'il les conduiſait *à ſon but par le plaiſir*.

Aucun Philoſophe n'a peut-être porté plus loin que Marivaux l'amour de ſes ſemblables. Tous les hommes étaient ſes frères, tous avaient un droit égal à ſon eſtime & à ſa généroſité. Il eût pu s'aſſurer une fortune brillante, s'il se fût montré moins sensible à leurs malheurs & moins prompt à les secourir. On l'a vu, plus d'une fois, sacrifier jusqu'à son nécessaire, pour rendre la liberté ou la vie à des particuliers, qu'il connaissait à peine, poursuivis par des créanciers impitoyables, ou réduits au désespoir de l'indigence. On ne saurait mieux peindre la modestie de cet estimable Auteur, qu'en rapportant l'anecdote qui le fit connaître du Public. Il avait donné, aux Italiens, *la Surprise de l'Amour*, qui est dialoguée avec un art infini, mais dont toute la finesse n'était pas bien sentie par les Acteurs. Mademoiselle *Sylvia*, qui avait beaucoup de talents, sentait que son rôle était susceptible d'une nuance d'esprit & de sentiment qu'elle n'y mettait pas, que sa pénétration & sa sensibilité ne pouvaient atteindre ; elle en était désespérée, & disait continuellement à un de ses amis, qui l'était aussi de Marivaux : « Je donnerais tout au » monde, pour connaître l'Auteur de cette Pièce ». Celui-ci, sans rien promettre à mademoiselle Sylvia, fit tous ses efforts pour engager son ami à lui faire une visite. Il y consentit enfin, mais à condition qu'il garderait l'*incognito*. Ils se rendirent donc chez elle, & la trouvèrent à sa toilette. Après les compliments d'usage, Marivaux appercevant une brochure, lui demanda si l'on pouvait, sans indiscrétion, en voir le titre. « — C'est *la Surprise de l'Amour*, reprit mademoiselle Sylvia ; c'est une » Comédie charmante ; mais j'en veux à l'Auteur : c'est un méchant, de » ne pas se faire connaître. Nous la jouerions cent fois mieux, s'il avait » seulement daigné nous la lire ». Marivaux prit alors son Ouvrage, & y lut quelque chose du rôle de mademoiselle Sylvia. Elle fut ravie de l'entendre. La précision, la finesse, la vérité avec laquelle il lisait, furent pour elle de nouveaux traits de lumière. « — Ah ! Monsieur, s'écria-t-elle » avec chaleur, vous me faites sentir toutes les beautés de mon rôle ; » vous éclairez mon ame ; vous lisez comme je voulais, comme je sentais » qu'il fallait jouer...... Vous êtes le diable, ou l'Auteur de la Pièce ». Marivaux sourit de cette saillie, & répondit simplement qu'il n'était pas le diable. « — Vous êtes donc l'Auteur. Quelle obligation n'ai-je pas » à mon ami, de me procurer un bonheur que je desirais depuis si » long-tems » !

Marivaux fit éclater son amour pour la vérité dans une aventure qui mérite de trouver ici sa place. Il partait, pour la campagne, avec madame Lallemand de Bèze ; elle donnait des ordres à ses domestiques, avant de monter en voiture, où sa sœur & Marivaux étoient déja placés. Un jeune homme de dix-huit à vingt ans, gras, potelé, du teint le plus frais & le plus vermeil, vint, à la portière, demander l'aumône. Marivaux, frappé du contraste de l'action & de la figure de ce jeune homme, se pencha vers lui, & lui dit : *N'as-tu pas honte, misérable, jeune comme tu es, & te portant bien, d'avoir la bassesse de mendier ton pain, que tu pourrais gagner par un travail honnête ?* Ce jeune homme, consterné du reproche, lui répondit, en se grattant l'oreille : *Ah ! Monsieur, si vous saviez..... je suis si paresseux !* (La paresse était le péché mignon de Marivaux). Sur cet aveu, il tira six livres de sa poche, & les lui donna.

Trompé par une femme qu'il était sur le point d'épouser, Marivaux semblait avoir renoncé au mariage ; mais le cœur, sur cette matière, n'est pas toujours d'accord avec l'esprit. Il épousa, en 1721, une Demoiselle de Sens, dont il eut une fille, qui mourut Religieuse à l'Abbaye du Trésor. Marivaux mourut le 11 Février 1763, âgé de soixante-quinze ans.

M.

M. DE BÉLIDOR.

BERNARD FOREST DE BÉLIDOR naquit, en Catalogne, en 1697, au milieu du cliquetis des armes qui dévaftaient alors cette Province. Il eut pour père Jean-Baptifte Foreft, Officier au Régiment de Dragons de Valence, & pour mère Marie Hebert. Il avait à peine trois mois lorfqu'il perdit celle-ci; & fon père, obligé de partir avec le Régiment, mourut peu de tems après, laiffant fon fils, âgé de cinq mois, au milieu d'une terre étrangère, & alors ennemie de la France.

Avant fon départ, M. Foreft avait recommandé fon fils à M. de Fofficbourg, Officier d'Artillerie, fon parrain. Celui-ci n'héfita pas à s'en charger, & il le confidéra dès-lors comme fon propre fils.

M. de Fofficbourg étant mort en 1711, fa veuve fe retira auprès de M. Cayot de Blanzy, fon frère, Ingénieur en chef à Montreuil; elle y mena le jeune Bélidor, qui, montrant dès-lors un goût décidé pour les Mathématiques, trouva le moyen de cultiver ces difpofitions avantageufes, à l'aide d'une bibliothèque nombreufe que poffédait M. de Blanzy. Il était à peine dans l'âge où les autres jeunes gens commencent leurs études, qu'il était déja un Mathématicien profond. Tels étaient les progrès qu'il avait faits dans cette fcience, que, lorfque MM. Caffini & de la Hire prolongèrent la méridienne de Paris du côté du nord, les Ingénieurs de Flandre le choifirent unanimement pour aider les deux Académiciens dans cette importante opération. Le Régent, qui cherchait par-tout les talents, ne fut pas long-tems fans connaître le mérite de M. de Bélidor. Différentes gratifications, qu'il lui accorda, le mirent à portée de fe livrer entièrement à fon étude favorite, & de fe rendre utile à l'Etat. Dans ce même tems, le Roi établit plufieurs écoles d'Artillerie; M. de Bélidor fut chargé d'une chaire de Profeffeur à celle de la Fere: il fut préfenté comme tel à M. le Duc du Maine, Grand-Maître de l'Artillerie; qui, inftruit de fa réputation, lui donna, dès le premier inftant, les marques les plus flatteufes de fon eftime & de fa bienveillance.

Auffi-tôt après fon arrivée à la Fere, il commença à tracer le polygone qui devait fervir à faire exécuter aux élèves toutes les opérations qui fe pratiquent dans l'attaque & la défenfe des places. Les Ambaffadeurs des différentes Puiffances, qui fe trouvaient alors au Congrès de Cambrai, s'y rendirent lorfqu'on en fit l'attaque, & ils fe retirèrent pénétrés d'admiration pour les talents du Profeffeur. Ce fut à-peu-près dans ce même tems qu'il donna fon nouveau Cours de Mathématiques, à l'ufage de l'Artillerie & du Génie. Cet Ouvrage eut le fuccès le plus diftingué: toutes les écoles d'Artillerie l'adoptèrent; & la rapidité avec laquelle les éditions qu'on en a faites fe font fuccédées, eft la preuve la moins équivoque du jugement avantageux que le Public en a porté.

Malgré le travail immenfe que la place de Profeffeur occafionnait à M. de Bélidor, il a publié plufieurs autres Ouvrages qui lui ont fait le plus grand honneur. En 1729, il mit au jour fa *Science des Ingénieurs*, dont l'objet eft de mettre les Officiers du Génie en état d'appliquer à la pratique les connaiffances que la lecture de fon Cours de Mathématiques a pu leur donner. Deux ans après, il publia un autre Ouvrage purement relatif à l'Artillerie, fous le titre de *Bombardier Français*. Cet Ouvrage eft encore une application des principes qu'il avait développés, fur cette matière, dans fon Cours de Mathématiques.

Quelques contradictions qu'avaient fait éprouver à M. de Bélidor, des expériences qu'il s'était permifes fur le plus grand effet poffible de la poudre, lui firent perdre fa place de Profeffeur à la Fere, qu'il rempliffait, depuis fi long-tems, avec tant de fuccès. L'illuftre Ingénieur n'oppofa à cette injuftice que la patience & la modération; & obligé, par fes protecteurs, de répondre aux écrits qui avaient été publiés contre lui, il le fit avec une fageffe & une circonfpection qui doivent fervir d'exemple à ceux qui auraient le malheur de fe trouver dans les mêmes circonftances.

En 1742, M. de Belle-Ifle lui fit quitter le Corps de l'Artillerie, pour le placer, comme Capitaine réformé, à la fuite du Régiment de Metz. Il fervit en qualité d'Aide-de-Camp, fous M. de Ségur, en Bavière & en Bohême, & il y fut fait prifonnier de guerre, avec la garnifon de Lintz. Sa prifon ne fut pas de longue durée; car ayant été échangé au bout de deux mois, il fervit encore, avec la même qualité d'Aide-de-Camp, en Bavière, fous les ordres de M. le Duc d'Harcourt. Ce fut à-peu-près dans ce même tems que le Roi lui accorda le grade de Lieutenant-Colonel, & le fit Chevalier de Saint-Louis.

M. de Bélidor fit les deux campagnes de 1744 & de 1746, fous les ordres du Prince de Conti. Un ftratagême adroit, qu'il mit en œuvre pour accélérer la capitulation de Charleroi, lui valut le brevet de Colonel, qu'il reçut le 3 Novembre 1747. Il fervit, en cette qualité, fous les ordres du Maréchal de Belle-Ifle, la campagne fuivante.

Depuis long-tems M. de Bélidor était Correfpondant de l'Académie des Sciences. Cette illuftre Compagnie, qui avait pour lui la plus grande eftime, fe l'attacha d'une manière plus particulière, en lui déférant, en 1756, une place d'affocié libre : ce nouveau titre fut comme le prélude de plufieurs autres dignités plus confidérables, dont il fut revêtu en très-peu de tems. En 1758, il fut nommé Infpecteur de l'Arfenal de Paris; &, dans le courant de 1759, il fut fait fucceffivement Brigadier des Armées & Infpecteur-général des Mineurs de France. Ce fut cette même année qu'il fe détermina à époufer mademoifelle de Foffiebourg, fille de fon bienfaiteur, pour laquelle il avait eu, de tout tems, la plus grande eftime.

Les travaux continuels de M. de Bélidor avaient extrêmement ufé fon tempérament. Affaibli par une attaque récente d'apoplexie, il voulut, malgré les inftances de fes amis, faire un voyage à Verdun, comme l'exigeait fa place d'Infpecteur des Mineurs. Son voyage ne fut pas de longue durée; on le ramena à Paris prefque mourant : il ne vécut en effet que trois jours après fon arrivée, & mourut le 8 Septembre 1761.

M. de Bélidor était de taille moyenne & affez bien fait; fa phyfionomie annonçait, au premier coup-d'œil, la douceur de fon caractère; fa converfation était amufante, & il répandait, fur tout ce qui en était l'objet, la netteté & la juftesse de fon efprit. Sa manière de raconter était naïve, & peignait exactement ce qu'il voulait repréfenter. Rien n'égalait fon attachement pour fes amis : le plus grand plaifir qu'ils lui puffent procurer, était l'occafion de leur rendre fervice.

RESTOUT.

Jean Restout, Peintre du Roi, naquit, à Rouen, en 1692. Cet Artiste devait le jour à Jean Restout, excellent Peintre, & à Marie-Madeleine Jouvenet, sœur de Jouvenet, si célèbre dans les Annales de la Peinture, & près duquel il se perfectionna dans cet art, qu'il exerça avec beaucoup de succès. Ayant perdu son père dès son enfance, Restout trouva, dans son oncle, tous les secours qui pouvaient l'élever à la perfection de son art : il y demeura jusqu'à sa mort, arrivée en 1717. Le jeune élève de Jouvenet, instruit par le meilleur maître qu'il y eût alors dans la Peinture, y fit des progrès rapides & distingués ; il y acquit dès-lors une réputation qui le plaça à côté des plus grands Peintres. Il n'avait pas encore vingt-huit ans, lorsqu'en 1720 il fut reçu à l'Académie : son excellent tableau d'Alphée, qui se sauve dans les bras de Diane, lui valut cette distinction prématurée. Cet Artiste parvint successivement à toutes les dignités de la Compagnie ; il fut Adjoint à Professeur, Professeur, Adjoint à Recteur, Recteur, Directeur, ancien Directeur & Chancelier. Carle Vanloo ayant été nommé premier Peintre du Roi avant la fin du directorat de Restout, ce dernier, aussi modeste qu'incapable de tout sentiment d'envie, voulut, en rendant honneur à son confrère, lui céder sa place de Directeur ; mais Vanloo ne le souffrit pas : & ce trait fait également l'éloge de tous les deux.

La composition de Restout était noble, mâle, & disposée pour de grands effets ; il savait y établir ces oppositions savantes & raisonnées, ces heureux balancements des masses, des ombres & des lumières, ainsi que des couleurs. Son génie, qui avait autant d'élévation que de finesse, le portait naturellement aux grands sujets, qui lui donnaient lieu de déployer toutes les ressources d'une imagination féconde. Il possédait presque toutes les parties de son art à un degré supérieur : aussi a-t-il plus travaillé pour les églises que pour les cabinets. Ce n'est pas qu'il n'eût du goût pour les sujets d'agrément ; mais la qualité d'élève de Jouvenet, lui avait donné de la prédilection pour le genre noble & sérieux de cet illustre Artiste. La manière de Restout était large, & il ne s'asservissait guères aux détails, qui occupent communément beaucoup les esprits stériles : cependant l'œil du spectateur, ravi de l'ensemble du tableau, ne s'appercevait pas qu'ils eussent été négligés. Sa méthode, pour nous servir, avec M. l'Abbé de Fontenai, des expressions de l'art, était de faire de peu. On remarque, dans tous ses tableaux, cette grande intelligence avec laquelle il savait s'élever au-dessus d'une froide manœuvre ; on y admire les principes d'une perspective sûre, tant linéale qu'aérienne, & fondée sur la parfaite connaissance qu'il avait de l'amitié des tons, de leur réfraction, & des opérations de la lumière sur les objets. Personne n'a mieux possédé que lui cette rare & excellente partie de son art, qui consiste à donner de la profondeur à une superficie plate, & d'environner d'air toutes ses figures. Cependant sa couleur, quoique belle, suave & vigoureuse, est fort éloignée de cette magie dont Vanloo savait animer son coloris ; & notre Ecole française, ajoute M. l'Abbé de Fontenai, est, en général, très-inférieure encore aux Ecoles vénitiennes & flamandes,

L'un des plus riches tableaux de Reſtout, quoiqu'il ait un peu ſouffert aujourd'hui, eſt celui que l'on voit dans la nef de l'Abbaye de Saint-Germain-des-Prés, & qui repréſente S. Paul impoſant les mains à Ananie. Parmi pluſieurs autres morceaux qui illuſtrent ſon talent, on cite le tableau du Triomphe de Bacchus, fait pour le Roi de Pruſſe. Ce Prince, qui ſe piquait d'aimer les arts, l'apprécia en homme de goût; & il le paya en Monarque. Un des tableaux de cet excellent Peintre, repréſentant la Deſtruction du Palais d'Armide, fit une impreſſion aſſez plaiſante ſur un Suiſſe, qui, étant dans le vin, ſe paſſionna pour ce magnifique Palais, à-peu-près comme Don Quichotte pour Don Galiferos & la belle Meliſandre. Le Suiſſe prend ſon ſabre, & il en donne de grands coups au démon deſtructeur de cet édifice imaginaire. Peu de tems avant ſa mort, lorſque Louis XV vint à Paris pour poſer la première pierre de l'Egliſe de ſainte Geneviève, ce Prince témoigna le plaiſir que lui faiſait éprouver le beau plafond peint par cet Artiſte dans la bibliothèque de cette maiſon : cet éloge, ſi flatteur & ſi imprévu, porta dans ſon cœur les ſentiments de la joie la plus pure & de la reconnaiſſance la plus tendre. Rouen, ſa patrie, poſsède auſſi beaucoup de ſes tableaux, parmi leſquels on admire ſur-tout celui qui eſt placé au grand autel des Auguſtins, dont le ſujet eſt une Préſentation de la Vierge.

Cet Artiſte eſtimable mourut, à Paris, en 1768. Il avait épouſé la fille de M. Hallé, Peintre-Directeur de l'Académie, mort en 1736, dont il a eu un fils, qui marche ſur les traces de ſon père. Aux talents heureux pour la Peinture, Reſtout réuniſſait des ſentiments nobles & généreux, une humeur douce & ſociable, un cœur tendre & bienfaiſant, & de l'enjouement dans l'eſprit. Sa conduite était irréprochable; & la jalouſie, qu'excitèrent contre lui ſes grands talents, n'a pas même pu porter atteinte à l'intégrité de ſes mœurs. Ses ſentiments de religion étaient épurés & dégagés de toute affectation. Il n'était pas moins admiré des Connaiſſeurs dans ſon art, que cher aux gens de mérite dans la ſociété. La modeſtie était ſur-tout le partage de cet habile Artiſte. On rapporte qu'étant Agrégé à l'Académie, il continuait avec aſſiduité l'étude d'un modèle, & préſentait, comme à l'ordinaire, ſon deſſin au Profeſſeur, qui, ne regardant que le deſſin, dit ſon avis & marqua ſon approbation ; mais à peine eut-il enviſagé l'élève, qu'il lui fit des excuſes : « Monſieur, lui répondit Reſtout en rougiſſant, je n'ai pas fait aſſez de
» progrès depuis quatre jours que j'ai l'honneur d'être Agrégé à l'Aca-
» démie, pour que vous ceſſiez de me donner les avis que vous me
» donniez avant cette époque : l'unique grace que j'ai à vous demander,
» c'eſt de vouloir bien me les continuer ».

Aucun Peintre ne donna plus volontiers que lui des avis aux jeunes élèves qui venaient le conſulter : il ſe plaiſait à leur développer tous ſes principes. Le célèbre M. de la Tour, ſi ſupérieur dans le genre du portrait, reconnaiſſait, avec la franchiſe des belles ames, les obligations qu'il croyait avoir aux conſeils de M. Reſtout : « Ce grand Artiſte, diſait-
» il ſouvent, a la clef de la Peinture ». Cependant, avec ce goût qu'il avait pour inſtruire, M. Reſtout n'a fait qu'un très-petit nombre d'élèves; on n'en connaît guères d'autres que M. ſon fils, M. Moinet, & M. le Chevalier de Chanes, mort malheureuſement peu de tems après ſon retour d'Italie, & qui n'a pas aſſez vécu pour ſe faire connaître. Quelques Amateurs ont conſervé de ſes deſſins, qui prouvent que ſa mort a été une perte irréparable pour la Peinture.

DE LANGLE, Evêque de Boulogne.

Pierre de Langle naquit, à Evreux, en 1644, dans le sein d'une famille diftinguée. En 1670 il prit le bonnet de Docteur dans la maifon de Navarre ; il fe retira enfuite dans fa patrie, où il exerça fucceffivement, pendant plus de vingt ans, les fonctions de Pénitencier, d'Official & de Grand-Vicaire. Le grand Boffuet, avec lequel il était uni d'une étroite amitié, l'attira à la Cour, & le fit choifir pour Précepteur du Comte de Touloufe. Pendant tout le tems qu'il fut chargé de cette éducation, il fit admirer fes grandes lumières & fon éminente piété. Louis XIV. lui donna, plus d'une fois, des marques de fon eftime. En 1698, ce Prince le nomma à l'Evêché de Boulogne. Les premières années de fon épifcopat furent employées à pourvoir aux befoins du diocèfe, auquel il eut la confolation de faire prendre une face nouvelle, par fes travaux infatigables, fes foins multipliés, fes vifites régulières, fa fermeté à faire obferver les ftatuts qu'il avait dreffés, fa tendre charité pour les pauvres, & par le modèle de toutes les vertus, que préfentait une vie réglée fur les maximes les plus pures de l'Evangile.

L'Evêque de Boulogne fut un des premiers Prélats qui s'oppoférent à la Bulle *Unigenitus*; & l'époque de la naiffance de la Conftitution, fut celle des combats qu'il eut à foutenir, des perfécutions qu'il éprouva, & des difgraces que lui attira fon zèle trop ardent. Lorfqu'il eut médité ce fameux décret, il crut y appercevoir des atteintes aux grandes vérités qu'il était obligé de défendre. Convaincu de la légitimité de fon opinion, il n'héfita pas à déférer la Conftitution au tribunal de l'Eglife univerfelle; & en 1717, il figna l'appel avec les Evêques de Sénez, de Montpellier & de Mirepoix.

Après cet acte de vigueur, l'Evêque de Boulogne reprit le chemin de fon diocèfe. Tous les Corps de la Métropole allèrent le complimenter dans fon Palais; & fi l'on en croit un Ecrivain de Port-Royal, le Prélat eut la fatisfaction de voir prefque tous fes Eccléfiaftiques joindre leurs vœux aux fiens. La joie de M. de Boulogne eût été parfaite, s'il n'eût trouvé à Calais un peuple rebelle, que des gens féditieux & mal intentionnés foulevèrent contre leur Evêque, lorfqu'il fe préfenta dans cette ville ; mais le Prélat, par fa douceur & fon affabilité, fut défarmer la multitude, & il eut la confolation de voir revenir à lui les brebis qu'on avait arrachées du bercail. Pour juftifier fon appel, il publia un Mandement, dans lequel il développe les grands principes qui fervent de bafe aux libertés de l'Eglife Gallicane.

L'Evêque de Boulogne ne voulut prendre aucune part à l'accommodement de 1720, projetté par le Duc d'Orléans, qui, n'aimant pas les querelles fcandaleufes de Religion, voulait réunir, fous le même drapeau, les Janféniftes & les Moliniftes. Il fe réunit à M. Colbert, Evêque de Montpellier, pour en détourner le Cardinal de Noailles. Mais le Régent avait ce fage projet fort à cœur : pour le faire réuffir, il éloigna de Paris les deux Evêques, qui étaient très-propres à le faire échouer.

De retour dans fon diocèfe, l'Evêque de Boulogne éprouva encore, de la part de la populace, les funeftes effets d'un faux zèle animé par la fanatifme. Ce Prélat, étant allé faire fa vifite épifcopale à Quernes en Artois, il y fut reçu à coups de pierre & de bâton, & il n'évita d'être affommé que par une fuite précipitée. Le faint Pafteur, cruellement outragé, chercha plutôt à inftruire ces peuples féduits, qu'à les faire punir. Il leur adreffa une Lettre paftorale, tendre, pathétique, pleine d'onction ; mais il eft affez vraifemblable qu'elle fit moins d'impreffion fur l'efprit des rebelles, qu'une compagnie de Grenadiers, qu'on envoya chez eux pour les punir de leur révolte. Ils s'humilièrent devant le Prélat, & rejettèrent, fur les Jéfuites & les Capucins, le fcandale qu'ils avaient donné au diocèfe de Boulogne : & ils furent reçus avec bonté par ce pieux Evêque, qui s'empreffa à rétablir la paix dans la paroiffe.

Les habitans de Calais ne furent point corrigés par cet exemple de fageffe & de modération ; animés par quelques Religieux dont les fentimens n'étaient pas les mêmes que ceux de leur Evêque, ils levèrent encore contre lui l'étendard de la révolte. Les invectives qu'ils répandaient contre fa doctrine & fes mœurs, déterminèrent l'Archevêque de Reims, fon Métropolitain, à prendre connaiffance des plaintes qu'on répandait contre lui. Déja il fe difpofait à févir contre fon Suffragan, lorfque les lettres que celui-ci écrivit à fes brebis égarées, au Métropolitain, au Cardinal Dubois & aux Evêques de France, lui firent connaître la pureté de fes intentions, & l'obligèrent à laiffer là cette affaire.

Les chagrins que lui avait occafionnés la difcorde, qui, depuis 1717, fecouait çà & là fes flambeaux dans le diocèfe de Boulogne, augmentèrent les infirmités auxquelles M. de Langle était fujet ; il ne s'occupa plus, après la paix, que du compte qu'il devait rendre au tribunal redoutable où il devait bientôt paraître. Une fièvre continue lui fit prévoir que fon dernier moment approchait. Il s'y prépara par une revue générale de toute fa vie ; il reçut enfuite les derniers facrements, en préfence de tout fon Chapitre, avec les grands fentiments de Religion dont il avait toujours été pénétré. Enfin il mourut le 12 Avril 1724, âgé de quatre-vingts ans.

Si ce Prélat eût vécu dans un fiècle moins orageux que celui qui le vit à la tête du diocèfe de Boulogne, il eût été le modèle des grands Evêques, & fon troupeau eût infiniment gagné à l'avoir pour Pafteur ; mais les divifions qu'avait occafionnées la Bulle *Unigenitus*, faifaient difparaître l'éclat des plus éminentes vertus, & tous les travaux des grands Evêques étaient prefqu'inutiles dans les diocèfes où leur parti ne dominait pas. Cette réfiftance ne découragea cependant pas M. de Langle ; & depuis fon élévation à l'épifcopat, tous fes moments furent employés aux fonctions du miniftère. Le Père Mopinot, Bénédictin, a fait les quatre vers fuivans à l'honneur de ce Prélat :

Si pietas, fi relligio, fi regula veri
Non perit, æternum vives, venerande Sacerdos ;
Hos cineres, hæc offa, fibi Deus intimus hofpes
Confecrat, & Chrifti fervat jungenda triumpho.

DE LA BROUE, *Evêque de Mirepoix.*

PIERRE DE LA BROUE naquit à Toulouse, en 1643, de parens distingués dans la robe, qui l'élevèrent avec un soin tout particulier. Il fit ses études avec un succès extraordinaire, & il répondit aux espérances & à la bonne opinion qu'on avait conçues de lui ; il donna de bonne heure des marques d'un jugement solide, & il fut enrichir la mémoire heureuse par une application continuelle aux Belles-Lettres. Il mérita d'être associé à l'Académie des Jeux Floraux, où ses pièces furent souvent couronnées. Ayant embrassé l'état ecclésiastique, il vint, en 1668, à Paris, pour y prendre des degrés dans la Faculté de Théologie ; il apporta, à cette étude, la même ardeur que dans ses Humanités. Il soutint avec éclat les thèses, & prit le bonnet de Docteur. La Prédication, à laquelle il s'appliqua, le fit connaître du célèbre Bossuet, qui lui procura l'avantage de prêcher devant le Roi, & l'honora toujours depuis d'une amitié particulière. Ce savant Prélat, qui savait si bien distinguer le mérite, procura l'Evêché de Mirepoix à M. de la Broue. Celui-ci, étant entré dans l'épiscopat, ayant des vues pures, & n'ayant jamais pensé à employer les moyens qui n'y sont que trop souvent parvenir, il s'empressa à remplir scrupuleusement tous les devoirs attachés à la nouvelle dignité.

Aussi-tôt après sa nomination, il partit pour son diocèse, où il trouva un grand nombre d'abus à déraciner, des peuples à instruire, & un Clergé à réformer. Les difficultés ne le rebutèrent pas ; il réussit à les vaincre par un travail infatigable & un zèle ardent à remplir toutes les fonctions du ministère. La chaire, le tribunal de la pénitence, les visites régulières de son diocèse, l'occupèrent sans relâche. Ce grand Prélat, persuadé qu'un Evêque doit être le modèle de toutes les vertus, & que les instructions sont souvent stériles, si elles ne sont pas soutenues par l'exemple, pratiquait scrupuleusement ce qu'il enseignait aux autres. Il avait établi une règle, dans sa maison, dont il ne se départit jamais ; il se levait de grand matin, & après la prière & la récitation de l'office, il s'enfermait dans son cabinet, pour s'y livrer à l'étude, ou s'appliquer aux différens besoins de son diocèse. C'est ainsi que ce digne Prélat consacrait tous ses soins, employait tous ses travaux à l'utilité de l'Eglise & à l'instruction de son peuple, lorsque les troubles occasionnés par la Bulle *Unigenitus*, l'obligèrent à perdre de vue, pour quelque tems, son troupeau. M. de la Broue n'aimait pas les Jésuites, à la sollicitation desquels ce décret fameux avait été obtenu. « Il fut indigné, s'écrie avec
» transport l'un de ses partisans, à la première lecture de la Bulle ; il
» ne put voir, sans frémir, le grand nombre de propositions orthodoxes
» condamnées, d'une manière vague, par un tas de qualifications indé-
» terminées, & la manière étonnante dont le Pape traite, dans le préam-
» bule de la Constitution, un Prêtre qui, par sa vie sainte & ses écrits
» lumineux, édifiait & éclairait l'Eglise. Ainsi, ajoute l'élève de Port-
» Royal, malgré trois lettres très-pressantes, écrites au Prélat de la part
» de Louis XIV, il fut constant à refuser la Constitution ».

Nous ne prononcerons point ici sur le mérite de l'opinion de M. de

la Broue. On ne parle plus guères aujourd'hui de la grace efficace, que pour fe foumettre au redoutable décret de celui qui en eft la fource. Nous ajouterons feulement que M. de la Brouc ayant appris que les Evêques de Sénez & de Montpellier s'étaient déterminés à faire leur appel, & que celui de Boulogne fe joignait à eux, il ne balança plus à prendre fon parti : il figna, de concert avec ces deux Prélats, l'acte d'appel qui avait été dreffé par les deux premiers. Les quatre Appellans allèrent enfuite en Sorbonne, notifier leur appel à la Faculté de Théologie. L'Evêque de Mirepoix fit un difcours éloquent, dans lequel il développa, d'une manière énergique, tous les vices qu'il croyait appercevoir dans la Bulle; celui de Sénez lut enfuite l'acte d'appel : après quoi le Syndic adreffa la parole aux quatre Evêques, & s'étendit beaucoup fur leur zèle & leur amour pour l'Eglife ; il exprima la joie que la démarche qu'il venait de faire caufait à la Faculté, & il finit fon difcours par ces paroles, qui firent dans la fuite une foule de profélytes : « A préfent, je déclare que j'adhère à l'appel interjetté par
» Noffeigneurs les Evêques, & que, Dieu aidant, j'y adhérerai toujours.
» On entendit alors de tous côtés, dit un Ecrivain anti-conftitutionnaire,
» s'élever des voix qui exprimaient leur adhéfion ; & la chofe étant mife
» en délibération, tous les Docteurs, à l'exception de huit, s'unirent
» aux Evêques, & marquèrent, par des expreffions vives, la plénitude
» de cœur avec laquelle ils le faifaient. Cette grande nouvelle, ajoute
» encore l'Hiftorien, fe répandit avec promptitude dans Paris, & la
» joie qui éclata dans cette ville, fut femblable à celle qui fe fait re-
» marquer le jour que furvient la nouvelle d'une grande victoire. Rien
» n'eft égal à l'empreffement avec lequel le Clergé, les Communau-
» tés, les Corps les plus célèbres, fe portèrent à figner l'adhéfion, à
» l'appel ».

Quoi qu'il en foit de ce grand empreffement que l'on témoigna, dit-on, en France pour rejetter l'abus de l'*Unigenitus*, il eft certain que l'Evêque de Mirepoix était l'un de fes principaux contradicteurs. Telle était l'averfion qu'il avait conçue pour cette Conftitution, qu'il ne pouvait en entendre parler fans frémir. A cette opiniâtreté près, qui prenait fa fource dans l'inflexibilité naturelle de fon caractère, jamais Evêque ne fut plus digne de l'épifcopat. De retour dans fon diocefe, il fe livra tout entier au foin de fon troupeau, jufqu'à fa mort, arrivée à Belleftat, village de fon diocèfe, le 20 Septembre 1720.

Quoique M. de la Broue fût extrêmement inftruit, il paraît que fes Mandements & fes Inftructions paftorales furent prefque les feuls Ecrits qui fortirent de fa plume. Tout occupé de fon opinion favorite, fes grandes études n'avaient pour objet que la grace & la manière dont elle opère. On a imprimé de lui, après fa mort, un Ouvrage qui a pour titre : *Défenfe de la Grace efficace par elle-même.* L'Auteur y attaque principalement le Père Daniel, Jéfuite, & l'illuftre Fénélon, Archevêque de Cambrai.

COLBERT,

COLBERT, Evêque de Montpellier.

CHARLES COLBERT, fils du Marquis de Croissy, Ministre & Secrétaire d'Etat, & neveu du grand Colbert, naquit, à Paris, en 1667. Il fit ses Humanités au Collège de la Marche, où la pureté de ses mœurs, la sagesse de sa conduite, & les progrès qu'il faisait dans ses études, le firent chérir de ses maîtres & respecter de ses condisciples.

Ayant embrassé l'état ecclésiastique, il prit un appartement à l'Abbaye de sainte Geneviève, pour donner tout son tems à la Théologie. Il se préparait à la licence, lorsque la mort d'Innocent XI lui fit naître l'envie d'aller à Rome, à la suite du Cardinal de Furstemberg, qu'il accompagna en qualité de Conclaviste ; & il s'y fit estimer de tous ceux qui eurent occasion de le connaître. De retour à Paris, il fut admis à la licence, soutint ses thèses avec distinction, & donna des preuves de son zèle pour la liberté de l'Eglise Gallicane : il se déclara dès-lors le défenseur des quatre fameux articles de l'assemblée de 1682. Après sa licence, l'Archevêque de Rouen, son cousin-germain, le fit Grand-Vicaire de Pontoise. Pendant les quatre années qu'il occupa cette place, on ne le vit occupé que du soin des ames. Les vieillards, surpris de trouver dans ses discours une érudition rare, un profond savoir, respectaient sa jeunesse, & les jeunes ecclésiastiques le considéraient comme leur modèle. Devenu Evêque de Montpellier, il s'appliqua tout entier au gouvernement de son diocèse. Les sages Ordonnances qu'il y publia, suffiraient pour immortaliser son épiscopat ; mais son Catéchisme, adopté par la plupart des Eglises de France, fait encore plus d'honneur à son zèle & à ses sollicitudes pastorales. On sait les divers combats qu'il eut à soutenir contre les Jésuites, dont il ne put jamais adopter les opinions. Ce Prélat ne s'opposa pas avec moins de vigueur aux entreprises de la Cour de Rome. Il témoigna sur-tout une grande répugnance pour le Formulaire & pour la Constitution ; & en 1717, il porta la dernière au tribunal de l'Eglise universelle, avec trois de ses collègues. Le 5 du mois de Mars, les quatre Evêques se rendirent en Sorbonne, où l'acte d'appel fut lu, & la lecture suivie de l'adhésion de la Faculté de Théologie de Paris. « Jour mémorable, s'écrie un Ecrivain du parti de » Colbert, qui suspendit les larmes de l'Eglise, qui fit pousser des cris » de joie dans toutes les rues de Jérusalem, qui jetta la consternation » sur tous les visages des ennemis de la vérité, qui fit trembler le Pape » même, & troubla toute sa Cour ».

L'Evêque de Montpellier, jaloux de suivre les Jésuites jusques dans leur dernier retranchement, ne se comporta pas avec moins d'intrépidité dans l'affaire du Formulaire. Les remontrances qu'il fit au Roi sur ce sujet, furent très-applaudies ; il s'y efforça sur-tout de combattre les objections de ceux qui croyaient avoir intérêt de contester la paix de Clément IX. Cette fermeté, qui avait pour base le zèle brûlant qui le dévorait, lui suscita beaucoup d'ennemis : ceux-ci obtinrent un arrêt qui ordonnait que les remontrances seraient lacérées, que le temporel du Prélat serait saisi, & ses bénéfices rendus impétrables. Supérieur à tous les coups qu'on lui portait, M. de Montpellier n'en fut ni moins ferme

Tome II. T

ni moins courageux. Il s'oppoſa, avec toute la vigueur dont il était capable, aux déciſions de la fameuſe Aſſemblée, que les anti-conſtitutionnaires appelaient alors le *ſcandale d'Embrun*. Le Prélat fit plus, il prit hautement la défenſe des Solitaires de Port-Royal ; & les nuages formés par la calomnie ne purent dérober à ſes yeux leur innocence & la pureté de leurs mœurs.

Les agitations continuelles qui troublaient la vie de cet illuſtre Prélat, lui occaſionnèrent pluſieurs maladies ſérieuſes. Il était, depuis longtems accablé d'infirmités, lorſque, ayant voulu ſuivre ſa règle générale dans le carême de 1738, il y ſuccomba enfin le Dimanche des Rameaux, à l'âge de ſoixante-onze ans. Se voyant prêt à mourir, il proteſta publiquement que, loin de ſe repentir de tout ce qu'il avait fait pour le progrès de l'opinion qu'il avait embraſſée, il était diſpoſé à verſer tout ſon ſang pour la ſoutenir.

Ce Prélat avait recommandé qu'on l'enſévelît avec ſon appel ſur la poitrine : ſes intentions furent exécutées. Après vingt-quatre ans de combat, la mort le trouva les armes à la main contre la nouvelle Traduction du Concile de Trente, publiée par le Père Le Courrayer. L'Ordonnance qu'il avait préparée contre ce Théologien, fait l'éloge de la pureté de ſa doctrine, ſur tout ce qui peut avoir rapport à l'opinion des derniers Novateurs, auxquels ſes ennemis le comparaient quelquefois. On a recueilli les Ouvrages de ce Prélat, en trois volumes *in*-4°. Nous placerons ici une Epitaphe que lui a conſacrée un homme d'eſprit, bien connu par des Ouvrages de ce genre, & juſte appréciateur du mérite de Colbert.

CAROLO-JOACHIM COLBERT DE CROISSY,
EPISCOPO MONTIS-PESSULANENSI,

Non minus
Suis meritis quàm genere & dignitate
Conſpicuo
Omnium virtutum
Singulari exemplo,
SS. Scripturarum, Traditionum &
Canonum
Curioſiſſimo indagatori,
Fideliſſimo interpreti :
Gratiæ victrici,
Acerrimo vindici,
Novitatum
Hoſti,
Eccleſiæ Gallicanæ Libertatum
Perpetuo aſſertori ;
Moribus
Fovendis, ſerviendis, alendis, coërcendis ;
Patri, Famulo, Paſtori, Magiſtro :
Qui
Scriptis aureis, ſacris Mandatis ;
Et quâ ſol ſurgit, & quâ ſol cadit,
Totam Eccleſiam
Docuit, illuſtravit ;
Inde

Omne æquanimiter paſſus eſt, quod
Evenit
Sanctis
Qui
Pro tuendis Juribus & depellendis à
Veritate tenebris
Animam poſuerunt ;
Vixit
Et
Occubuit
Paſtorum decus, ſapientûm amor,
Eruditorum deliciæ,
Et his omnibus,
Stupendam admirationem, maximum
Sui
Deſiderium
Reliquit
Quinto idûs aprilis 1738 ; ætat. 71.
Hoc monumentum ſempiternæ laudis
Et obſervantiæ
Epiſcopo
Tot nominibus venerando, tot virtutibus
Colendo,
Erigi curaverunt
Veritatis Amatores.

L'Abbé PLUCHE.

IL a si bien caché sa vie, que nous en ignorons presque toutes les circonstances : du moins savons-nous que son ame était douce & honnête, que sans ressentiment & sans fiel, il oubliait aisément les injures; & jamais l'amitié & les bienfaits; qu'enfin s'il n'eut pas des talents rares, il eut des vertus plus rares encore, & qu'il ne sut point suppléer à son mérite par le manège & par l'intrigue.

Né à Reims en 1688, il fut formé de bonne heure pour la Religion & pour les Lettres. Par son caractère comme par sa conduite, sans roideur & sans bassesse, il se concilia l'estime, la faveur & la confiance de ses compatriotes, qui lui donnèrent une chaire de leur Université. On desira qu'il fût Prêtre : pieux & savant, il n'eut ni les préjugés de son état; ni ceux de l'érudition.

Il se livra à l'éducation de la jeunesse en Philosophe citoyen. En lui inspirant les sentiments de religion, il s'empressait en même tems de développer ces vertus morales que la nature a gravées dans le fond de nos cœurs, la justice, la vérité, la bonne foi, l'humanité, la bonté, la décence.

L'Evêque de Laon (M. de Clermont), instruit de ses talents, lui offrit la direction du Collège de sa ville épiscopale. Ses soins & ses lumières y avaient ramené l'ordre, lorsque des querelles théologiques vinrent troubler le repos de l'Eglise. Il eut beau garder toute la modération que l'obscurité des matières & l'esprit du christianisme semblaient exiger de tout le monde, on ne s'en contenta pas; & les canaux par où passaient les graces ecclésiastiques, paraissaient mal disposés à son égard : on l'obligea même de quitter un emploi où il ne faisait que du bien.

L'Intendant de Rouen (M. de Gasville), qui n'était d'aucune secte, ne balança pas à confier l'éducation de son fils à un homme qui avait le suffrage du célèbre Rollin. Sa confiance ne fut point trompée; & le Mentor n'eut qu'à se louer de son élève, qui l'honora, mais ne l'enrichit pas.

Il eut besoin de venir à Paris pour faire connaître & faire payer ses talents. Des leçons en ville sur la Géographie & l'Histoire, lui fournirent de quoi subsister; & on lui donna long-tems des *cachets*, sans s'appercevoir qu'il était fait pour les études du cabinet : mais il préparait en silence un Ouvrage qui devait le placer enfin dans la classe des Ecrivains. Le *Spectacle de la Nature* lui avait paru le meilleur Livre à faire pour les enfans, parce que tout en elle doit leur plaire & les instruire. Il chercha à rapprocher sous leurs yeux ce que l'éloignement, la petitesse ou l'inattention leur dérobait. Les insectes, les coquillages, les oiseaux & les plantes, méritent bien de fixer la curiosité des hommes : il ne s'agissait que de les présenter sous la forme la plus agréable. Le dialogue était le moyen le plus sûr d'éviter l'ennui que donnent presque toujours les leçons.

Un jeune homme de qualité, le Chevalier Dubreuil, se trouve à la campagne, pendant un voyage que fait son père pour l'établissement de son aîné, & durant ses vacances de la Seconde à la Réthorique, chez un Gentilhomme de leurs amis, qui emploie à l'étude de la nature le loifir que la paix lui laiffe. M. le Comte de Jouval, c'eft le nom de ce Gentilhomme, trouvant beaucoup de pénétration & de vivacité dans le fils de fon ami, effaie de jetter dans fon efprit les femences du bon goût & d'une philofophie folide. Il affocie à leurs entretiens le Prieur-Curé du lieu, homme eftimable par fes connaiffances, mais qu'un grand fonds de politeffe, & fur-tout de piété, lui rend encore plus chèr. Comme les matières dont ils font leur amufement font les chofes du monde les plus ordinaires, & qui demandent le moins de contention d'efprit, madame la Comteffe veut bien groffir le nombre des acteurs. Toutes les remarques que le jeune Chevalier entend faire fur des chofes qu'il a toujours vues fans attention, font toutes nouvelles pour lui. Il ne manque pas, au retour de la partie de chaffe ou de pêche qui termine la journée, de mettre par écrit tout ce qu'il fe peut rappeller de la converfation : alors il donne fon journal au Prieur, qui le corrige ; & ce journal s'intitule *Spectacle de la Nature*.

Cet Ouvrage, en neuf volumes, a coûté des recherches infinies à M. l'Abbé *Pluche*, qui a lu l'Hiftoire & les Mémoires de l'Académie des Sciences, les Tranfactions philofophiques de la Société de Londres, les Traités de Malpighi, de Rédi, de Willoughbi, de Leenwnhoek, de Grew, de Nieuwentit, de Derham, &c.

Quoique ces Entretiens aient un tour affez ingénieux, & même quelque vivacité, ils tombent fouvent dans le ton de collége, & il y a beaucoup plus de mots que de chofes.

M. Pluche, qui s'était fait un befoin d'écrire & d'inftruire, s'occupa enfuite de l'*Hiftoire du Ciel*. Le premier Traité contient des recherches favantes fur l'origine du ciel poétique. C'eft prefque une Mythologie complette, fondée fur des idées neuves, mais fimples & ingénieufes. Le fecond eft deftiné à l'Hiftoire du Ciel, ou du moins des Philofophes. La diction en eft noble, & il y a une érudition qui ne fatigue point. Son fyftême eft-il vrai ? Voltaire, en le trouvant heureux, ne l'appellait pas moins la *Fable du Ciel*.

Dans fa *Méchanique des Langues*, M. Pluche a propofé un moyen plus court de les apprendre. C'eft l'ufage des verfions, qu'il voudrait fubftituer à celui des thêmes : on fent qu'il doit avoir raifon.

Dans fes dernières années, tout entier à la Religion, il s'occupa beaucoup de l'Ecriture-Sainte, & traduifit les *Pfeaumes* & les *Cantiques* de l'Eglife. Sa foumiffion à tous les dogmes était extrême. Quelques efprits forts ayant paru furpris que, fur les matières de la foi, il penfât & parlât comme le peuple : « Je m'en fais gloire, répondit-il ; il eft bien plus » raifonnable de croire à la parole de l'Être fuprême, que de fuivre les » fombres lumières d'une raifon bornée & fujette à s'égarer ».

En 1749, il s'était retiré à la Varenne-Saint-Maur. Il y avait déja quelque tems qu'une furdité incurable l'avait réduit à l'ufage du cornet. Bon parent, ami fenfible, philofophe humain, il quitta la vie fans crainte comme fans regret. Il laiffait à la Religion, des monuments de fon zèle, & aux Gens de Lettres, l'exemple d'une honnêteté de mœurs & d'une fageffe de conduite plus faite pour leur affurer une vie heureufe, que des talents brillans & enviés.

NICOLAS

NICOLAS DE LARGILLIERE.

CE Peintre, à qui la qualité de Vandyck de la France n'a pu être contestée que par Rigaud, a augmenté, en 1656, le nombre des grands Peintres nés dans la ville de Paris. Son père, originaire de Beauvais, établi à Anvers, où il faisait commerce de marchandises de France, y fit venir son fils à l'âge de trois ans. A peine en eut-il atteint neuf, qu'un Commerçant, qui demeurait ordinairement à Londres, dit à son père : « Laissez-moi le soin de conduire votre fils en Angleterre ; il verra » le pays & apprendra la langue ». Nicolas y alla effectivement, & il y resta vingt mois, pendant lesquels son unique soin fut de dessiner.

De retour à Anvers, son père, qui voulait le faire étudier, n'en fut détourné que par ses amis, qui le portèrent à seconder le penchant naturel que son fils avait pour la Peinture. Entraîné, pour ainsi dire, par ce goût dominant, il entra, à l'âge de douze ans, chez Antoine Goubeau, Peintre flamand, renommé pour les bambochades, les paysages, les foires & les marchés. Le jeune élève en peignait les fruits, les fleurs, les poissons, & généralement tout ce qui se vend dans les places publiques : c'est ainsi que se développa un génie capable de tous les genres de Peinture.

Le jeune Largillière sortit, à l'âge de dix-huit ans, de chez son maître ; & trois mois après, passa en Angleterre, où, pendant quatre ans, il donna des preuves de son savoir. De retour à Paris, il fut recommandé à Charles Le Brun, premier Peintre du Roi, qui, craignant que Largillière ne repartît pour Londres, & jugeant alors de ce qu'il serait un jour, fit tout ce qu'il put pour le retenir. Largillière se souvenait encore, dans un âge avancé, des paroles de Le Brun : « Mon ami, quand » on peut briller dans son pays, pourquoi porter ses talents ailleurs ? » Ce discours lui fit perdre aussi-tôt l'idée du voyage d'Angleterre, & le fixa à Paris.

Chacun s'empressait à exercer ses talents & à étendre la gloire de son nom. Un tableau du Parnasse, dont il fit présent à un de ses amis, lui acquit l'estime de tous les Connaisseurs. On ne parlait que de son habileté pour peindre les dames, dont les graces, loin de diminuer, gagnaient beaucoup entre ses mains. En vain le Surintendant des bâtiments du Roi d'Angleterre lui écrivit pour venir profiter de l'honneur que Sa Majesté lui avait fait, de le nommer Gardien de son cabinet de tableaux ; cette invitation, toute flatteuse qu'elle était, fut inutile. L'amitié de Charles Le Brun, une fortune naissante, un solide établissement, servirent à l'en consoler ; & il se maria en 1698, à l'âge de quarante-trois ans, avec la fille du fameux Forest.

Rien ne fut plus rapide que sa réputation ; acquise par de grands talents, elle lui avait mérité une place à l'Académie de Peinture dès l'année 1686 : il y fut reçu en qualité de Peintre d'histoire. Le talent du portrait, qu'il cultiva particuliérement, fut poussé au degré le plus éminent, sans cependant abandonner l'histoire, le paysage, les animaux, les fruits, les fleurs, qui l'occupaient de tems en tems, & à qui l'habileté

Tome II. V

de son pinceau procurait une nouvelle vie. Son tableau de réception fut le portrait en pied & historié de son ami Charles Le Brun.

A l'avénement de Jacques II à la couronne d'Angleterre, on le manda pour peindre les portraits du Roi & de la Reine. Les récompenses & les marques de bonté qu'il reçut alors de Leurs Majestés Britanniques, firent connaître, à la Cour de Londres, quel était leur contentement. A son retour à Paris, les Officiers de la Ville lui commandèrent deux grands tableaux, que l'on voit encore dans la grande salle de l'hôtel-de-ville; l'un est le repas que la Ville de Paris donna, en 1687, à Louis XIV, au sujet de sa convalescence; l'autre est le mariage du Duc de Bourgogne, avec Marie-Adélaïde de Savoie, conclu en 1697. Ces tableaux, qui portent le caractère du génie, furent suivis d'un autre aussi grand, placé dans l'Eglise de sainte Geneviève, pour acquitter le vœu que la Ville fit en 1694, après deux années de stérilité. Cet Artiste s'y est peint parmi les assistans, & y a placé Santeuil, qui l'en avait prié : au lieu de le peindre en surplis, il eut la malice de le représenter enveloppé dans son manteau noir. Santeuil, qui en fut informé, porta ses plaintes au Prévôt des Marchands, qui obligea Largillière à lui donner quelque satisfaction.

Largillière, dont la principale vertu était la modestie, n'eut jamais aucune liaison avec la Cour, & il n'était pas son pensionnaire. Il fit cependant les portraits du Duc de Bourgogne, du Duc de Berry & de plusieurs autres Princes. Le plus grand honneur que cet Artiste ait reçu, fut de voir placer, chez le Grand-Duc de Toscane, son portrait, qui est l'un des plus beaux de sa galerie. L'Académie de Peinture, dans ce même tems, le nomma Professeur, Recteur, ensuite Directeur, puis Chancelier.

En 1743, cet Artiste fut attaqué d'une paralysie, qui ne lui permit plus de travailler pendant trois années consécutives. Il conserva toujours une présence d'esprit admirable jusqu'à son dernier moment, qui arriva le 20 Mars 1746, à l'âge de quatre-vingt-dix ans. Il fut inhumé dans l'Eglise de S. Méderic, sa paroisse. Il n'a laissé qu'un fils, mort Conseiller au Châtelet, & une fille, mariée deux fois, & morte sans avoir laissé d'enfans.

Le génie de cet homme rare s'étendait à tout; & en parcourant ainsi toutes les branches de son art, il a fait voir que rien n'est hors de la sphère d'un bon Peintre. On trouve, dans tous ses Ouvrages, un pinceau frais, une touche légère & spirituelle, un génie abondant, un dessin correct, des têtes & des mains admirables, des draperies savamment jettées. Ce qu'il produit, prend un caractère de vérité d'autant plus frappant, qu'il faisait tout de pratique, sans modèle, sans mannequin. Comme il travaillait fort vîte, & qu'il ne tourmentait point ses couleurs, elles conservent encore une fraîcheur, une vivacité, un moëlleux digne de Vandyck.

Les dessins de cet Artiste sont peu communs; il jettait tout d'un coup sa pensée sur la toile : ceux que l'on conserve de lui sont à la pierre noire, relevée de blanc de craie, quelques-uns à la sanguine, & la plume y est fort rarement employée, excepté dans les croquis. Le feu & l'esprit qui étaient affectés à ce Maître, y brillent de toutes parts. Ses études de draperies sont excellentes, & ses mains, aux trois crayons, sont belles comme celles de Vandyck. On remarque, dans tous ses dessins, des têtes négligées, formées par des ovales, ainsi que le pratiquait Le Poussin.

Le Maréchal DE VILLEROY.

NICOLAS DE NEUFVILLE, cinquième du nom, premier Duc de Villeroy, Pair & Maréchal de France, Marquis d'Alincour, Seigneur de Magny, naquit à Paris en 1615. Il eut pour père Charles de Neufville, Marquis de Villeroy, Chevalier des Ordres du Roi, Conseiller en ses Conseils d'état & privés, Capitaine de cinquante, puis de cent hommes d'armes de ses Ordonnances, Gouverneur de la ville de Lyon & des pays de Lyonnais, Forès & Beaujolais, de Pontoise & pays Vexin; grand Maréchal-des-Logis de la maison du Roi, & Ministre de Henri IV à la Cour de Rome. Sa mère était Jacqueline de Harley, fille aînée de Nicolas, Baron de Saney, Colonel général des Suisses, Chevalier de l'Ordre de Saint-Michel, & nommé à celui du Saint-Esprit, & de Marie Moreau, Dame de Grosbois.

Le jeune de Villeroy fut élevé à la Cour de Louis XIII, en qualité d'enfant d'honneur de ce Prince. Il montra, dès le bas âge, de grands talents pour la guerre; il n'avait pas encore vingt ans, que, le 29 Mai 1615, il fut nommé Gouverneur & Lieutenant-Général en Lyonnais, Forès & Beaujolais, en survivance du Marquis de Villeroy, son père. Les provisions que Louis XIII lui donna, furent enregistrées au Parlement de Paris le 12 Février 1616. La même année, il leva un Régiment d'Infanterie qui porta son nom, & que l'on désigne aujourd'hui sous celui de *Lyonnais*. Ce Régiment, après avoir été souvent licencié & rétabli, fut remis pour la dernière fois sur pied le 13 Mai 1629. Il servait ainsi en qualité de Colonel, lorsqu'il assista, en 1617, sous les ordres du Maréchal de Lesdiguières, au siège & à la prise de Pélissan, de Non & de la Roque.

En 1620, le Marquis de Villeroy fut envoyé en Dauphiné, pour y appaiser les troubles qui agitaient cette Province. L'année suivante, il parcourut l'Aunis, l'Angoumois, la Saintonge & le Languedoc. Il était à la prise de Saint-Jean d'Angely, le 23 Juin 1621; au siège de Montauban, il commanda un corps de six mille hommes, & il s'y distingua par sa valeur & son intelligence: il conduisit ce même détachement à Montpellier, qui se soumit à Louis XIII le 19 Octobre 1622.

Nommé Maréchal de Camp par brevet du 13 Août 1624, il fit les campagnes d'Italie sous le Connétable de Lesdiguières, en 1625 & 1626; il se trouva au siège de Gavi, au combat de Verne, où le Duc de Féria fut battu, & à la retraite d'Aqui.

Il servit au fameux siège de la Rochelle, en 1627 & 1628; & le 6 Mars 1629, il attaqua les barricades du Pas-de-Suze: le Roi le laissa dans cette place, avec huit mille hommes, pour la garder. Il n'en sortit que pour marcher au pont de Carignan, que les Français emportèrent l'épée à la main, le 6 Août 1630.

Le Marquis de Villeroy commanda, en 1631, dans Pignerol. Par les traités de Quérasque, des 6 Avril & 19 Juin, la France était convenue de rendre la Forteresse de Pignerol au Duc de Savoie; le Cardinal de Richelieu ne pouvait s'y résoudre: cette place, qu'il considérait comme sa propre conquête, lui facilitait l'entrée de l'Italie. Le Duc de Savoie confentait qu'on la gardât, mais les Efpagnols n'étaient pas d'une auffi bonne compofition. On feignit d'évacuer la place, & l'on joua adroitement les Efpagnols. Le Marquis de Villeroy, de concert avec le Cardinal de Richelieu, fit fortir tous les Français, à l'exception de trois cents hommes, qu'il cacha dans un grenier, fous un tas de gerbes & de foin. La garnifon fila en préfence des Commiffaires, du Duc de Savoie & des Efpagnols. Le Marquis, d'un air naturel & fincère, feignit de les conduire par-tout ; mais pour rendre la vifite des Commiffaires moins exacte, il avait adroitement répandu que la pefte commençait à exercer fes ravages dans la ville. Les Commiffaires délivrèrent un certificat qui conftatait que la ville de Pignerol avait été évacuée fuivant les traités. Les trois cents hommes demeurèrent pendant plufieurs jours dans leur retraite ; & le Marquis de Villeroy, qui allait fouvent les voir, avait foin que rien ne leur manquât. Cependant le Duc de Savoie, qui avait été gagné par la France, amufait les Efpagnols, qui n'avaient pas lieu de foupçonner cette trahifon. Les foldats cachés fe faifirent des poftes & des remparts ; les Efpagnols accoururent pour y rentrer, il était trop tard : les Français en étaient les maîtres. Au mois d'Août de la même année, le Marquis de Villeroy fe démit de fon Régiment en faveur du Chevalier d'Alincour, fon frère, qui le conferva jufqu'à fa mort, arrivée le 16 Août 1637. Il demeura à Pignerol jufqu'en 1635, qu'il fut employé, en qualité de Maréchal de Camp, à la prife du Fort de la Vilate. Au fiége de Valence, levé le 28 Octobre de la même année, il fut chargé du commandement d'un quartier de l'armée françaife.

Le Marquis de Villeroy fe trouva, en 1636, au fiége de Dole. Il fut enfuite nommé Commandant en Bourgogne & en Breffe, pendant l'abfence du Prince de Condé, qui, en 1640, allait commander en Guienne. Au mois de Juillet de la même année, il conduifit quinze cents hommes de pied, & quatre cents chevaux, au fiége de Turin, qui fut pris le 24 Septembre.

Créé Lieutenant-Général des armées le 7 Mai 1643, il fervit, en cette qualité, en Bourgogne, fous le Maréchal de la Meilleraye. En 1644, il commanda en Saintonge & en Angoumois, d'où il paffa en Catalogne. Après la bleffure de Magaloti, il commanda l'armée devant la Mothe. Auffi-tôt qu'il fut arrivé au camp, on éleva, par fon ordre, des cavaliers & des batteries, qui ruinaient les dehors de la place. Les affiégés fe retirèrent dans la Fortereffe, où, manquant de vivres, ils furent bientôt obligés de capituler. On démolit auffi-tôt la Fortereffe, qui, depuis long-tems, fervait d'afyle à une troupe de brigands qui défolaient la frontière.

En 1646, le Marquis de Villeroy fut nommé Gouverneur de Louis XIV, puis Maréchal de France. En 1651, il fut créé Confeiller d'honneur au Parlement de Paris, & en 1663, fon marquifat de Villeroy fut érigé en duché-pairie.

Le Maréchal affifta au facre de Louis XIII, le 7 Juin 1654, & y repréfenta le Grand-Maître de France. Il fut nommé Chef du Confeil Royal de France, établi le 15 Septembre 1661, & le 31 Décembre fuivant, il fut nommé Chevalier des Ordres.

Mort à Paris le 28 Novembre 1685, il fut inhumé aux Carmélites de Lyon, fondées par fa famille, & où Camille de Neufville, fon frère, Archevêque de Lyon, lui fit dreffer un magnifique maufolée.

CHARLES Ier,

CHARLES I, ROI D'ANGLETERRE.

CHARLES I, Roi d'Angleterre, succeffeur & fils de Jacques I, Roi d'Angleterre, d'Écoffe & d'Irlande, naquit à Dumferling en 1600, monta fur le trône en 1625, & époufa la même année Henriette de France, fille de Henri IV, & fœur de Louis XIII. Le Siège de la Rochelle fut l'époque de fes premières expéditions. Il envoya le Duc de Buckingham au fecours des Calviniftes, mais fes troupes furent défaites; une feconde flotte n'eut pas des fuccès plus heureux, & la prife de la Rochelle fut fuivie d'un traité entre les deux Couronnes. Charles fe vit bientôt contraint de prendre les armes contre les Écoffais qui s'étaient révoltés; les factieux appaifés obtinrent le pardon qu'ils demandaient, & n'en devinrent que plus entreprenans. Le Parlement avait reçu du Roi le pouvoir de demeurer affemblé tant qu'il le jugerait à-propos. Ce privilège, imprudemment accordé, fut peut-être la caufe de tous les malheurs de Charles I. Il en fentit trop tard la conféquence. Attaqué par un corps qui n'a pas toujours ufé légitimement de fon autorité, il n'avait de reffources que dans le fort des armes, & le fort des armes lui fut toujours contraire. Après bien des fièges & des combats, il fut enfin dépouillé de fa Couronne, & forcé de chercher une retraite chez les Écoffais. Ceux-ci oubliant le généreux pardon qu'ils en avaient reçu, le livrèrent à fes ennemis pour une fomme de deux millions. L'infortuné Charles fut conduit à Londres, enfermé dans le Palais de Saint-James, & dès ce moment on travailla à l'inftruction de fon procès. Les Parlementaires, du parti Cromwel, s'affemblèrent à Weftminfter le Samedi 20 Janvier 1649. Le Préfident Bradshaw, digne favori d'un Miniftre infolent, faifant porter devant lui la maffe de l'épée, traînant à fa fuite une garde de vingt Gentilshommes armés de pertuifanes, & commandés par le Colonel Fox, prit féance, & le Greffier lut l'ordonnance des Communes qui donnait aux Préfidents & aux Commiffaires pouvoir de faire le procès au Roi. Alors le Procureur Général accufa à haute voix & au nom du peuple, Charles Stuart de trahifon & de plufieurs autres crimes, & demanda la lecture des charges & informations. Ces charges portaient en fomme que le Roi, obligé par ferment de gouverner le Royaume felon les loix, les avait ouvertement violées par un acte de tyrannie, en fupprimant le Parlement; & qu'il avait fait la guerre à fes peuples; au lieu de les protéger & maintenir en leurs libertés & privilèges; qu'en conféquence il était évidemment auteur de tous les meurtres qui s'étaient commis depuis les guerres civiles. Sur ces accufations, le Procureur Général, parlant toujours au nom du peuple, dénonça le Roi comme tyran, traître, meurtrier & ennemi irréconciliable de l'Angleterre; & demanda qu'il fût obligé de répondre à ces accufations. Charles récufa des Juges qui avaient ufurpé un pouvoir illégitime; il ne voulut point reconnaître cette nouvelle Cour. Il réitéra fes proteftations dans les féances du Lundi 22, du Mardi 23, & du Samedi 27. Dans cette dernière, les Juges étaient au nombre de 67. Le Préfident Bradshaw, revêtu d'une robe rouge, déclara au Roi que la Cour avait réfolu de donner fa fentence, & qu'il pouvait parler s'il avait quelque chofe à dire pour fa juftification. Le Roi demanda l'audience des Seigneurs & des Communes, mais on ne jugea pas à-propos de lui accorder cette grace. On procéda à la lecture de l'Arrêt qui condamnait Charles Stuart, Roi d'Angleterre, traître, meurtrier & ennemi public, à avoir la tête tranchée. L'infortuné Stuart infifta fur l'audience qu'il avait follicitée;

Tome. II.   X

il fut renvoyé par Bradshaw qui ne voulut pas l'entendre. On le conduisit dans une des chambres de Withéal, où on le commit à la garde d'une soldatesque effrénée qui ajoutait l'insulte la plus amère aux traitements les plus durs.

L'Evêque de Londres ayant prêché le Dimanche suivant devant Sa Majesté, les Chefs de la conjuration lui firent présenter un cahier qui contenait plusieurs articles contraires aux loix & à la Religion du Royaume, offrant de lui sauver la vie, s'il voulait les signer. Charles, après en avoir lu quelques-uns, leur rendit le papier, en disant *qu'il aimait mieux se sacrifier pour son peuple, que d'exposer la liberté, les biens & la vie de ses sujets à l'insolence d'une faction armée*. Le Lundi 29 on lui présenta le Duc de Glocester & la Princesse Henriette ses enfans. Qu'ici l'imagination des Lecteurs sensibles les transporte dans la prison d'un Prince, victime infortunée des circonstances, & peut-être de sa bonté, qui n'a compté les années de son règne que par les trahisons de ses Sujets; qu'ils le voient traîner dans un cachot les restes pénibles d'une existence dégradée; qu'ils voient ces enfans, élevés dans la pourpre, portés au faîte des grandeurs, précipités par de vains parjures dans le néant de l'indigence & de l'opprobre. Telles étaient sans doute les tristes réflexions du malheureux Charles, quand ses enfans s'offrirent à sa vue. Il leur devait des conseils dignes d'un Roi qui va mourir en héros; après les avoir embrassés, il leur donna sa bénédiction & les fit retirer. Le même jour, la Chambre des Communes le fit dépouiller des marques de la Royauté; ses armes furent enlevées, & l'on brisa sa statue dressée dans la Bourse de Londres. Le Mardi 30 Janvier, jour de son exécution, on le conduisit du Palais de Saint-James, où il avait couché, à celui de Withéal. Il traversa le Parc à pied, au milieu d'un Régiment d'Infanterie qui marchait tambour battant & enseignes déployées. Il entra dans sa chambre ordinaire, appelée *la chambre du cabinet*. Il communia des mains de l'Evêque de Londres & ne voulut point dîner. Il n'avait pris qu'un morceau de pain & d'eau lorsqu'il fut conduit à l'échafaud dressé près de la grand'salle, *dite la salle aux festins*. On avait tendu l'échafaud de drap noir, & la hache qui sert aux exécutions était sur un billot auquel on avait adapté quatre anneaux de fer, pour y attacher le Roi en cas de résistance. On avait pratiqué une galerie aussi tendue en noir, qui conduisait de l'échafaud à une fenêtre de la salle, par où Charles passa, accompagné de l'Evêque de Londres, du Colonel Thomlinson & de quelques autres Officiers. L'Exécuteur ordinaire de la Haute-Justice avait protesté qu'il ne porterait jamais la main sur la personne sacrée du Roi. Les promesses & les menaces furent vaines; il tint ferme, & l'on fut obligé de remettre cette noble fonction entre des mains plus dignes de l'exercer. Charles en les voyant leur dit avec fermeté, que quand il étendrait ses mains, ils fissent ce qui leur était ordonné. Ayant ensuite hautement soutenu son innocence & déclaré qu'il mourait dans la communion de l'Eglise Anglicane, il donna le signal, & sa tête fut d'un seul coup séparée de son corps. On les couvrit l'un & l'autre d'un drap de velours noir pour les porter au Palais de Withéal, & delà à celui de Saint-James, où ils furent mis dans un cercueil de plomb & emportés à la vue du peuple. Le Duc de Lennox, Prince du sang Royal, le Marquis de Hartfort, le Comte de Southempton & l'Evêque de Londres conduisirent le cercueil à Windsor, où il fut déposé dans la Chapelle Royale, auprès d'Henri VIII, portant pour toute inscription : CHARLES, ROI D'ANGLETERRE.

LE CARDINAL DE TOURNON.

LE CARDINAL DE TOURNON.

Issu d'une famille originaire de Savoie, CHARLES-THOMAS MAILLARD DE TOURNON naquit à Turin en 1668. Destiné de bonne heure à l'état ecclésiastique, il fut élevé à Rome dans le Collège de la *Propagande*. Clément XI qui connaissait ses vertus, le sacra Patriarche d'Antioche en 1701.

Dans ce temps-là, s'élevait à la Chine la dispute aussi vive que puérile des *cérémonies*. Si elle ne produisit pas de grands mouvemens, du moins caractérisa-t-elle, plus qu'aucune autre, cet esprit actif, contentieux & querelleur qui règne dans nos climats.

Les Loix & la tranquillité de la Chine sont fondées sur le droit le plus naturel ensemble & le plus sacré, le respect des enfans pour les pères. A ce respect, ils joignent celui qu'ils doivent à leurs premiers maîtres de morale, & sur-tout à *Confucius*, ancien Sage, qui près de six cents ans avant la fondation du Christianisme leur enseigna la vertu. Les familles s'assemblent en particulier à certain jours pour honorer leurs ancêtres; les Lettrés en public, pour honorer *Confucée*. Des Mandarins égorgent deux fois l'an autour de la salle où l'on révère le Législateur de ce grand Empire, des animaux dont on fait ensuite des repas.

Quelques Jésuites avaient déjà pénétré chez ce plus ancien de tous les peuples, le premier dans la morale & dans la police, & étaient parvenus, à la faveur des sciences de l'Europe, à jetter quelques semences de la Religion Chrétienne.

Des Dominicains qui partageaient la mission, accusèrent les Jésuites de permettre l'idolâtrie en prêchant le Christianisme. La question était délicate, ainsi que la conduite qu'il fallait tenir.

Ces Dominicains déférèrent les usages de la Chine à l'Inquisition de Rome en 1645. Le saint Office, sur leur exposé, défendit ces cérémonies Chinoises, jusqu'à ce que le Pape en décidât.

Les Jésuites soutinrent la cause des Chinois & de leurs pratiques qu'il semblait qu'on ne pouvait proscrire, sans fermer toute entrée à la Religion Chrétienne, dans un Empire si jaloux de ses usages. Ils représentèrent leurs raisons. L'Inquisition, en 1656, permit aux Lettrés de révérer *Confucée*, & aux enfans Chinois d'honorer leurs pères, en *protestant* contre la superstition s'il y en avait.

Cependant un Prêtre des *Missions Étrangères*, nommé Maigrot, fut envoyé en qualité de Vicaire Apostolique dans le Fokien. On lui avait donné l'Évêché de ce nom. Ce Français, Évêque à la Chine, déclara non-seulement les Rites observés pour les morts, superstitieux & idolâtres, mais il déclara les Lettrés athées. C'était le sentiment de tous les rigoristes de France.

Les Jésuites eurent alors à combattre les Missionnaires, leurs confrères, plus que les Mandarins & le peuple. Ils représentèrent à Rome, qu'il paraissait assez incompatible que les Chinois fussent à-la-fois Athées & Idolâtres.

Le procès de l'Empire de la Chine dura long-temps en Cour de Rome. Enfin, le Pape Clément XI crut devoir envoyer un Légat sur les lieux, & il choisit *Thomas Maillard de Tournon*, Patriarche archi-titulaire d'Antioche.

Le Patriarche ne put arriver qu'en 1705. La Cour de Pékin avait ignoré jufque-là qu'on la jugeait à Rome. Cela eft plus abfurde que fi la République de Saint Marin fe portait pour médiatrice entre le Grand Turc & le Royaume de Perfe.

L'Empereur *Cam-hi* reçut d'abord le Patriarche de Tournon avec bonté. Mais on peut juger quelle fut fa furprife, quand les Interprètes de ce Légat lui apprirent que les Chrétiens qui prêchaient leur Religion dans fon Empire, ne s'accordaient point entre eux, & que ce Légat venait pour terminer une querelle dont la Cour de Pékin n'avait jamais entendu parler. Le Légat lui fit entendre que tous les Miffionnaires, excepté les Jéfuites, condamnaient les anciens ufages de l'Empire, & qu'on foupçonnait même Sa Majefté Chinoife & les Lettrés d'être Athées, qui n'admettaient que le Ciel matériel. Il ajouta qu'il y avait un favant Évêque de *Conon* qui expliquerait tout cela fi Sa Majefté daignait l'entendre. La furprife du Monarque redoubla, en apprenant qu'il y avait des Évêques dans fon empire. Cependant il pouffa la bonté jufqu'à permettre à l'Évêque de *Conon* de venir lui parler de la Religion, contre les ufages de fon pays & contre lui-même. L'Évêque de *Conon* fut admis à fon audience. Il favait très-peu de chinois. L'Empereur lui demanda d'abord l'explication de quatre caractères peints en or au-deffus de fon trône. *Maigrot* n'en peut lire que deux; mais il foutient que les mots *Kieng-tien* que l'Empereur avait écrits lui-même fur des tablettes, ne fignifiaient pas adorez le Seigneur *du Ciel*. L'Empereur eut la patience de lui expliquer, par Interprète, que c'était précifément le fens de ces mots. Il daigna entrer dans un long examen. Il juftifia les honneurs qu'on rendait aux morts. L'Évêque fut inflexible. L'Empereur qui par les Loix pouvait le faire punir de mort, fe contenta de le bannir. Il ordonna que tous les Européens qui voudraient refter dans le fein de l'Empire, viendraient déformais prendre de lui des Lettres-Patentes & fubir un examen.

Le Légat de *Tournon* qui avait défendu par un Mandement de mettre dans les Églifes des tableaux avec cette infcription : *Adorez le Ciel*, eut ordre de fortir de la Capitale; & bientôt relégué à *Macao* dont les Chinois font toujours les maîtres, quoiqu'ils permettent aux Portugais d'y avoir un Gouverneur. Tandis qu'il était confiné à *Macao*, le Pape lui envoyait la *Barette*, mais elle ne lui fervit qu'à le faire mourir Cardinal. Les ennemis des Jéfuites lui imputèrent fa mort. Il parut une eftampe fatyrique où l'on repréfentait un Jéfuite, qui, auprès du Cardinal mourant, s'emparait de la *Barette*, avec cette infcription :

La dépouille, de droit, appartient au Bourreau.

Le véritable poifon qui l'enleva à l'Églife fut la difette & les défagréments de la captivité la plus dure.

Quoique d'une piété ardente, il ne put pardonner aux Jéfuites un crédit qui était bien au-deffus du fien. On prétend qu'il difait dans l'amertume des mauvais traitements qu'il effuya, que quand *l'efprit infernal ferait venu à la Chine*, il n'y aurait pas fait plus de mal qu'eux.

Un Miffionnaire obligé de quitter la Chine, emporta avec lui le corps du Cardinal de *Tournon*, qui fut enterré folemnellement en 1723 dans le Collége de la Propagande.

Son frère aîné, Capitaine des Gardes du Duc de Savoie, & Lieutenant-Général de fes Armées, jouît toute fa vie de la confiance de fon Prince.

LE CARDINAL LE CAMUS.

LE CARDINAL LE CAMUS.

ETIENNE LE CAMUS naquit à Paris en 1632, dans le sein d'une famille distinguée dans la Magistrature. Il avait à peine dix-huit ans, lorsqu'en 1650 il prit le bonnet de Docteur dans la Faculté de Théologie. Il fut nommé ensuite Aumônier du Roi, fonction qu'il exerça pendant plusieurs années. Louis XIV, instruit de ses lumières & de sa vertu, le plaça en 1671 sur le siège de Grenoble, & en 1686 il fut revêtu de la pourpre Romaine par Innocent XI.

Pendant le séjour que l'Abbé le Camus avait fait à la Cour, en qualité d'Aumônier du Roi, il avait été fort dissipé. Il aima le monde, & il en fut recherché avec le plus grand empressement. Cependant il disait depuis, « qu'on avait dit de lui plus de mal qu'il n'en avait fait; mais que, depuis son changement, on disait plus de bien qu'il n'en faisait, & que c'était une espèce de compensation. »

Déja l'Abbé le Camus pensait très-sérieusement à une retraite austère, lorsqu'il apprit que Louis XIV l'avait nommé à l'Évêché de Grenoble. Il eût remercié le Prince pour vivre le reste de ses jours dans la pénitence, si ses amis ne lui eussent représenté avec force, qu'en s'acquittant dignement des devoirs de l'Épiscopat, il trouverait des contradictions qui seraient pour lui une pénitence plus laborieuse que toutes les mortifications de la solitude.

Le célèbre Arnaud, son ami, acheva de le décider; & ce fut d'après les conseils de ce Docteur, qu'il se forma des règles de conduite qu'il devait suivre dans l'administration de son Diocèse. Le Prélat enchérit même sur les avis du Patriarche de Port-Royal; & aux travaux pénibles du ministère, aux fonctions multipliées de l'Épiscopat, il joignit les plus grandes austérités. Ce saint Prélat était continuellement couvert d'un cilice; jamais il ne couchait que sur la paille; souvent il se relevait, plusieurs fois pendant la nuit, pour adresser à Dieu ses prières. Accoutumé à une extrême frugalité, il ne mangeait que des légumes; & il jeûnait selon la règle de Saint Benoît, quoiqu'il ne se fût astreint à ce genre de vie par aucun vœu. Ce régime rigoureux, cette vie austère était peut-être la moindre partie de sa pénitence. Les contradictions qu'il eut à essuyer, & les travaux immenses auxquels il fut obligé de se livrer, pour réformer un Diocèse où il ne trouvait qu'ignorance & désordre, lui donnèrent encore de nouvelles mortifications. Ses sollicitudes pastorales s'étendaient sur toutes les classes des Citoyens; & l'on voit dans les lettres qu'il écrivait au Docteur Arnaud, que son opinion sur la grace n'était pas alors dominante dans son Diocèse. Les Jésuites, sur-tout, qui y jouissaient de la plus haute considération, ne cessaient de le contrarier hautement dans les principaux chefs de son administration. Il paraît que ces Religieux, ennemis de M. le Camus dont ils n'adoptaient pas les sentiments, s'opposaient sans cesse au bien qu'il voulait faire. Plusieurs fois même ils le réduisirent à souhaiter de quitter son Siège. « Les Jésuites, dit-il dans une lettre adressée au Docteur Arnaud, les Jésuites m'ont tous promis d'être fidèles aux règles de Saint Charles, & pas un ne s'en acquitte comme il doit ». Dans la même lettre il se plaint d'un Père Bresson, Jésuite, qui avait confessé, sans pouvoirs, le jour de Toussaint, à Grenoble, pendant sept heures, sans, disait-il, avoir trouvé un seul péché mortel. « Le Père Chappuis, Jésuite, dit-il, dans une autre lettre au même Docteur, qui avait soutenu en cette Cour (de Turin) que j'étais Hérétique, y a reçu toute la confusion qu'il méritait, quoique je l'aie épargné autant que j'ai pu..... J'ai écrit au Roi pour lui exposer toutes les raisons que j'ai de m'opposer à l'établissement de la Théologie morale (des Jésuites) qui sera le renversement de la piété dans cette Église. Je puis dire avec vérité, continue ce Prélat, que, sans les Confesseurs, cette ville serait maintenant toute sainte. » C'était en effet le principal objet de ses sollicitudes. Tous les ans il employait trois mois à visiter une partie de son Diocèse, & le plus souvent il faisait ce voyage à pied. Ces grands travaux, joints aux mortifications continuelles qu'il s'imposait, affaiblirent insensiblement sa santé. Cet illustré Prélat mourut en 1707.

Les pauvres que l'Évêque de Grenoble avait si singulièrement chéris pendant sa vie, furent ses héritiers après sa mort. Le peu de bien qui lui restait fut distribué dans le sein des indigents de son Diocèse; & il ne laissa à ses parents que la gloire d'avoir appartenu à l'un des plus respectables Évêques qu'ait eu la Franche-Comté.

Nous avons quelques Ouvrages sortis de la plume de ce Prélat, qui respirent une piété solide & un attachement extraordinaire aux devoirs de l'Épiscopat. On connaît ses Lettres adressées à ses Curés, dans lesquelles on admire la tendre affection qu'il témoignait à ces Pasteurs du second ordre. Nous avons aussi de lui un excellent *Recueil d'Ordonnances Synodales*, imprimées à Paris en 1690, & une *Dissertation Savante*, dont l'objet est de défendre la virginité de la Vierge contre un Écrivain qui avait osé l'attaquer. On a imprimé huit Lettres de ce Prélat adressées à M. Arnaud, à la fin du neuvième volume des Lettres de ce Docteur célèbre, publiées en 1743. On sait que ce fut par son ordre que M. Genet, Évêque de Vaison, composa le fameux Ouvrage connu sous le nom de *Théologie morale de Grenoble*.

Le Diocèse de Grenoble est redevable au Cardinal le Camus de plusieurs fondations pieuses. Il y établit entre autres deux Séminaires, pour l'éducation des jeunes gens destinés à l'état ecclésiastique.

Ce fut par ses soins que l'on fit revivre dans son Diocèse l'ancien usage des Conférences ecclésiastiques. Le Cardinal le Camus, persuadé que la discipline prend une nouvelle activité dans ses assemblées, fit tous ses efforts pour en assurer la durée. C'est là, en effet, que les Pasteurs se communiquent leurs lumières, éclaircissent les doutes qu'ils peuvent avoir sur les principaux Chefs de leur ministère, & se donnent mutuellement des conseils utiles, tant pour l'administration de leurs paroisses, que pour le maintien des mœurs, l'observation des statuts synodaux, & la conservation de la saine doctrine. La plupart des Évêques de France ont adopté depuis cette sage maxime; & il en est peu qui ne convoquent annuellement l'assemblée de leurs Curés, pour y conférer de tout ce qui peut avoir quelque rapport à la discipline ecclésiastique.

M. le Camus aimait son Diocèse, & il y était généralement chéri & respecté. Malgré les tracasseries que ses sentiments sur la grace lui ont fait éprouver, malgré le peu de concorde qui régnait entre lui & les Jésuites, alors tout-puissans en Europe, sa douceur, sa modestie, son affabilité, sa tendre affection pour les pauvres & les infortunés, lui avaient gagné les cœurs de la plus saine partie de son Diocèse. Il fut sincèrement regretté quand il mourut, & tous les honnêtes gens eussent volontiers gravé sur sa tombe :

> Non, ces bords désormais ne seront plus profanes :
> Ils contiennent ta cendre; & ce triste tombeau,
> Honoré par nos chants, consacré par tes mânes,
> Est pour nous un temple nouveau.

CALVIN.

Jean Calvin, ou Cauvin, naquit à Noyon en 1509, dans le sein d'une famille obscure. Son père remplissait la profession de Tonnelier. Il fit ses humanités à Paris, &, destiné de bonne heure à l'état ecclésiastique, il fut pourvu d'une chapelle dans l'Église de Noyon; mais ses parents ayant changé d'avis, il fut envoyé à Orléans, puis à Bourges, pour y étudier le Droit. Il revint ensuite à Paris; mais bientôt ses liaisons avec les partisans de la nouvelle doctrine, & son ardeur à la soutenir, l'obligèrent à quitter cette Capitale de la France. Retiré à Angoulême, il y enseigna le Grec & y prêcha ses opinions. Il courut ensuite à Poitiers, à Nérac, de Nérac à Paris; mais craignant toujours qu'on ne l'arrêtât, il prit le sage parti de se rendre à Basle. C'est dans cette ville de la Suisse qu'il publia en 1586 son livre de l'*Institution Chrétienne*, dont la meilleure édition est celle de Robert Étienne, in-fol. publiée en 1553. Il composa cet Ouvrage fameux, dédié à François I, pour servir d'apologie aux réformes que ce Prince avait eu l'imprudence de condamner aux flammes. C'est l'abrégé de toute sa doctrine. Ce fut le Catéchisme de tous ses Disciples. Il ne s'y écarta guères des sentiments de Luther; mais ses opinions s'éloignent beaucoup plus du Catholicisme que celles du Moine Allemand. Cependant la présence réelle est presque le seul point sur lequel il ne s'accorde pas avec lui. A travers les expressions fortes dont il se sert en parlant de ce mystère de l'Église catholique, on voit qu'il pense que le corps de Jésus n'est réellement & substantiellement que dans le Ciel. Nous ne prétendons pas prononcer sur les opinions répandues dans cet Ouvrage; mais on ne peut s'empêcher de louer la pureté & l'élégance du style, soit en Latin, soit en Français, car cet Ecrivain le composa dans les deux langues. On y découvre un esprit subtile & pénétrant, un Savant consommé dans l'étude de l'Écriture & des Pères; mais toutes ces qualités brillantes sont ternies par des déclamations emportées, & sur-tout par des décisions souvent téméraires. Les principales erreurs que les Catholiques relèvent dans cet Ouvrage & dans celui de la *Cène*, sont " que le libre-arbitre a été entièrement éteint par le péché, & que Dieu a créé les hommes pour être le partage des Démons; non qu'ils l'aient mérité par leurs crimes, mais parce qu'il lui plaît ainsi. Les vœux, si l'on en excepte ceux du Baptême, sont une tyrannie. Il ne veut ni culte extérieur ni invocations des Saints, ni Chefs visibles de l'Église; ni Évêques, ni Prêtres, ni Fêtes, ni Croix, ni bénédictions, ni aucune de ces cérémonies sacrées que les Catholiques considèrent comme essentielles au Culte divin. Il n'admet que deux Sacrements, le Baptême & la Cène. Il anéantit les Indulgences, le Purgatoire, la Messe, &c. »

De Basle, Calvin alla à Ferrare, d'où après quelques autres courses, il vint s'établir à Genève en 1536, en qualité de Ministre & de Professeur en Théologie. Une dispute sur la manière de célébrer la Cène, l'en fit chasser au bout de deux ans. Il se retira à Strasbourg, où il y épousa la veuve d'un Anabaptiste, & n'en eut qu'un fils qui mourut avant lui. Rappelé à Genève après trois ans de séjour à Strasbourg, il y fut reçu comme le Pape de la nouvelle Église. Genève devint dès-lors le théâtre du Calvinisme. Il y établit une discipline sévère, fonda des Consistoires, des Colloques, des Synodes, des Anciens, des Diacres, des Surveillans. Il régla la forme des prières & des prêches, la manière de célébrer la Cène, de baptiser, d'enterrer les morts. Jurisconsulte aussi éclairé que Théologien profond, il dressa, de concert avec les Magiſtrats, un Recueil de loix civiles & eccléſiaſtiques, approuvé alors par le Peuple, & regardé encore aujourd'hui comme le Code fondamental de la République. Il fit plus : il établit une eſpèce d'inquiſition, une chambre conſiſtoriale avec le droit de prodiguer les cenſures & les excommunications. Ce qu'il y a d'extraordinaire, c'eſt que la réforme qui, au premier coup d'œil, paraît plus favorable à la liberté qui fait la baſe des Républiques, eut pour Auteur un homme dur, inflexible, un vrai tyran. On ſait que le Médecin Servet lui ayant écrit quelques lettres ſur le myſtère de la Trinité, Calvin, oubliant ce qu'il avait écrit lui-même contre les perſécuteurs des Hérétiques, s'en ſervit pour le faire brûler vif. Il paraît que ſes ſentimens ſur la tolérance varièrent ſuivant les circonſtances. Pourſuivi en France, il écrivit contre les intolérans. Maître à Genève, il ſoutint opiniâtrément qu'il fallait condamner aux flammes ceux qui ne penſaient pas comme lui. Un autre Arien, nommé Valentin Gentilis, commençait à répandre ſa doctrine dans le territoire de la République; le Patriarche de Genève le fait arrêter, le condamne à faire amende honorable, l'oblige de ſe ſauver à Lyon.

Quelque défaut qu'eût Calvin, on ne peut lui refuſer la gloire d'avoir rendu des ſervices eſſentiels à la République de Genève. C'eſt à lui que cette ville doit la plupart des inſtitutions ſages qu'elle a conſervées juſqu'à nos jours. Ses grands travaux lui occaſionnèrent des maladies fréquentes, & altérèrent peu-à-peu la force de ſon tempérament. Il mourut à Genève accablé d'infirmités en 1564, laiſſant un grand nom, beaucoup d'admirateurs, & encore plus d'ennemis.

On a toujours conſidéré Calvin comme le ſecond Chef du Proteſtantiſme. Plus impétueux & moins ſouple que Luther, il était auſſi hardi à enfanter des opinions, & auſſi ardent à les ſoutenir. Le Moine Allemand avait quelque choſe d'original & de plus vif; le Réformateur Français, inférieur pour le génie, l'emportait par l'art de développer ſes idées. Tous deux étaient d'une véhémence extraordinaire; mais le premier était plus éloquent de vive voie, & l'autre plus pur, plus correct, plus châtié dans ſes écrits. L'amour propre de Luther tenait de ſon humeur violente. Celui de Calvin était plus délicat, & ne ſe montrait qu'à demi; il eut plus de peine à corriger ſon caractère. « Je ſuis, diſait-il, naturellement colère : je combats ſans ceſſe contre ce défaut; mais juſqu'ici ç'a été preſque ſans ſuccès. » Il était d'ailleurs ſobre, laborieux, chaſte, déſintéreſſé, & il ne laiſſa en mourant que la valeur de ſix vingt écus d'or. On trouve dans la plupart de ſes écrits, beaucoup de ſavoir, une grande pénétration, de la politeſſe & de l'urbanité. Rien ne le flattait davantage que la gloire de bien écrire. Le Luthérien Weſtephalle l'ayant traité de déclamateur : « Il a beau faire, répondit Calvin, jamais il ne le perſuadera à perſonne; l'univers ſait avec quelle force je preſſe un argument, avec quelle préciſion je ſais écrire. » Jamais Écrivain ne fut plus intolérant. En 1554, il publia contre les Anabaptiſtes un livre, à la tête duquel on vit cette fameuſe deviſe, dont le corps eſt une épée flamboyante, avec une légende latine, dont voici la traduction : *Je ne ſuis point venu apporter la paix ſur la terre, mais le glaive.* Tel était, en effet, le ſentiment de Calvin, & peut-être eſt-ce en combattant les Anabaptiſtes qu'il a commencé à employer cette deviſe menaçante; mais il ne fit du mal à ceux-ci que par ſes écrits. Celui qu'il a compoſé contre eux eſt très-curieux, en ce qu'il fait connaître les ſentimens des Anabaptiſtes de ce temps-là, dont les principes ſont encore les mêmes aujourd'hui.

CAMILLE FALCONET.

CAMILLE FALCONET, Médecin Consultant du Roi, de l'Académie des Sciences, Arts & Belles-Lettres de Lyon, sa patrie, & de celle des Inscriptions & Belles-Lettres à Paris, naquit le 29 Mars 1671.

Il eut pour père Noël Falconet, pensionnaire de ce Gui-Patin, Médecin si célèbre, qui avait le visage de *Cicéron* & l'esprit de *Rabelais*, & dont les thèses amusaient comme une Comédie.

Son père, bon praticien & des plus employés, le menait avec lui chez ses malades, & l'instruisait par son exemple & par l'observation de la nature même; leçon plus efficace & plus animée que celle qu'on prend dans les traités & dans les cours.

Admis dans le Collége des Médecins, ses parents voulaient qu'il songeât à l'utile, & que puisqu'il était Médecin, il en retirât du profit; mais son goût le portait davantage à savoir. On le consultait déja beaucoup, & tout le monde s'en trouvait bien. Il lui manquait pourtant une qualité. Il ne vantait ni ses remèdes ni ses talents; n'osant dire plus qu'il ne savait, ni donner le vraisemblable pour sûr. Réussissait-il dans ses traitements? il renvoyait à la nature la plus grande partie de la gloire. Mais s'il n'avait pas l'art de se faire valoir, il avait du moins celui de découvrir assez juste, par des raisonnements fins, la cause du mal & le remède qui lui convenait.

Malgré ses occupations, il trouvait le temps de lire, faisait des extraits de tout ce qu'il lisait, & y ajoutait ses réflexions; après quoi il mettait tout cela à part & ne le regardait plus. Sa mémoire admirable ne perdait rien de ce qu'il avait écrit; mais elle exigeait qu'il l'écrivît, & par ce moyen il était un Dictionnaire vivant.

Sa conversation était très-intéressante. Il n'avait ni la morgue ni la pesanteur d'un Savant. Toujours d'une humeur gaie, il se mettait aisément en colère; aussi en revenait-il aussitôt. Un air de candeur accompagnait toutes ses actions. La vie d'un homme qui connaît beaucoup plus les bibliothèques que les sociétés, & qui a plus de commerce avec les livres qu'avec les hommes, ne devait pas avoir endommagé cette précieuse vertu. Dans sa vieillesse, il avait encore la simplicité d'un enfant.

Ce Falconet, qui savait tant d'anecdotes & qui en avait rassemblé un nombre prodigieux qu'il écrivait sur des cartes, & qu'il mettait ensuite par ordre; se contenta de travailler, comme *Patin*, par lettres, & toute idée de travail suivi lui faisait peur. Il est étonnant qu'un homme aussi universel, &. qui eût pu écrire sur tant de sujets, qui s'est fait un amas si considérable d'observations, qui avait même beaucoup de facilité à écrire en Latin & en Français, n'ait presque rien publié pendant une vie aussi longue, exempte de maladies & des incommodités de l'âge. Nous avons de lui quelques Thèses de Médecine fort estimées; une traduction du *Nouveau Systême des planètes*, composé en Latin par *Villemor*, publié en 1707, in-12, des notes aussi minces sur les amours de Daphnis & Chloé, de la traduction d'Amyot dans l'édition de 1731, & d'autres petites observations sur l'édition du *Cymbalum Mundi* de *Desperriers*, de 1732. C'était l'homme du meilleur tempérament qu'on pût voir. Il aimait à parler & parlait fort bien. Comme sa fortune était aisée, il s'était jeté le moins possible dans la pratique de la Médecine, & s'était presque borné à la théorie.

Tome II.   Z

Cependant, comme il avait beaucoup de lecture & une mémoire excellente, il brillait dans la consultation. Les jeunes Médecins trouvaient chez lui tous les secours dont ils avaient besoin. Il était toujours prêt à leur donner ses conseils & à leur prêter ses livres. Quiconque aimait les lettres, dans quelque genre que ce fût, trouvait la même facilité auprès de lui. Il était peut-être le Savant qui recevait le plus de visites. Ses manières étaient simples, affables, & pour obliger on l'a vu à plus de quatre-vingt-cinq ans monter dix fois à l'échelle de sa bibliothèque, la transporter lui-même, remuer ses livres, en avaler la poussière & faire tout cela non-seulement sans se rebuter, mais avec plaisir. Il avait pour les livres une extrême passion. C'était sa plus grande dépense. La maison où il demeurait à Paris, était celle de son père. Il n'y avait rien changé. Tout y était plein de livres & respirait le savoir & la bonhomie de nos pères. Pas la moindre idée de ce luxe qui prend sur toutes les conditions, ni dans ses livres ni dans son cabinet, ni dans les tablettes qui les soutenaient. Il est mort garçon, & dans cet état de liberté qui sympathisait si fort avec son caractère. Cependant il était extrêmement circonspect dans ses jugements, & il louait bien plus volontiers qu'il ne blâmait ; il trouvait presque toujours des raisons d'applaudir à un livre nouveau, en saisissant ce qu'il avait de bon, & en accusant facilement ce qu'il avait de mauvais, sur-tout s'il pouvait y trouver quelque chose à apprendre. Il ne se déclarait volontiers que contre les idées nouvelles & hasardées, sur-tout en Médecine. En parlant de l'Ouvrage d'un de ses Confrères, on lui a entendu dire : ce garçon-là a trop d'esprit, il imagine trop; mais il n'y a pas de mal, cela mûrira.

A-t-on besoin de prouver qu'un homme si honnête & si instruit n'était pas charlatan ? Une Dame de qualité qui voulait être malade, le fait appeler. Il lui demande ce qu'elle a. Monsieur, dit-elle, je bois bien, je mange bien, je dors bien, & pourtant.... hé bien, Madame, lui répondit-il, laissez-moi faire, je vous donnerai un remède qui vous ôtera tout cela.

Le soin qu'il avait eu de rassembler des livres de toutes les contrées de l'Europe, lui avait procuré une bibliothèque de quarante-cinq mille volumes. Par testament, il en a donné plus de onze mille à la Bibliothèque du Roi, qui lui manquaient.

Il eut pour ami constant le Père Mallebranche, le Philosophe qui, sans en excepter Pythagore, a eu le plus de sectateurs persuadés, parce que ses qualités personnelles aidaient à ses raisonnements.

C'est à lui & à *Spon*, tous deux ses bons amis, que Gui-Patin écrivait tout ce qui se disait. A la dernière maladie du Cardinal Mazarin il écrivait à M. Falconet : Ce matin, le Mazarin a reçu l'Extrême-Onction, & delà est tombé dans une grande faiblesse. Il a reproché à *Valot* qu'il est cause de sa mort. Hier, à deux heures, dans le bois de Vincennes, quatre de ses Médecins; savoir, *Guenaut*, *Valot*, *Brayer* & *Élie Beda Desfougerais* alterquaient ensemble & ne s'accordaient pas de l'espèce de maladie dont le malade mourut. *Brayer* dit que la rate est gâtée : *Guenaut* dit que c'est le foie : *Valot* dit que c'est le poumon : *Desfougerais* dit que c'est un abcès de mésentère..... Ne voilà pas, continue-t-il, d'habiles gens ! ce sont les fourberies ordinaires des Empiriques & des Médecins de Cour, qu'on fait suppléer à l'ignorance.

Sans doute c'est dans cette lettre adressée à M. Falconet que Molière, qui savait si bien tout encadrer dans ses pièces, a pris une partie de la scène dixième du dernier acte du *Malade Imaginaire*, lorsque Toinette, déguisée en Médecin, demande au Malade Imaginaire quel est son Médecin.

Peint par M.r Le Jeune.   Gravé par M.r Devaux.

L'ABBÉ DE LA CAILLE.

NICOLAS-LOUIS DE LA CAILLE naquit à Rémigny près de Rosoy en Tiérache, le 15 Mars 1713, de Nicolas-Louis de la Caille & de Barbe Rubuy, alliés l'un & l'autre à des familles distinguées du Laonnais. Son père le plaça au Collége de Lisieux pour y faire ses humanités; mais il avait à peine dix-huit ans, lorsque ce père tendre mourut, & le laissa sans fortune. Le jeune de la Caille ne demeura cependant pas sans ressource. La douceur de son caractère, son assiduité au travail, la régularité de ses mœurs, & les progrès rapides qu'il avait faits dans ses études, lui avaient acquis l'estime & l'amitié de tous ses supérieurs. Sur le compte qu'ils en rendirent à M. le Duc de Bourbon, ce Prince, qui avait déja placé son père chez la Duchesse de Vandôme en qualité de Capitaine des chasses à Anet, se fit un plaisir de cultiver de si heureuses dispositions, & se chargea de pourvoir à tous ses besoins.

L'Abbé de la Caille commença dès-lors à tourner ses vues du côté de l'Astronomie. La difficulté de s'instruire sans maîtres, sans livres, sans instruments, le secret qu'exigeait cette espèce d'étude absolument étrangère à celle auquel le Collége qu'il habitait était consacré, en un mot, tous les obstacles qu'il rencontra ne purent refroidir son ardeur ni lui faire abandonner son projet. Ses premiers succès furent bientôt connus de M. Cassini qui le prit avec lui à l'Observatoire. Aidé des leçons d'un tel maître, il ne tarda pas à devenir un habile Astronome, & bientôt il fut en état de partager avec M. de Thuri le travail de la méridienne qui, passant par l'Observatoire, traverse du Nord au Sud tout le Royaume.

Il était à peine âgé de vingt-cinq ans, lorsqu'on lui confia une chaire de Mathématiques au Collége de Mazarin. Il tourna alors toutes ses vues vers l'objet important qui devait l'occuper une partie de sa vie; pour ménager, autant qu'il était possible, le temps destiné à l'instruction de ses éleves, il commença des leçons élémentaires de Mathématiques, dont il fit imprimer la première partie en 1741 & les autres successivement. Il obtint dans cette même année, à l'Académie des Sciences, une place d'Adjoint Astronome, de laquelle il passa peu d'années après à celle d'Associé.

L'Abbé de la Caille ne tarda pas à faire voir combien il était digne du choix de l'Académie. Dès la même année, il publia un Mémoire sur l'application du calcul des différences à la trigonométrie sphérique. Trois ans après, en 1744, il mit au jour son *Traité des Projections Astronomiques*. Enfin, en 1746, il donna une Méthode si facile de calculer le cours d'une comète, en supposant son orbite parabolique, qu'en employant un petit nombre d'observations & seulement six fausses positions, le calculateur le moins exercé peut, en moins d'une demi-heure, en déterminer tous les éléments, & reconnaître si elle n'est pas une de celles qui ont été précédemment observées.

L'Abbé de la Caille, jaloux de reculer les bornes de l'Astronomie, se détermina à entreprendre un voyage au Cap de Bonne-Espérance, dans l'intention d'y vérifier, par des observations concertées avec les Astronomes de l'Europe, plusieurs éléments importants, tels que les parallaxes du soleil, de la lune & de quelques planètes, l'obliquité de l'écliptique, &c.

& de profiter de la situation de ce lieu, placé à plus de trente-quatre dégrés de latitude méridionale, pour obferver la pofition des étoiles du Ciel auftral, & compléter le Catalogue auquel il travaillait depuis long-temps. Ce voyage, approuvé de l'Académie des Sciences, fut adopté par le Miniftère; & le 21 Novembre 1750, l'Abbé de la Caille s'embarqua pour fe rendre au Cap de Bonne-Efpérance. Les obfervations de cet Aftronome furent faites avec le plus grand fuccès; il s'appliqua, fans relâche, à déterminer la pofition des étoiles du Ciel auftral, & en moins de deux années il fixa celle de plus de neuf mille huit cents. Ces diverfes obfervations font confignées dans l'*Hiftoire de fon Voyage*, publié en 1751 par l'Académie des Sciences.

La célèbre comète de 1759 était un phénomène trop intéreffant, pour que l'Abbé de la Caille pût négliger de l'obferver; il l'obferva en effet ! avec toute l'exactitude dont il était capable. Il mit fous les yeux de l'Académie des Sciences le réfultat de fes obfervations, & il y ajouta les élémens de la théorie. Il obferva ainfi les deux qui parurent en 1760, & il en détermina avec la plus grande précifion l'orbite & les élémens.

Lorfqu'en 1756 l'Académie des Sciences jugea à-propos de faire mefurer la bafe de M. Picard, il fut l'un de ceux qui prirent le plus de part à cette laborieufe opération. Jamais les obfervations n'étaient interrompues. Indépendamment de celles qu'il communiquait tous les ans à l'Académie, il en faifait encore d'autres relatives à fon Catalogue d'étoiles. Il dormait à peine trois ou quatre heures dans certaines nuits. On affure qu'en 1762, peu de temps avant fa mort, il avait été trois heures de fuite au milieu de la nuit couché fur le dos, pour obferver des étoiles près du Zénith, & qu'il s'apperçut feulement en fe relevant qu'il avait été faifi par le froid. Son tempérament, quoique robufte, fuccomba enfin fous le poids de tant de fatigues. Attaqué, le 15 Mars 1762, d'une fièvre maligne, il mourut le 21 du même mois, âgé de 49 ans.

L'Abbé de la Caille était d'une taille au-deffus de la médiocre. Sérieux & froid avec ceux qui ne le connaiffaient pas, il fe laiffait aller avec fes amis à une gaîté douce & tranquille, qui peignait toute la férénité de fon âme. Ami de la vérité, il ofait la dire en face, au hafard même de déplaire. Il était extrêmement égal & modéré dans toute fa conduite, & fon défintéreffement était extrême. Jamais il ne follicita de graces, jamais il ne fit un pas vers la fortune; il fallait pour ainfi dire qu'elle vînt elle-même le chercher. Auffi n'a-t-il pas eu fouvent lieu de fe louer de fes faveurs; mais fon extrême modeftie & la modération de fes defirs fuppléaient abondamment aux reffources de l'opulence, & il eft peut-être plus aifé d'être heureux en retranchant les defirs inutiles, qu'en travaillant à fe mettre en état de les fatisfaire. Il avait beaucoup de précifion & de netteté dans l'efprit; & l'on retrouve dans fes Écrits le même ordre & la même clarté. Il y joignait la pureté du ftyle, mais fans aucun ornement, & l'on n'y remarque aucunes penfées brillantes & recherchées. Satisfait d'expofer nettement fes penfées, il fongeait rarement à les embellir.

Jamais homme ne fut plus fidèle à remplir fes devoirs que ne l'était l'Abbé de la Caille. Deux violents accès de goutte qu'il eut en 1760, ne purent l'empêcher de faire fes leçons au Collége Mazarin. Il était Diacre, & la même piété qui l'avait appelé à l'état Eccléfiaftique, l'avait empêché de recevoir l'Ordre de Prêtrife, dès qu'il s'était vu lié à des fonctions qui auraient pu mettre obftacle à celles qu'aurait exigé de lui ce miniftère.

LE MARQUIS D'ARGENSON.

MARC-RENÉ DE VOYER PAULMY, Marquis D'ARGENSON, naquit à Venife le 4 Novembre 1652, dans le temps que fon père René de Voyer de Paulmy y réfidait en qualité d'Ambaffadeur de France. Il reçut les cérémonies du baptême dans le Palais de Saint Marc le 8 Janvier 1653, & il reçut le nom de Marc, de la République de Venife qui voulut être fa marraine. Deftiné à la profeffion du barreau, il fit le ferment d'Avocat au Parlement le 12 Novembre 1669; & le 9 Août 1679 il fut reçu Lieutenant Général au Siège Préfidial d'Angoulême, en furvivance de fon aïeul maternel. Les Magiftrats que le Roi envoya tenir les grands jours en quelques Provinces, le connurent dans leur voyage, & ils s'apperçurent bientôt que fes talents étaient trop à l'étroit fur un auffi petit théâtre. Ils le déterminèrent à venir à Paris, où il fe fit connaître de M. de Pontchartrain, alors Contrôleur Général, qui lui confia une partie de l'adminiftration des finances. Il fut d'abord établi, par Arrêt du Confeil du 25 Février 1692, Procureur Général de la commiffion établie pour les prifes; il fut enfuite pourvu d'une charge de Maître des Requêtes; en 1696 on le fit Procureur Général de la commiffion établie pour la recherche des francs fiefs, & des ufurpateurs des droits de Nobleffe. Au mois de Janvier fuivant, il fut pourvu de l'Office de Lieutenant Général de Police de la ville de Paris.

C'eft à ce vigilant Magiftrat que la Capitale doit l'ordre & la propreté qui y règne. Auffi Louis XIV fe repofait-il entièrement fur lui des foins de cette pénible adminiftration. Nous avons rapporté plus haut, à l'article du Comte d'Argenfon fon fils, combien il était inftruit de tout ce qui fe paffait dans les fociétés mêmes les plus intimes.

En 1716 M. d'Argenfon fut nommé Honoraire de l'Académie des Sciences. Bientôt après, le Régent, qui l'honorait de la même confiance que le feu Roi, le fit entrer dans les plus importantes affaires; & au commencement de 1718 il le fit Garde des Sceaux à la place de M. Dagueffeau, puis Préfident du Confeil des Finances. Il avait été vingt & un ans Lieutenant de Police.

Sa première opération dans le Miniftère des Finances fut un traité avec les Marchands de Saint-Malo, qui s'obligèrent de fournir au Gouvernement vingt-deux millions d'argent en barre, qui devaient leur être payés en monnaie à trente-trois livres le marc. Le defir ardent qu'il avait de fe rendre utile à l'État, le mit à portée de faire payer, dès la première année de fon adminiftration, feize millions d'arrérages des rentes affignées fur l'Hôtel de Ville. Indépendamment de la confiance qu'il donnait aux opérations du Gouvernement, il avait auffi la confolation de témoigner aux Parifiens tout l'intérêt qu'il prenait à leur fortune.

L'Académie Françaife fe fit un honneur d'acquérir un homme tel que M. d'Argenfon. Il prit féance dans cette Compagnie le 23 Juillet 1718. L'Auteur de l'Hiftoire de l'Académie Françaife obferve que MM. Colbert & d'Argenfon furent les feuls qui, depuis 1640, furent difpenfés de faire un Difcours à leur réception. L'un & l'autre furent reçus dans des circonftances où la multiplicité des affaires ne leur permettaient pas de penfer à leur propre gloire.

Tome. II.   A a

En 1719, M. d'Argenson fut pourvu de la charge de Grand-Croix, Chancelier & Garde des Sceaux de l'Odre de Saint Louis, que le Roi avait créée pour lui; mais bientôt son oppofition conftante au fyftême de Law, dont il fentait tous les dangers, les remontrances réitérées qu'il faifait à ce fujet au Régent; en un mot d'autres vues qui paraiffaient vraifemblablement plus brillantes que les fiennes, formèrent un orage fur fa tête. Il céda fans peine aux conjonctures; &, le 5 Janvier 1720, il fut déchargé de l'adminiftration des Finances; mais déclaré Miniftre d'État. Le Roi lui donna une penfion de vingt mille livres, & à chacun de fes enfans une de trois mille livres.

Rendu tout entier à la Magiftrature, M. d'Argenfon n'en exerça les fonctions que pendant cinq mois; mais ce petit efpace de temps valut à l'État un Réglement utile. Les bénéfices, tombés une fois entre les mains des réguliers, y circulaient enfuite perpétuellement, à la faveur de quelques artifices qui vinrent à la connaiffance de M. d'Argenfon. Ce Magiftrat remédia à cet abus par deux Déclarations qui dévoilèrent les ftratagêmes de la cupidité.

Le 7 Juin de la même année il remit les Sceaux, en obtenant un brevet qui lui en conferva les honneurs. Il ne jouit pas long-temps de cette diftinction due à fes longs fervices. Il mourut à Paris, dans l'extérieur du Monaftère des Bénédictines Réformées de Trainel le 6 Mai 1721, dans la 69 année de fon âge. Il fut inhumé à Saint-Nicolas du Chardonnet, où l'on voit encore fon tombeau, décoré du bufte de ce Magiftrat au pied d'une pyramide, avec les attributs de la dignité de Garde des Sceaux.

M. le Marquis d'Argenfon avait une gaîté & une vivacité d'efprit heureufe & féconde en faillies, qui feules auraient fait une réputation à un homme oifif. Elles rendaient témoignage qu'il ne gémiffait pas fous le poids énorme qu'il portait. Quand il n'était queftion que de plaifir, on eût dit qu'il n'avait étudié toute fa vie que l'art fi difficile, quoique frivole des agrémens & du badinage. Il ne connaiffait pas, à l'égard du travail, la diftinction des jours & des nuits; les affaires avaient feules le droit de difpofer de fon temps, & il n'en donnait à tout le refte que ce qu'elles lui laiffaient de moments vuides, au hafard & irrégulièrement; il dictait à trois ou quatre Secrétaires à la fois, & fouvent chaque lettre eût mérité par fa matière d'être faite à part, & femblait l'avoir été. Il a quelquefois accommodé à fes propres dépens des procès, même confidérables; & un trait rare en fait de finances, c'eft d'avoir refufé, à un renouvellement de bail, cent mille écus qui lui étaient dus par un ufage établi: il les fit porter au Tréfor Royal pour être employés au payement des penfions les plus preffées des Officiers de guerre. Quoique les occafions de faire fa cour foient toutes fans nulle diftinction infiniment cheres à ceux qui approchent les Rois, il en a rejeté un grand nombre, parce qu'il fe fût expofé au péril de nuire plus que les fautes ne méritaient. Il a fouvent épargné des événemens défagréables à qui n'en favait rien, & jamais le récit d'un fervice n'allait mendier de la reconnaiffance. Autant que par fa févérité, ou plus tôt par fon apparence de févérité, il favait fe rendre redoutable au peuple dont il faut être craint; autant par fa manière & fes bons offices, il favait fe faire aimer de ceux que la crainte ne mène pas. Jamais perfonne n'étudia mieux les hommes, & ne connut mieux les grands refforts qu'il faut employer pour les gouverner & les rendre heureux. Cette étude importante avait partagé tous les moments de fa vie.

CLAIRAUT.

ALEXIS-CLAUDE CLAIRAUT naquit à Paris le 13 Mai 1713, de Jean-Baptiste Clairaut, Maître de Mathématiques à Paris, & de Catherine Petit; tous deux issus d'une famille honnête. Son père le conduisit dès le berceau dans la carrière des sciences exactes; il lui montra les lettres de l'alphabet sur les figures des éléments d'Euclide. L'enfant, imitateur & curieux, essaya d'en tracer de pareilles, & voulut en connaître l'usage. Cette ardeur naissante fut soutenue à propos de quelques récompenses. A quatre ans, il sut lire & écrire, & dès-lors il était initié dans les mystères de la Géométrie.

Le jeune Clairaut n'avait encore que dix ans, qu'il commençait à entendre les sections coniques du Marquis de l'Hôpital. Les difficultés de cette matière avaient d'abord paru le rebuter; mais piqué de ce que M. de Lille lui dit un jour avec un sourire moqueur, qu'elles étaient au-dessus de son âge, il relut l'ouvrage, & surmonta tous les obstacles. Delà il passa à l'analyse des Infiniments-petits du même Auteur; & en peu de temps il se mit au fait des nouvelles méthodes du calcul intégral & différenciel.

Clairaut avait à peine seize ans, qu'il publia son Traité des *Courbes à doubles Courbures*. L'Académie des Sciences fit une mention honorable de cet ouvrage, qui eût honoré les plus célèbres Géomètres. L'extrême jeunesse de l'Auteur lui fermait l'entrée de l'Académie; on sait que pour y être admis, il faut avoir vingt ans accomplis. Sur le rapport du Comte de Maurepas, Louis XV accorda à Clairaut des dispenses d'âge; & le 14 Juillet 1731, l'Académie le reçut en qualité d'Adjoint Mécanicien.

L'honneur que lui avait fait l'Académie fut un aiguillon de plus pour l'obliger à se livrer sérieusement au travail. Il passa à Basle, où il reçut de fréquentes visites du célèbre Jean Bernoully. La question de la figure de la terre occupait alors les Astronomes. Le fruit du voyage de Clairaut fut un Mémoire sur la détermination géométrique de la perpendiculaire à la méridienne, où il établit que, dans toutes les hypothèses différentes de celles qui établissent la terre sphérique, toute perpendiculaire à la méridienne, excepté l'équateur, est une *courbe à double courbure*. Il y ajouta un examen de la Méthode de Cassini pour déterminer la forme de la terre, avec une Théorie de l'avantage & du désavantage de la mesure des parallèles à différentes latitudes.

A son retour de Basle Clairaut se retira au Mont-Valérien. Ce fut là qu'il composa son Mémoire sur les oscillations d'une pendule, qui ne se font pas dans un plan. Il partit ensuite pour la Laponie, dans l'intention d'y calculer la véritable forme de la terre. Pour parvenir à démontrer l'applatissement de cette planète sous le pole, il s'occupa à régler l'ellipse apparente que le mouvement progressif de la lumière, combiné avec le mouvement de la terre, semble faire décrire aux étoiles dans le courant de l'année. Il fixa aussi son attention sur l'aberration bien plus compliquée des planètes soumises à des mouvements réels & inégaux, & sur l'orbite si régulier de l'astre de la nuit.

Toutes ces découvertes furent successivement répandues dans le monde savant. La Société Royale de Londres reçut le Mémoire sur la quantité de l'applatissement de la terre; & cette Société célèbre n'y répondit qu'en admettant Clairaut au nombre de ses membres. La France, qui depuis long-temps admirait ses talents, reçut avec transport son travail sur l'aberration des étoiles & des planètes, & un Mémoire tendant à découvrir une parallaxe aux étoiles. De son côté, le Gouvernement récompensa Clairaut d'une pension de mille livres.

En 1743, Clairaut publia sa *Théorie de la figure de la terre*, *suivant les principes de l'Hydrostatque*. Selon l'hypothèse qu'il établit dans cet Ouvrage, la terre n'est qu'une masse fluide dont l'attraction newtonienne rapproche toutes les parties, & fournit, dans l'état actuel de la planète, une multitude de résultats. De la théorie de la terre, notre Mathématicien passa à celle de la lune; & le travail qu'il publia sur ce sujet lui mérita en 1751 le prix de l'Académie de Pétersbourg. Trois ans après il mit au jour ses Tables de la lune. A la même époque il fit paraître la Détermination de l'orbite terrestre.

En 1756, Clairaut commença à méditer sur la lumière des lunettes d'approche, à l'aide des objectifs composés qui détruisent les couleurs, & publia un Mémoire sur ce sujet important. Il examina scrupuleusement les différents cristaux qu'on emploie, les formes qu'on doit leur donner, les combinaisons dont ils sont susceptibles, avec l'utilité qu'il en résulte. De ces discussions savantes, il tira ses différentes constructions des lunettes acromatiques ou sans couleur. Une matière aussi vaste donna lieu à un nouveau Mémoire publié en 1757.

Le retour de la Comète de 1759 fournit à Clairaut l'occasion de montrer à l'Europe les progrès qu'il avait faits dans l'Astronomie. Ces astres, auxquels on a donné le nom de comète, entraînés dans une orbite immense, sont presque toujours absents de notre horizon. Le Soleil, qui embrase un de leurs foyers, ne prolonge pas jusqu'à leur aphélie ses rayons affaiblis. Les regards de Clairaut pénétrèrent plus loin; & en calculant l'étendue de leur orbite, il sut, comme Halley, déterminer l'époque de leur retour. Il annonça l'apparition de la Comète pour le commencement de 1759, &, à trente-trois jours près, la prédiction se trouva juste. Le bruit que cette Comète fit en Europe excita les cris de la jalousie. A ses yeux, trente-trois jours d'erreur sur des distances immenses & dans la combinaison des influences de tant de corps célestes, formaient un terme bien éloigné de la précision géométrique; on ajoutait que les travaux de Halley avaient plus que préparé cette découverte.

Clairaut était dans un âge où il pouvait espérer imposer silence à l'envie par de nouveaux succès. Son génie avait encore toute sa vigueur; & à peine avait-il passé le milieu de sa carrière, qu'il en touchait le terme; mais la nature avait mesuré les années de ce grand Homme à sa gloire. Il mourut le 17 Mai 1765, âgé de cinquante-deux ans.

La mort de Clairaut fit couler des larmes à tous ceux qui avaient eu occasion de le connaître. Il est peu de Savans qui aient eu autant d'amis sincères. Aussi ses qualités du cœur égalaient-elles l'étendue de ses talents. Il était tendre ami, Citoyen aimable, & Savant modeste. Malgré le genre de ses travaux, son imagination prenait quelquefois l'essor; & l'on a quelques pièces de vers de lui, qui ne se ressentent en rien des pénibles calculs de l'astronomie. Telle est en particulier celle qu'il adressa à Voltaire, & qui finit ainsi :

> Quitte ce compas, prends la Lyre ;
> Je donnerais tout Pemberton,
> Et tous les calculs de Newton,
> Pour un sentiment de Zaïre.

LE PÈRE MAIMBOURG.

LOUIS MAIMBOURG, auquel une élocution vigoureuse & un style surchargé d'ornements, donnèrent, au commencement de sa carrière, une gloire aussi peu méritée que l'acharnement avec lequel il fut déprimé depuis était injuste, vit le jour à Nancy en 1610. Sa famille était distinguée.

Après des études fructueuses, il entra dans la société des Jésuites, à l'âge de seize ans; fut envoyé à Rome, où il prit les leçons de Jean de Lugo. Pendant les six premières années de son existence dans cet ordre, il enseigna les humanités, & se livra ensuite aux travaux de la prédication.

Ses succès ne furent pas équivoques, mais ils furent l'origine des tracasseries & des persécutions qu'il essuya pendant la plus grande partie de sa vie. On l'accusait, avec raison, de ne pas donner, dans ce genre, des preuves d'un goût bien pur, puisque la gloire que lui procuraient ses sermons ne venait que des saillies, des traits d'originalité frappans & singuliers qu'il y semait avec une profusion indiscrète.

On assure même que ses écarts donnèrent lieu à Molière de faire à son occasion une plaisanterie bien capable d'affaiblir l'opinion qu'on avait de ses talents pour la chaire. Quelqu'un reprochait à ce célèbre Comique d'avoir mis la morale chrétienne sur le théâtre par son Tartuffe. « Doit-on être surpris, répond le Poëte, que je mette des Sermons sur la scène, quand le Père Maimbourg débite la Comédie dans l'Église? »

Ses Sermons lui attirèrent l'inimitié des Écrivains de Port-Royal. Il avait deux titres suffisans pour l'encourir; le premier d'être Jésuite, le second d'avoir violemment déclamé contre la version du nouveau Testament de Mons, qu'ils avaient adoptée.

Les talents de Maimbourg n'étaient pas faits pour se borner à la seule prédication. Il y a eu dans ce genre tant d'Orateurs médiocres qui se sont fait un nom, qu'à moins d'avoir le mérite de Bourdaloue, de Massillon, ou de quelques autres, en petit nombre, qui les ont suivis, on ne peut pas atteindre à une grande renommée dans une carrière aussi courue.

L'Histoire offrait à la vivacité du Père Maimbourg de quoi s'exercer avec plus d'avantage. Cependant, avant de s'y livrer, il s'était jeté dans des dissertations polémiques, qui n'avaient produit d'autre effet que de multiplier ses ennemis. Il se déclara l'un des plus ardents adversaires du parti de la Grace. Il ne pouvait guères, avec la robe dont il était revêtue épouser des sentiments différents de ceux qui dominaient dans son Ordre. C'est cependant pour n'avoir pas adopté en tout les maximes de sa société, qu'il en essuya à son tour, dans sa vieillesse, des persécutions. Exclus de la société de Jésus, il se retira à l'Abbaye de Saint-Victor, où il mourut d'apoplexie en 1686.

Le premier Ouvrage par lequel il s'était fait connaître, est l'*Oraison funèbre de Nicolas Zappi*, Moine Augustin, qui fut imprimée à Rome en 1638. Deux ans après, deux nouvelles productions du même genre parurent de lui à Rome. Le premier était un *Panégyrique de Louis XIII*, à-propos de ce que ce Roi avait mis la France sous la protection de la Vierge. Le second était un *Éloge des Rois de France*. Ceux qu'il publia sur la controverse sont, 1°. une *Méthode pacifique pour ramener, sans disputes, les Protestans à la vraie foi sur le point de l'Eucharistie*, au sujet de la contestation touchant la perpétuité de la foi du même mystère. Cette contestation avait lieu entre le Ministre Claude & le Docteur Arnaud. Le

Traité de Maimbourg fut imprimé à Paris pour la première fois en 1670, & pour la troisième en 1682. Il parut si bon aux Catholiques Romains, qu'il tient la cinquième place entre les seize méthodes de convertir les Huguenots, qui furent recommandées par le Clergé de France aux controversistes en 1682.

2°. *De la vraie Eglise de Jésus-Christ.* 3°. *De la vraie parole de Dieu.* Ses Sermons de Carême parurent en 1670.

Les Ouvrages historiques qui sortirent de sa plume, forment une collection considérable, qui est encore recherchée, malgré le discrédit qu'ils ont encouru; on en compte 14 volumes in-4°., & 26 vol. in-12.

On prétend qu'il a beaucoup plutôt donné un cours libre à son imagination vive, ardente, exaltée, qu'il ne s'est attaché à la fidélité & à l'exactitude qui doivent distinguer le caractère d'un Historien; qu'uniquement appliqué à se former un style ampoulé, oratoire, à filer ses périodes, à alonger ses phrases, à les garnir d'antithèses, de métaphores, & de tout l'appareil de la déclamation, il s'est prodigieusement écarté de cette belle & noble simplicité, de cette sagesse de diction qui, sans exclure les ornements du style, laissent toujours dominer la clarté, favorisent la précision, & ne contribuent pas à noyer la vérité dans un fleuve d'embellissements, accessoires qui la font disparaître des yeux & de l'attention des lecteurs.

On assure aussi qu'il ne composait qu'après avoir échauffé son esprit & son imagination, par une ample effusion de liqueur bachique. Cette observation, qui n'est pas sûrement d'un de ses amis, ne prouve rien contre Maimbourg. Elle pourrait laisser croire qu'il abusait de ce stimulant; mais si, comme rien d'ailleurs ne nous porte à le penser, il se bornait à un usage modéré du vin, on n'a pas dû lui faire un crime de sa méthode. Les plus beaux génies ont eu quelquefois recours à des moyens de ce genre pour produire. Avant de composer, Voltaire lui-même dans sa jeunesse, prenait, dit-on, plusieurs tasses de café. Il n'y avait entre les deux Écrivains de différence que dans le choix, & peut-être Maimbourg eût-il préféré cette dernière liqueur à l'autre, si elle eût été d'un usage aussi fréquent alors qu'elle l'est devenue depuis. Selon ses propres expressions, il ne prenait cette précaution que pour empêcher la crainte des combats, de lui causer quelque faiblesse. Telle était, disait-il, en plaisantant, sa méthode, lorsqu'il avait à écrire une bataille. Deux bouteilles de bon vin lui donnaient toute la force & l'assurance nécessaires.

Il serait peut-être plus difficile de le laver du reproche d'affectation dans les portraits qu'il fait de ses Héros. Il leur donne à tous des traits avantageux. Il ne voulait pas sans doute qu'un personnage occupât un rang dans l'Histoire, sans être digne de plaire, même par son extérieur.

Il aimait à attirer sur la scène où il représentait, les anciens personnages distingués, pour en faire le parallèle avec ceux de son siècle, & la comparaison, selon sa méthode, n'était pas à l'avantage de ses contemporains. Sans présenter ceux-ci à nu, & sous leurs vrais noms, il leur en donnait de supposés, qui n'empêchaient pas de les reconnaître; appelait leurs Ouvrages au tribunal de ses opinions, & les jugeait magistralement. Ces procédés ne tendaient pas à diminuer la foule des mécontents qu'il s'était attirés de toute part. Mais sans doute les oppositions, loin d'affaiblir son courage, ne firent au contraire que l'accroître; & il a au moins ce mérite sur beaucoup d'autres Écrivains qui se sont pliés à l'influence des lieux, des temps & des personnes, de n'avoir jamais fléchi, ni changé de manière ou de système.

BENOIT XIII.

Le Cardinal des URSINS, succeffeur d'Innocent XIII, naquit le 2 Février 1649. A dix-huit ans il renonça aux honneurs que lui promettaient fon rang & fa fortune, pour prendre l'habit de Saint Dominique; fes parents, qui voulaient en faire toute autre chofe qu'un Chanoine, combattirent en vain fes pieufes réfolutions; ils fe virent obligés de céder, & ne fongèrent plus qu'à l'élever aux dignités de l'Églife. Clément X recherchait pour fa nièce l'alliance du Duc de Gravina, chef de la feconde branche de la famille des Urfins; on conclut le mariage, & un chapeau rouge fut le préfent de noce qu'on envoya au P. des Urfins, qui vivait à Bologne dans une profonde retraite. Le modefte reclus refufa le chapeau, au grand étonnement de fes confrères qui en euffent volontiers couvert leur humble chef; les inftances du Légat furent inutiles; il fallut faire venir de Rome le Général de fon ordre, pour le faire obéir. Le nouveau Cardinal conferva fous la pourpre l'humilité du cloître; devenu fucceffivement Archevêque de Manfredonia, de Céfene & de Bénévent, il remplit les devoirs de fon miniftère avec un zèle & une piété dignes des temps apoftoliques.

Le Pontificat ne changea rien dans fes principes ni dans fes mœurs; il était dans fa foixante-feizième année lorfqu'il monta fur la chaire de Saint Pierre; un âge fi avancé ne l'empêcha pas de confacrer fes veilles à la réforme du Clergé, qu'il méditait depuis long-temps, & qu'il autorifait par fon exemple. Il tonna plufieurs fois contre les perruques que portaient à Rome des Eccléfiaftiques petits maîtres, publia une Ordonnance pour arrêter les progrès du luxe; il aimait à s'entretenir familièrement avec fes Officiers fubalternes, & les ayant un jour raffemblés, il leur dit, après une converfation qui les avait pétrifiés d'étonnement : *Je ferai en particulier Frère Vincent-Marie Orfini, & en public je ferai Pape*. Il tint parole; car aucun de fes prédéceffeurs ne fut plus entiché des préjugés de l'*infaillibilité*. Ces difpofitions mirent un obftacle invincible au traité que les efprits pacifiques attendaient depuis long-temps : après bien des conteftations, il mourut fans avoir rien conclu. Les maux caufés par la Conftitution avaient jeté de profondes racines; il eût fallu, pour les arracher, un génie fupérieur, un Pontife qui eût montré plus de fermeté dans l'exécution de fes projets, & plus de difcernement dans le choix de fes Miniftres.

Benoît XIII, qui n'accordait les bienfaits eccléfiaftiques qu'à des fujets recommandables par leurs fervices ou leurs vertus, fit exception en faveur d'un homme d'un mérite très-mince, que fon âge & fa naiffance femblaient exclure de la pourpre : Cofcia, jeune encore, fils d'un père profcrit de Bénévent, & d'une Blanchiffeufe qui, dit-on, n'avait pas mené une vie fort régulière, obtint le chapeau, malgré les oppofitions de plufieurs Cardinaux qui le recufaient pour confrère. Tel fut le Miniftre favori que le Saint Père affocia à fes travaux apoftoliques.

Qu'on nous permette une petite digreffion, pour ne plus perdre de vue le Cardinal Cofcia, qui déformais influera fur toutes les actions du Souverain Pontife.

Le Cardinal Péréira avait épuifé fon éloquence en faveur de Cofcia; il crut pouvoir propofer hardiment l'élection de M. Bichi, pour qui le

Roi de Portugal s'intéressait fortement; mais le Saint Père avait pour le refuser les mêmes raisons que son prédécesseur. Péréira & l'Ambassadeur signifièrent sur le champ à tous les Portugais Ecclésiastiques ou séculiers qui se trouvèrent à Rome, d'en partir au plus tôt, & déclarèrent à Sa Sainteté qu'ils avaient ordre du Roi, leur Maître, de quitter la Cour de Rome, puisqu'elle refusait d'accorder à M. Bichi le chapeau de Cardinal. Le Pape, un peu déconcerté par ce coup inattendu, promit de leur donner pleine satisfaction à la prochaine élection. Les Ministres s'appaisèrent, fondés sur ces belles promesses; ils dépêchèrent un Courier vers leur Maître, & demeurèrent à Rome par provision. La paix ne fut pas de longue durée. L'année suivante les Ministres revinrent à la charge, & la Cour de Rome opposa la même résistance. Les Portugais reçurent un nouvel ordre de vider le Saint Empire; le Roi, de son côté, chassa tous les Italiens établis dans ses États, & Sa Sainteté lança une interdiction contre le Patriarche de Lisbonne, qui avait voulu soumettre à sa juridiction l'Église Italienne de N. D. de Lorette de Lisbonne, qui dépendait du Saint Siège. Les parties se brouillèrent de plus en plus, & M. Bichi briguait encore le chapeau sous le Pontificat de Clément XII.

Le Cardinal de Noailles, qu'une conformité de caractère & d'inclination avait lié avec le Cardinal des Ursins, lui écrivit lorsqu'il apprit son exaltation sur le Saint Siège; le Pape lui répondit, & il en résulta une nouvelle négociation pour terminer l'affaire de la Constitution; mais ils furent trompés l'un & l'autre. Noailles demandait qu'on empêchât l'abus que l'on faisait de la Constitution. Le Saint Père, en conséquence, se proposa d'approuver solemnellement douze articles qui n'étaient autre chose que l'apologie de la foi des appelans & de leur opposition à la Constitution, en même temps qu'on les voulait faire servir à anéantir l'appel, & à faciliter l'acceptation de la Constitution. Ce projet alarma les Jésuites, inquiétés déja par la tenue d'un Concile où l'on devait condamner plusieurs propositions enseignées dans leurs écoles. La fameuse Bulle était encore une des principales causes qui l'avaient fait convoquer. Ils employèrent tout leur crédit pour parer le coup qui les menaçait, & le Concile aboutit à rogner des perruques, à alonger des habits noirs.

Un traité de paix conclu entre l'Empereur & le Roi d'Espagne acheva de déconcerter le Saint Père, non moins jaloux que son prédécesseur, d'étendre les bornes de l'autorité Papale. Au reste, si l'ambition peut être excusée dans un Souverain Pontife, il faut la pardonner à Benoît XIII en faveur du motif; il avait formé le grand projet de réunir en une seule communion les quatre principales sectes du Christianisme; savoir, les Catholiques Romains, les Luthériens, les Réformés & les Grecs; on sent bien que, pour le mettre à exécution, il fallait rétablir l'union dans toute l'Église Chrétienne; mais l'Église Chrétienne était divisée par autant de différends qu'elle comptait de Souverains. Un homme âgé pouvait-il espérer de concilier des intérêts si diamétralement opposés?

C'est sans doute pour se délasser des désagréments qu'il ne cessait d'éprouver à Rome, que le Saint Père annonça un voyage à Bénévent. Cette résolution déplut fort au sacré Collége, qui n'oublia rien pour l'en détourner; ses remontrances furent vaines, le Pape se mit en campagne. Pendant ce voyage l'affaire de la Bulle fut encore agitée, & Sa Sainteté se déclara de nouveau pour la Constitution. Cette grande querelle l'occupa toute sa vie; & elle n'était pas encore assoupie lorsque le Pape mourut, le 21 Février 1730, avec la réputation d'un Pontife pieux, bienfaisant, mais peu éclairé.

TABLE
DES MATIÈRES

Comprises dans les deux Volumes de cet Ouvrage.

TOME PREMIER.

Louis XI, Roi de France,	page 5	Aftruc, Docteur en Médecine,	page 55
François Ier, Roi de France,	7	Janfénius, Evêque d'Ypres,	57
Henri II, Roi de France,	9	Soanen, Evêque de Sénez,	59
Philippe II, Roi d'Espagne,	11	Le Maréchal de Saxe,	61
Henri IV, Roi de France,	13	De Pardaillan de Gondrin, Archevêque de Sens,	63
Louis XIII, Roi de France,	15		
Louis XIV, Roi de France,	17	De Mairan,	65
Louis XV, Roi de France,	19	Rabelais,	67
Staniflas Lefzczinski, Roi de Pologne,	21	Gilbert de Voifins,	69
Le Cardinal Dubois,	23	Le Chancelier Dagueffeau,	71
Marillac, Garde des Sceaux de France,	25	M. de la Chambre,	73
Le Cardinal de Richelieu,	27	Servandoni,	75
Du Cambout de Pont-Château,	29	Louis Racine,	77
Philippe d'Orléans, Régent de France,	31	Louis-Philippe, Duc d'Orléans,	79
Adrien Maurice, Maréchal de Noailles,	33	Jérôme Franck,	81
Le Comte d'Argenfon, Ministre & Secrétaire d'Etat,	35	Maffillon,	83
		Clément XI,	85
Le Maréchal d'Eftrées,	37	Jeanne Gray,	87
Le Dauphin, père de Louis XVI,	39	Martin Luther,	89
La Ducheffe de la Vallière,	41	L'Abbé Nollet,	91
Fénélon, Archevêque de Cambrai,	43	L'Abbé de Saint-Cyran,	93
L'Abbé Prevoft,	45	Louis Molina,	95
Le Cat, Docteur en Médecine,	47	M. de Chevert,	97
Jolyot de Crébillon, père,	49	Le Maréchal de Lowendal,	99
S. Ignace de Loyola,	51	Saint-Charles Borromée,	101
Joly de Fleury (Guillaume-François),	53	Henri de Sponde,	103

TOME SECOND.

Le Cardinal Gafton de Rohan,	page 1	Le Président Hénault,	page 21
Le P. Bouhours, Jéfuite,	3	De Moncrif,	23
Théophile Brachet de la Milletière,	5	Madame de Grafigny,	25
Madame de Maintenon,	7	Emilie de Breteuil, Marquife du Châtelet,	27
Le Pape Benoît XIV,	9		
Le Rond d'Alembert,	11	Carle Vanloo, Peintre,	29
Anne d'Autriche, Reine de France,	13	L'Abbé Jolivet,	31
D. Mabillon, Bénédictin,	15	Le Comte de Caylus,	33
Pannard,	17	Le Cardinal de Noailles,	35
Lorry, Docteur en Médecine,	19	François Boucher,	37

Le Duc de Montmouth,	page 39	De la Broue, Evêque de Mire-	
Erasme,	41	poix,	page 71
Rameau,	43	Colbert, Evêque de Montpellier,	73
Henri de Lorraine, Duc de Guife,	45	L'Abbé Pluche,	75
Cujas,	47	De Largillière,	77
Innocent XIII,	49	Le Maréchal de Villeroy,	79
Le Tellier, Archevêque de Reims,	51	Charles premier, Roi d'Angleterre,	81
L'Abbé Chappe,	53	Le Cardinal de Tournon,	83
De Launoy,	55	Le Cardinal le Camus,	85
Le Maréchal de Belle-Ifle,	57	Calvin,	87
Winflow,	59	Camille Falconnet,	89
Boffuet, Evêque de Meaux,	61	L'Abbé de la Caille,	91
Marivaux,	63	Le Marquis d'Argenfon,	93
De Bélidor,	65	Clairaut,	95
Reftout,	67	Le Père Maimbourg,	97
De Langle, Evêque de Boulogne,	69	Benoît XIII,	99

Fin de la Table des matières.

ERRATA DU TOME PREMIER.

PAGE 80, lig. 9, immédiatement entre ces mots, *les anecdotes fe fuccedent*, & l'alinéa *c'eft ainfi*, au lieu de ce qu'il y a, lifez ce qui fuit :

Un Militaire ardent pour fa patrie, zélé pour fa profeffion, ami des Lettres, & peu rebelle à l'amour, foupiroit depuis trois ans pour une belle & vertueufe demoifelle, qui méritoit bien ce trait de conftance, & qui n'y était pas infenfible. Caractère, naiffance, fortune, tout paraiffait convenir entre les deux jeunes gens; & par une fuite de nos mœurs, ou plutôt de nos erreurs actuelles, c'eft précifément de ce parfait affortiment que naiffait le plus grand obftacle à leur union. Les parens auraient défiré plus de difproportion de bien, c'eft-à-dire, que l'aifance de l'un eût compenfé la détreffe de l'autre ; car le hafard, qui leur avait donné la nobleffe, leur avait refufé l'opulence. La diftinction & l'ancienneté de fon nom, les fervices de fa famille aux champs de bataille & dans la maifon d'Orléans, procurèrent au jeune Officier un accès honorable auprès de ce Prince, en qui la fenfibilité fe réuniffait à la grandeur. Il ne pouvoit choifir un plus augufte confident. Cette démarche inefpérée, faite par le plus louable motif, eut, de l'aveu même de fon auteur, femblé ridicule & téméraire à des yeux moins accoutumés que ceux du Duc d'Orléans à s'arrêter fur les peines de l'humanité pour les foulager. *Votre fort me touche*, difait le Prince bienfaifant : *il eft adouci*, répondait le reconnaiffant Officier.

A l'appui d'une telle protection, les deux amans ne tardèrent pas à devenir époux; & l'augufte bienfaiteur, dont ils ont éprouvé & juftifié les bontés jufqu'au dernier de fes jours, les gratifia d'une penfion reverfible au plus vivant, & leur fit l'honneur, avec madame la Ducheffe de Chartres, fa bru, de nommer au baptême leur premier enfant,

L'anecdote concernant le mariage du Vicomte de **, rapportée pag. 80, eft très-vraie dans le fond, mais les détails en font défigurés au point que nous avons cru devoir la rétablir ici d'après des informations infiniment plus exactes & plus fûres. « Ce fut, nous a-t-il dit lui-même, fous les aufpices de » S. A. S., dont l'augufte fils ne m'a pas abandonné, que je vis couronner ma conftance de trois » années, par mon mariage fait, de l'agrément du Roi, à cent lieues de Paris, quatre-vingts de la maifon » paternelle, cent vingt de ma famille maternelle, & cent quatre-vingts de ma garnifon. Entre nombre » de traits remarquables de la fenfibilité généreufe du premier Prince du Sang, celui qui me concerne, » ajoutait-il, a été célébré par plufieurs Gens de Lettres, & je me fuis avifé de le chanter moi-même, » devenant Poëte par reconnaiffance, comme Juvénal l'étoit devenu par indignation ». Ce langage eft conforme à celui de la lettre que M. le Vicomte de ** écrivait, en Mars 1786, à M. Mallet du Pan, qui l'a inférée pages 30 & 31 du Journal de Bruxelles du premier Avril 1786.

Page 67, ligne 34, méritèrent, lifez procurèrent.
Page 69, ligne 21, 1711, lifez 1717.

ERRATA DU TOME SECOND.

NOTA. Il s'eft gliffé quelques fautes dans l'impreffion de cet Ouvrage, que le Lecteur corrigera aifément. Nous lui ferons feulement obferver qu'à compter depuis la page 16 jufqu'à la page 21 du fecond volume, les numéros des pages font mal placés; mais les fignatures étant exactes, les Relieurs ne pourront s'y tromper.

APPROBATION.

J'AI lu, par ordre de Monseigneur le Garde des Sceaux, un Manuscrit intitulé : *les Illustres Modernes*, par M. ***, & n'y ai rien observé qui puisse en empêcher l'impression. A Paris, ce 4 Janvier 1788. TOUSTAIN-RICHEBOURG.

PRIVILEGE GÉNÉRAL.

LOUIS, PAR LA GRACE DE DIEU, ROI DE FRANCE ET DE NAVARRE : A nos amés & féaux Conseillers, les Gens tenans nos Cours de Parlement, Maîtres des Requêtes ordinaires de notre Hôtel, Grand-Conseil, Prévôt de Paris, Baillifs, Sénéchaux, leurs Lieutenans Civils, & autres nos Justiciers qu'il appartiendra : SALUT. Notre Amé le Sieur *** Nous a fait exposer qu'il desireroit faire imprimer & donner au Public ses Œuvres, s'il Nous plaisoit lui accorder nos Lettres de Privilége à ce nécessaires. A CES CAUSES, voulant favorablement traiter l'Exposant, nous lui avons permis & permettons de faire imprimer ledit Ouvrage autant de fois que bon lui semblera, & de le vendre, faire vendre par-tout notre Royaume. Voulons qu'il jouisse de l'effet du présent Privilége, pour lui & ses hoirs à perpétuité, pourvu qu'il ne le rétrocede à personne ; & si cependant il jugeoit à propos d'en faire une cession, l'Acte qui la contiendra sera enregistré en la Chambre Syndicale de Paris, à peine de nullité, tant du Privilége que de la cession ; & alors, par le fait seul de la cession enregistrée, la durée du présent Privilége sera réduite à celle de la vie de l'Exposant, ou à celle de dix années, à compter de ce jour, si l'Exposant décede avant l'expiration desdites dix années. Le tout conformément aux Articles IV & V de l'Arrêt du Conseil du 30 Août 1777, portant Réglement sur la durée des Priviléges en Librairie. FAISONS défenses à tous Imprimeurs, Libraires & autres personnes, de quelque qualité & condition qu'elles soient, d'en introduire d'impression étrangere dans aucun lieu de notre obéissance ; comme aussi d'imprimer ou faire imprimer, vendre, faire vendre, débiter ni contrefaire lesdits Ouvrages sous quelque prétexte que ce puisse être, sans la permission expresse & par écrit dudit Exposant, ou de celui qui le représentera, à peine de saisie & de confiscation des exemplaires contrefaits, de six mille livres d'amende, qui ne pourra être modérée, pour la premiere fois, de pareille amende & de déchéance d'état en cas de récidive, & de tous dépens, dommages & intérêts, conformément à l'Arrêt du Conseil du 30 Août 1777, concernant les contrefaçons. A la charge que ces Présentes seront enregistrées tout au long sur le Registre de la Communauté des Imprimeurs & Libraires de Paris, dans trois mois de la date d'icelles ; que l'impression dudit Ouvrage sera faite dans notre Royaume & non ailleurs, en beau papier & beau caractere, conformément aux Réglemens de la Librairie, à peine de déchéance du présent Privilége : qu'avant de l'exposer en vente, le manuscrit qui aura servi de copie à l'impression dudit Ouvrage sera remis, dans le même état où l'Approbation y aura été donnée, ès-mains de notre très-cher & féal Chevalier, Garde des Sceaux de France, le Sieur HUE DE MIROMESNIL, Commandeur de nos Ordres ; qu'il en sera ensuite remis deux exemplaires dans notre Bibliotheque publique, un dans celle de notre Château du Louvre, un dans celle de notre très-cher & féal Chevalier Chancelier de France, le sieur de MAUPEOU, & un dans celle dudit sieur HUE DE MIROMESNIL. Le tout à peine de nullité des Présentes : du contenu desquelles vous mandons & enjoignons de faire jouir ledit Exposant & ses hoirs pleinement & paisiblement, sans souffrir qu'il leur soit fait aucun trouble ou empêchement. VOULONS que la copie des Présentes, qui sera imprimée tout au long au commencement ou à la fin dudit ouvrage, soit tenue pour duement signifiée, & qu'aux copies collationnées par l'un de nos amés & féaux Conseillers Secrétaires, foi soit ajoutée comme à l'original. COMMANDONS au premier notre Huissier ou Sergent sur ce requis, de faire pour l'exécution d'icelles, tous Actes requis & nécessaires, sans demander autre permission, & nonobstant Clameur de Haro, Charte Normande, & Lettres à ce contraires. Car tel est notre plaisir. Donné à Paris, le treizieme jour de Mars, l'an de grace mil sept cent quatre-vingt-deux, & de notre Regne le huitieme. Par le Roi en son Conseil.

Signé, LEBEGUE.

Registré sur le Registre XXI de la Chambre Royale & Syndicale des Libraires & Imprimeurs. Paris, N.º 2602, fol. 653, conformément aux dispositions énoncées dans le présent Privilége, & à la charge de remettre à ladite Chambre les huit exemplaires portés par l'article CVIII du Réglement de 1723. A Paris, ce dix-huit Mars 1782. LE CLERC, *Syndic.*

www.ingramcontent.com/pod-product-compliance
Lightning Source LLC
Chambersburg PA
CBHW071417150426
43191CB00008B/948